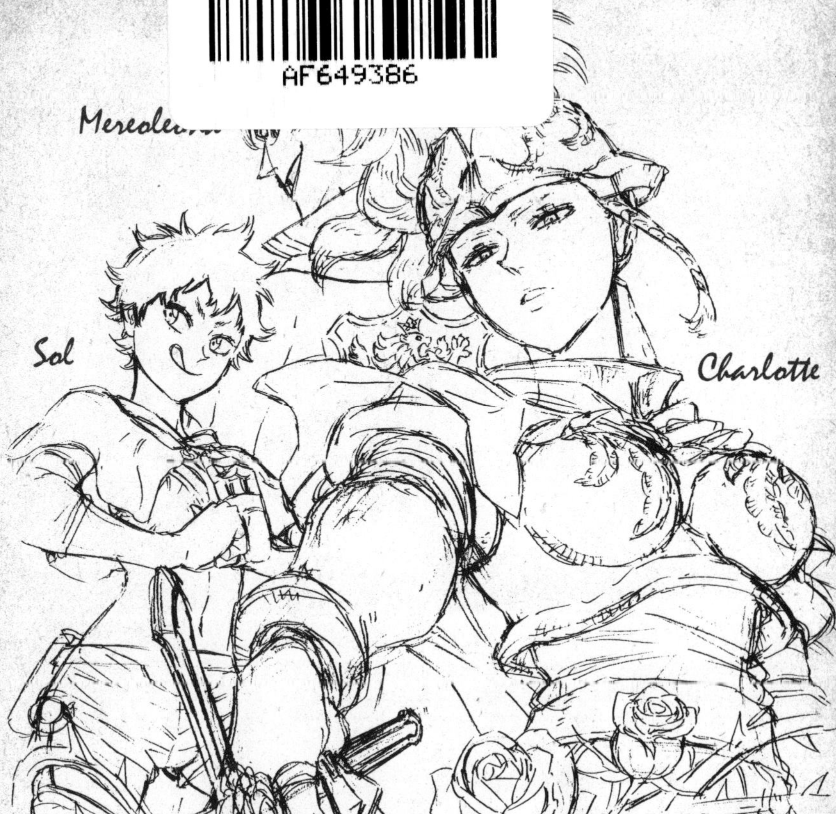

BLACK CLOVER

Dornröschens Kummer

12

Yûki Tabata

TOKYOPOP

Yuno

Gruppe: Goldene Morgendämmerung | Magietypus: Wind

Astas Kindheitsfreund und Rivale. Wie dieser hat er das Ziel, König der Magier zu werden. Der Naturgeist Sylph untersteht seiner Kontrolle.

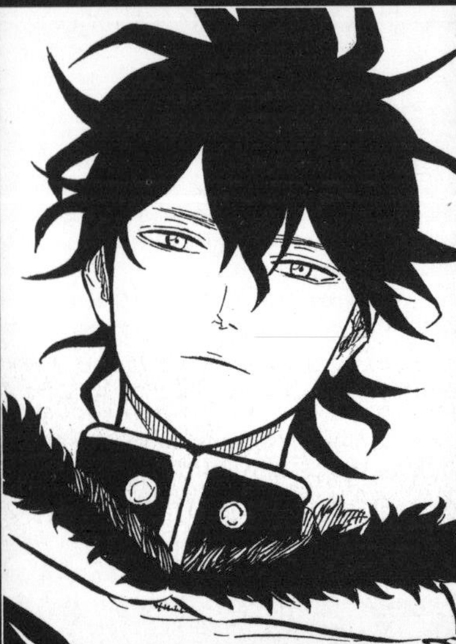

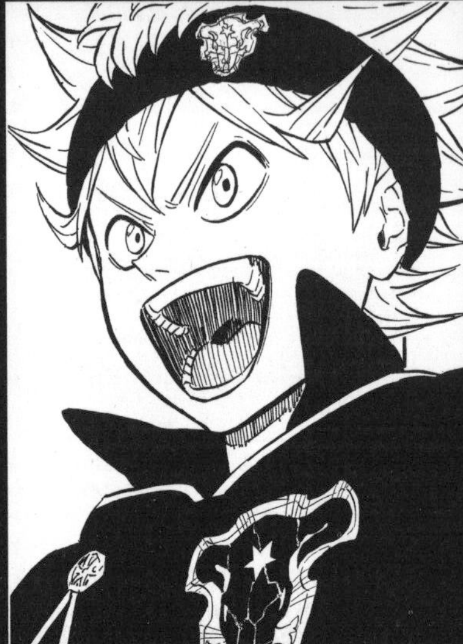

Asta

Gruppe: Schwarzer Stier | Magietypus: Nicht vorhanden (Antimagie)

Er hat zwar keinerlei magische Kraft, versucht aber mit seinem durchtrainierten Körper und seiner Beharrlichkeit König der Magier zu werden. Seine Waffe ist ein Schwert aus Antimagie.

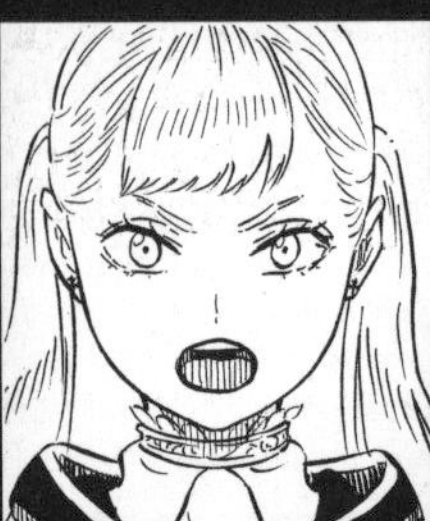

Noelle Silva

Gruppe: Schwarzer Stier
Magietypus: Wasser

Stammt aus der königlichen Familie. Fühlt sich ihren talentierten Brüdern und Schwestern unterlegen. Hat noch sehr viel Potenzial.

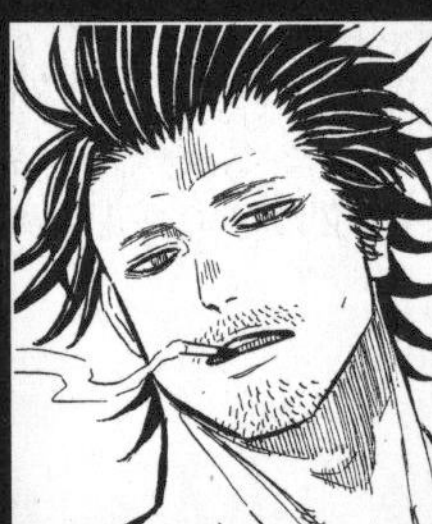

Yami Sukehiro

Gruppe: Schwarzer Stier
Magietypus: Dunkelheit

Er sieht grimmig aus und ist ein ziemlicher Haudegen, wird von seinen Ordensmitgliedern aber geliebt. Kettenraucher.

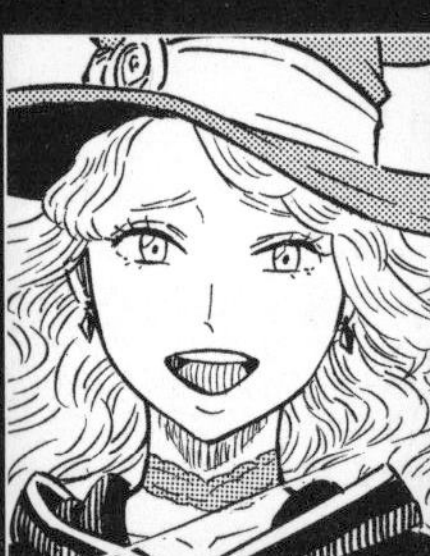

Vanessa Enoteca

Gruppe: Schwarzer Stier
Magietypus: Fäden

Eine unverbesserliche Alkoholliebhaberin, die mit Vorliebe ausgelassen ist. Für die Hexenkönigin ist sie von großer Bedeutung.

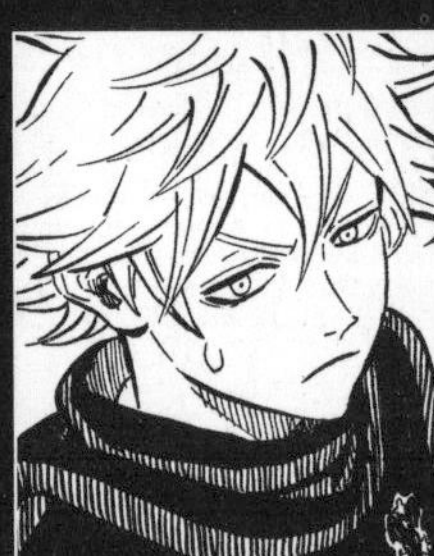

Finral Roulacase

Gruppe: Schwarzer Stier
Magietypus: Raummagie

Ein Schürzenjäger, der so gut wie jeder Frau schöne Augen macht. Er kann zwar nicht angreifen, ist aber ein sehr fähiger Magier.

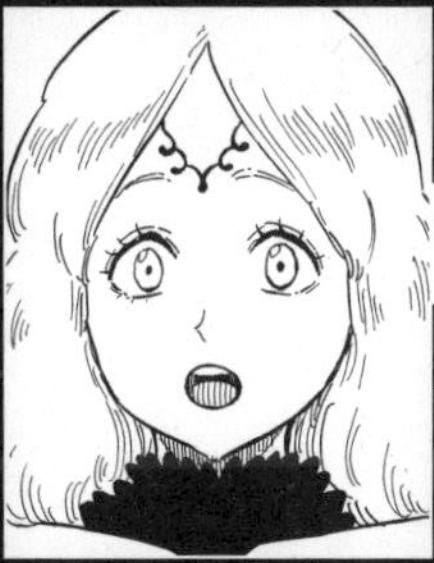

Fana

Magietypus: Feuer

Mars' Kindheitsfreundin. Wurde vom »Kalten Auge der weißen Nacht« kontrolliert.

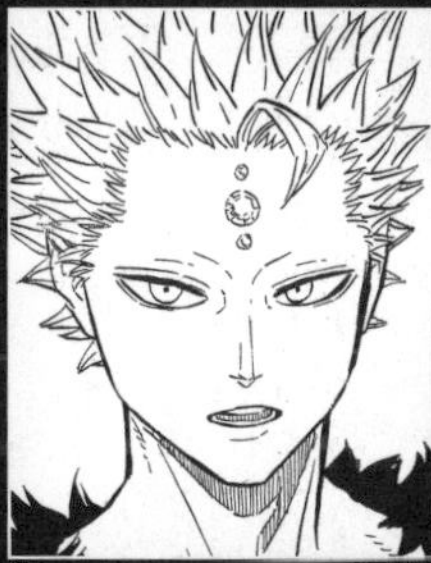

Mars

Gruppe: Königreich Diamond
Magietypus: Erz

Einer der acht »Leuchtenden Generäle«. Hat früher einmal in einem Dungeon gegen Asta gekämpft.

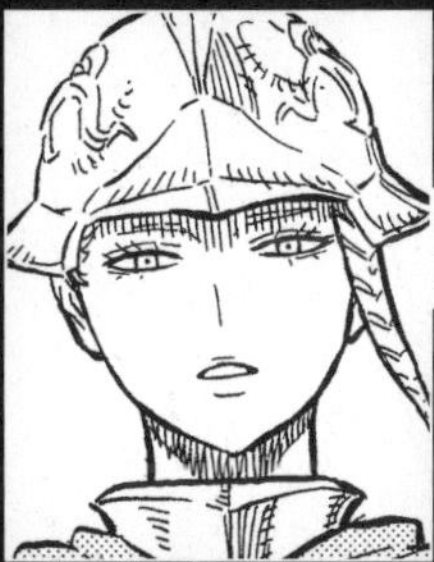

Charlotte Roselei

Gruppe: Blaue Rose
Magietypus: Dornbusch

Kühle Ordensanführerin. Männer kann sie nicht ausstehen, aber bei Yami macht sie eine Ausnahme …

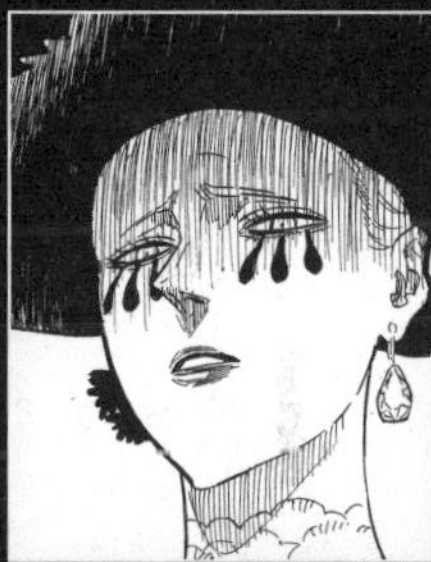

Hexenkönigin

Magietypus: Blut

Königin des Hexenwaldes. Sie nimmt sich, was sie will, und dafür ist ihr jedes Mittel recht.

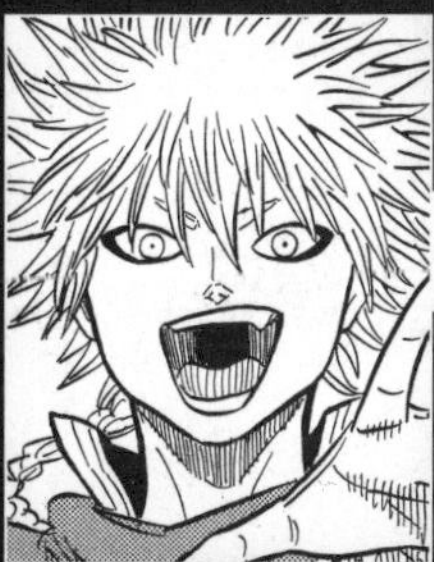

Leopold Vermillion

Gruppe: Roter Löwe
Magietypus: Feuer

Fuegoleons jüngerer Bruder. Sieht in Asta einen Rivalen.

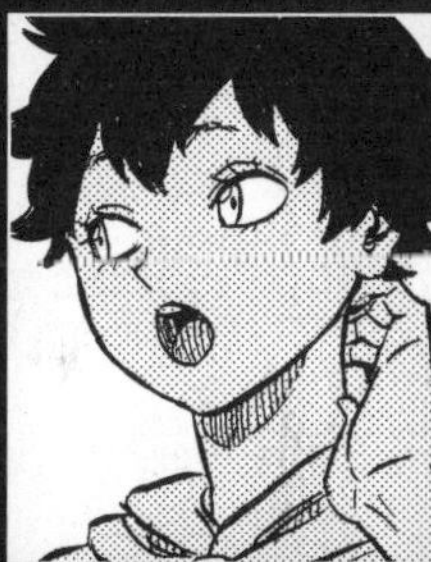

Sol Marron

Gruppe: Blaue Rose
Magietypus: Erde

Eine wilde Kriegerin mit viel Energie. Nennt ihre Ordensanführerin liebevoll »Schwester«.

Was bisher geschah:

Eine Welt, in der nur Magie zählt …

Die Waisenkinder Asta und Yuno, die am selben Tag vor der Kirche des Dorfes Hage ausgesetzt wurden, möchten das höchste Ziel eines jeden Magiers erreichen und König der Magier werden. Dafür trainieren sie tagein, tagaus. Nachdem sie mit 15 Jahren endlich ihre Grimoires, Zauberbücher, die die magische Kraft erhöhen, erhalten haben, nehmen sie an der Eignungsprüfung für die Ritterorden teil. Die neun Ritterorden sind dem König der Magier unterstellt. Yuno, der eine große magische Kraft besitzt, wird im elitären Orden »Goldene Morgendämmerung« aufgenommen, wohingegen Asta, der keinerlei magische Kraft besitzt, im »Schwarzen Stier« landet, einer berüchtigten Chaostruppe. Beide haben also den ersten Schritt gemacht, um ihrem Ziel, König der Magier zu werden, ein wenig näher zu kommen.

Im Kampf gegen Ladros vom Kalten Auge der weißen Nacht verliert Asta kurzzeitig das Bewusstsein und eine mysteriöse Kraft, die bis dahin in seinem Inneren geschlummert hat, tritt zum Vorschein! Er besiegt Ladros, doch die Freude währt nicht lang, denn die Hexenkönigin erscheint auf dem Schlachtfeld und ergreift Besitz von Asta. Sie will ihn dazu bringen, seine Freunde zu töten, um Vanessa zurückzuholen. Doch dann passiert etwas Unerwartetes …!

INHALT

BLACK ✿ CLOVER

12

Page 101 ✤ Wieder zurück

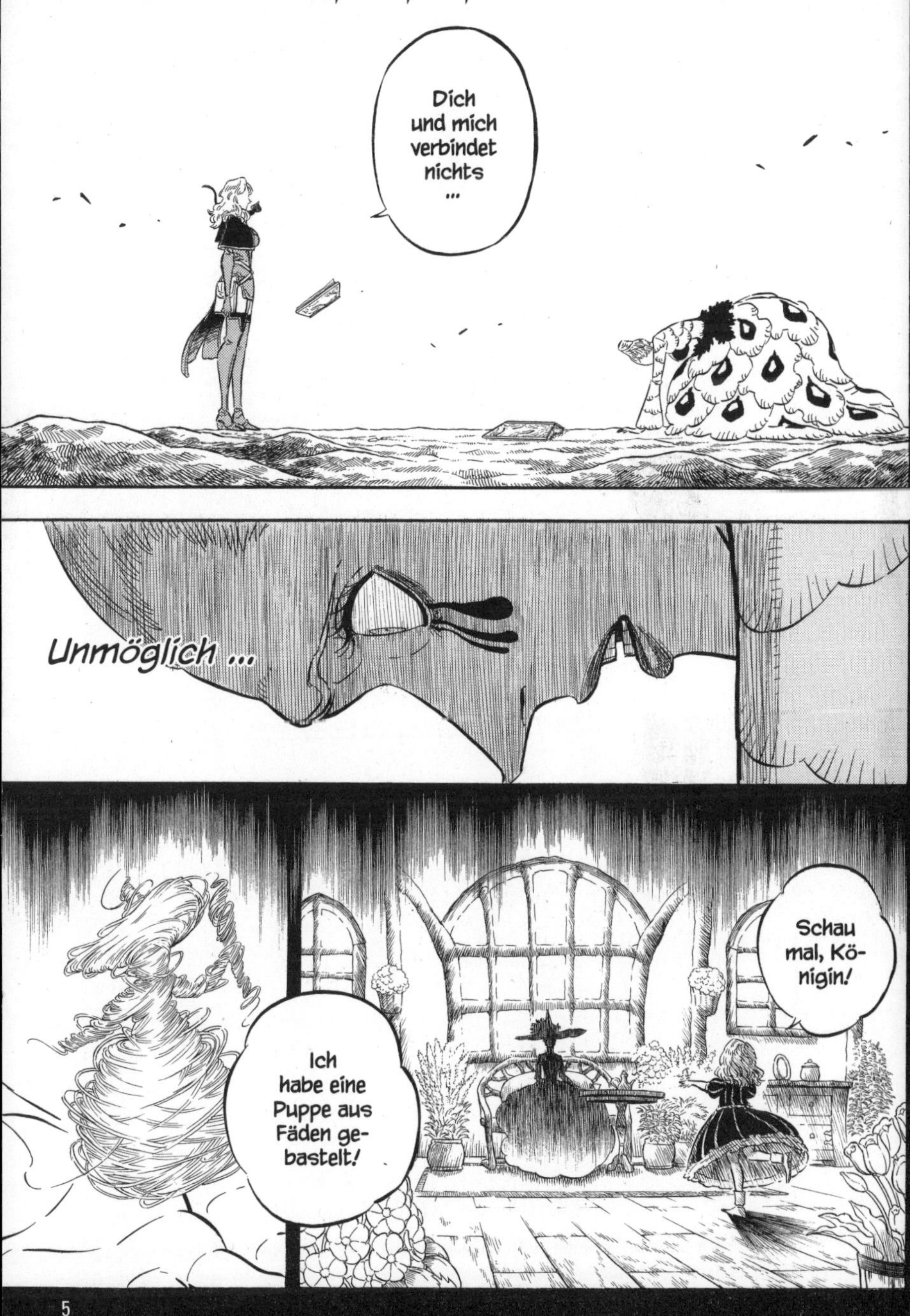

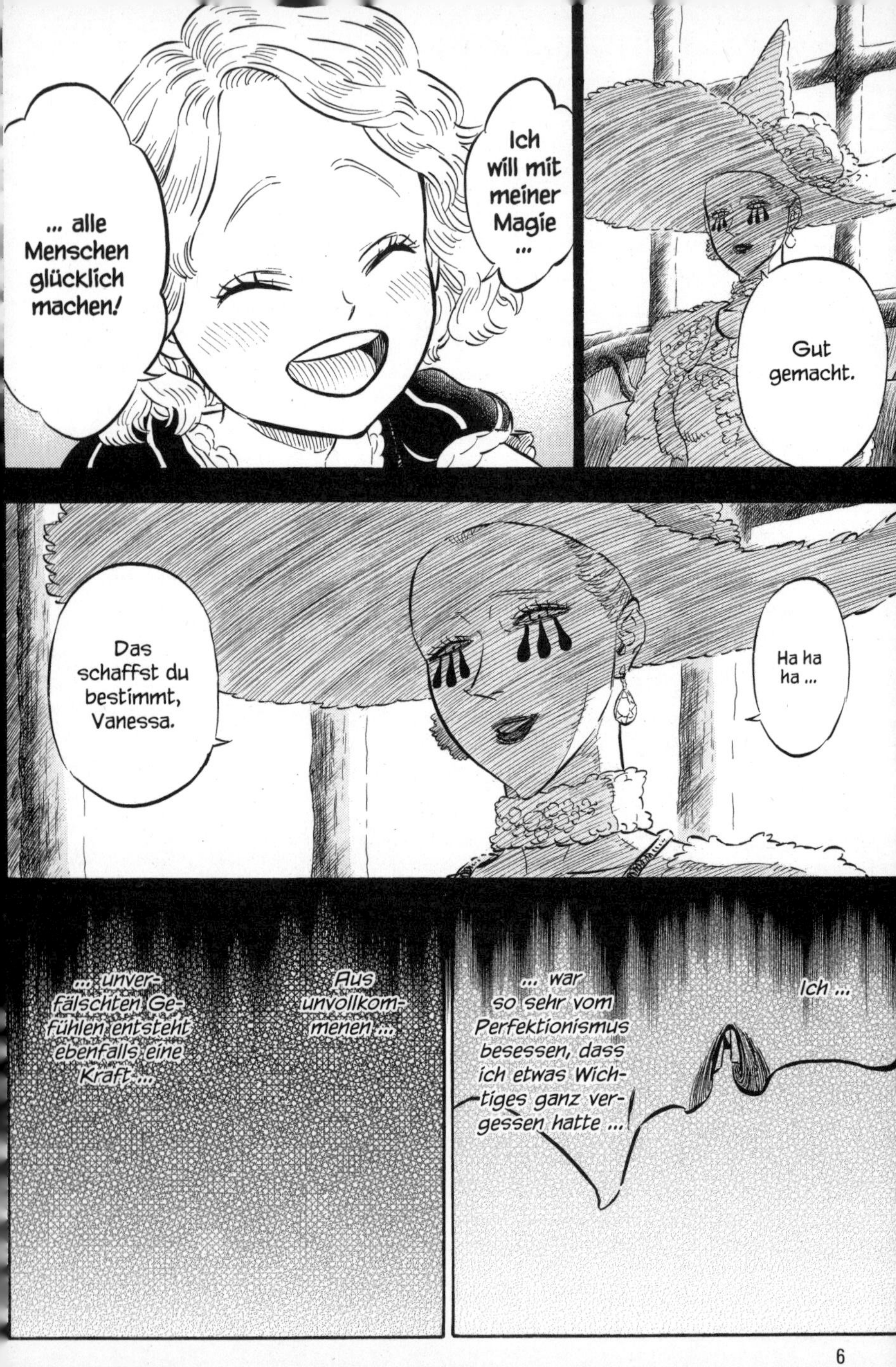
Gut gemacht.
Ich will mit meiner Magie ...
... alle Menschen glücklich machen!
Ha ha ha ...
Das schaffst du bestimmt, Vanessa.
Ich ...
... war so sehr vom Perfektionismus besessen, dass ich etwas Wichtiges ganz vergessen hatte ...
Aus unvollkommenen ...
... unverfälschten Gefühlen entsteht ebenfalls eine Kraft ...

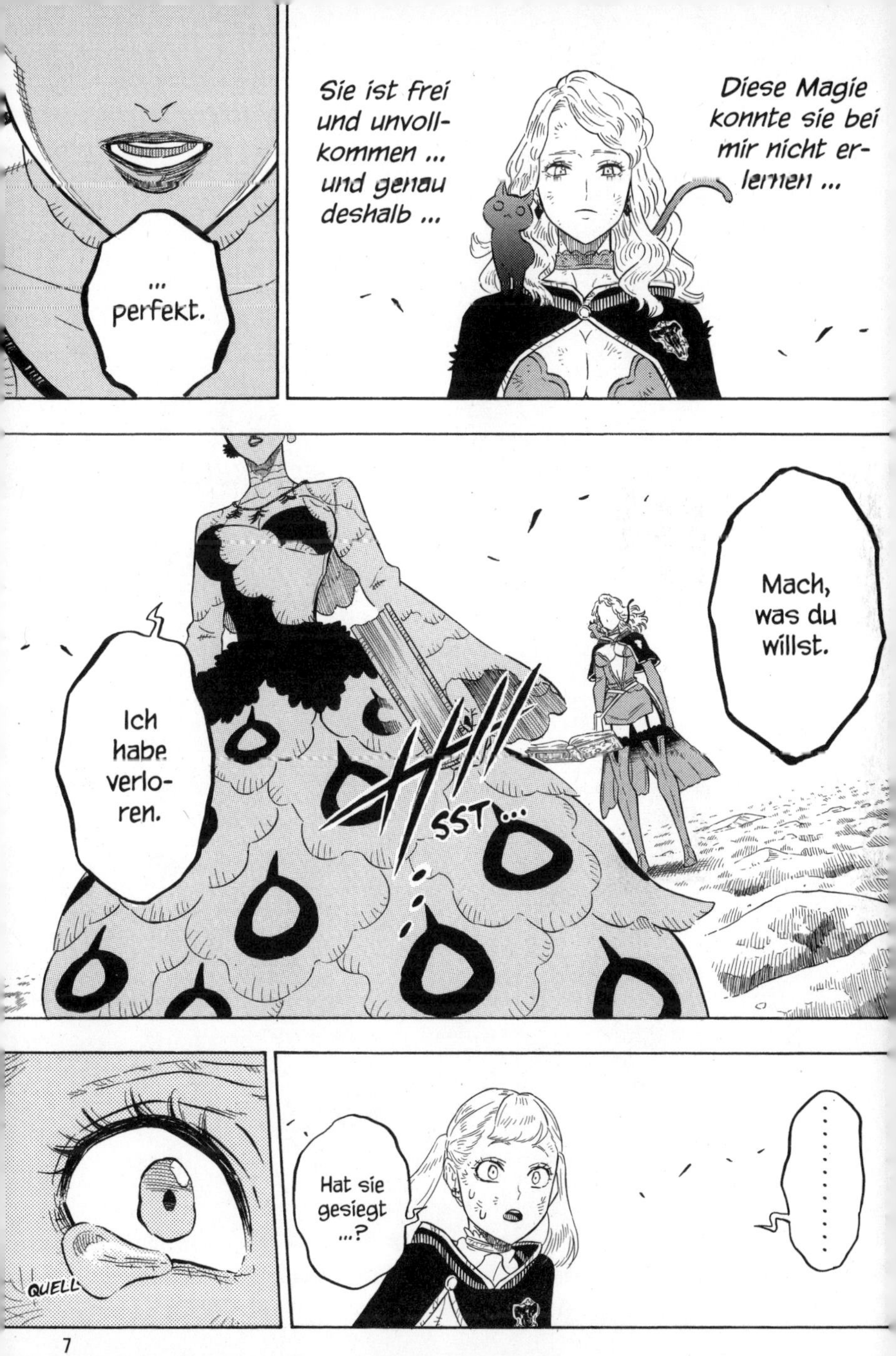

Diese Magie konnte sie bei mir nicht erlernen ...
Sie ist frei und unvollkommen ... und genau deshalb ...
... perfekt.
Mach, was du willst.
SST ...
Ich habe verloren.
....
Hat sie gesiegt ...?
QUELL

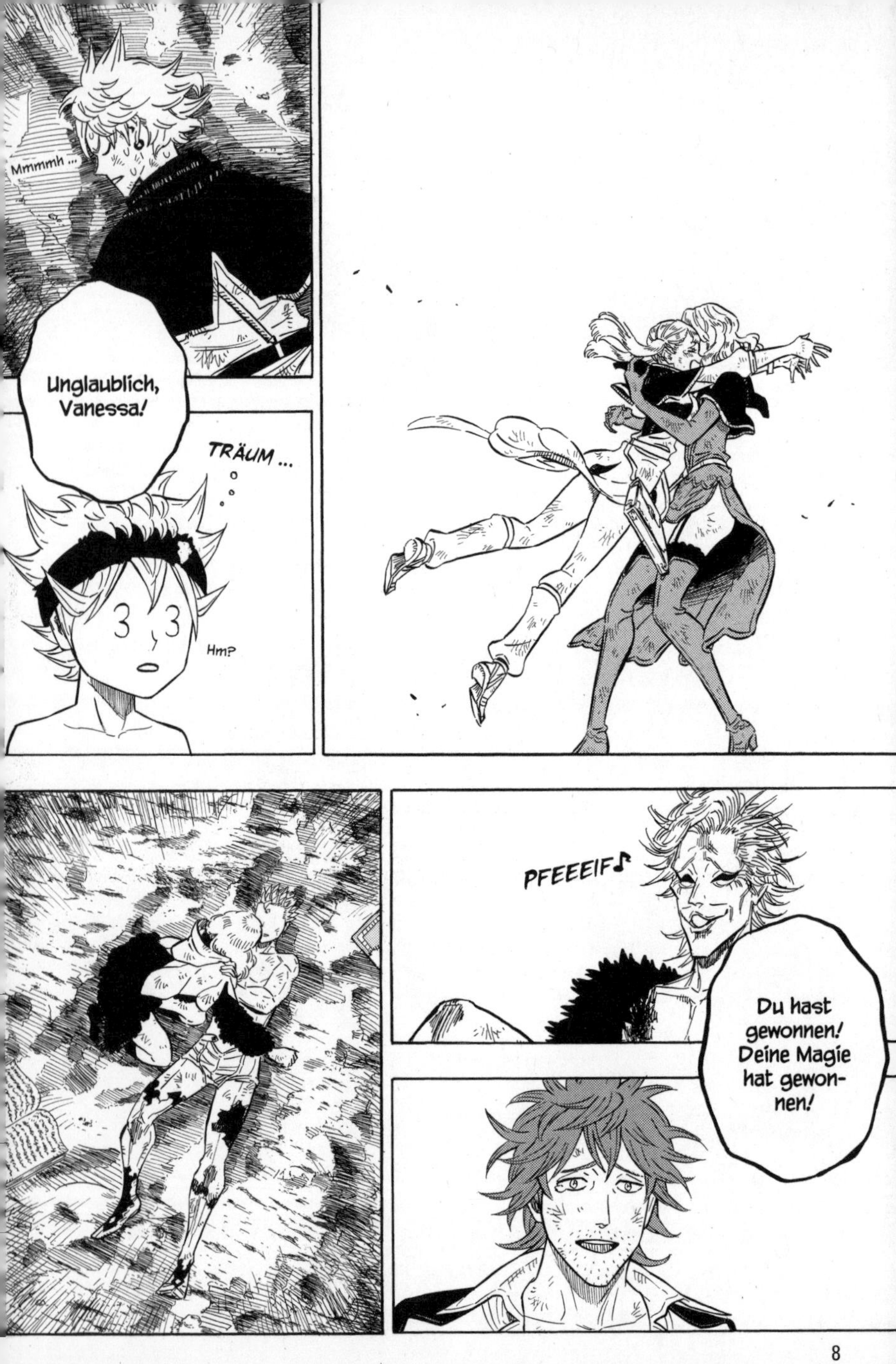
Mmmmh ...
Unglaublich, Vanessa!
TRÄUM ...
Hm?
PFEEEIF♪
Du hast gewonnen! Deine Magie hat gewonnen!

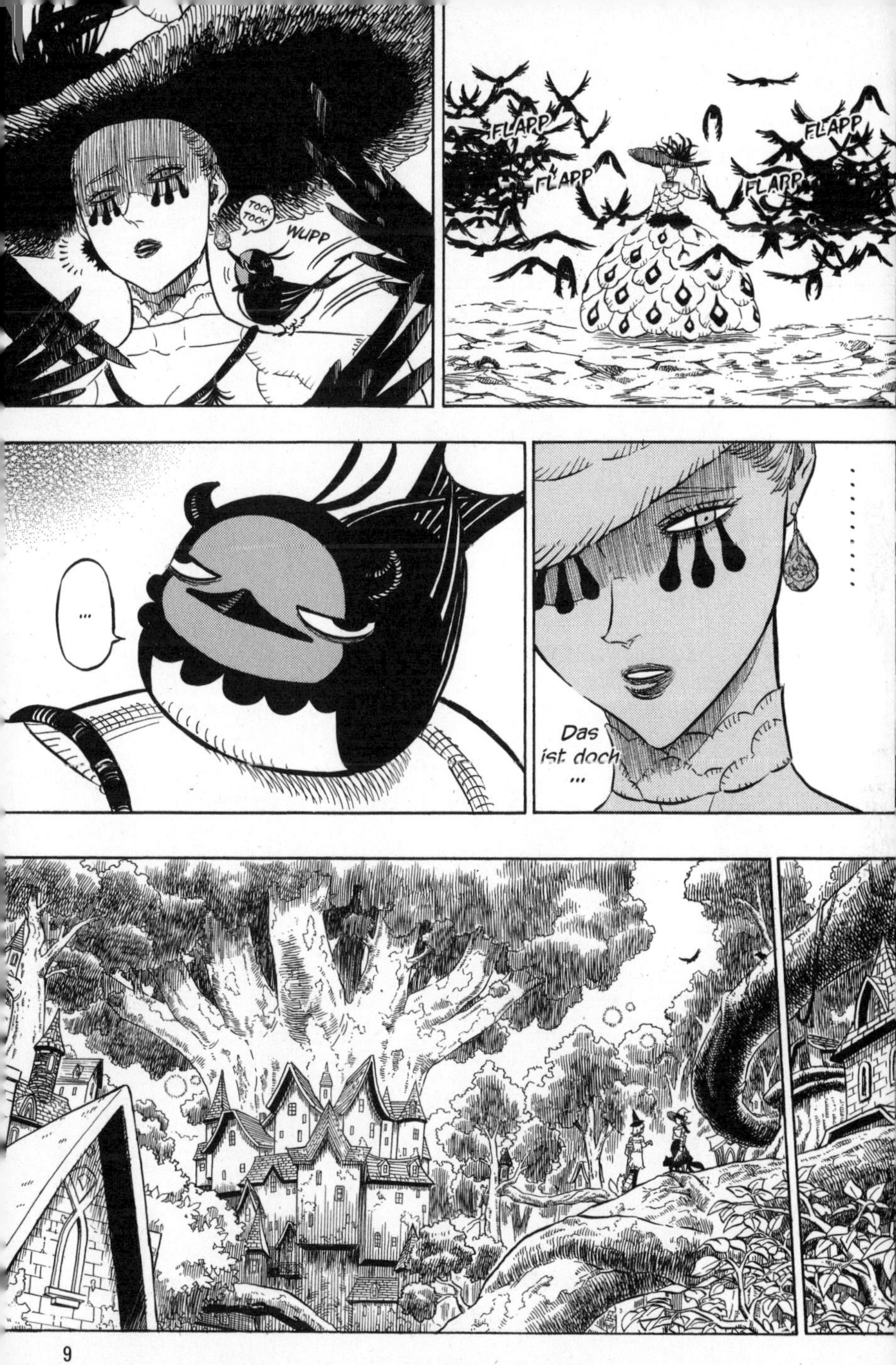
FLAPP
FLAPP
FLAPP
FLAPP
TOCK TOCK
WUPP
....
Das ist doch ...
...

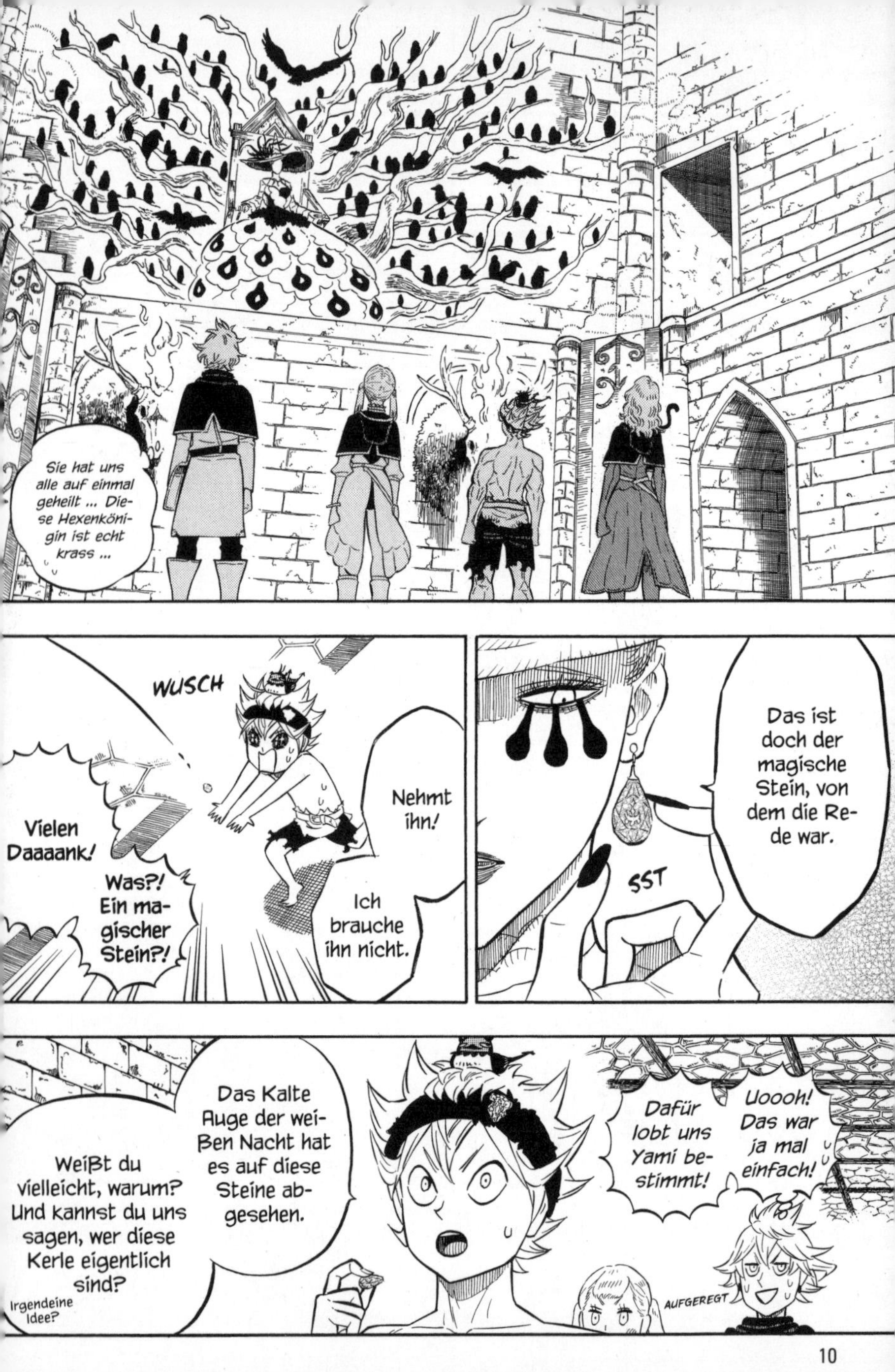
Sie hat uns alle auf einmal geheilt ... Diese Hexenkönigin ist echt krass ...
Das ist doch der magische Stein, von dem die Rede war.
SST
WUSCH
Nehmt ihn!
Ich brauche ihn nicht.
Vielen Daaaank!
Was?! Ein magischer Stein?!
Uoooh! Das war ja mal einfach!
Dafür lobt uns Yami bestimmt!
AUFGEREGT
Das Kalte Auge der weißen Nacht hat es auf diese Steine abgesehen.
Weißt du vielleicht, warum? Und kannst du uns sagen, wer diese Kerle eigentlich sind?
Irgendeine Idee?

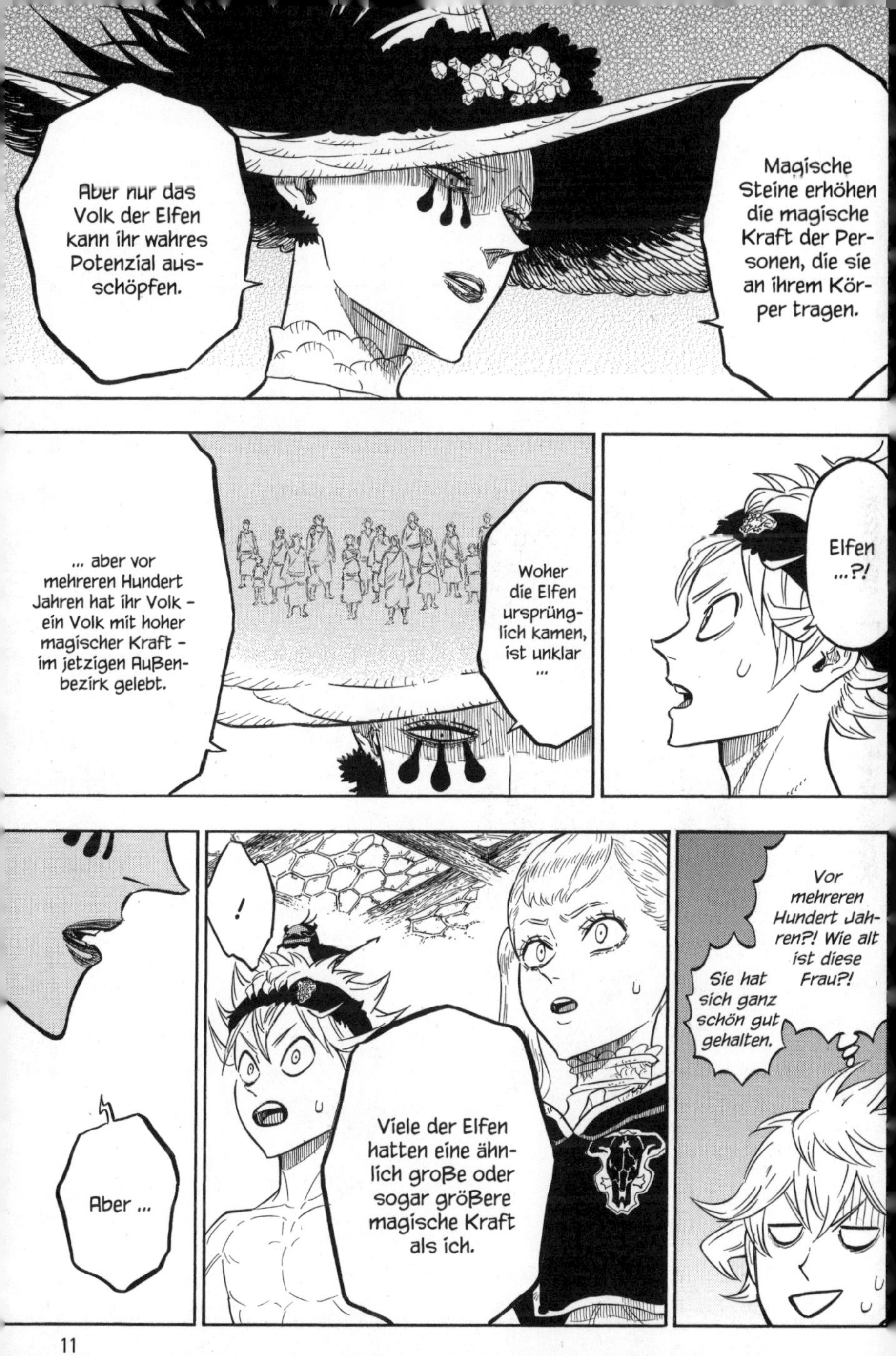
Magische Steine erhöhen die magische Kraft der Personen, die sie an ihrem Körper tragen.
Aber nur das Volk der Elfen kann ihr wahres Potenzial ausschöpfen.
Elfen ...?!
Woher die Elfen ursprünglich kamen, ist unklar ...
... aber vor mehreren Hundert Jahren hat ihr Volk – ein Volk mit hoher magischer Kraft – im jetzigen Außenbezirk gelebt.
Vor mehreren Hundert Jahren?! Wie alt ist diese Frau?!
Sie hat sich ganz schön gut gehalten.
!
Viele der Elfen hatten eine ähnlich große oder sogar größere magische Kraft als ich.
Aber ...

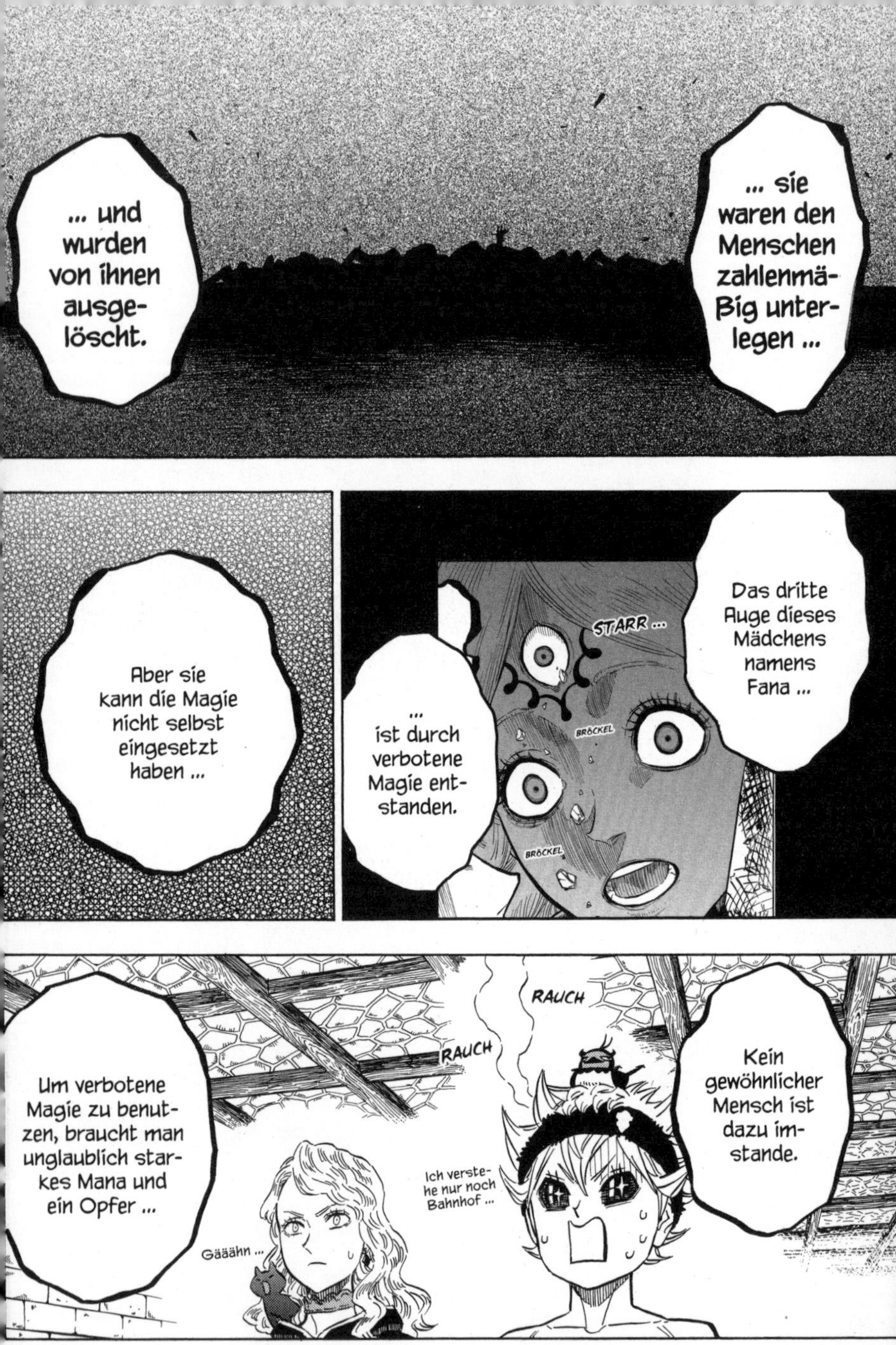
... sie waren den Menschen zahlenmä-ßig unter-legen ...
... und wurden von ihnen ausge-löscht.
Das dritte Auge dieses Mädchens namens Fana ...
STARR ...
... ist durch verbotene Magie ent-standen.
BRÖCKEL
BRÖCKEL
Aber sie kann die Magie nicht selbst eingesetzt haben ...
Kein gewöhnlicher Mensch ist dazu im-stande.
RAUCH
RAUCH
Ich verste-he nur noch Bahnhof ...
Um verbotene Magie zu benut-zen, braucht man unglaublich star-kes Mana und ein Opfer ...
Gäääähn ...

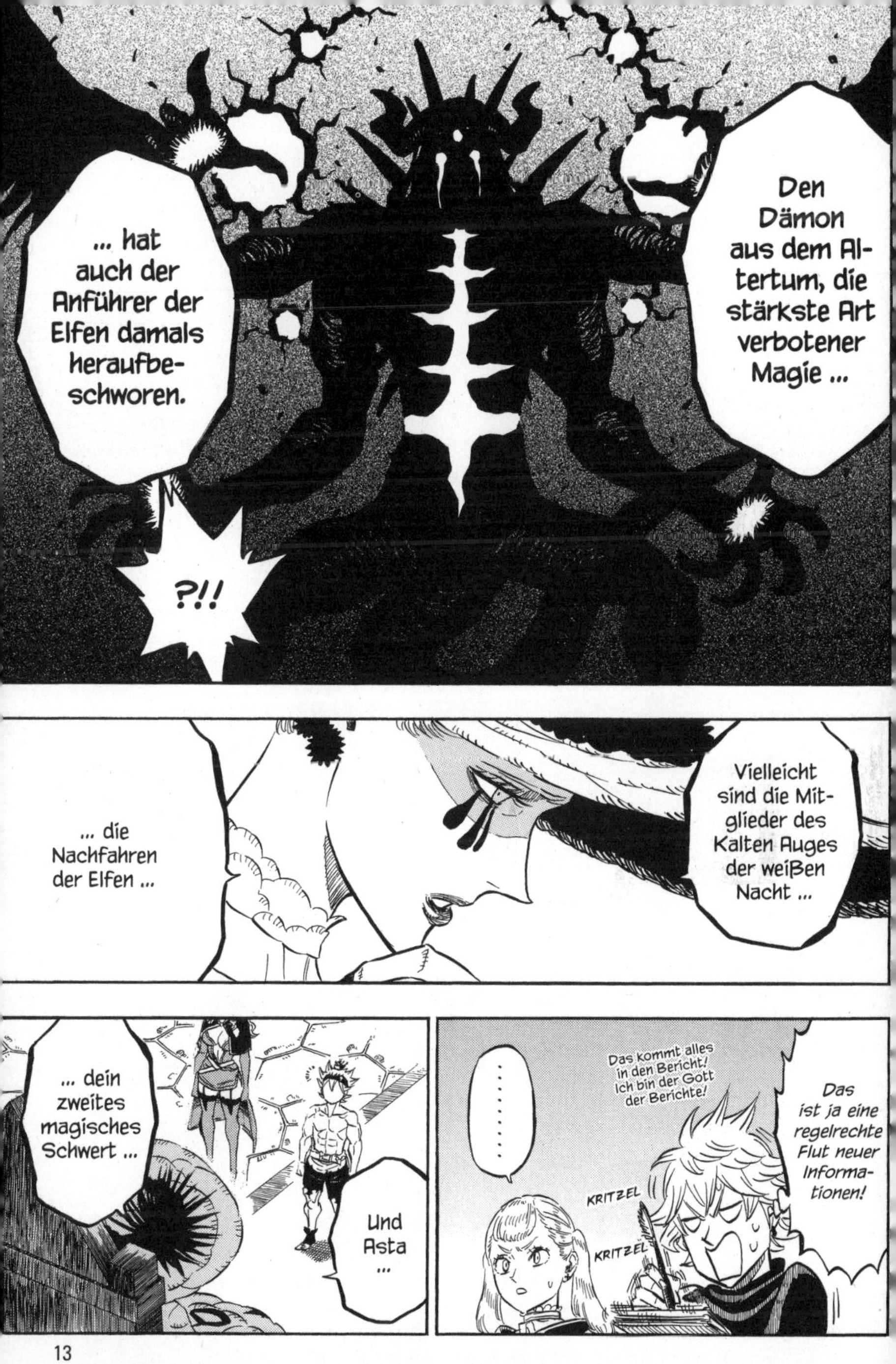
Den Dämon aus dem Altertum, die stärkste Art verbotener Magie ...
... hat auch der Anführer der Elfen damals heraufbeschworen.
?!!
Vielleicht sind die Mitglieder des Kalten Auges der weißen Nacht ...
... die Nachfahren der Elfen ...
Das ist ja eine regelrechte Flut neuer Informationen!
Das kommt alles in den Bericht! Ich bin der Gott der Berichte!
KRITZEL
KRITZEL
....
Und Asta ...
... dein zweites magisches Schwert ...

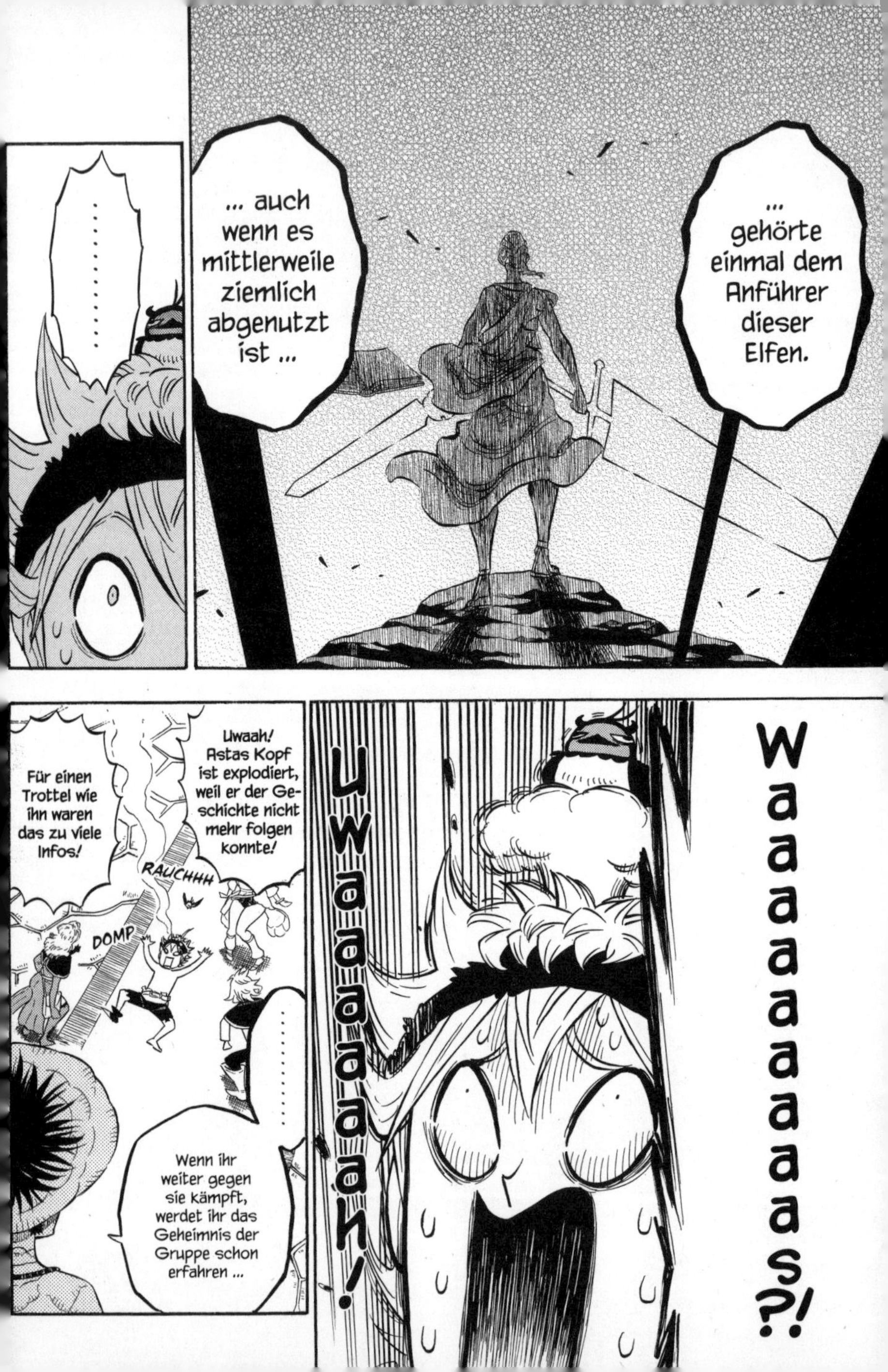
... gehörte einmal dem Anführer dieser Elfen.
... auch wenn es mittlerweile ziemlich abgenutzt ist ...
......
Waaaaaaaaaaaas?!
Uwaaaaaaah!
Uwaah! Astas Kopf ist explodiert, weil er der Geschichte nicht mehr folgen konnte!
Für einen Trottel wie ihn waren das zu viele Infos!
RAUCHHH
DOMP
......
Wenn ihr weiter gegen sie kämpft, werdet ihr das Geheimnis der Gruppe schon erfahren ...

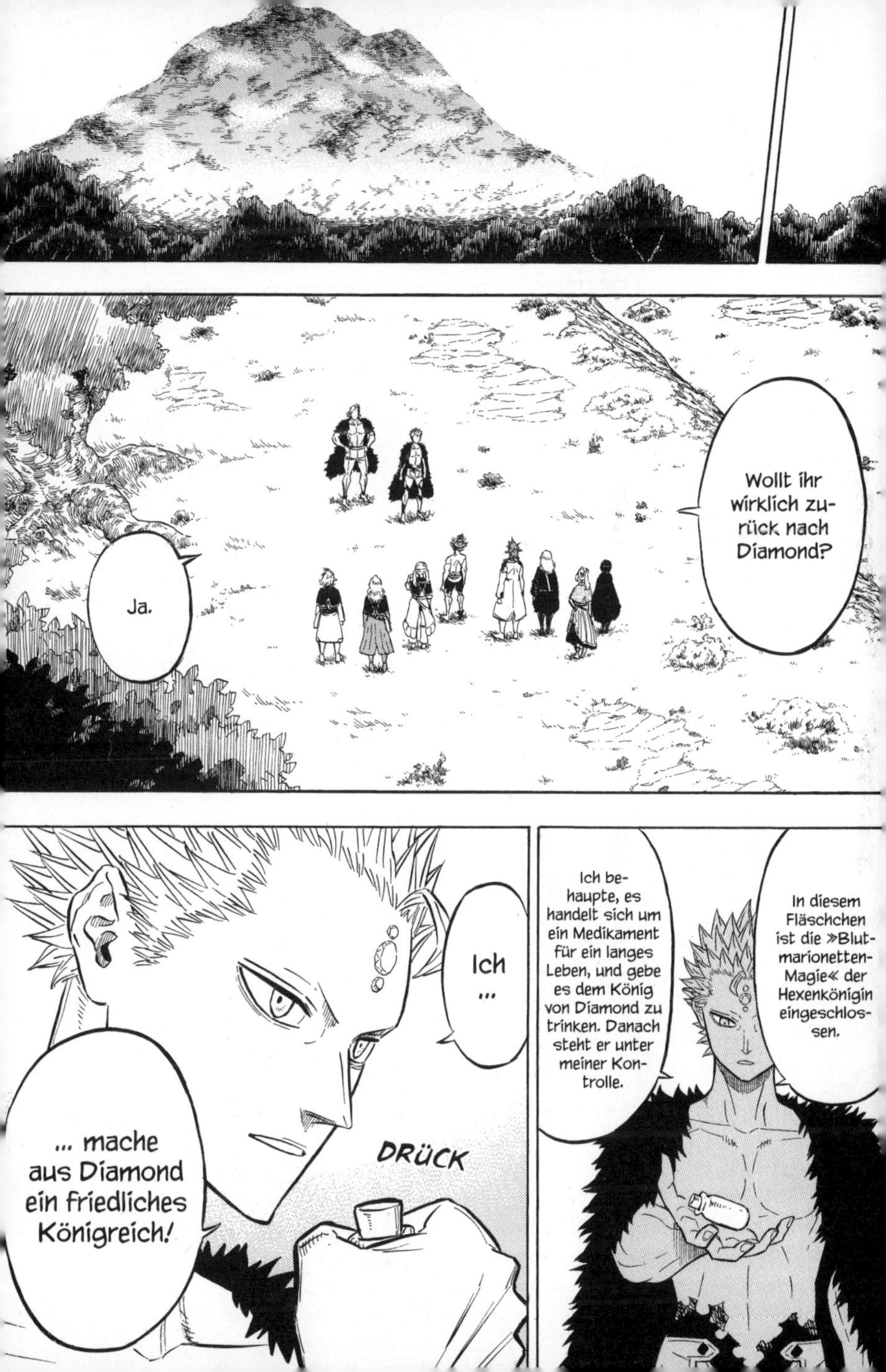
Wollt ihr wirklich zurück nach Diamond?
Ja.
In diesem Fläschchen ist die »Blutmarionetten-Magie« der Hexenkönigin eingeschlossen.
Ich behaupte, es handelt sich um ein Medikament für ein langes Leben, und gebe es dem König von Diamond zu trinken. Danach steht er unter meiner Kontrolle.
Ich …
DRÜCK
… mache aus Diamond ein friedliches Königreich!

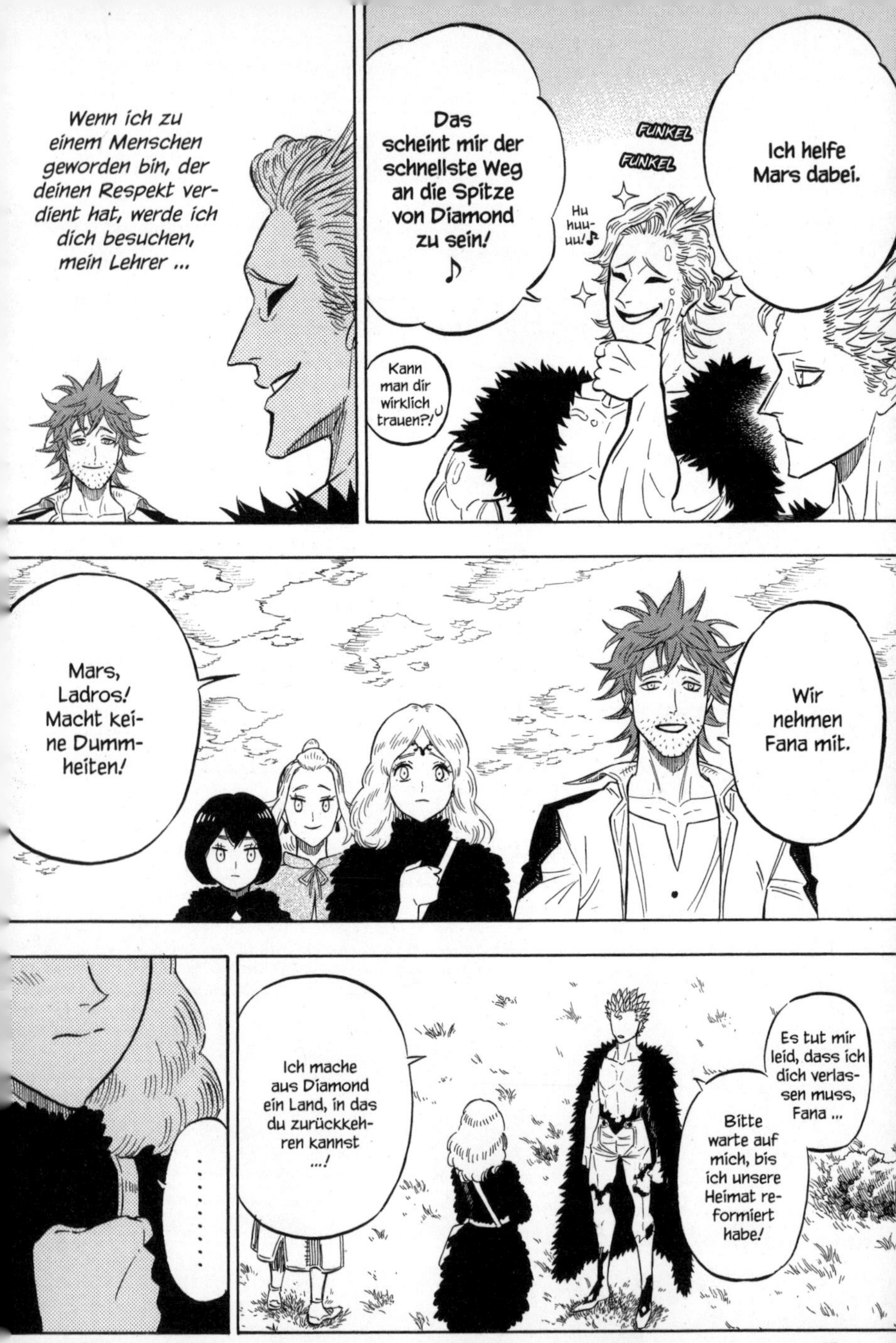
Ich helfe Mars dabei.
FUNKEL
FUNKEL
Hu huu-uu!♪
Das scheint mir der schnellste Weg an die Spitze von Diamond zu sein! ♪
Kann man dir wirklich trauen?!
Wenn ich zu einem Menschen geworden bin, der deinen Respekt verdient hat, werde ich dich besuchen, mein Lehrer ...
Wir nehmen Fana mit.
Mars, Ladros! Macht keine Dummheiten!
Es tut mir leid, dass ich dich verlassen muss, Fana ...
Bitte warte auf mich, bis ich unsere Heimat reformiert habe!
Ich mache aus Diamond ein Land, in das du zurückkehren kannst ...!
....

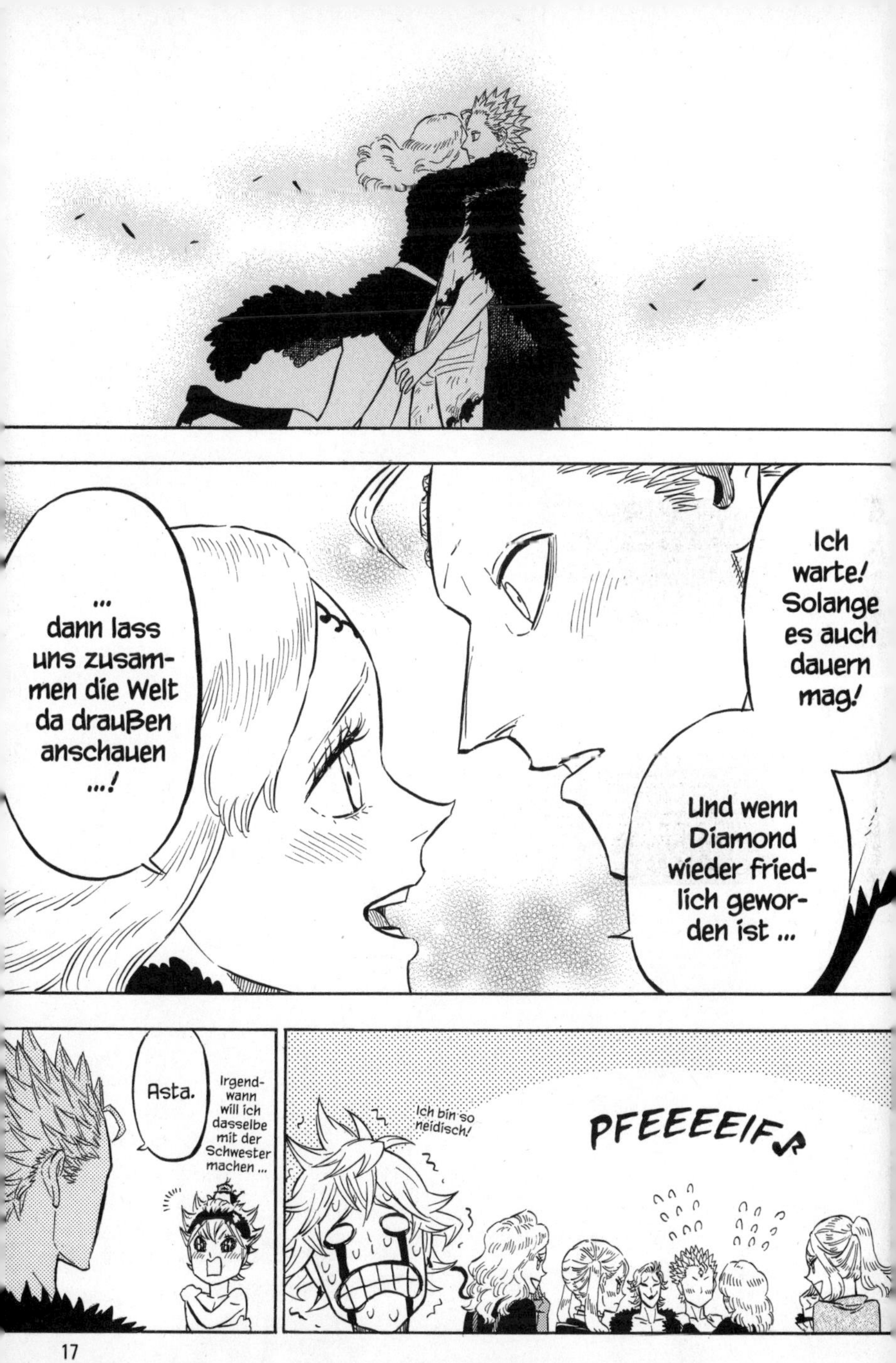
Ich warte! Solange es auch dauern mag!
Und wenn Diamond wieder friedlich geworden ist ...
... dann lass uns zusammen die Welt da draußen anschauen ...!
PFEEEEIF♪
Ich bin so neidisch!
Asta.
Irgendwann will ich dasselbe mit der Schwester machen ...

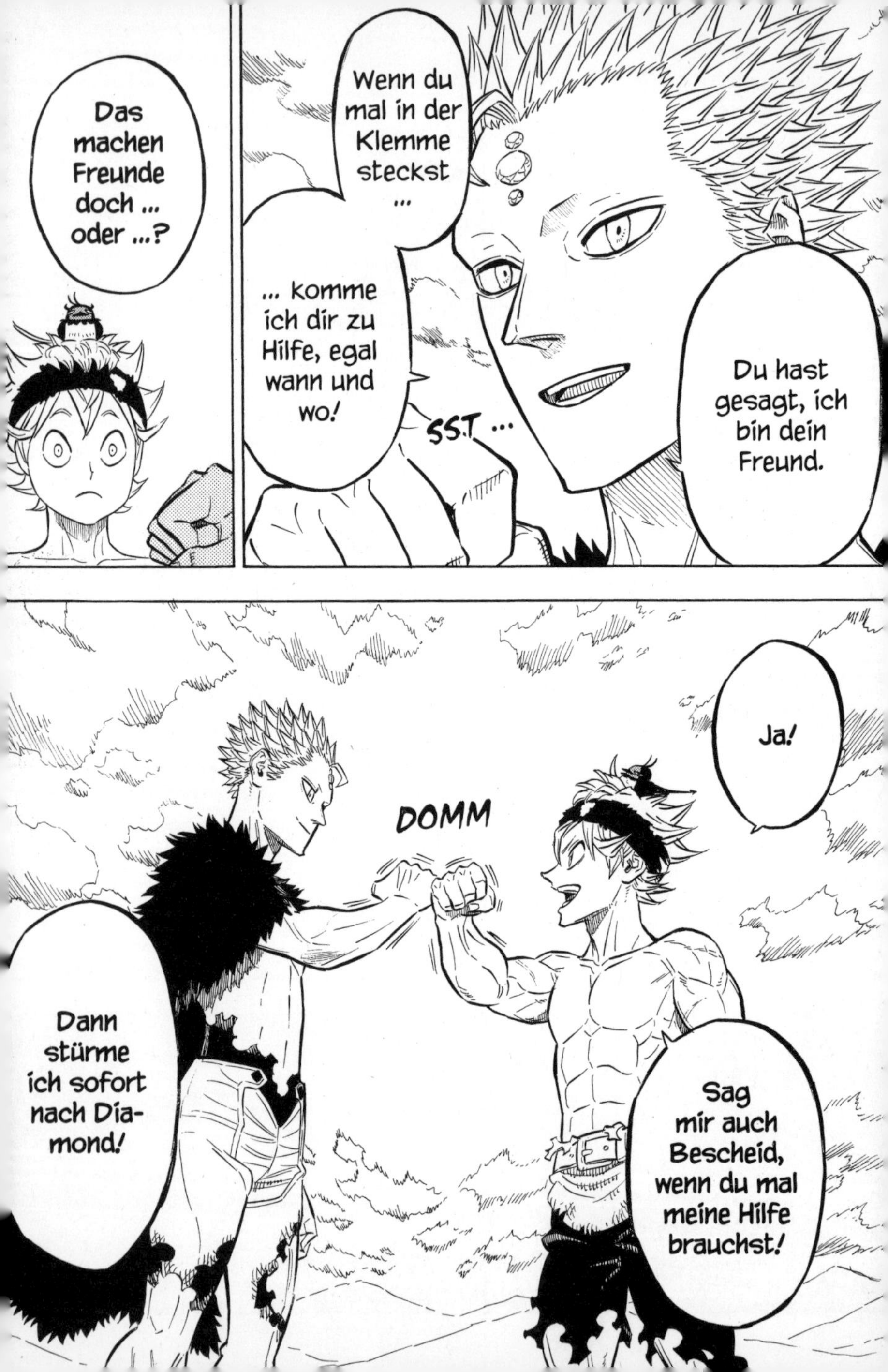
Du hast gesagt, ich bin dein Freund.
Wenn du mal in der Klemme steckst ...
... komme ich dir zu Hilfe, egal wann und wo!
SST ...
Das machen Freunde doch ... oder ...?
Ja!
Sag mir auch Bescheid, wenn du mal meine Hilfe brauchst!
DOMM
Dann stürme ich sofort nach Diamond!

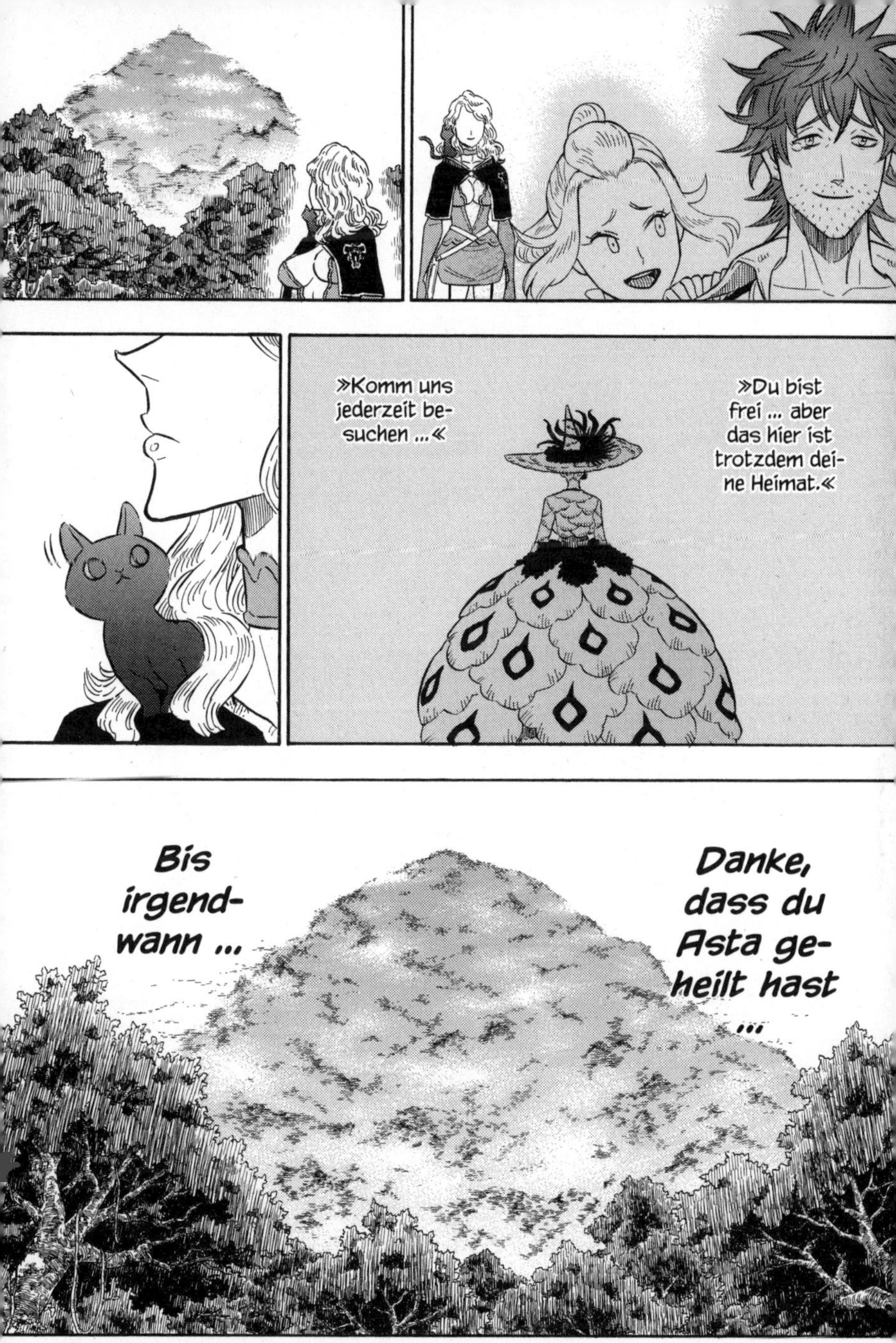
»Du bist frei ... aber das hier ist trotzdem deine Heimat.«
»Komm uns jederzeit besuchen ...«
Danke, dass du Asta geheilt hast ...
Bis irgendwann ...

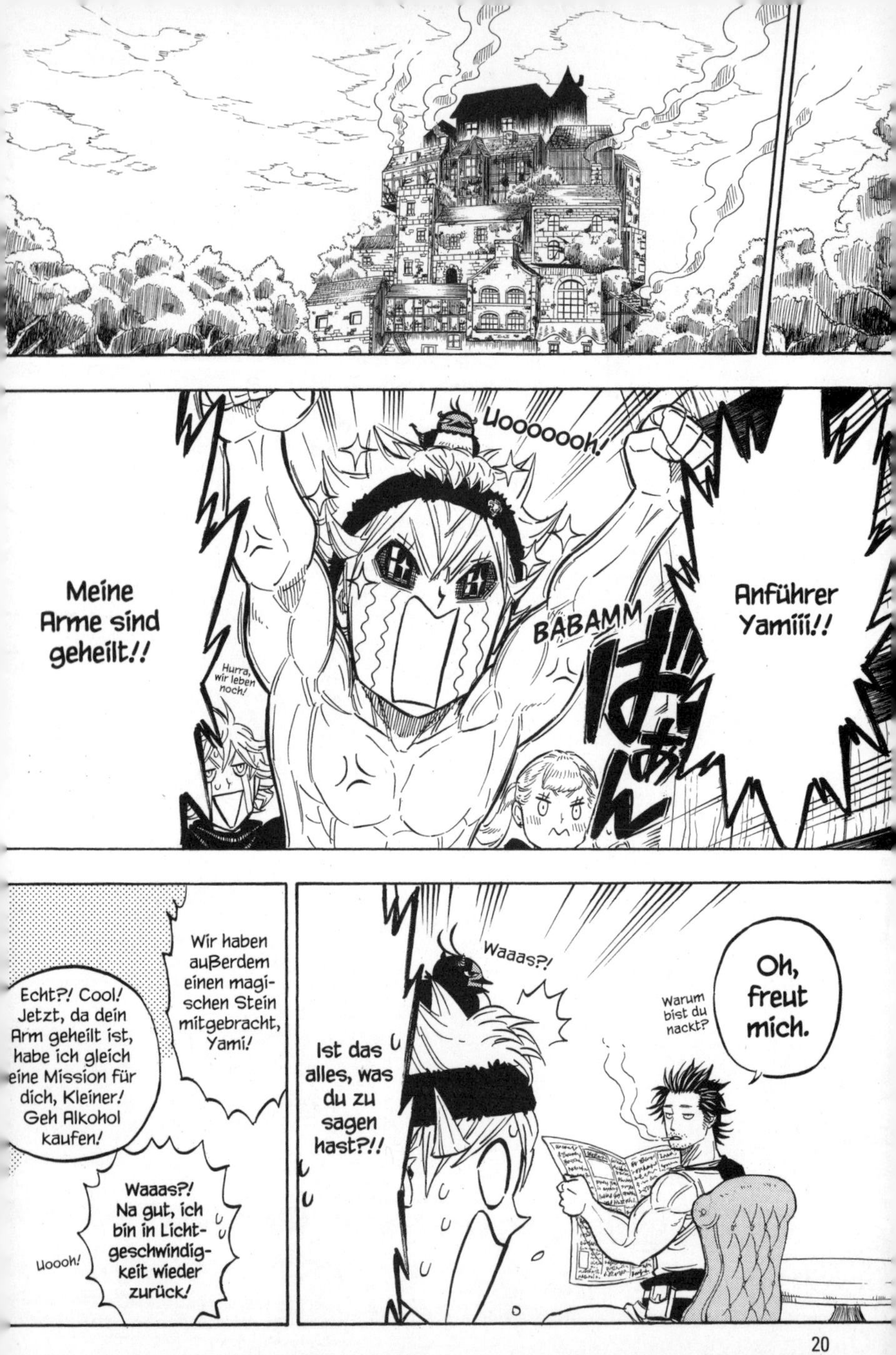

Uoooooh!
Anführer Yamiii!!
BABAMM
Meine Arme sind geheilt!!
Hurra, wir leben noch!
Oh, freut mich.
Warum bist du nackt?
Waaas?!
Ist das alles, was du zu sagen hast?!!
Wir haben außerdem einen magischen Stein mitgebracht, Yami!
Echt?! Cool! Jetzt, da dein Arm geheilt ist, habe ich gleich eine Mission für dich, Kleiner! Geh Alkohol kaufen!
Waaas?! Na gut, ich bin in Lichtgeschwindigkeit wieder zurück!
Uoooh!

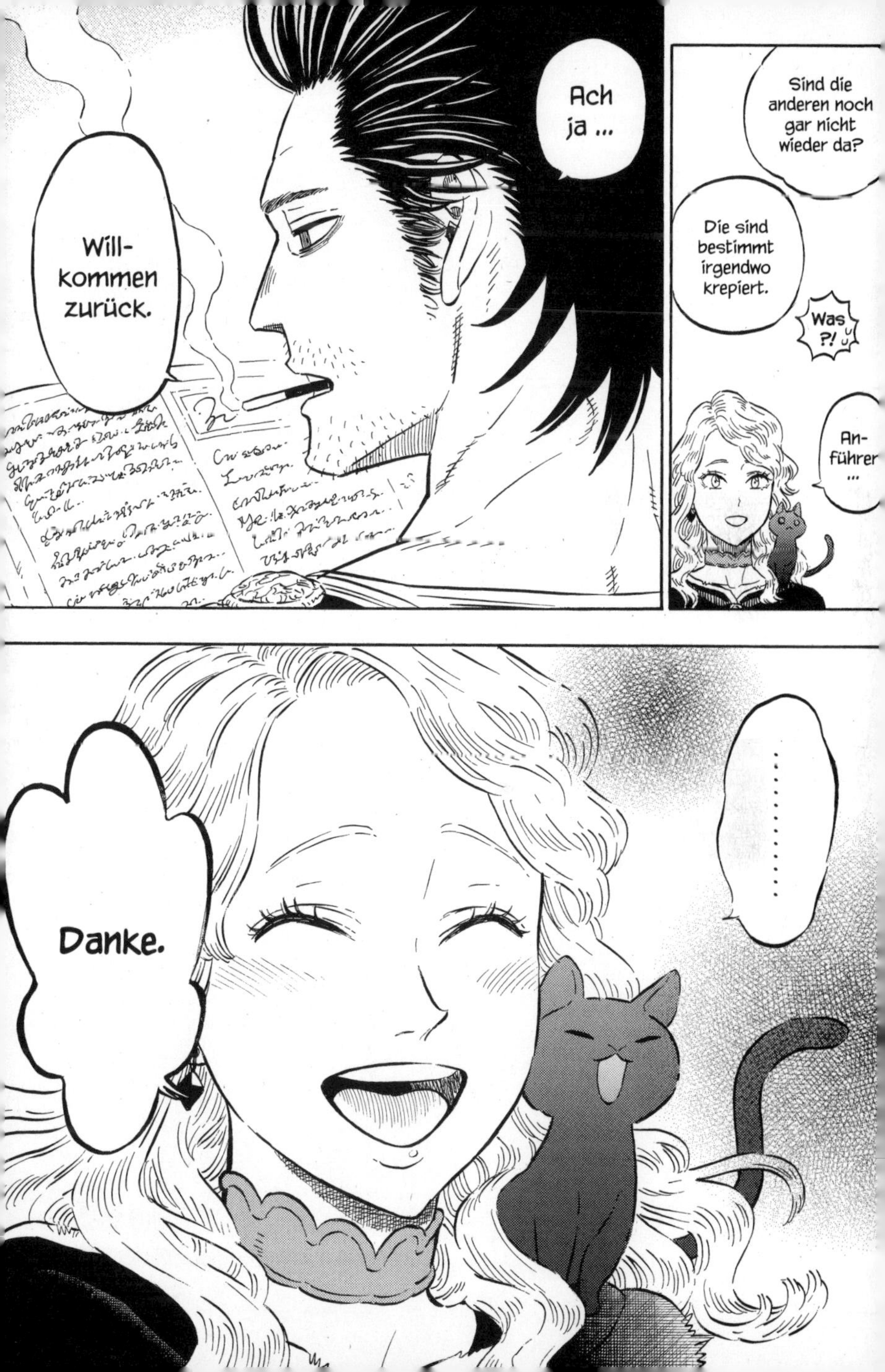

Sind die anderen noch gar nicht wieder da?
Die sind bestimmt irgendwo krepiert.
Was ?!
An-führer ...
Ach ja ...
Will-kommen zurück.
......
Danke.

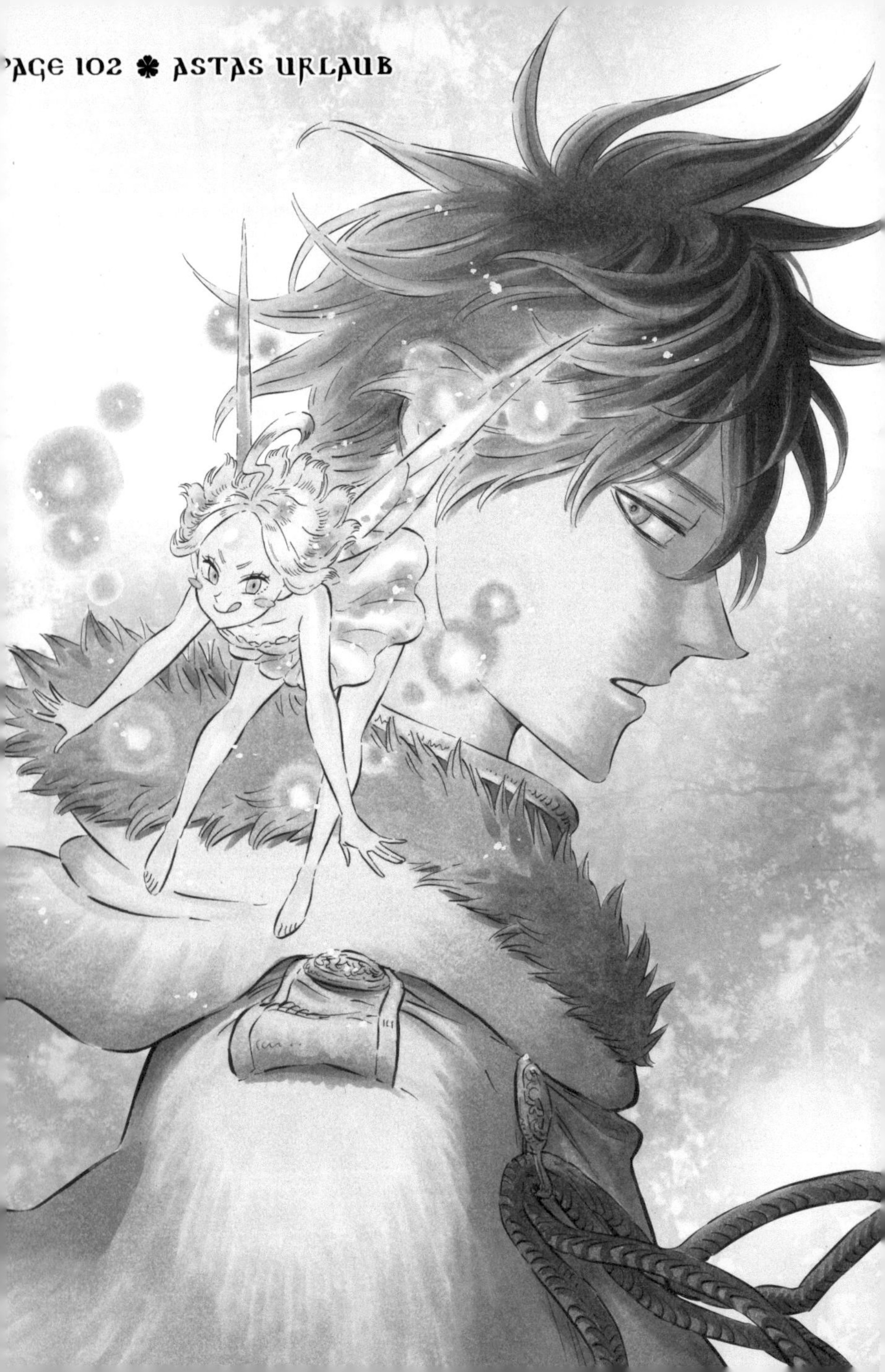
PAGE 102 ✽ ASTAS URLAUB

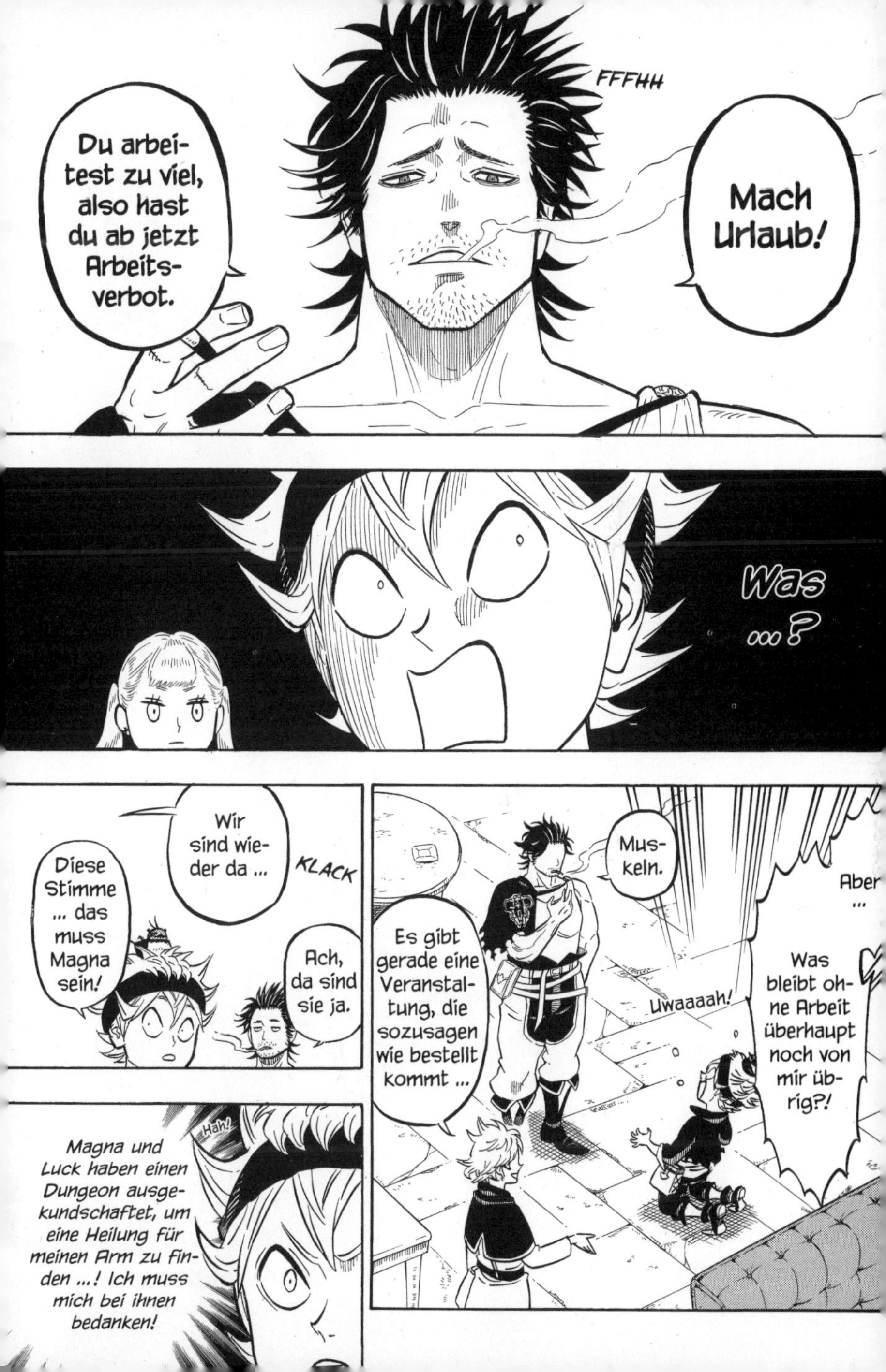

FFFHH
Mach Urlaub!
Du arbeitest zu viel, also hast du ab jetzt Arbeitsverbot.
Was ...?
Aber ...
Was bleibt ohne Arbeit überhaupt noch von mir übrig?!
Uwaaaah!
Muskeln.
Es gibt gerade eine Veranstaltung, die sozusagen wie bestellt kommt ...
Wir sind wieder da ...
KLACK
Diese Stimme ... das muss Magna sein!
Ach, da sind sie ja.
Hah!
Magna und Luck haben einen Dungeon ausgekundschaftet, um eine Heilung für meinen Arm zu finden ...! Ich muss mich bei ihnen bedanken!

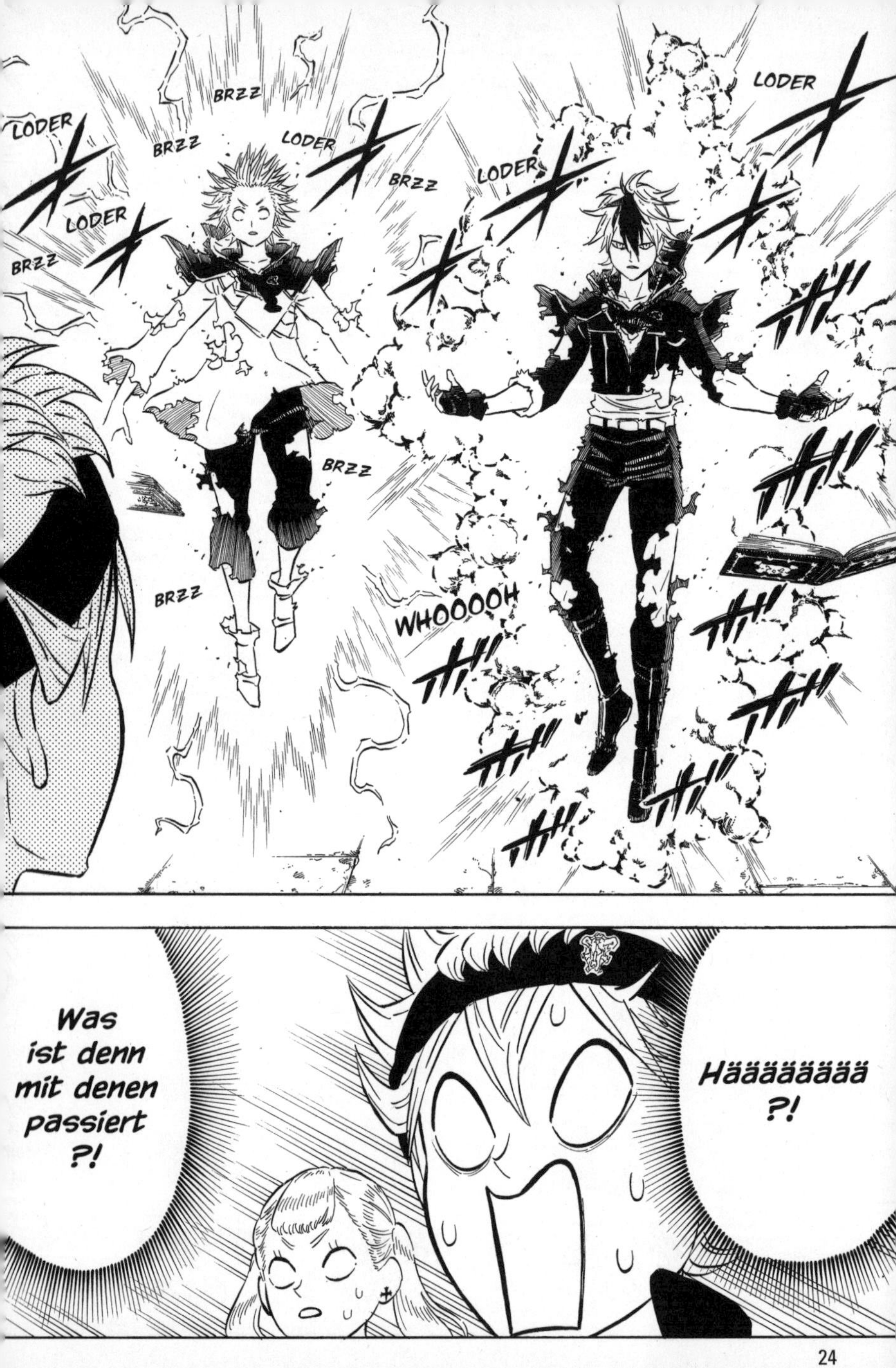
LODER
LODER
WHOOOOH
LODER
BRZZ
BRZZ
LODER
BRZZ
LODER
BRZZ
LODER
BRZZ
BRZZ
Häääääää ?!
Was ist denn mit denen passiert ?!

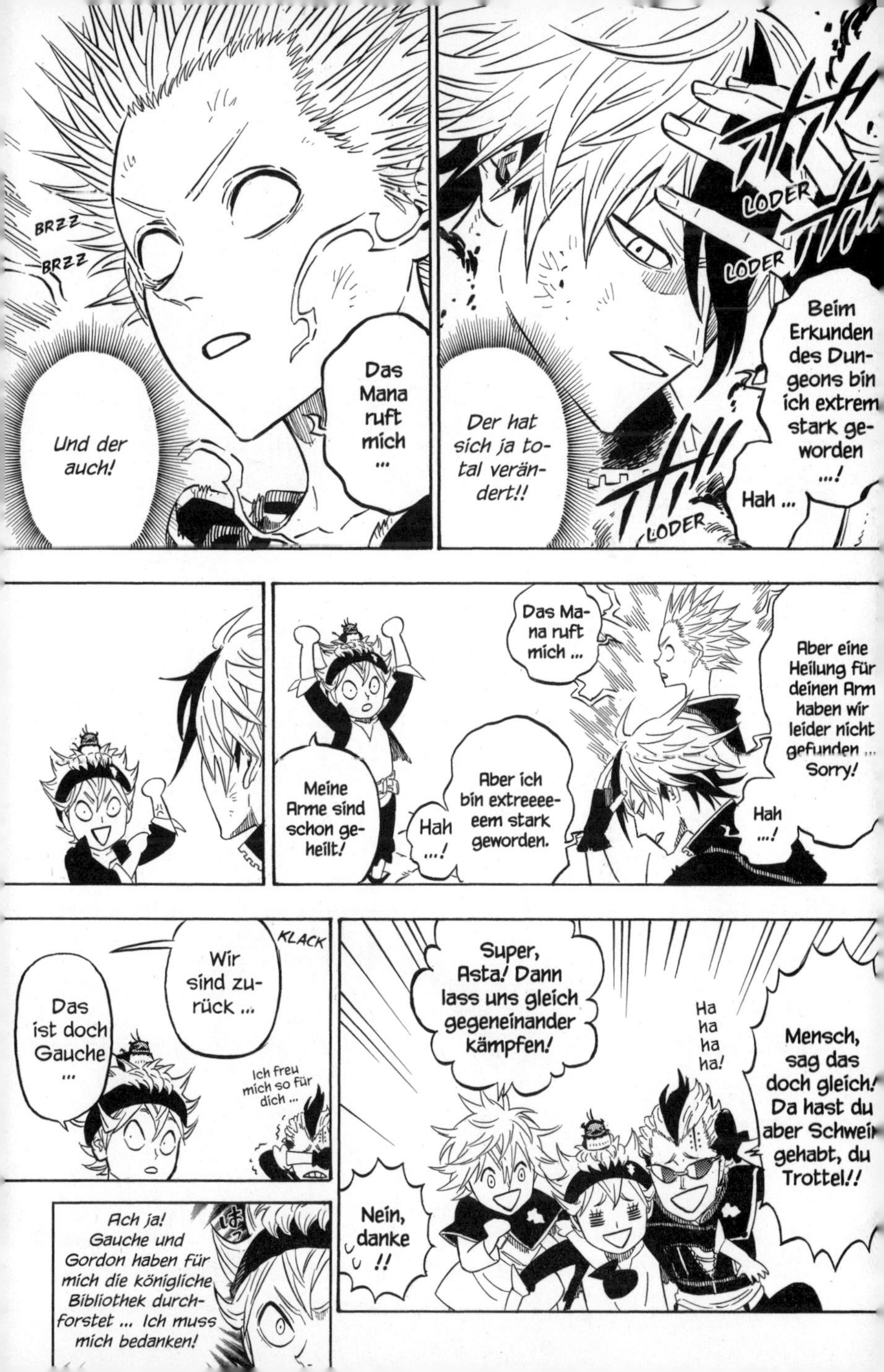

LODER
LODER
Beim Erkunden des Dungeons bin ich extrem stark geworden ...!
Hah ...
LODER
Der hat sich ja total verändert!!
Das Mana ruft mich ...
BRZZ
BRZZ
Und der auch!
Aber eine Heilung für deinen Arm haben wir leider nicht gefunden ... Sorry!
Hah ...!
Das Mana ruft mich ...
Aber ich bin extreeeeeem stark geworden.
Hah ...!
Meine Arme sind schon geheilt!
Mensch, sag das doch gleich! Da hast du aber Schwein gehabt, du Trottel!!
Ha ha ha ha!
Super, Asta! Dann lass uns gleich gegeneinander kämpfen!
Nein, danke !!
KLACK
Wir sind zurück ...
Ich freu mich so für dich ...
Das ist doch Gauche ...
Ach ja! Gauche und Gordon haben für mich die königliche Bibliothek durchforstet ... Ich muss mich bedanken!

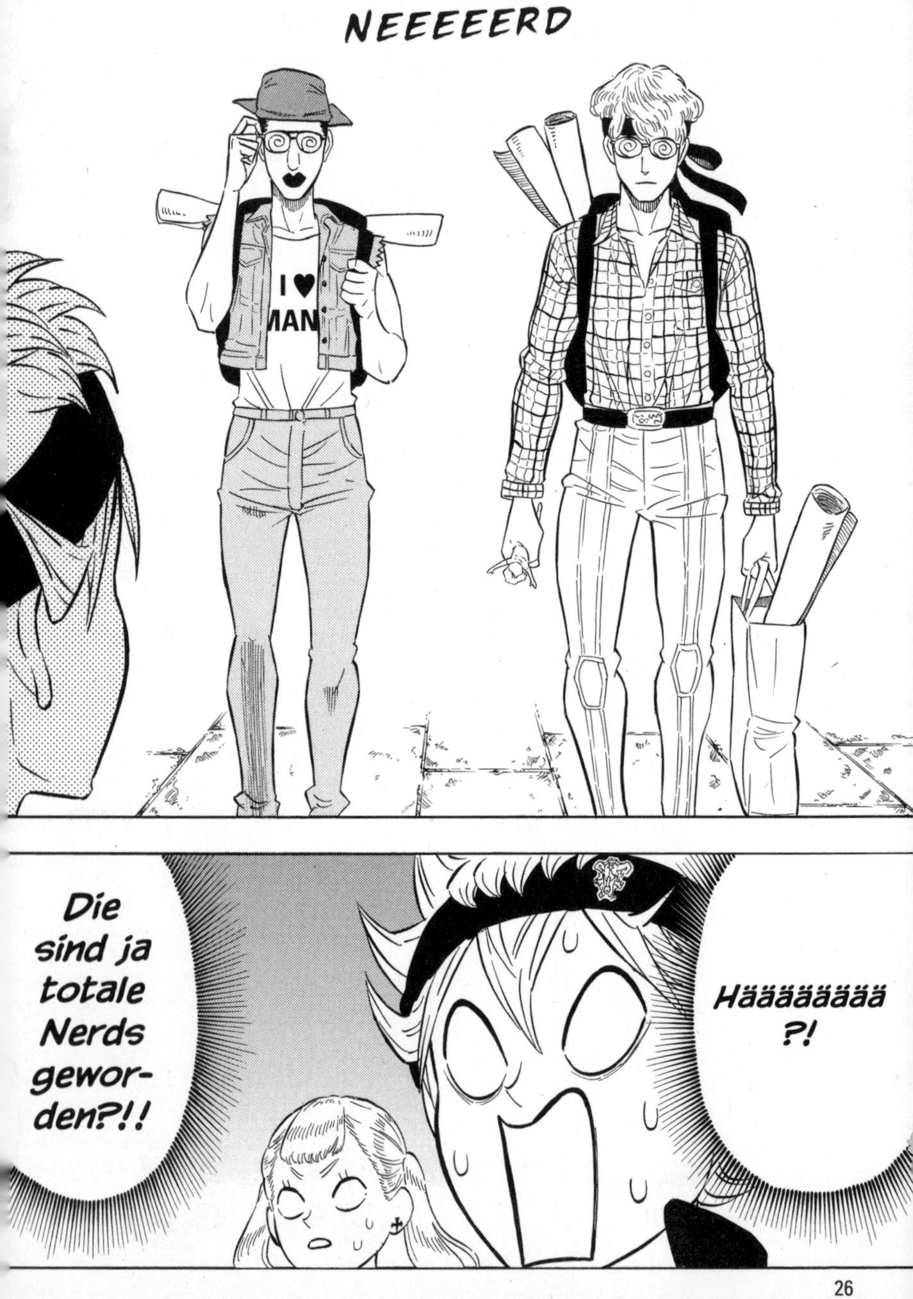
NEEEEERD
I ♥ MAN
Häääääääää ?!
Die sind ja totale Nerds gewor-den?!!

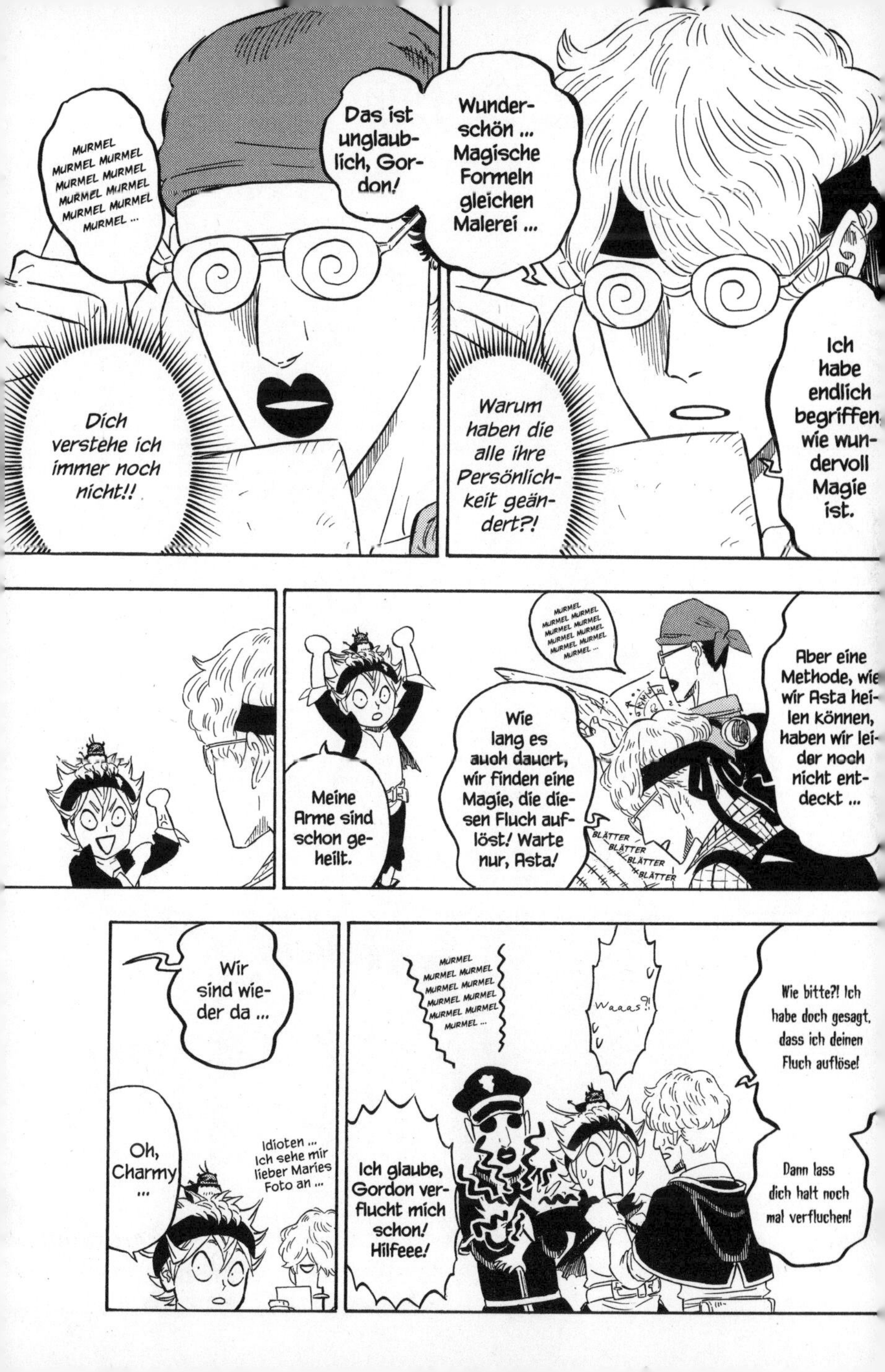
Ich habe endlich begriffen, wie wundervoll Magie ist.
Wunderschön ... Magische Formeln gleichen Malerei ...
Warum haben die alle ihre Persönlichkeit geändert?!
Das ist unglaublich, Gordon!
MURMEL MURMEL MURMEL MURMEL MURMEL MURMEL MURMEL MURMEL MURMEL MURMEL ...
Dich verstehe ich immer noch nicht!!
Aber eine Methode, wie wir Asta heilen können, haben wir leider noch nicht entdeckt ...
MURMEL MURMEL MURMEL MURMEL MURMEL MURMEL MURMEL MURMEL MURMEL MURMEL ...
Wie lang es auch dauert, wir finden eine Magie, die diesen Fluch auflöst! Warte nur, Asta!
BLÄTTER BLÄTTER BLÄTTER BLÄTTER
Meine Arme sind schon geheilt.
Wie bitte?! Ich habe doch gesagt, dass ich deinen Fluch auflöse!
Dann lass dich halt noch mal verfluchen!
Waaas?!
MURMEL MURMEL MURMEL MURMEL MURMEL MURMEL MURMEL MURMEL MURMEL MURMEL ...
Ich glaube, Gordon verflucht mich schon! Hilfeee!
Wir sind wieder da ...
Idioten ... Ich sehe mir lieber Maries Foto an ...
Oh, Charmy ...

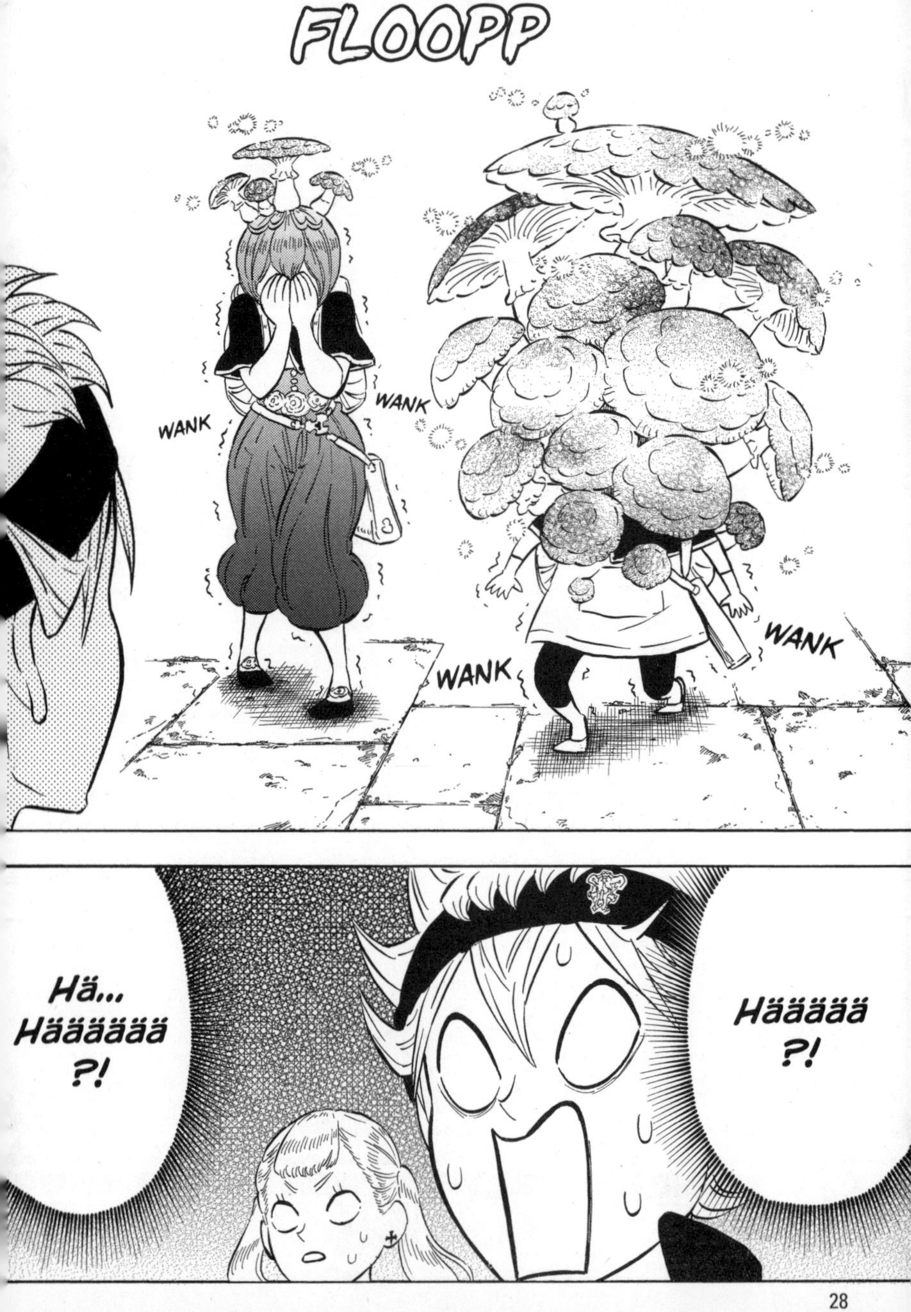
FLOOPP
WANK
WANK
WANK
WANK
Häääää ?!
Hä... Häääääää ?!

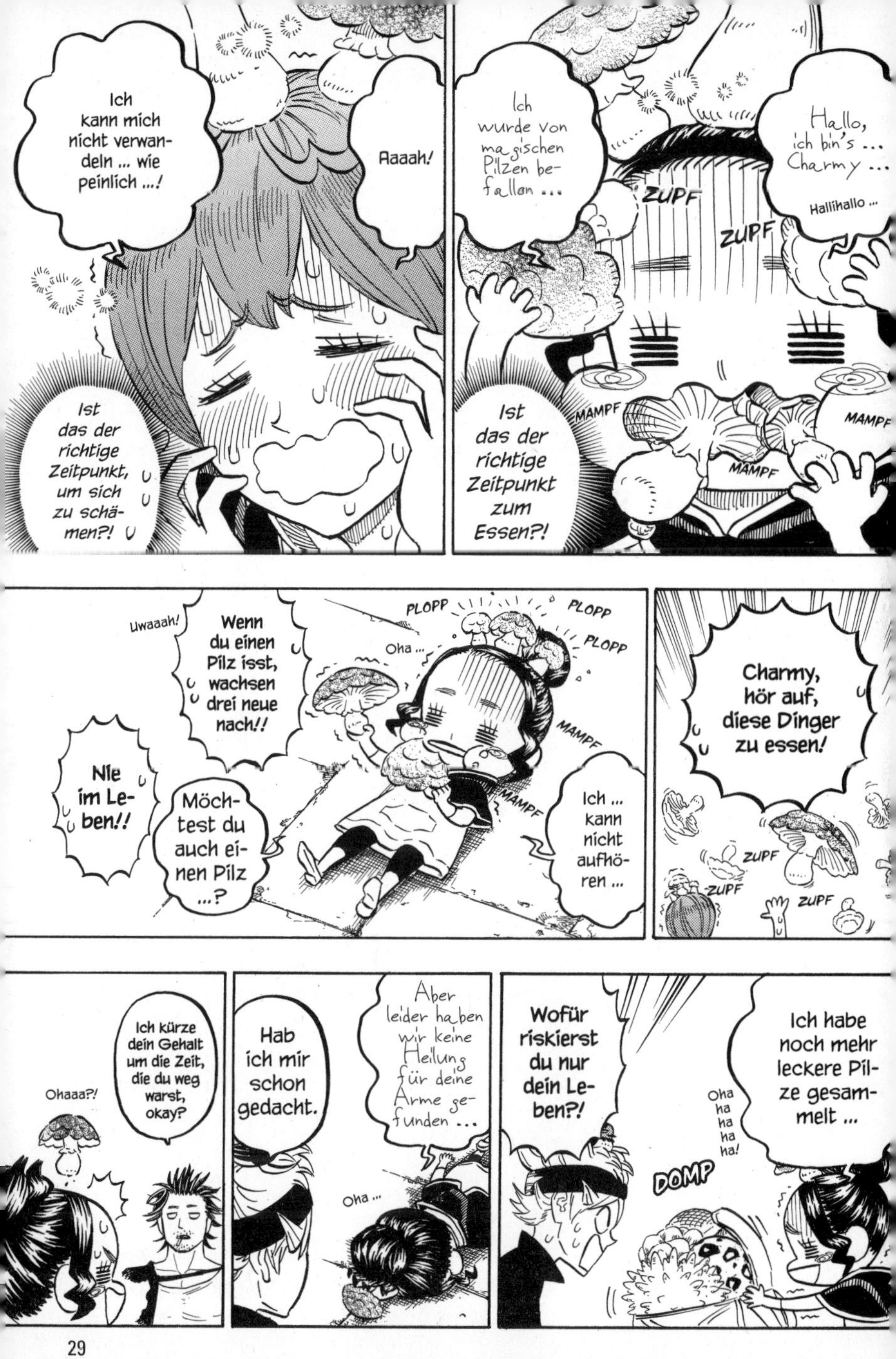

Hallo, ich bin's ... Charmy ...
Hallihallo ...
ZUPF
ZUPF
Ich wurde von magischen Pilzen befallen ...
MAMPF
MAMPF
MAMPF
Ist das der richtige Zeitpunkt zum Essen?!
Aaaah!
Ich kann mich nicht verwandeln ... wie peinlich ...!
Ist das der richtige Zeitpunkt, um sich zu schämen?!
Charmy, hör auf, diese Dinger zu essen!
ZUPF
ZUPF
ZUPF
PLOPP
PLOPP
PLOPP
Oha ...
MAMPF
MAMPF
Ich ... kann nicht aufhören ...
Wenn du einen Pilz isst, wachsen drei neue nach!!
Uwaaah!
Möchtest du auch einen Pilz ...?
Nie im Leben!!
Ich habe noch mehr leckere Pilze gesammelt ...
Oha ha ha ha ha!
DOMP
Wofür riskierst du nur dein Leben?!
Aber leider haben wir keine Heilung für deine Arme gefunden ...
Oha ...
Hab ich mir schon gedacht.
Ich kürze dein Gehalt um die Zeit, die du weg warst, okay?
Ohaaa?!

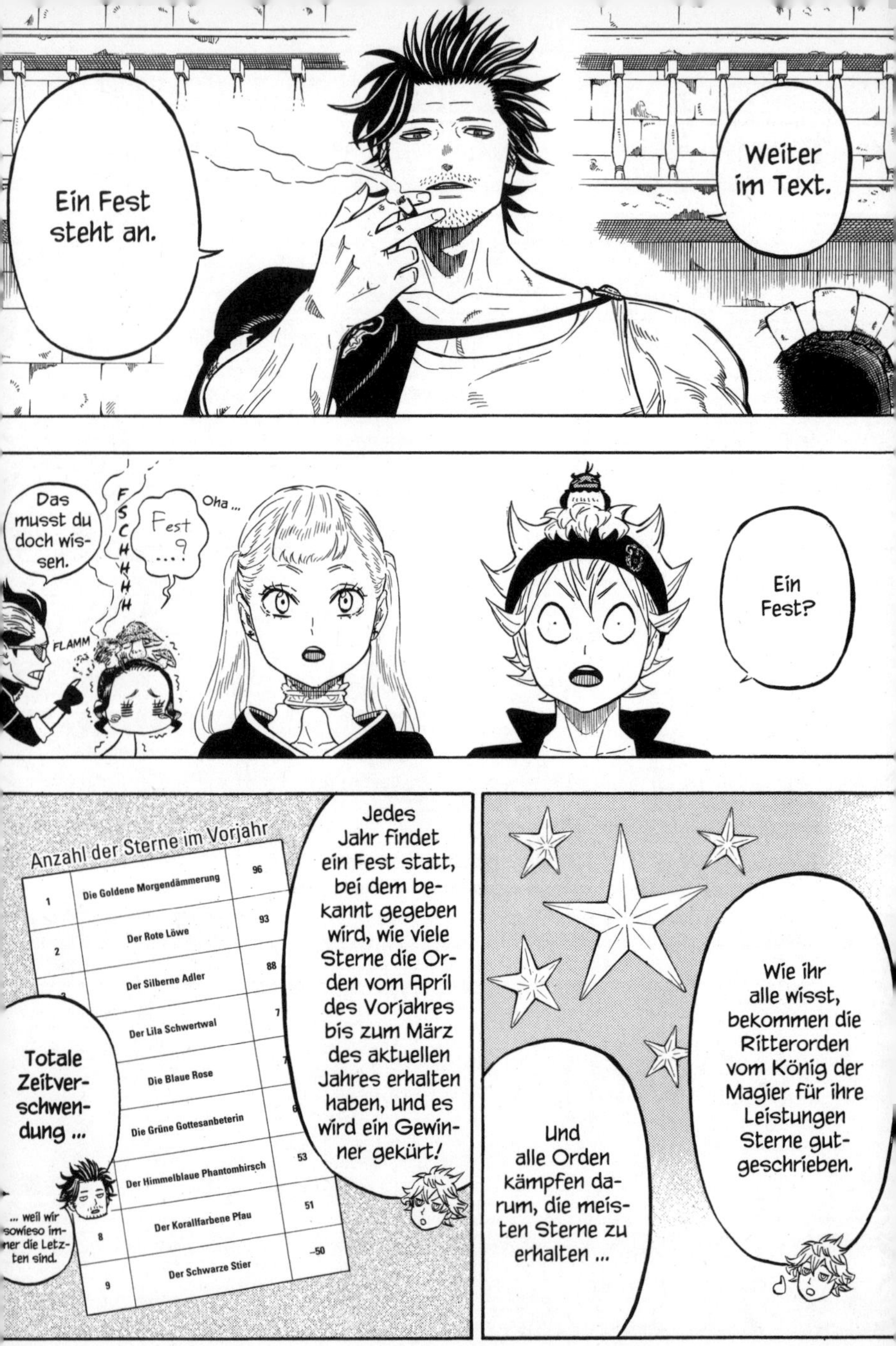

Weiter im Text.
Ein Fest steht an.
Ein Fest?
Oha ...
Fest ...?
FSCHHHHH
FLAMM
Das musst du doch wissen.
Wie ihr alle wisst, bekommen die Ritterorden vom König der Magier für ihre Leistungen Sterne gutgeschrieben.
Und alle Orden kämpfen darum, die meisten Sterne zu erhalten ...
Jedes Jahr findet ein Fest statt, bei dem bekannt gegeben wird, wie viele Sterne die Orden vom April des Vorjahres bis zum März des aktuellen Jahres erhalten haben, und es wird ein Gewinner gekürt!
Anzahl der Sterne im Vorjahr
1 Die Goldene Morgendämmerung 96
2 Der Rote Löwe 93
Der Silberne Adler 88
Der Lila Schwertwal 7
Die Blaue Rose 7
Die Grüne Gottesanbeterin 6
Der Himmelblaue Phantomhirsch 53
8 Der Korallfarbene Pfau 51
9 Der Schwarze Stier -50
Totale Zeitverschwendung ...
... weil wir sowieso immer die Letzten sind.

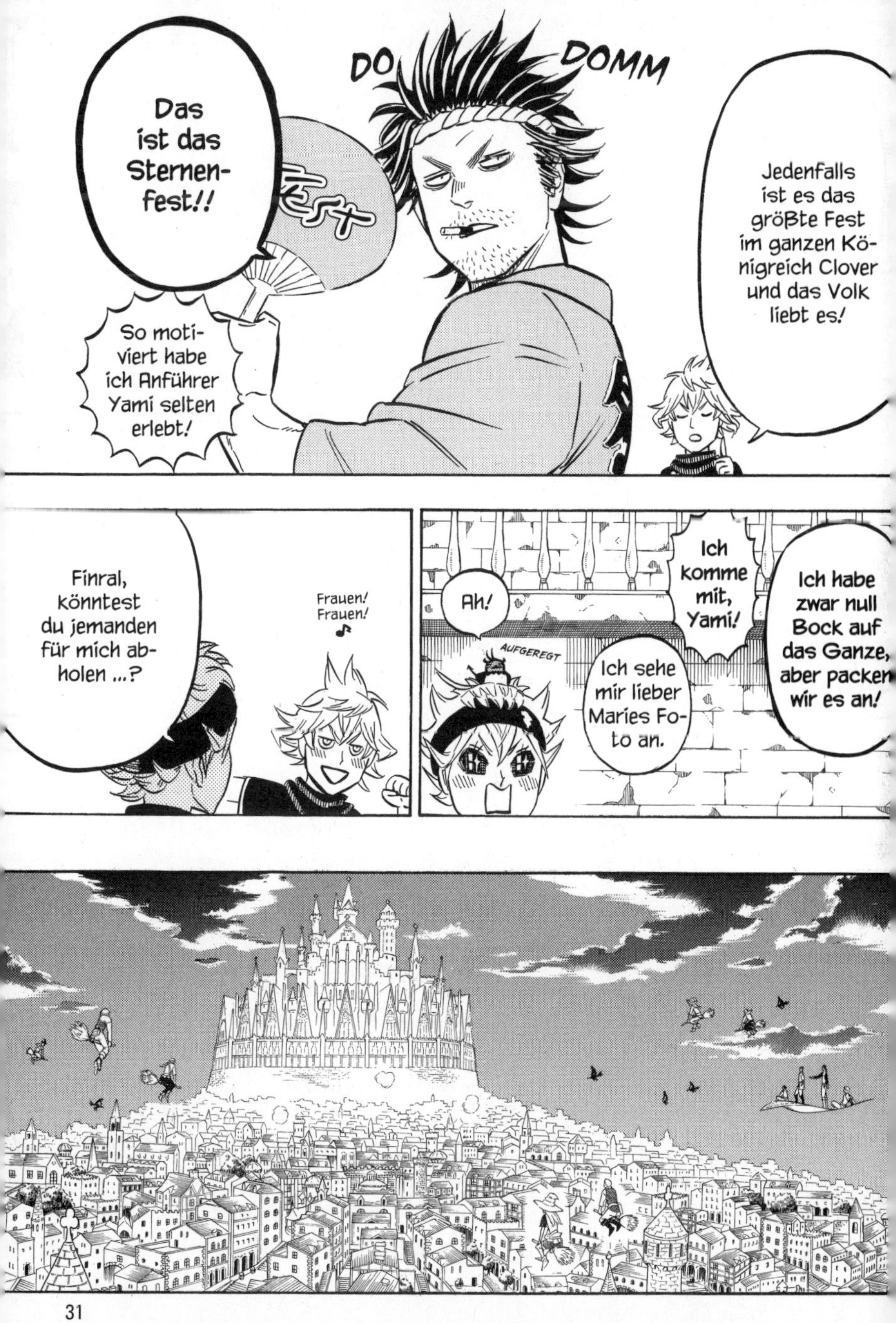
Das ist das Sternenfest!!
DO DOMM
Fest
Jedenfalls ist es das größte Fest im ganzen Königreich Clover und das Volk liebt es!
So motiviert habe ich Anführer Yami selten erlebt!
Ich habe zwar null Bock auf das Ganze, aber packen wir es an!
Ich komme mit, Yami!
Ah!
Ich sehe mir lieber Maries Foto an.
AUFGEREGT
Finral, könntest du jemanden für mich abholen ...?
Frauen! Frauen! ♪

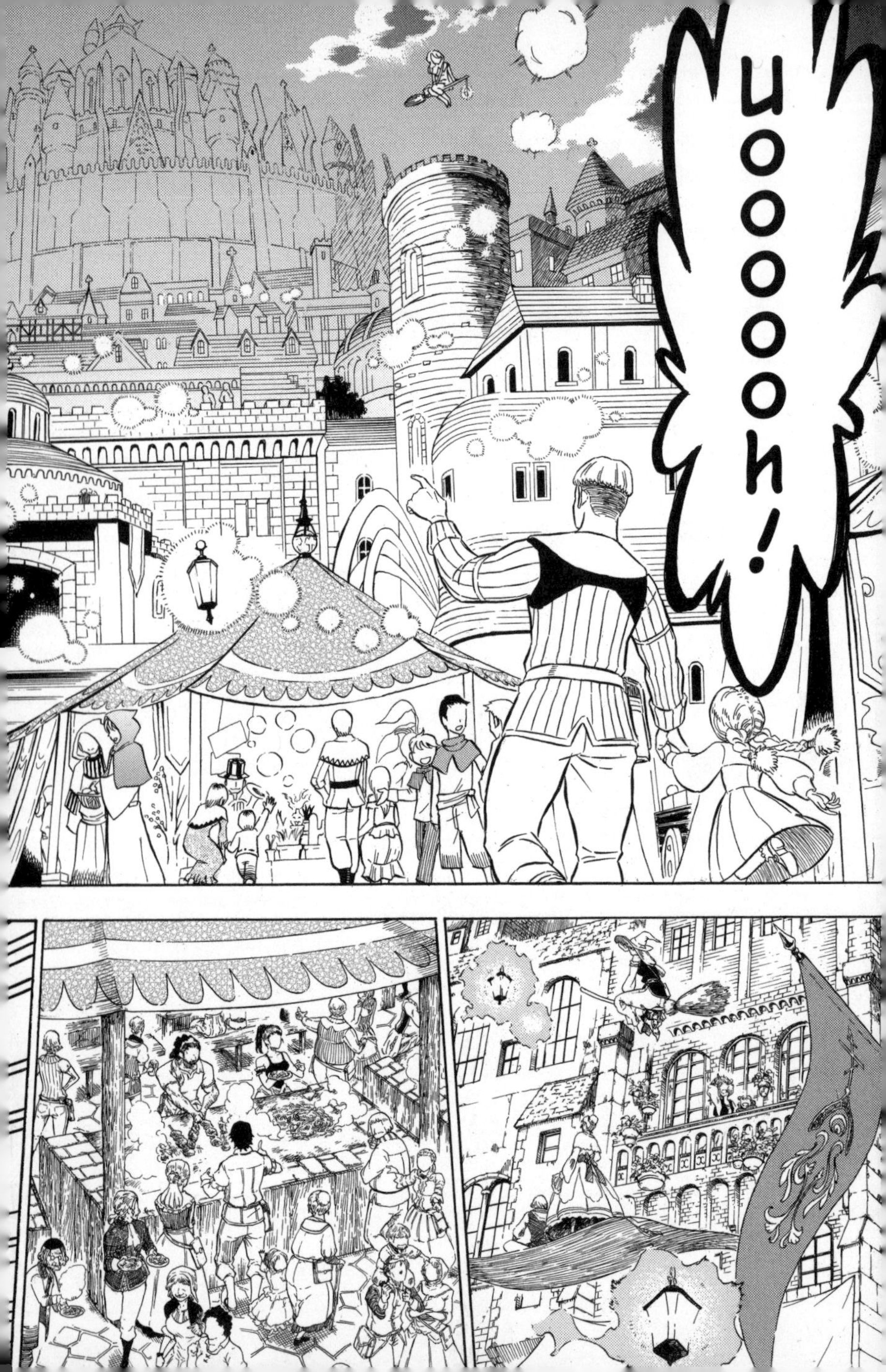

uoooooh!!

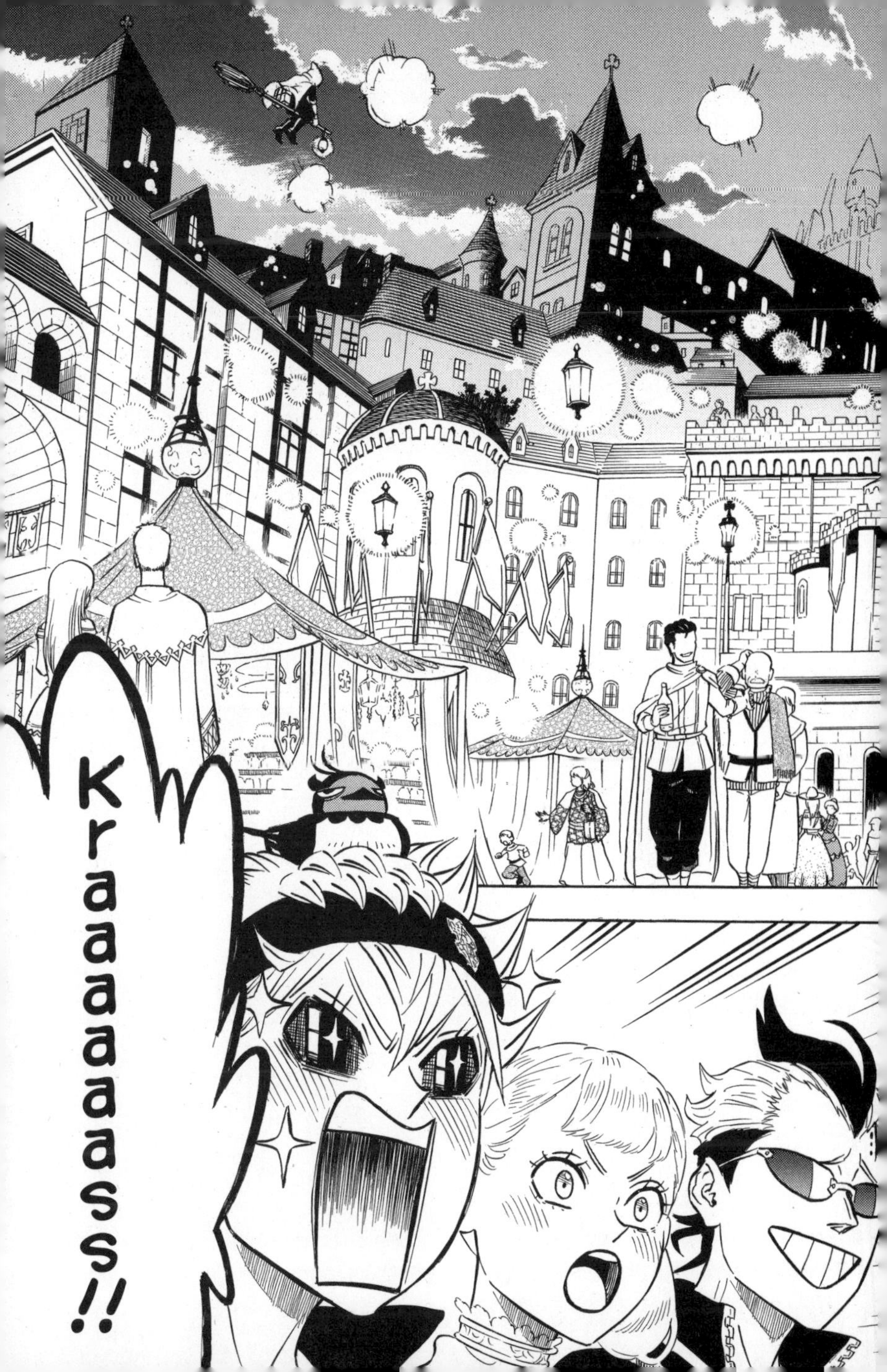
Kraaaaaass!!

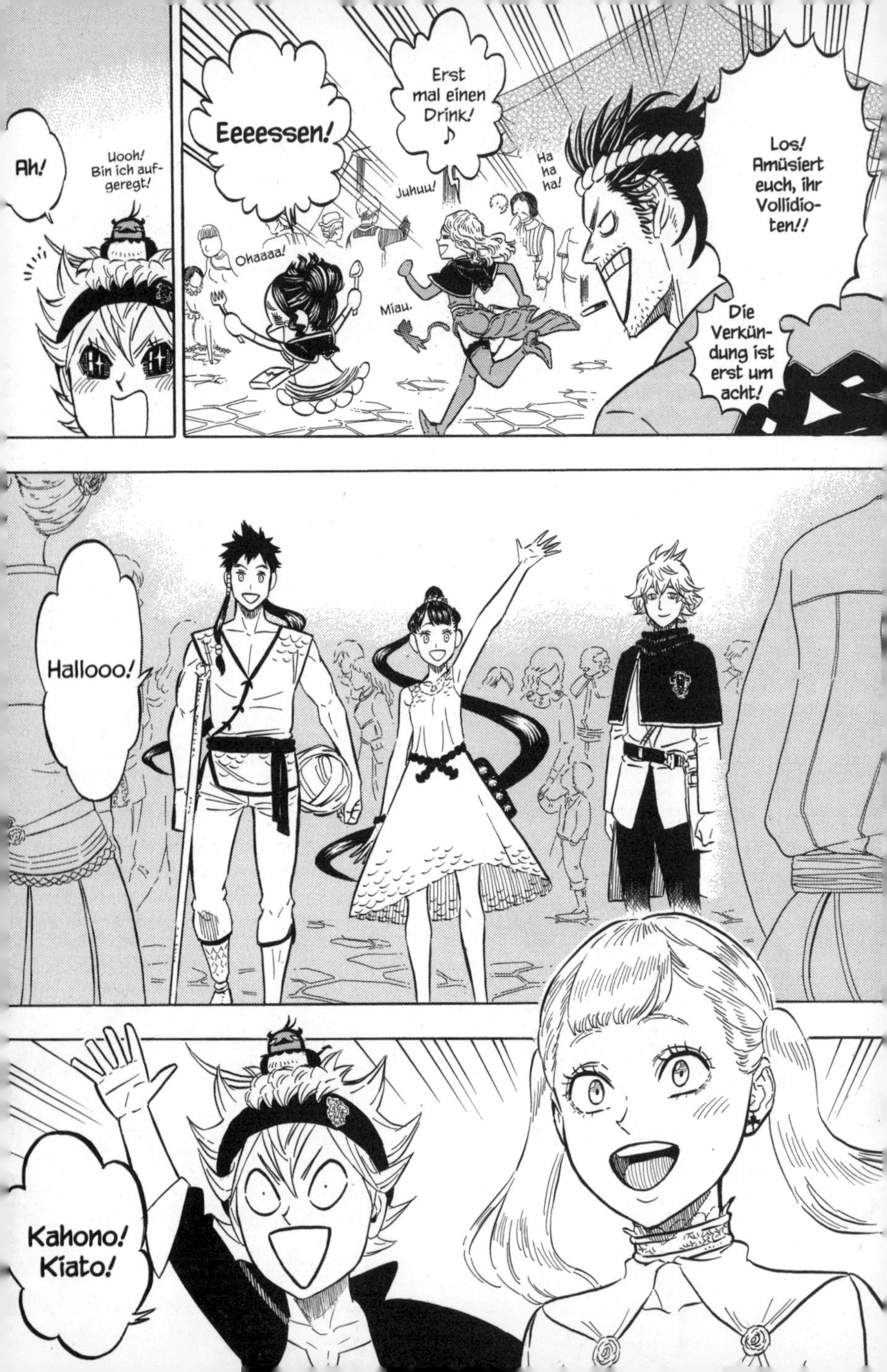
Los! Amüsiert euch, ihr Vollidioten!!
Die Verkündung ist erst um acht!
Ha ha ha!
Erst mal einen Drink! ♪
Juhuu!
Eeeessen!
Miau.
Ohaaaa!
Uooh! Bin ich aufgeregt!
Ah!
Hallooo!
Kahono! Kiato!

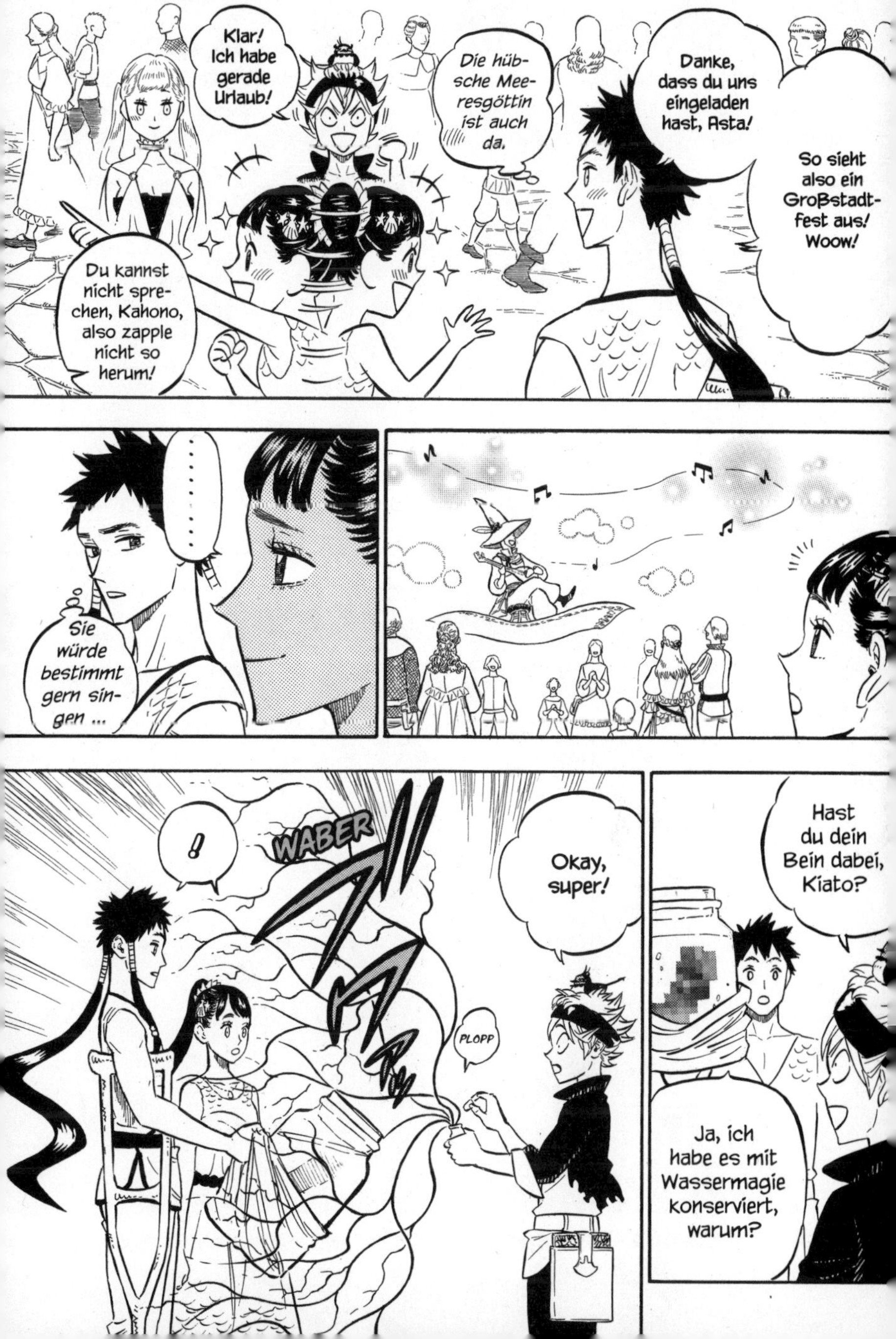
So sieht also ein Großstadt-fest aus! Woow!
Danke, dass du uns eingeladen hast, Asta!
Die hüb-sche Mee-resgöttin ist auch da.
Klar! Ich habe gerade Urlaub!
Du kannst nicht spre-chen, Kahono, also zapple nicht so herum!
…
Sie würde bestimmt gern sin-gen …
Hast du dein Bein dabei, Kiato?
Ja, ich habe es mit Wassermagie konserviert, warum?
Okay, super!
PLOPP
WABER
!

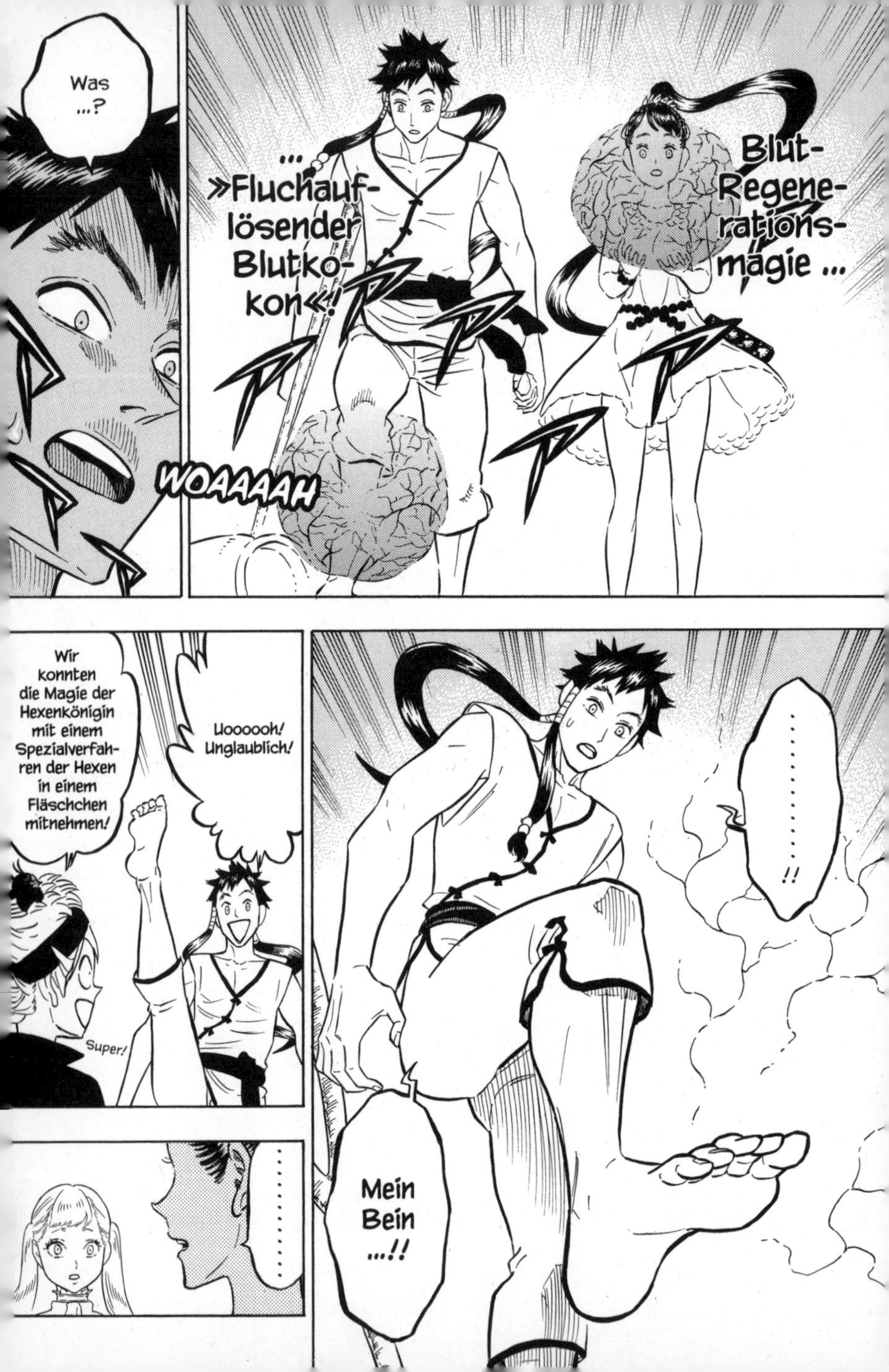
Blut-Regenerationsmagie ...
... »Fluchauflösender Blutkokon«!
Was ...?
WOAAAAH
.........!!
Mein Bein ...!!
Uoooooh! Unglaublich!
Wir konnten die Magie der Hexenkönigin mit einem Spezialverfahren der Hexen in einem Fläschchen mitnehmen!
Super!
....

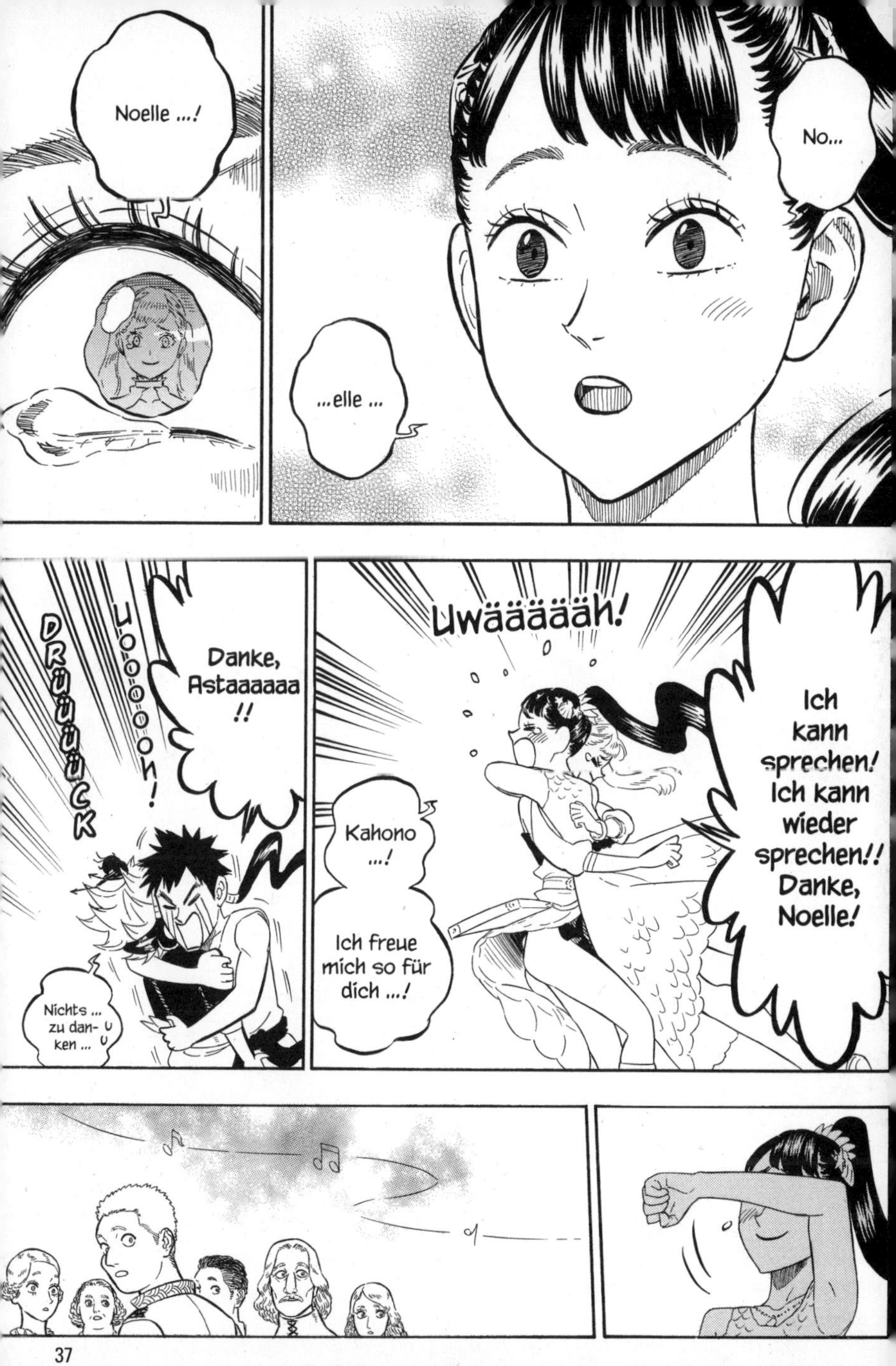
No...
...elle ...
Noelle ...!
Uwäääääh!
Ich kann sprechen! Ich kann wieder sprechen!! Danke, Noelle!
Kahono ...!
Ich freue mich so für dich ...!
Danke, Astaaaaaa!!
Uooooooooh!
DRÜÜÜCK
Nichts ... zu danken ...

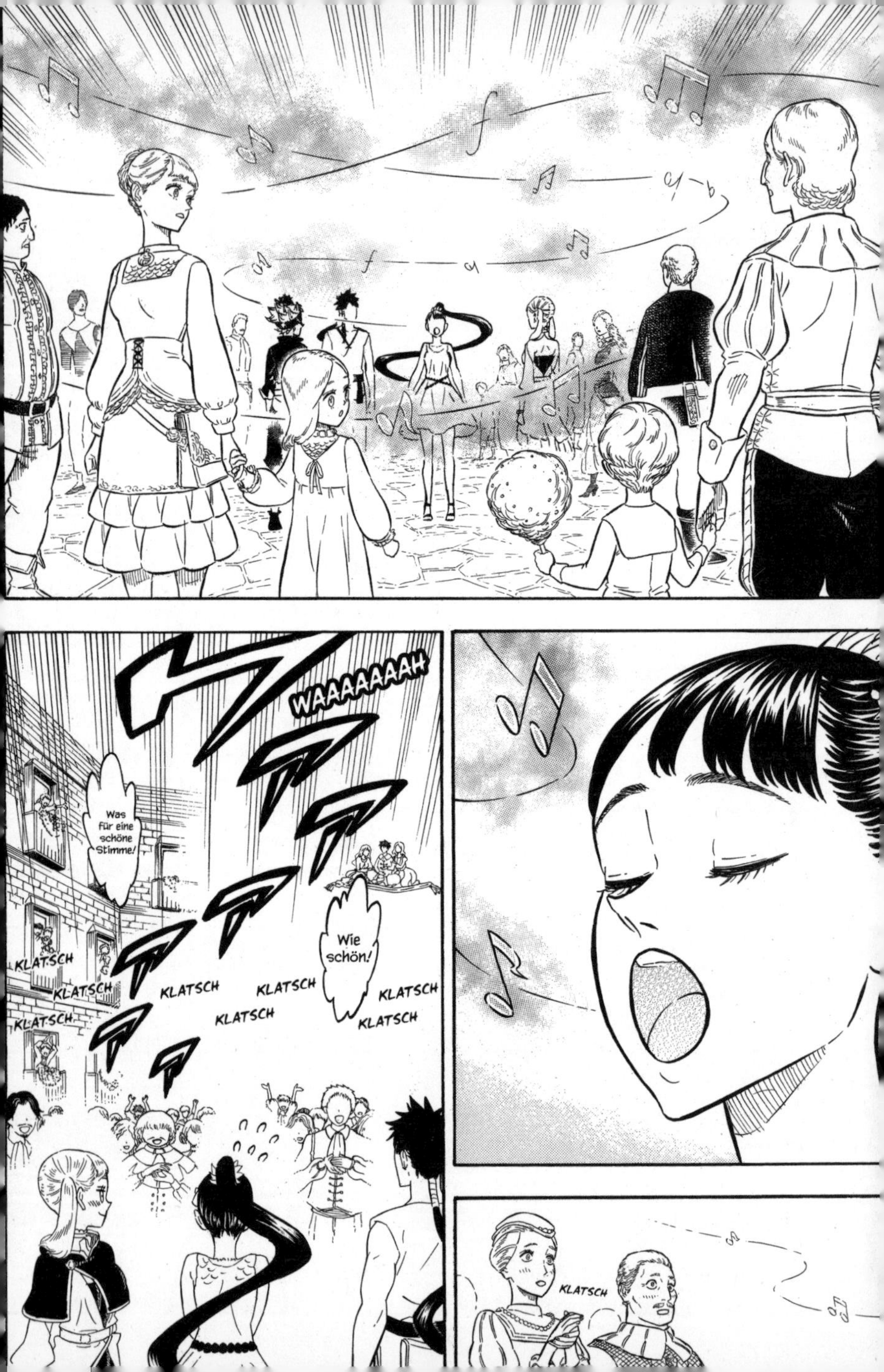
WAAAAAAAH
Was für eine schöne Stimme!
Wie schön!
KLATSCH
KLATSCH
KLATSCH
KLATSCH
KLATSCH
KLATSCH
KLATSCH
KLATSCH
KLATSCH

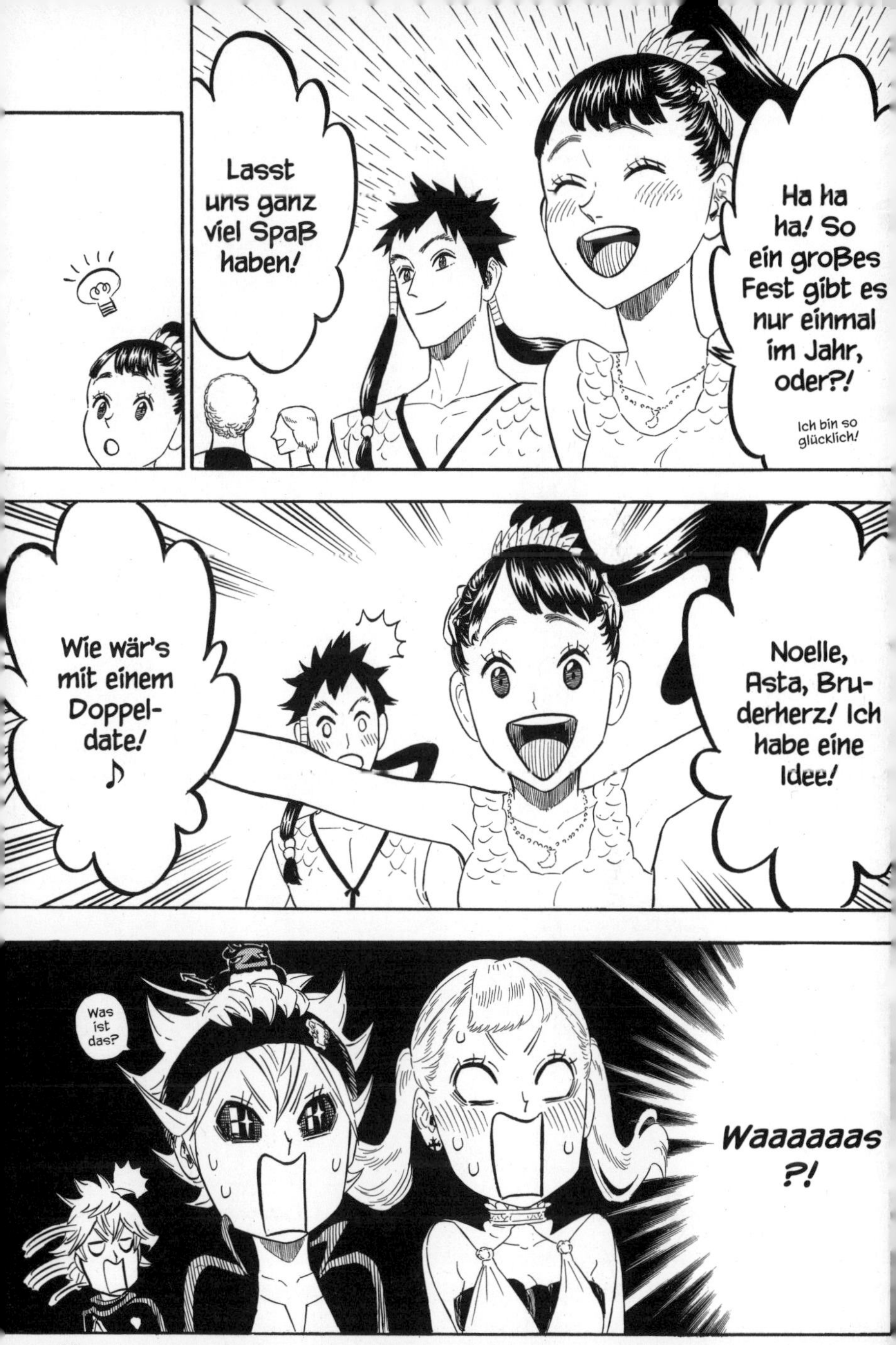
Ha ha ha! So ein großes Fest gibt es nur einmal im Jahr, oder?!
Ich bin so glücklich!
Lasst uns ganz viel Spaß haben!
Noelle, Asta, Bruderherz! Ich habe eine Idee!
Wie wär's mit einem Doppel-date! ♪
Waaaaaas?!
Was ist das?

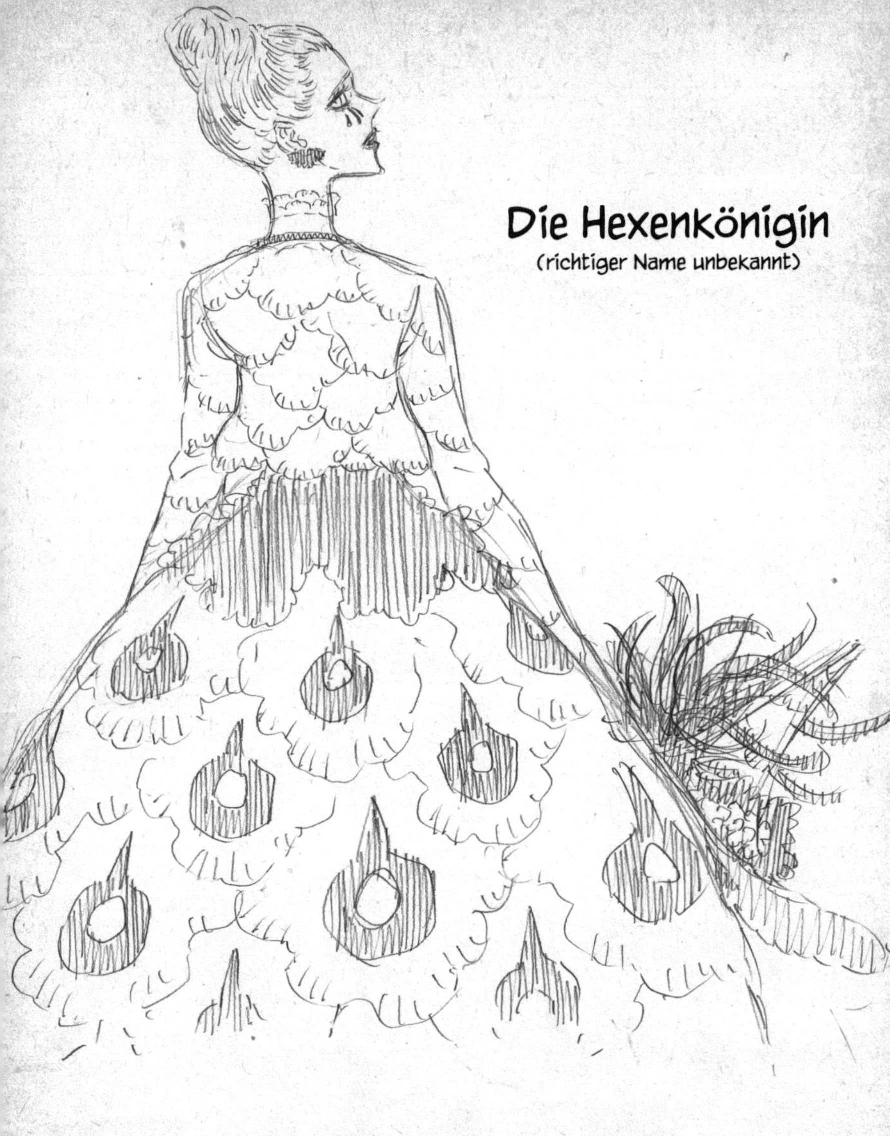

Die Hexenkönigin

(richtiger Name unbekannt)

Alter: Unbekannt   Größe: 170 cm
Geburtstag: 3. November   Sternzeichen: Skorpion   Blutgruppe: 0
Mag: Rotwein, nebelverhangene Morgenstunden im Hexenwald

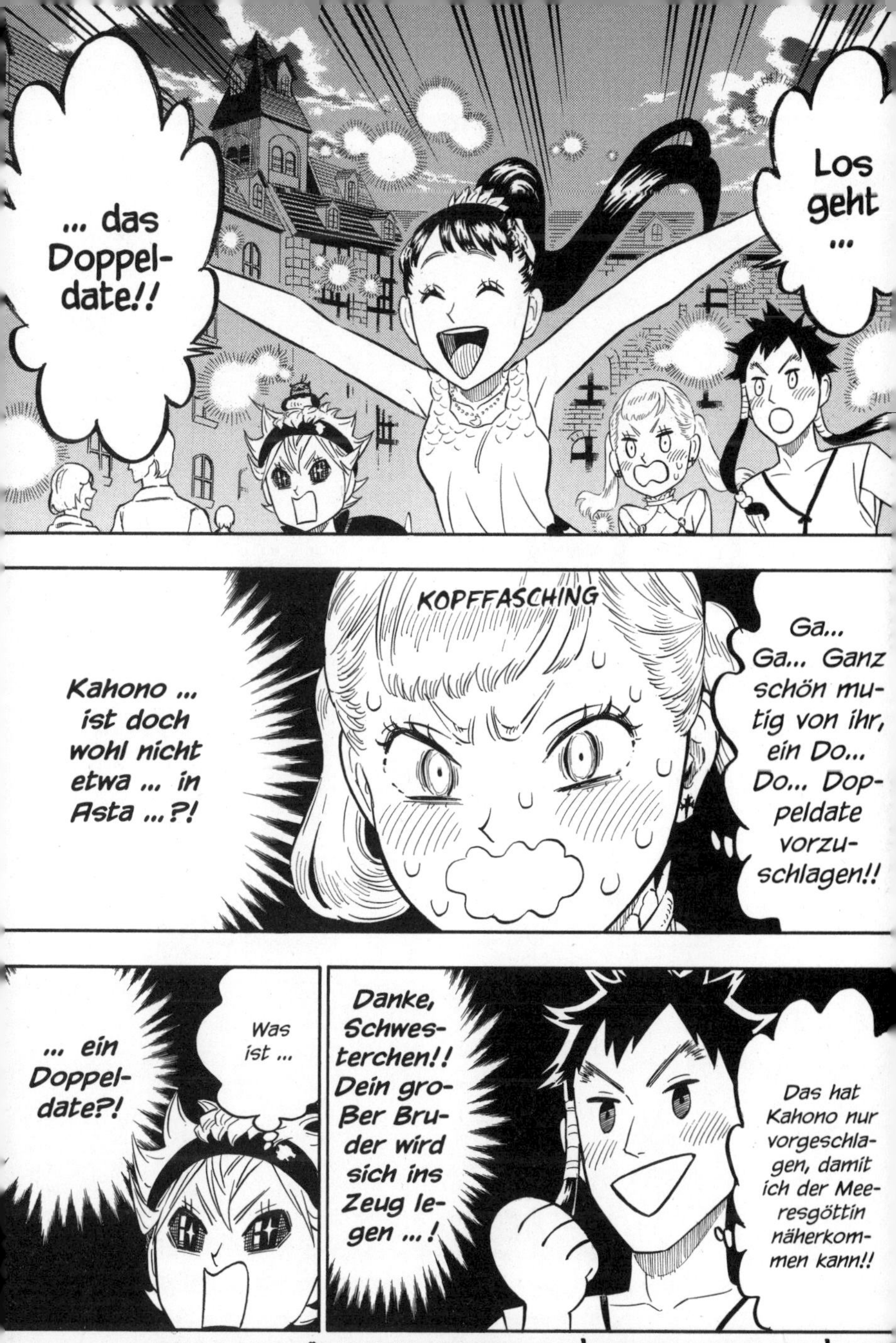

PAGE 103 ✽ DOPPELDATE AUF DEM STERNENFEST

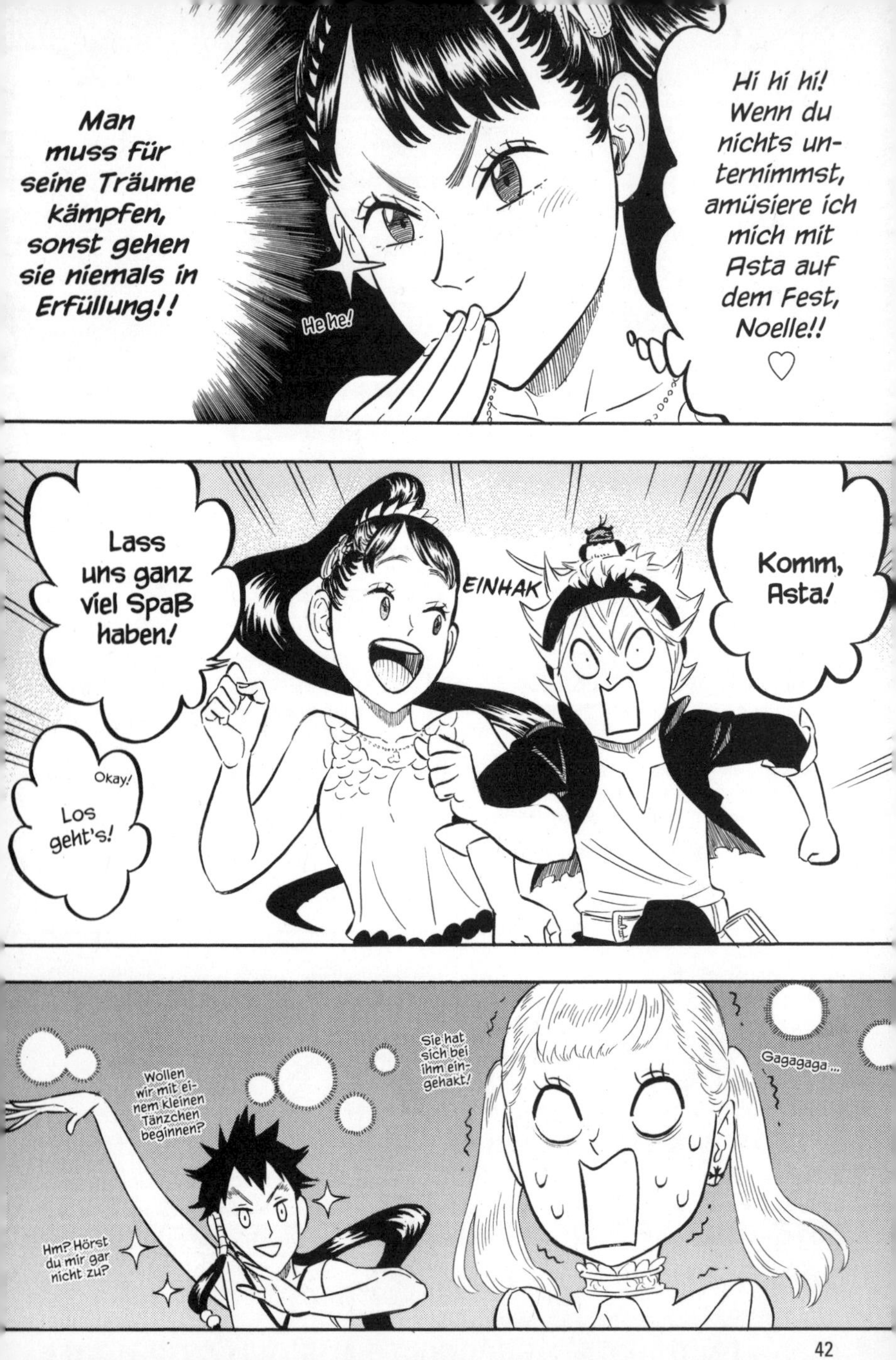

Hi hi hi! Wenn du nichts unternimmst, amüsiere ich mich mit Asta auf dem Fest, Noelle!! ♡
Man muss für seine Träume kämpfen, sonst gehen sie niemals in Erfüllung!!
He he!
Komm, Asta!
EINHAK
Lass uns ganz viel Spaß haben!
Okay! Los geht's!
Gagagaga ...
Sie hat sich bei ihm eingehakt!
Wollen wir mit einem kleinen Tänzchen beginnen?
Hm? Hörst du mir gar nicht zu?

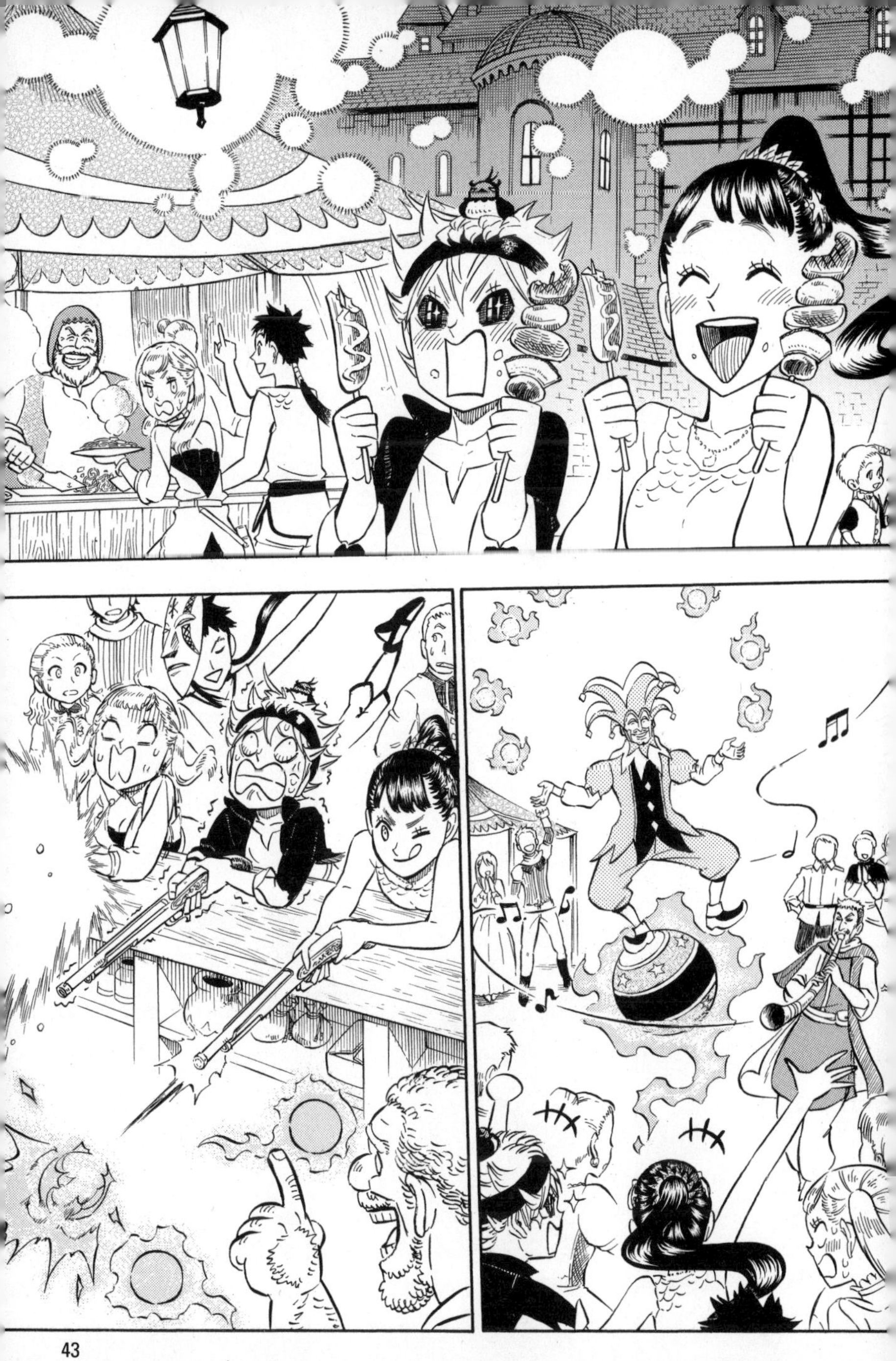

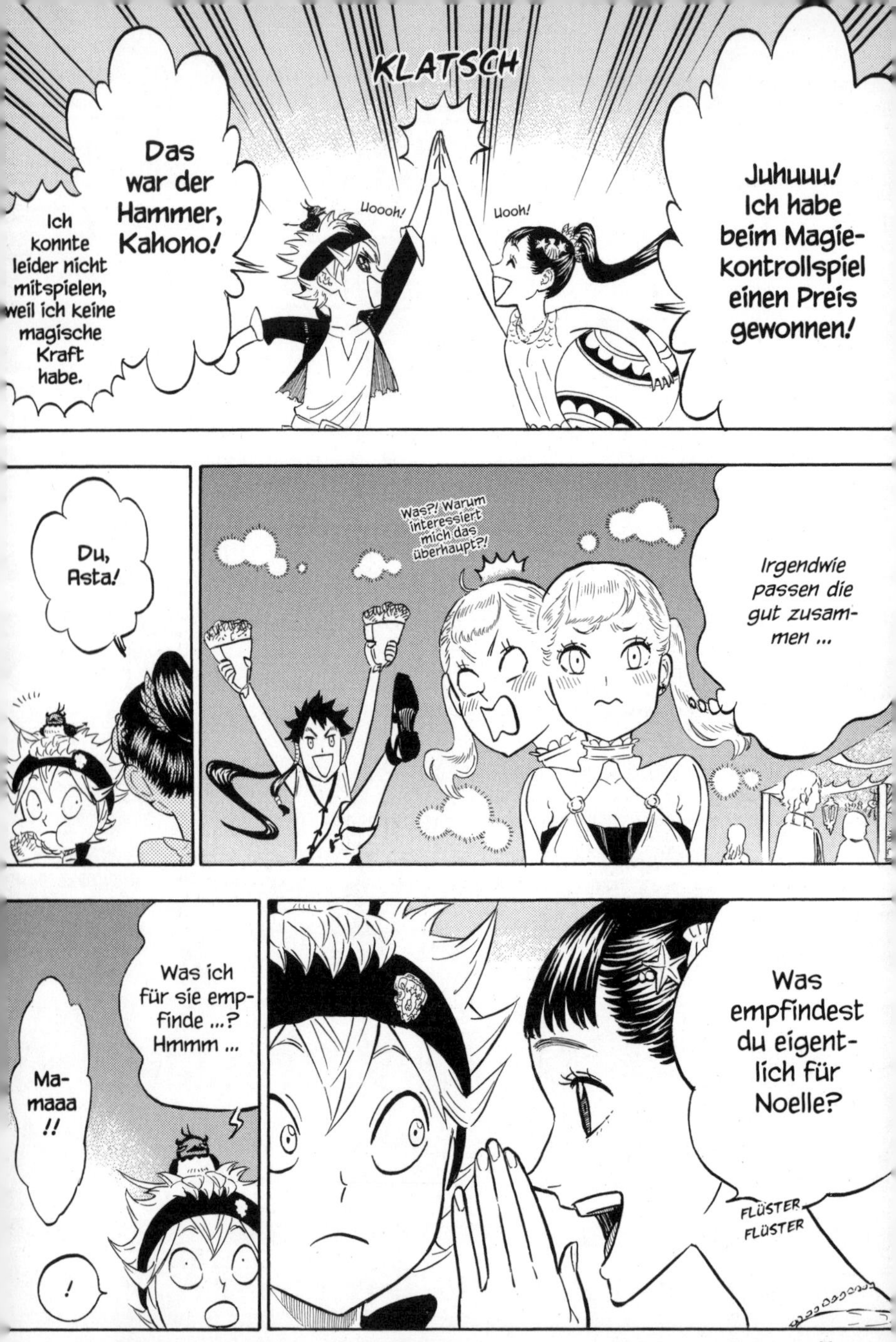
KLATSCH
Juhuuu! Ich habe beim Magiekontrollspiel einen Preis gewonnen!
Uooh!
Uoooh!
Das war der Hammer, Kahono!
Ich konnte leider nicht mitspielen, weil ich keine magische Kraft habe.
Irgendwie passen die gut zusammen ...
Was?! Warum interessiert mich das überhaupt?!
Du, Asta!
Was empfindest du eigentlich für Noelle?
FLÜSTER FLÜSTER
Was ich für sie empfinde ...? Hmmm ...
Mamaaa !!
!

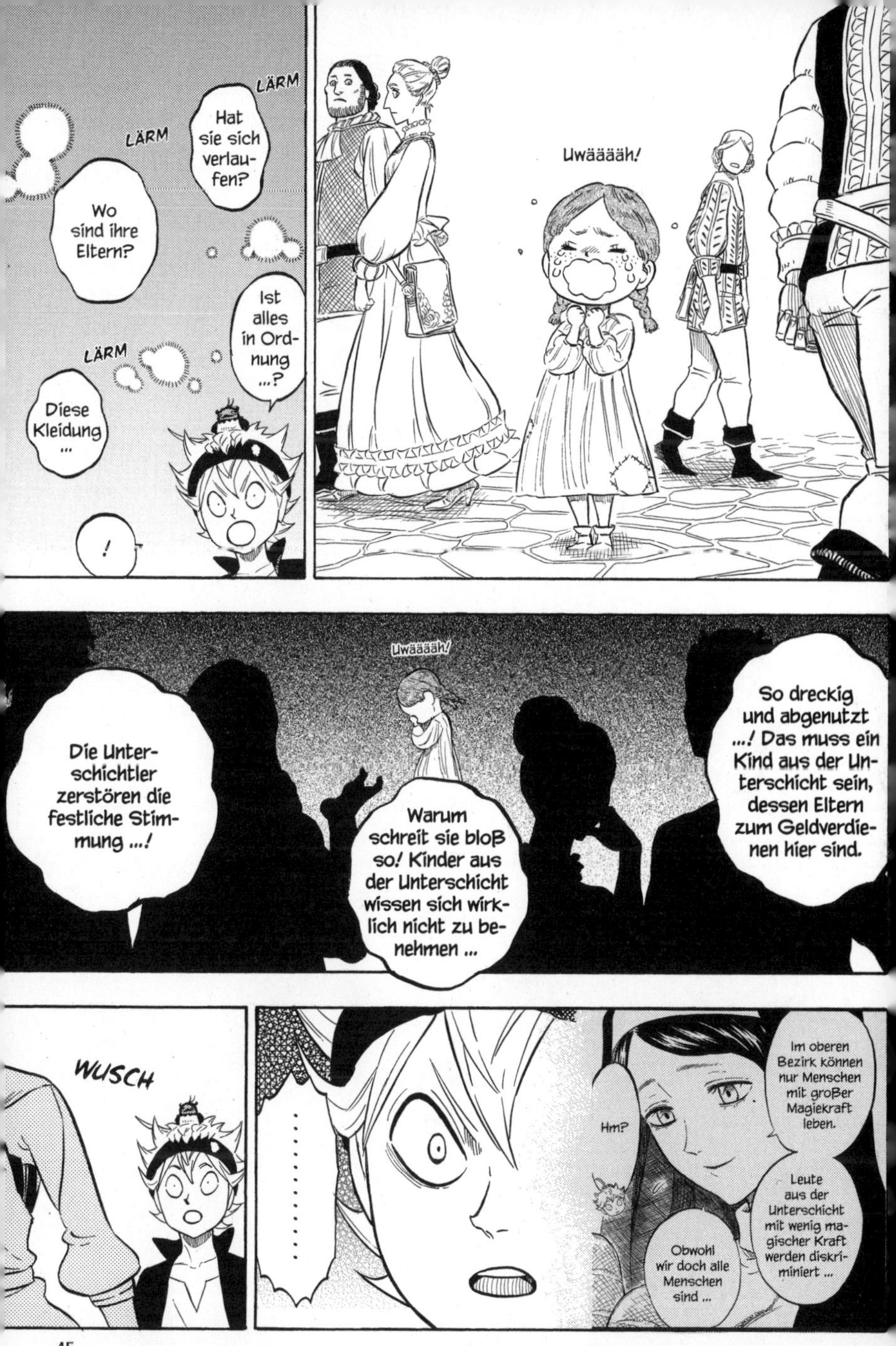
Uwääääh!
LÄRM
Hat sie sich verlaufen?
LÄRM
Wo sind ihre Eltern?
Ist alles in Ordnung ...?
LÄRM
Diese Kleidung ...
!
Uwääääh!
So dreckig und abgenutzt ...! Das muss ein Kind aus der Unterschicht sein, dessen Eltern zum Geldverdienen hier sind.
Warum schreit sie bloß so! Kinder aus der Unterschicht wissen sich wirklich nicht zu benehmen ...
Die Unterschichtler zerstören die festliche Stimmung ...!
Im oberen Bezirk können nur Menschen mit großer Magiekraft leben.
Hm?
Leute aus der Unterschicht mit wenig magischer Kraft werden diskriminiert ...
Obwohl wir doch alle Menschen sind ...
......
WUSCH

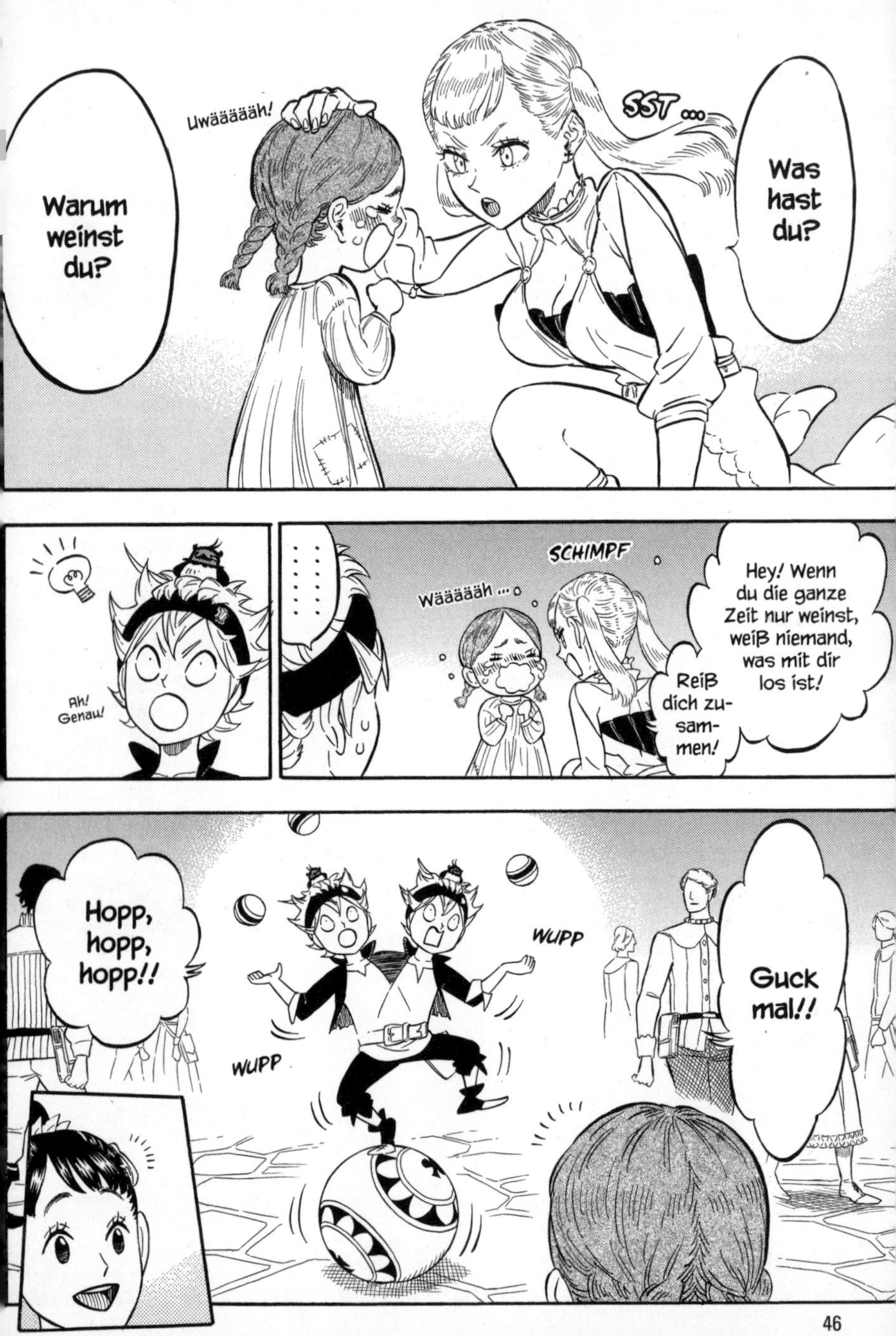
SST ...
Was hast du?
Uwäääääh!
Warum weinst du?
Hey! Wenn du die ganze Zeit nur weinst, weiß niemand, was mit dir los ist!
Reiß dich zusammen!
SCHIMPF
Wääääääh ...
Ah! Genau!
Guck mal!!
WUPP
WUPP
Hopp, hopp, hopp!!

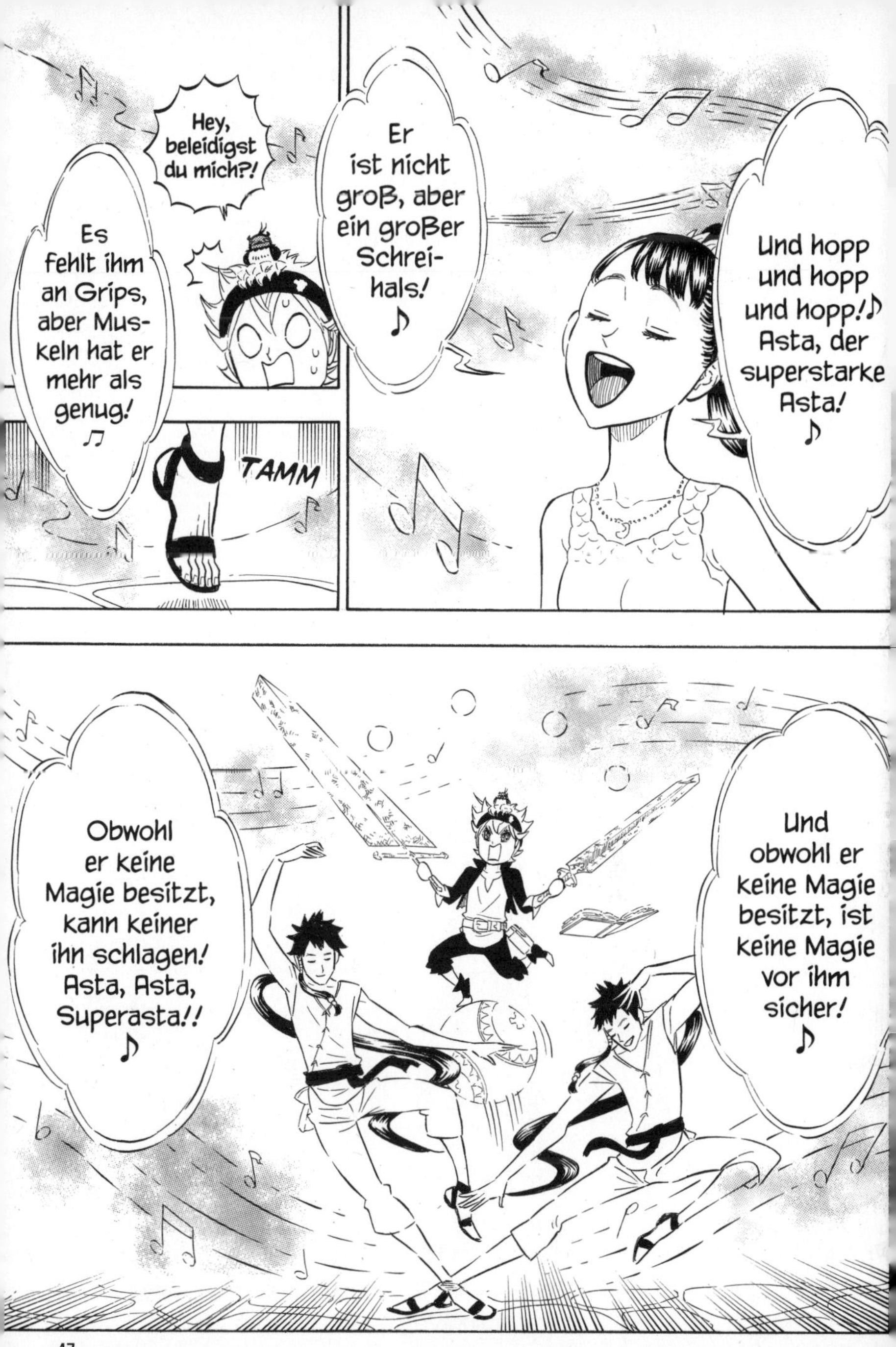
Und hopp und hopp und hopp!♪ Asta, der superstarke Asta! ♪
Er ist nicht groß, aber ein großer Schrei-hals! ♪
Hey, beleidigst du mich?!
Es fehlt ihm an Grips, aber Mus-keln hat er mehr als genug! ♫
TAMM
Und obwohl er keine Magie besitzt, ist keine Magie vor ihm sicher! ♪
Obwohl er keine Magie besitzt, kann keiner ihn schlagen! Asta, Asta, Superasta!! ♪

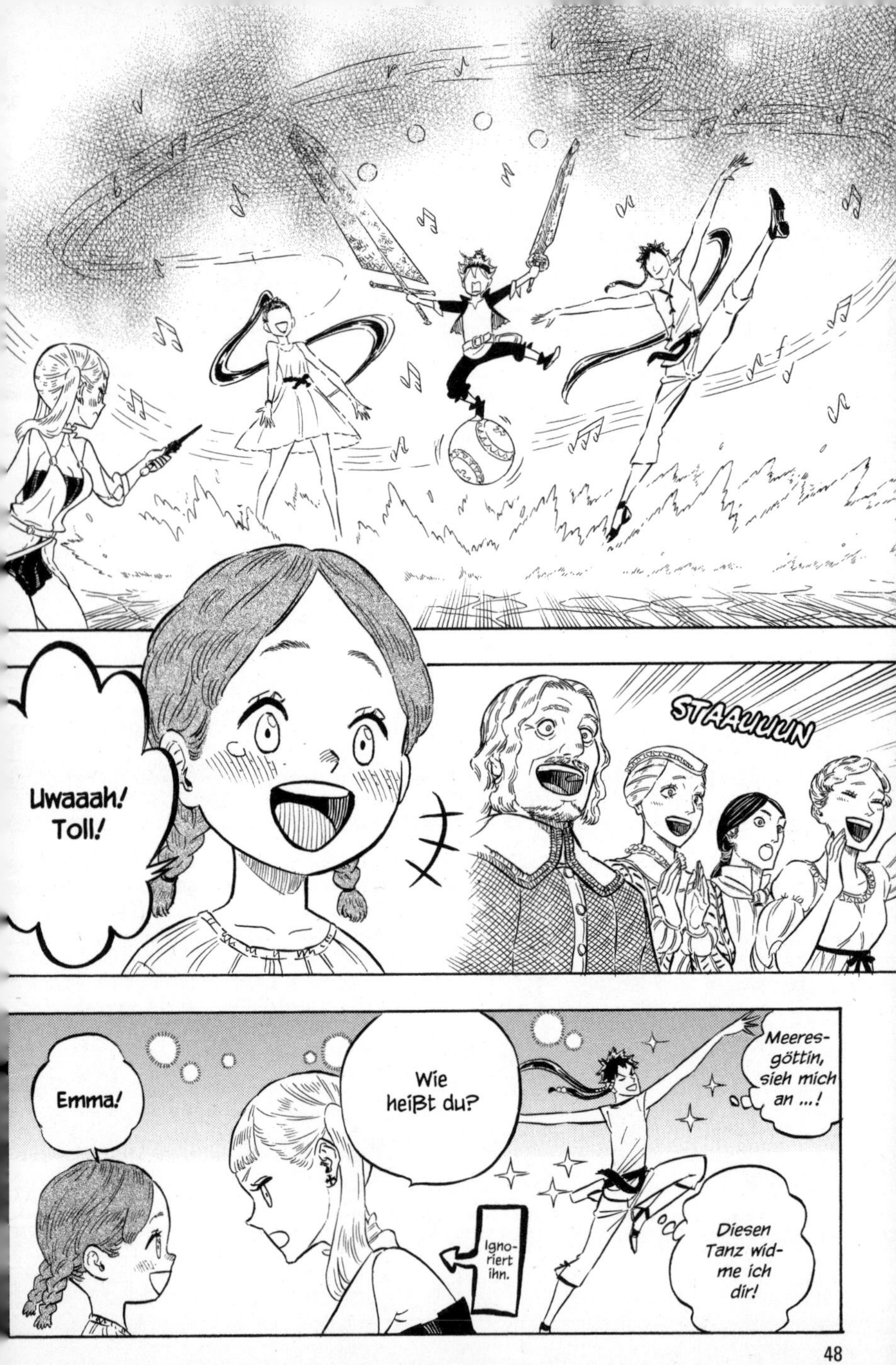
STAAUUUN
Uwaaah! Toll!
Meeresgöttin, sieh mich an ...!
Diesen Tanz widme ich dir!
Ignoriert ihn.
Wie heißt du?
Emma!

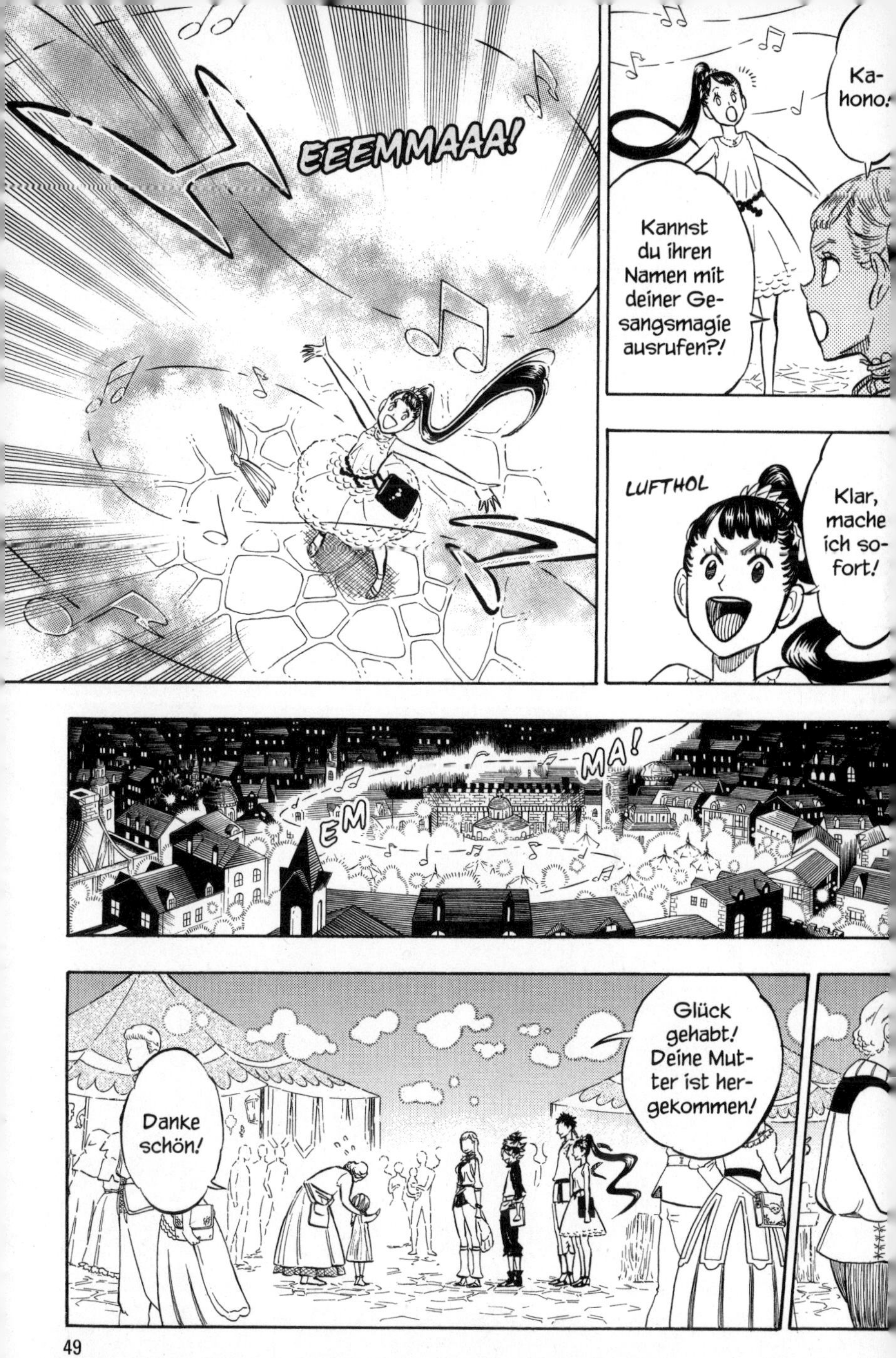

Ka-
hono!
Kannst du ihren Namen mit deiner Gesangsmagie ausrufen?!
Klar, mache ich sofort!
LUFTHOL
EEEMMAAA!
EM
MA!
Glück gehabt! Deine Mutter ist hergekommen!
Danke schön!

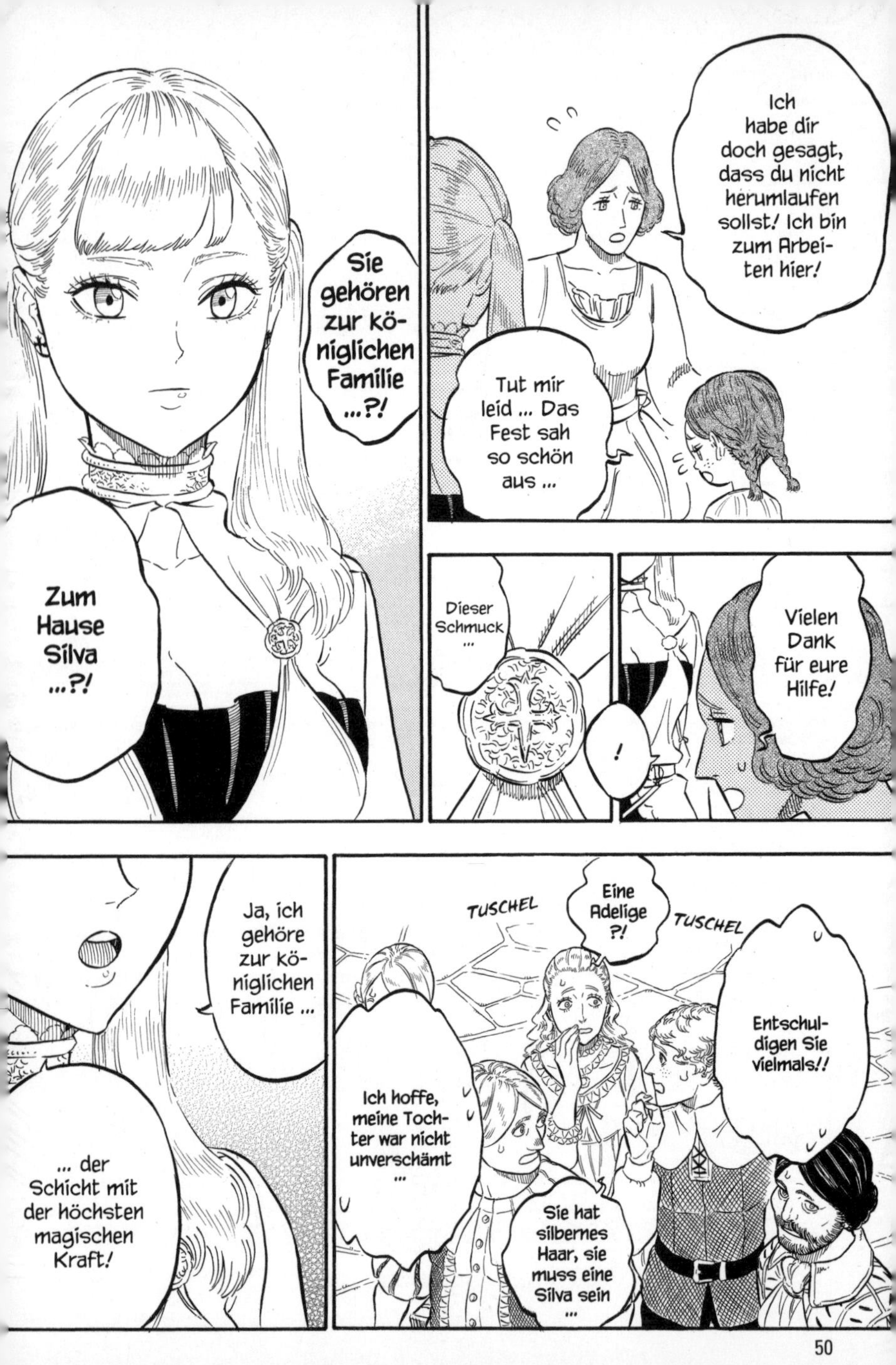

Ich habe dir doch gesagt, dass du nicht herumlaufen sollst! Ich bin zum Arbeiten hier!
Tut mir leid ... Das Fest sah so schön aus ...
Vielen Dank für eure Hilfe!
!
Dieser Schmuck ...
Sie gehören zur königlichen Familie ...?!
Zum Hause Silva ...?!
TUSCHEL
Eine Adelige ?!
TUSCHEL
Entschuldigen Sie vielmals!!
Ich hoffe, meine Tochter war nicht unverschämt ...
Sie hat silbernes Haar, sie muss eine Silva sein ...
Ja, ich gehöre zur königlichen Familie ...
... der Schicht mit der höchsten magischen Kraft!

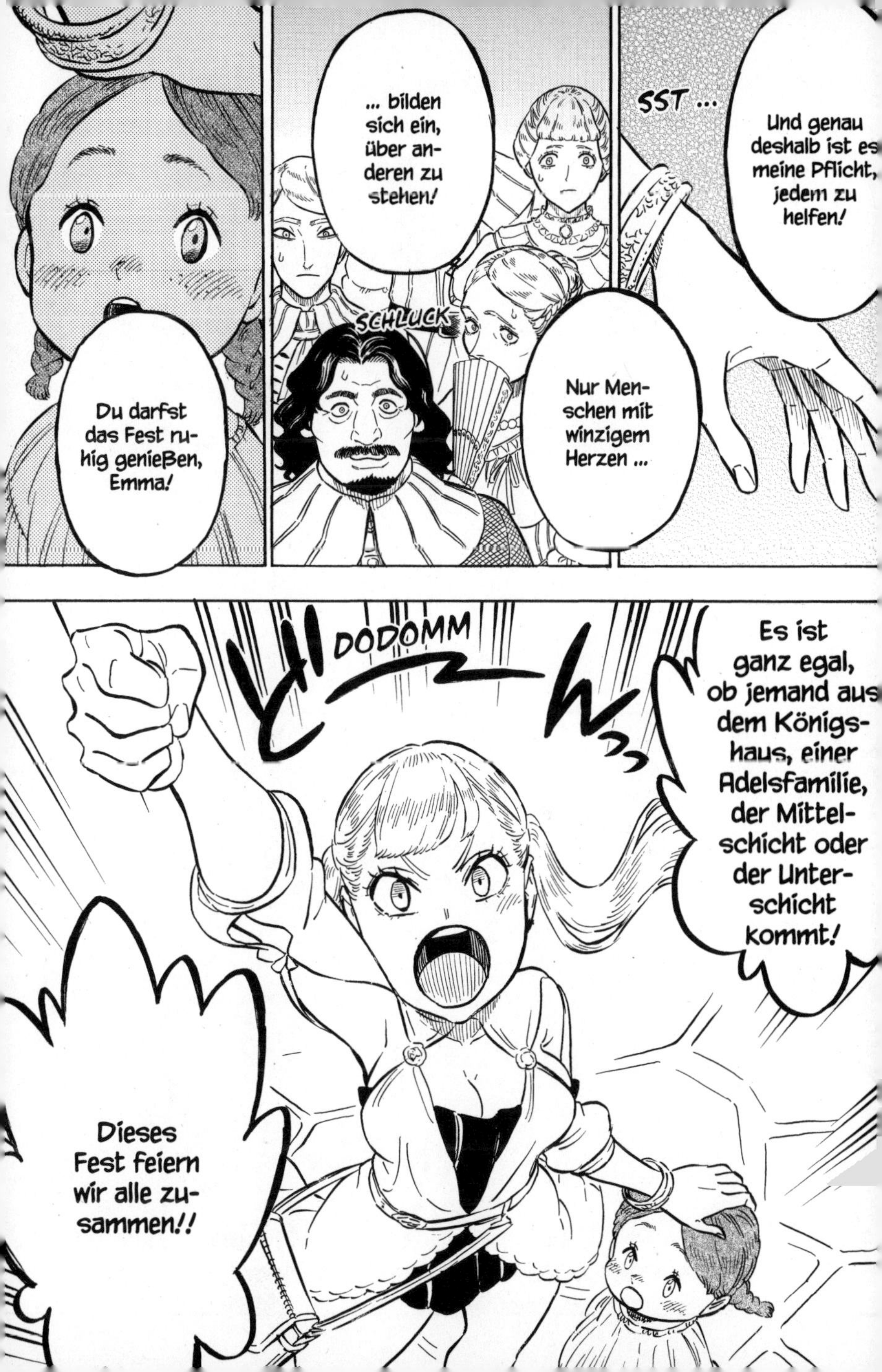
SST ...
Und genau deshalb ist es meine Pflicht, jedem zu helfen!
Nur Menschen mit winzigem Herzen ...
... bilden sich ein, über anderen zu stehen!
SCHLUCK
Du darfst das Fest ruhig genießen, Emma!
DODOMM
Es ist ganz egal, ob jemand aus dem Königshaus, einer Adelsfamilie, der Mittelschicht oder der Unterschicht kommt!
Dieses Fest feiern wir alle zusammen!!

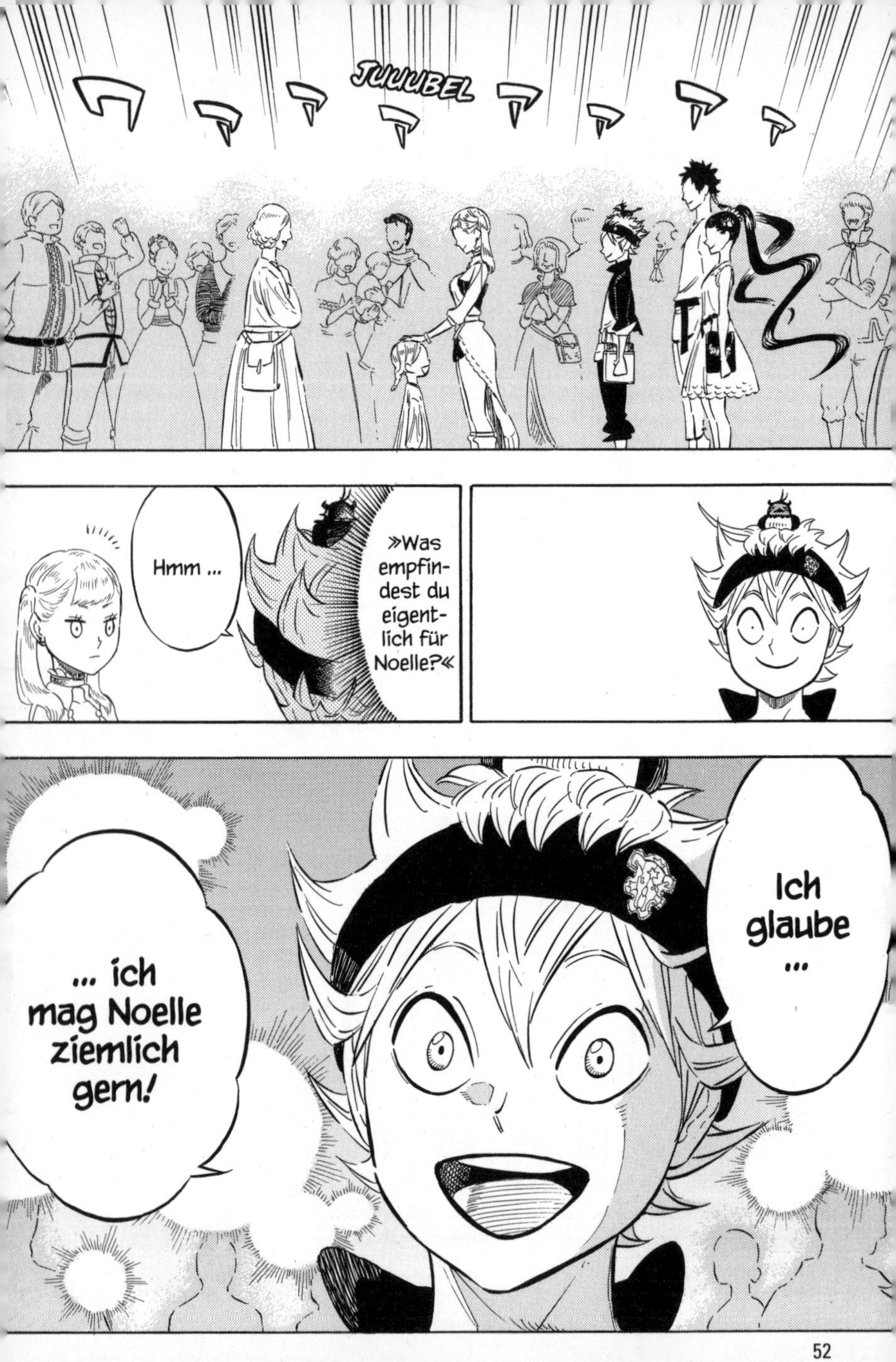
JUUUBEL
Hmm ...
»Was empfindest du eigentlich für Noelle?«
Ich glaube ...
... ich mag Noelle ziemlich gern!

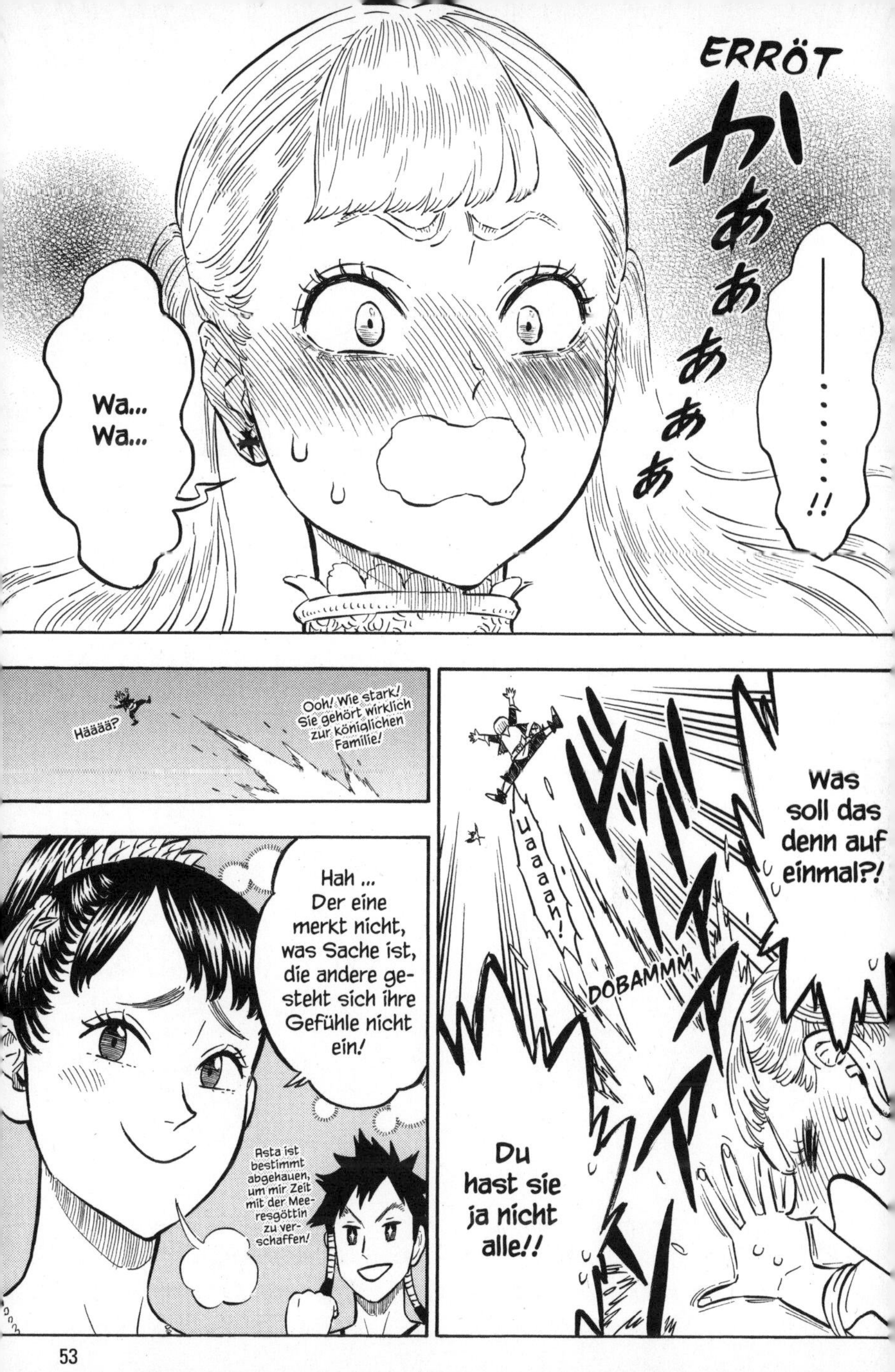
ERRÖT
かぁぁぁぁぁ
――……!!
Wa…
Wa…
Ooh! Wie stark! Sie gehört wirklich zur königlichen Familie!
Häääa?
Was soll das denn auf einmal?!
Uaaaaah!
DOBAMMM
Du hast sie ja nicht alle!!
Hah … Der eine merkt nicht, was Sache ist, die andere gesteht sich ihre Gefühle nicht ein!
Asta ist bestimmt abgehauen, um mir Zeit mit der Meeresgöttin zu verschaffen!

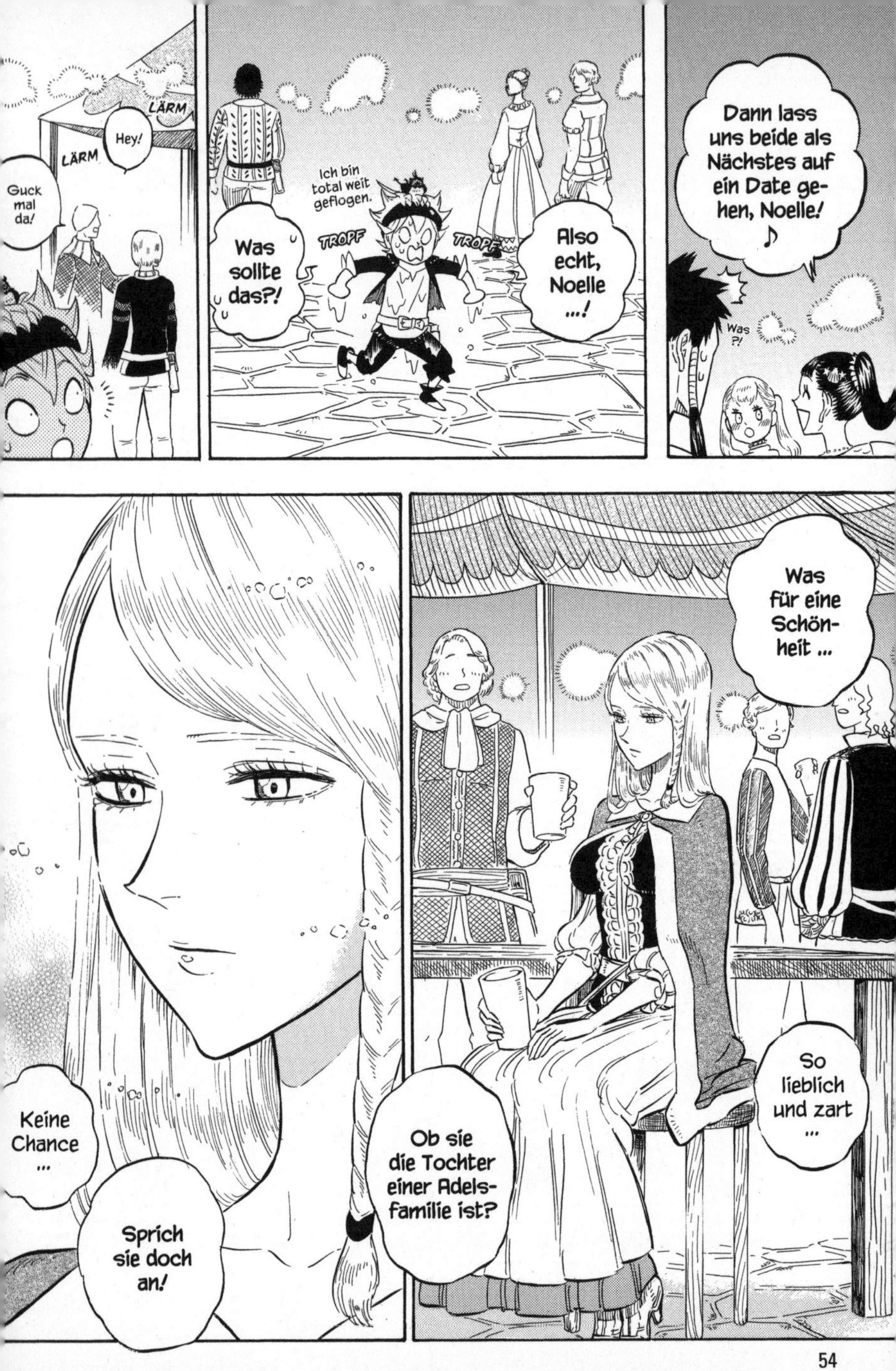

LÄRM
Hey!
LÄRM
Guck mal da!
Ich bin total weit geflogen.
Was sollte das?!
TROPF
TROPF
Also echt, Noelle ...!
Dann lass uns beide als Nächstes auf ein Date gehen, Noelle! ♪
Was ?!
Was für eine Schönheit ...
So lieblich und zart ...
Ob sie die Tochter einer Adelsfamilie ist?
Keine Chance ...
Sprich sie doch an!

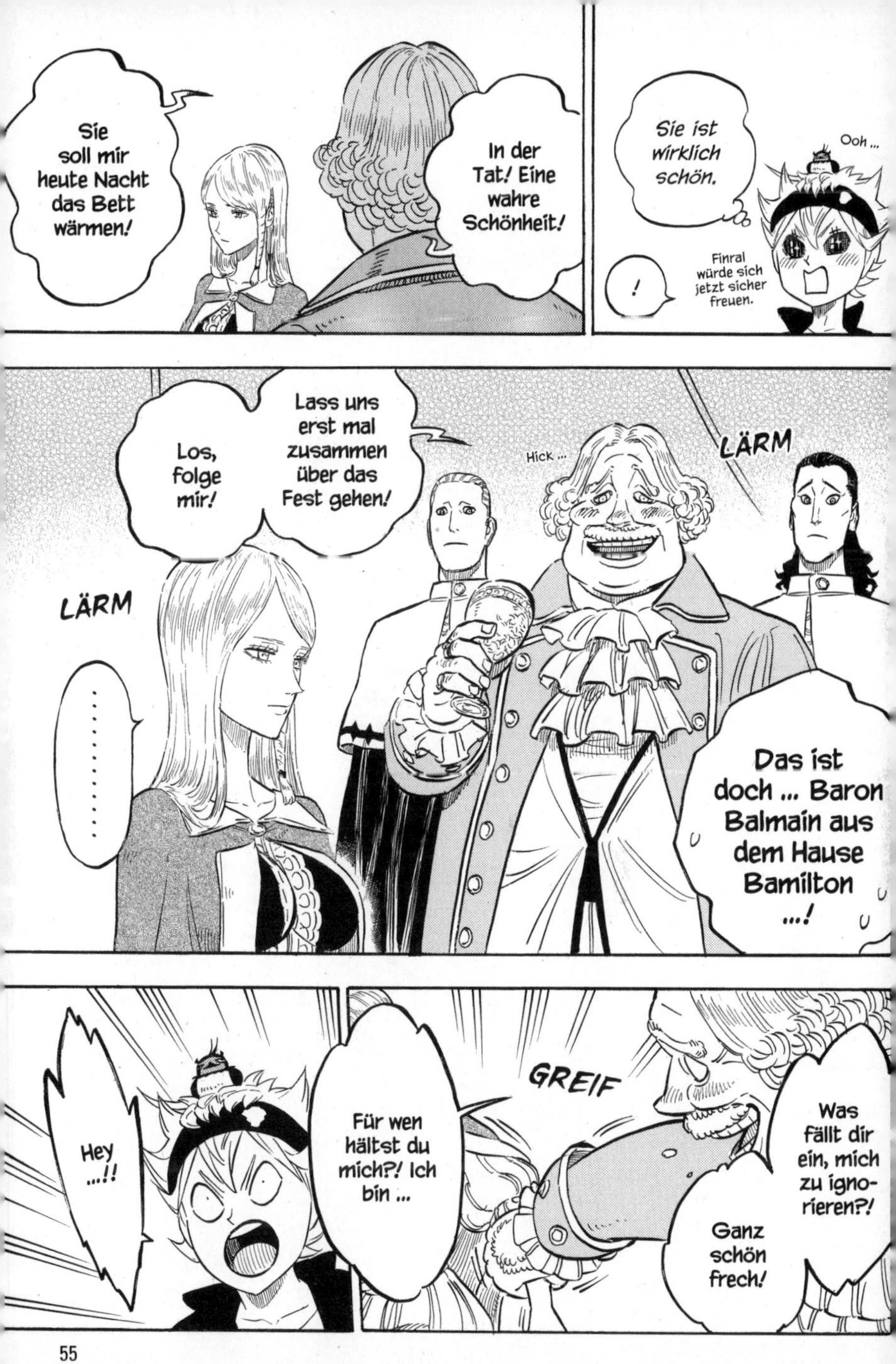
Sie ist wirklich schön.
Ooh ...
Finral würde sich jetzt sicher freuen.
!
In der Tat! Eine wahre Schönheit!
Sie soll mir heute Nacht das Bett wärmen!
LÄRM
Hick ...
Lass uns erst mal zusammen über das Fest gehen!
Los, folge mir!
LÄRM
Das ist doch ... Baron Balmain aus dem Hause Bamilton ...!
......
GREIF
Was fällt dir ein, mich zu ignorieren?!
Ganz schön frech!
Für wen hältst du mich?! Ich bin ...
Hey ...!!

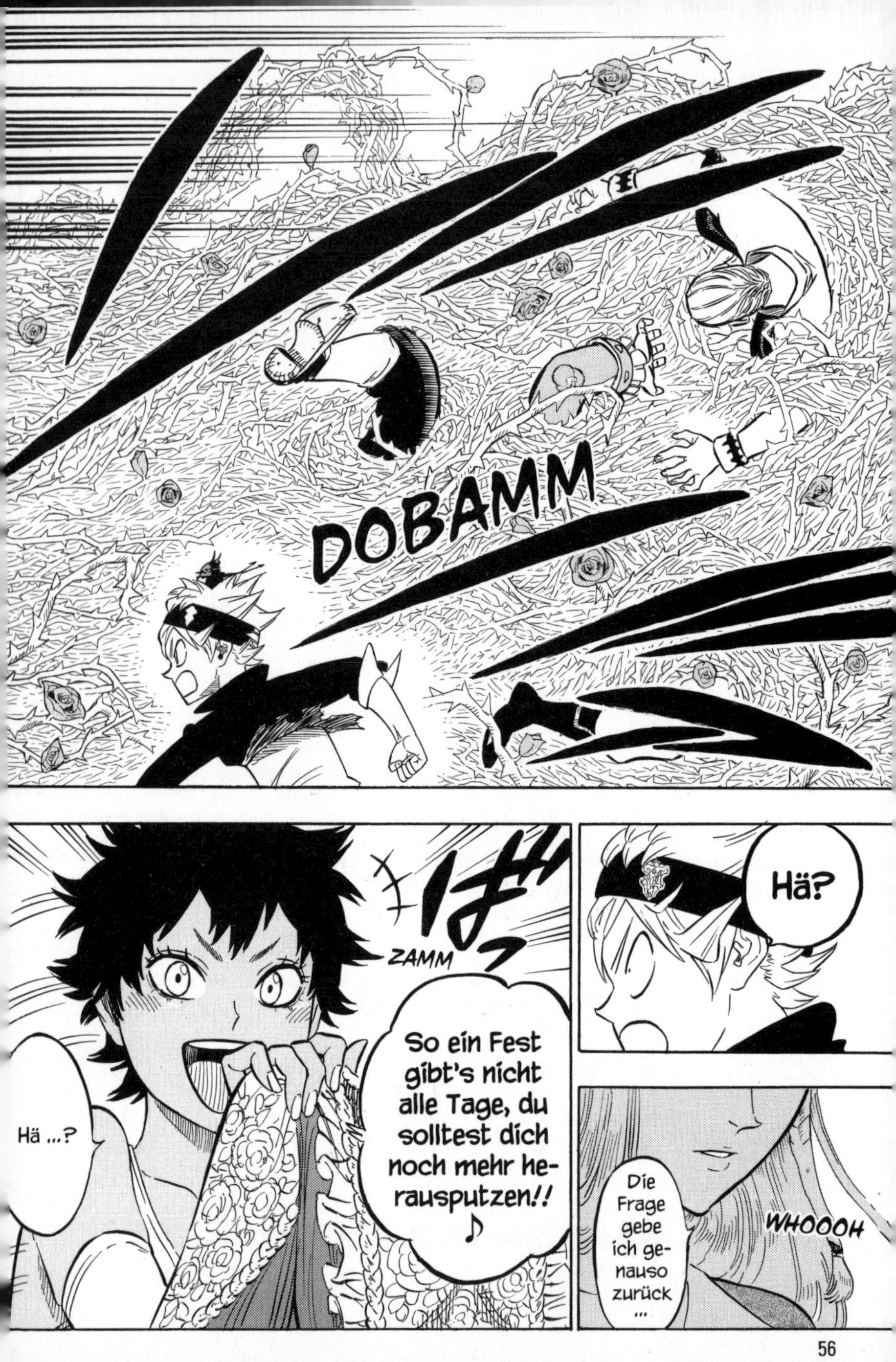
DOBAMM
Hä?
Die Frage gebe ich genauso zurück ...
WHOOOH
ばっ
ZAMM
So ein Fest gibt's nicht alle Tage, du solltest dich noch mehr herausputzen!! ♪
Hä ...?

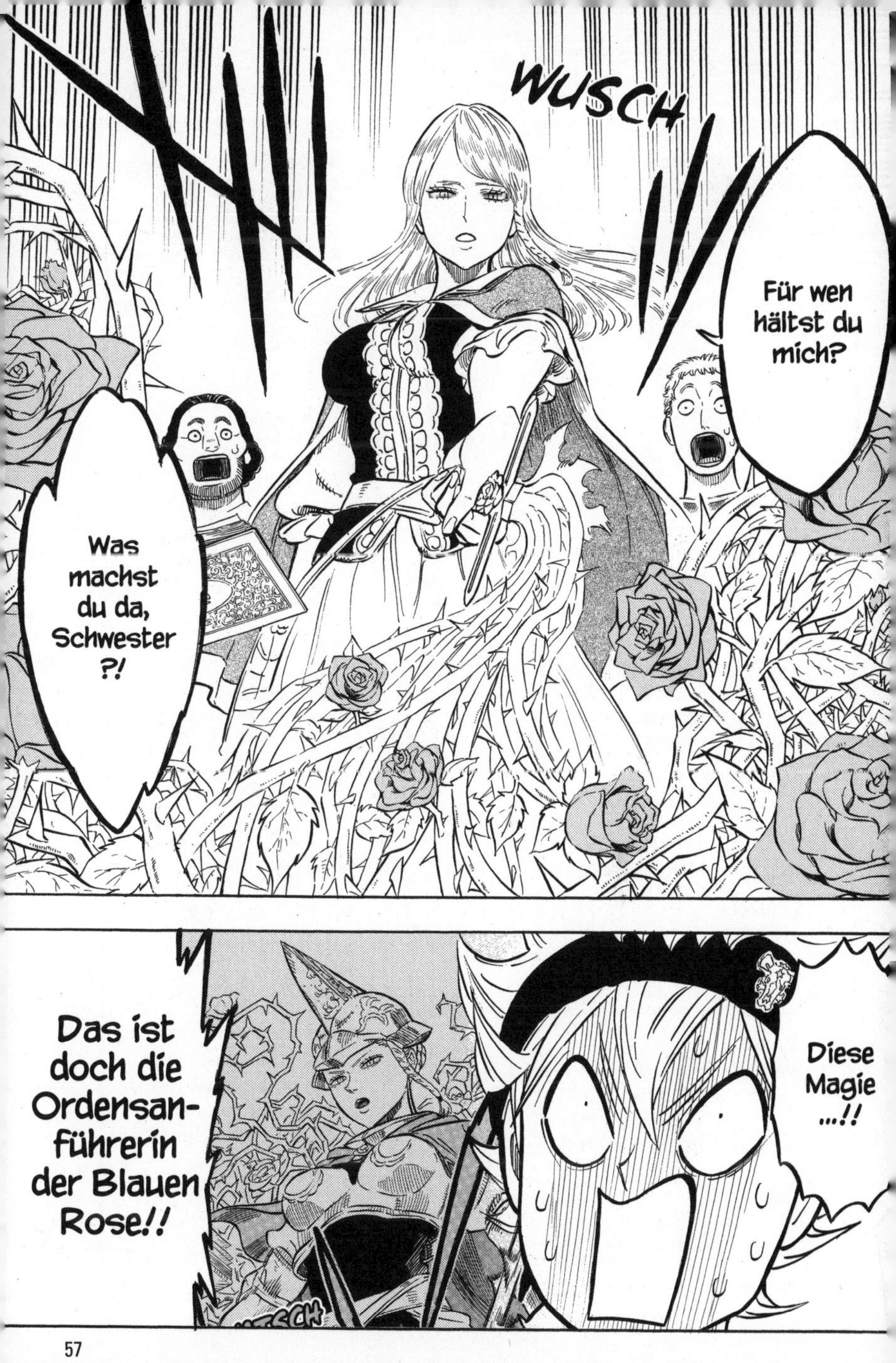

WUSCH
Was machst du da, Schwester ?!
Für wen hältst du mich?
Diese Magie …!!
Das ist doch die Ordensanführerin der Blauen Rose!!

*»Verlangen«

DER FRAGEORDEN NR. 1

Liebe Leser, guten Tag! Guten Abend! Guten Morgen! Danke für eure zahlreichen Einsendungen! Einige eurer Fragen werde ich in dieser Rubrik beantworten!

Frage: Diese Frage geht an die Mitglieder des Schwarzen Stiers! Auf was für Jungen oder Mädchen steht ihr? (Natsumi aus Niigata)

Yami

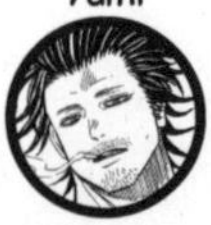

»Auf Frauen, mit denen ich Alkohol trinken und zusammen kämpfen kann.«

Gordon

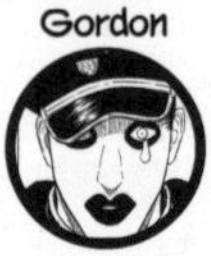

»Murmel, murmel, murmel ... (Jemanden, der keine Angst vor mir hat.)«

Finral

»Ich stehe auf alle Frauen!! Besonders auf anmutige, schüchterne Mädchen ...«

Gauche

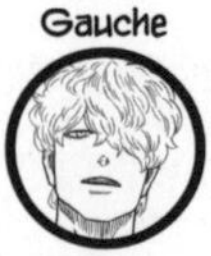

»Marie.«

Magna

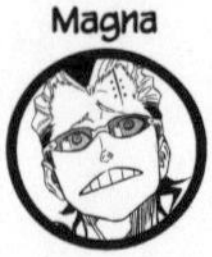

»Ich steh auf Frauen, die gut drauf sind und es mit mir aufnehmen können!«

Luck

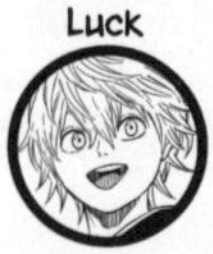

»? ...!
Jemand Starkes, der alles aushält!«

Asta

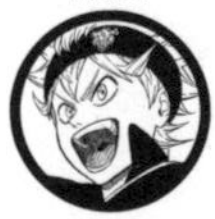

»Auf die Schwester!!«

Vanessa

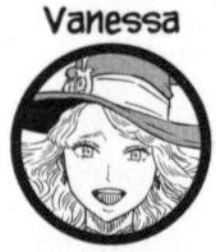

»Auf starke, wilde Männer.♥«

Grey

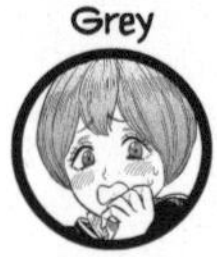

»Auf Männer ... die lieb sind und in der Beziehung die Führung übernehmen ...«

Charmy

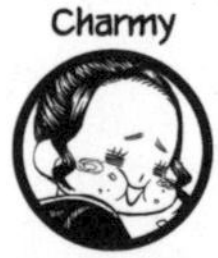

»Hu hu hu ...
Ich sage nur so viel: der Essensprinz.«

Noelle

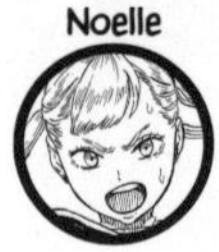

»Hmpf! So was interessiert mich nicht! Aber ... na ja ... vielleicht auf dumme, aufrichtige Kerle.«

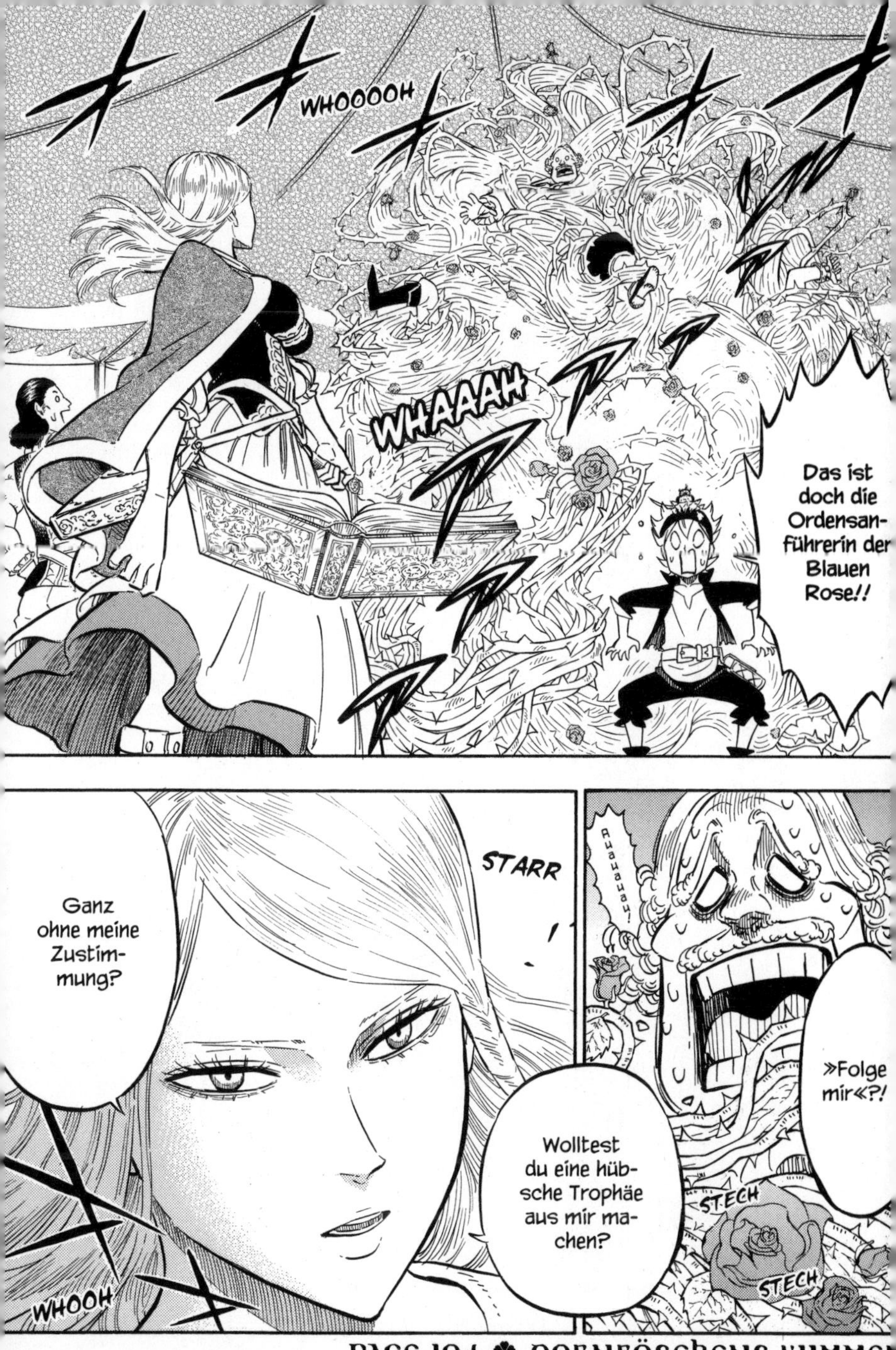

PAGE 104 ✽ DORNRÖSCHENS KUMMER

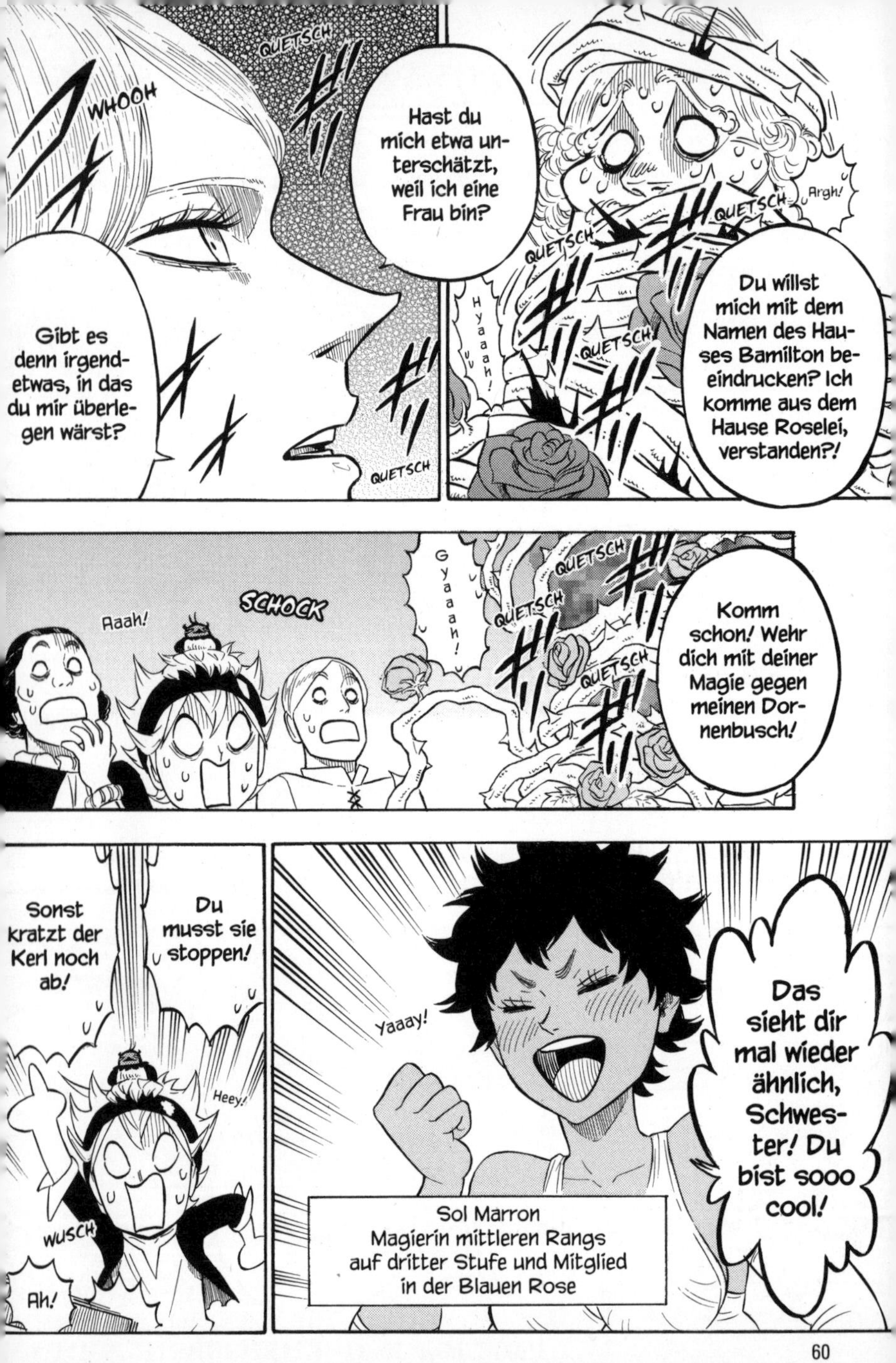

Argh!
QUETSCH
QUETSCH
Hyaaah!
QUETSCH
Du willst mich mit dem Namen des Hauses Bamilton beeindrucken? Ich komme aus dem Hause Roselei, verstanden?!
QUETSCH
WHOOH
Hast du mich etwa unterschätzt, weil ich eine Frau bin?
Gibt es denn irgendetwas, in das du mir überlegen wärst?
QUETSCH
QUETSCH
QUETSCH
QUETSCH
Komm schon! Wehr dich mit deiner Magie gegen meinen Dornenbusch!
Gyaaaah!
SCHOCK
Aaah!
Das sieht dir mal wieder ähnlich, Schwester! Du bist sooo cool!
Yaaay!
Sol Marron
Magierin mittleren Rangs
auf dritter Stufe und Mitglied
in der Blauen Rose
Du musst sie stoppen!
Sonst kratzt der Kerl noch ab!
Heey!
WUSCH
Ah!

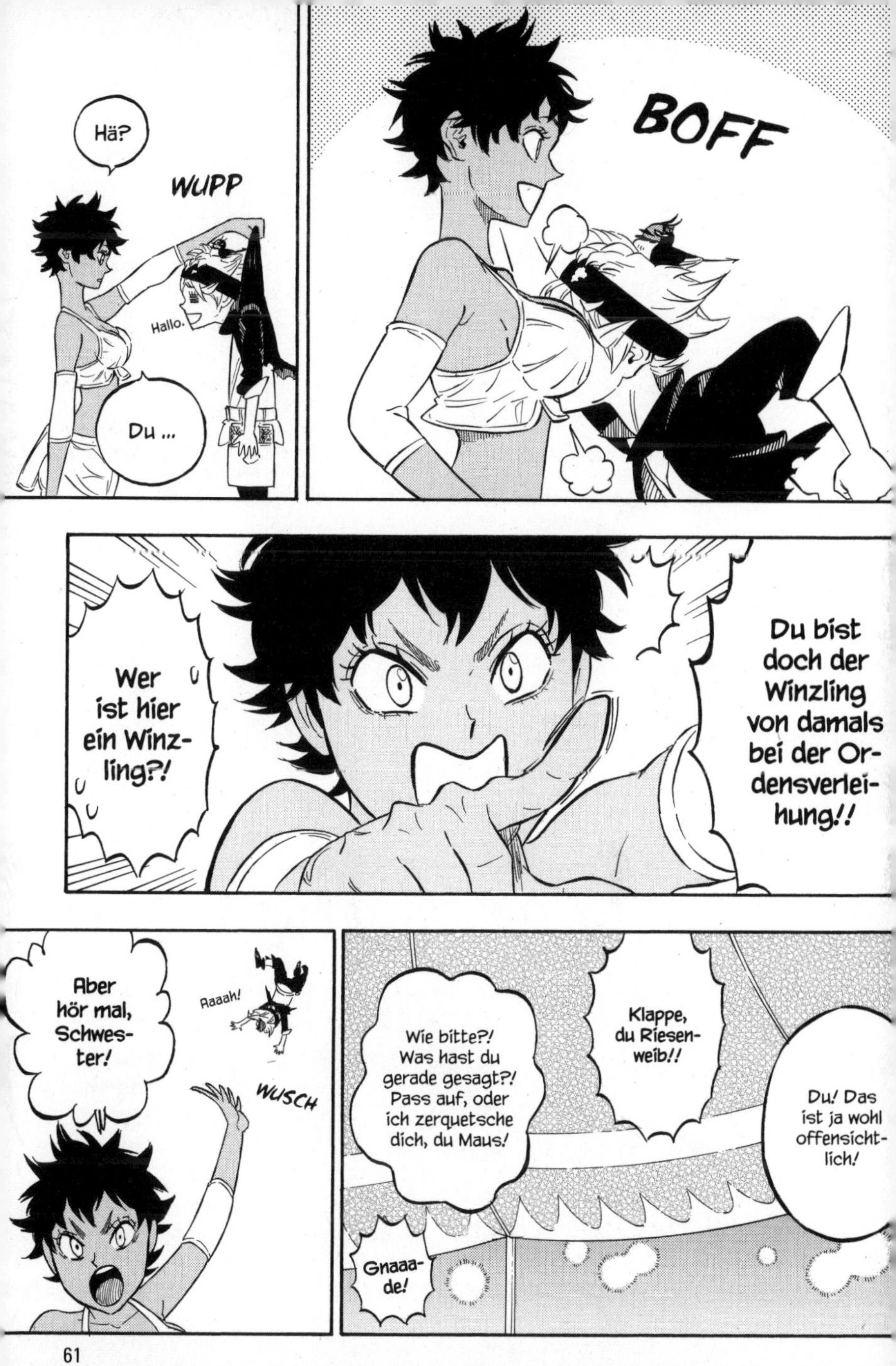

BOFF
Hä?
WUPP
Hallo.
Du ...
Du bist doch der Winzling von damals bei der Ordensverleihung!!
Wer ist hier ein Winzling?!
Du! Das ist ja wohl offensichtlich!
Klappe, du Riesenweib!!
Wie bitte?! Was hast du gerade gesagt?! Pass auf, oder ich zerquetsche dich, du Maus!
Gnaaade!
Aber hör mal, Schwester!
Raaah!
WUSCH

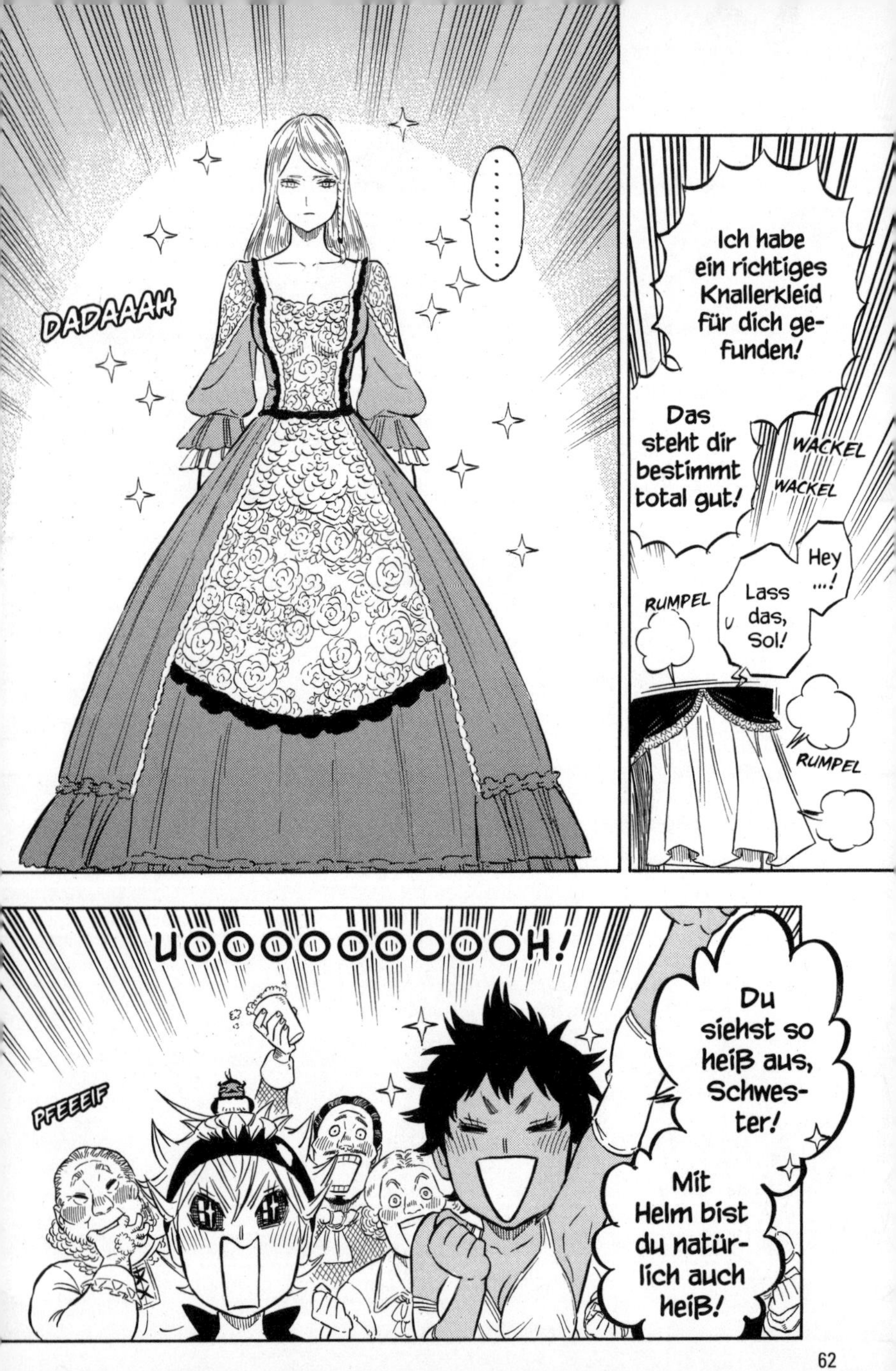
Ich habe ein richtiges Knallerkleid für dich gefunden!
Das steht dir bestimmt total gut!
WACKEL
WACKEL
Hey ...!
Lass das, Sol!
RUMPEL
RUMPEL
......
DADAAAH
UOOOOOOOOOOH!
Du siehst so heiß aus, Schwester!
Mit Helm bist du natürlich auch heiß!
PFEEEEIF

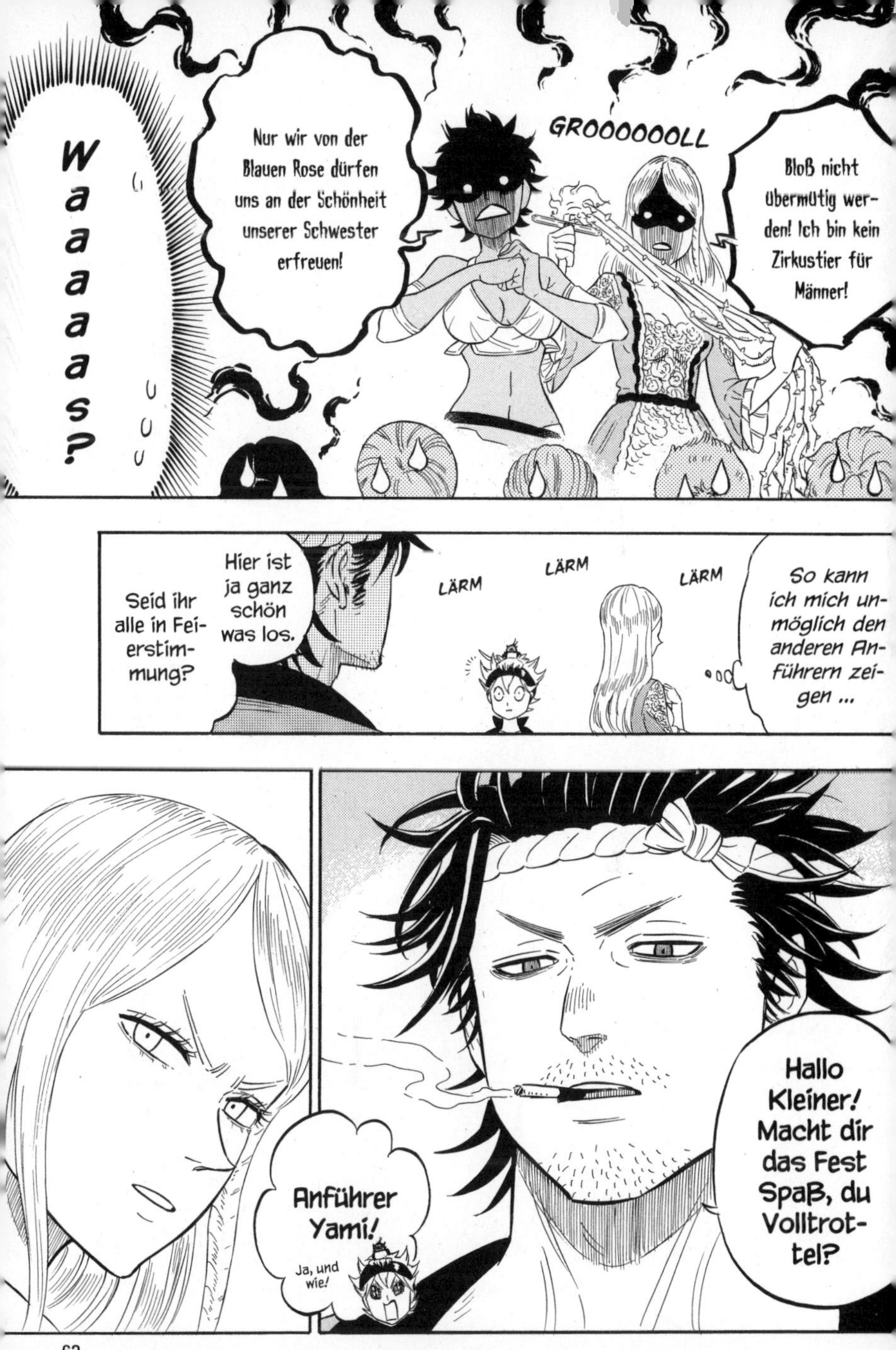
Bloß nicht übermütig werden! Ich bin kein Zirkustier für Männer!
GROOOOOOOLL
Nur wir von der Blauen Rose dürfen uns an der Schönheit unserer Schwester erfreuen!
Waaaaaas?
So kann ich mich unmöglich den anderen Anführern zeigen ...
LÄRM
LÄRM
LÄRM
Hier ist ja ganz schön was los.
Seid ihr alle in Feierstimmung?
Hallo Kleiner! Macht dir das Fest Spaß, du Volltrottel?
Anführer Yami!
Ja, und wie!

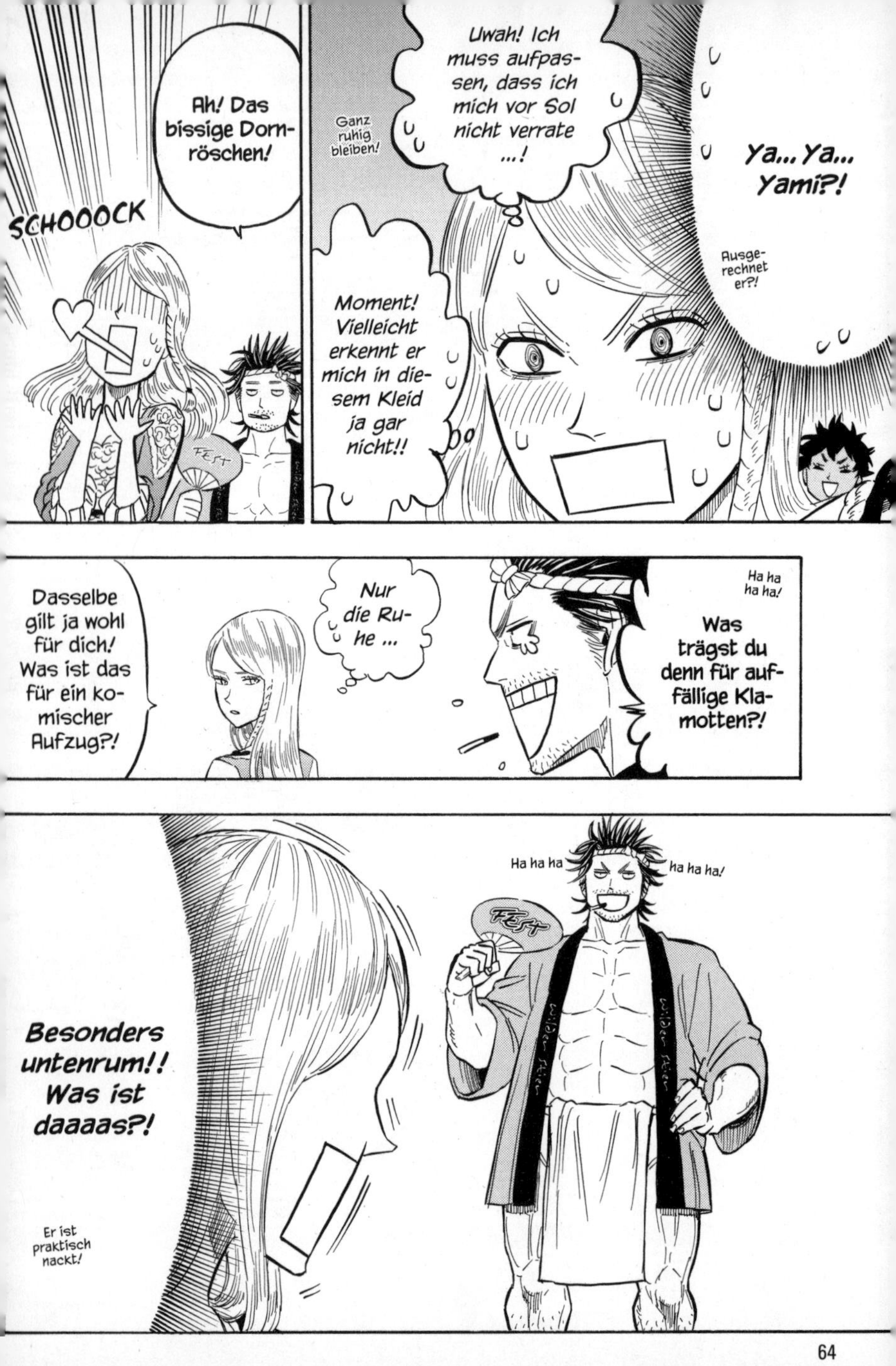
Ya... Ya... Yami?!
Ausgerechnet er?!
Uwah! Ich muss aufpassen, dass ich mich vor Sol nicht verrate ...!
Ganz ruhig bleiben!
Moment! Vielleicht erkennt er mich in diesem Kleid ja gar nicht!!
Ah! Das bissige Dornröschen!
SCHOOOCK
FEST
Ha ha ha ha!
Was trägst du denn für auffällige Klamotten?!
Nur die Ruhe ...
Dasselbe gilt ja wohl für dich! Was ist das für ein komischer Aufzug?!
Ha ha ha
ha ha ha!
FEST
Besonders untenrum!! Was ist daaaas?!
Er ist praktisch nackt!

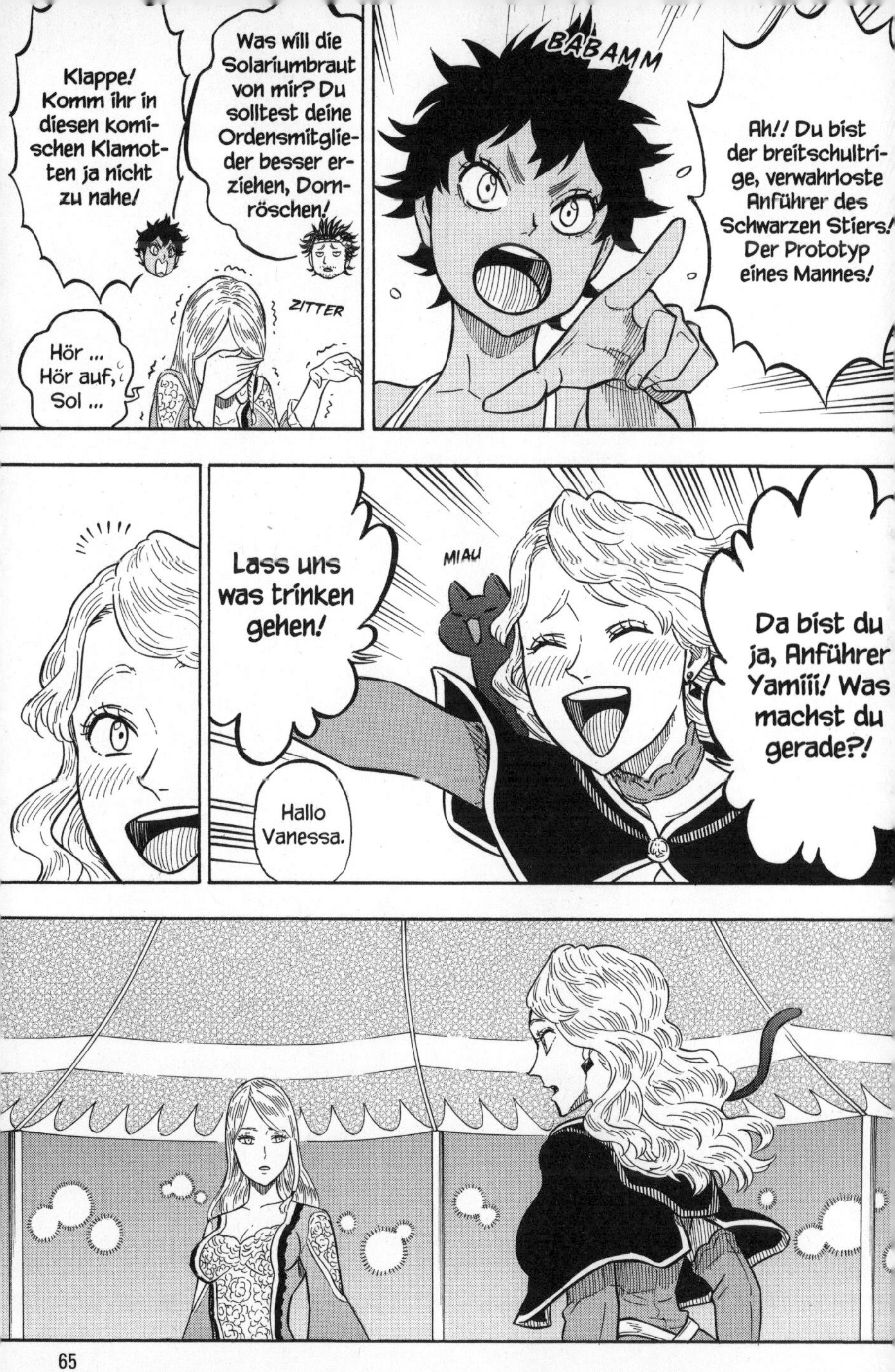
BABAMM
Ah!! Du bist der breitschultrige, verwahrloste Anführer des Schwarzen Stiers! Der Prototyp eines Mannes!
Was will die Solariumbraut von mir? Du solltest deine Ordensmitglieder besser erziehen, Dornröschen!
Klappe! Komm ihr in diesen komischen Klamotten ja nicht zu nahe!
ZITTER
Hör ... Hör auf, Sol ...
Da bist du ja, Anführer Yamiii! Was machst du gerade?!
MIAU
Lass uns was trinken gehen!
Hallo Vanessa.

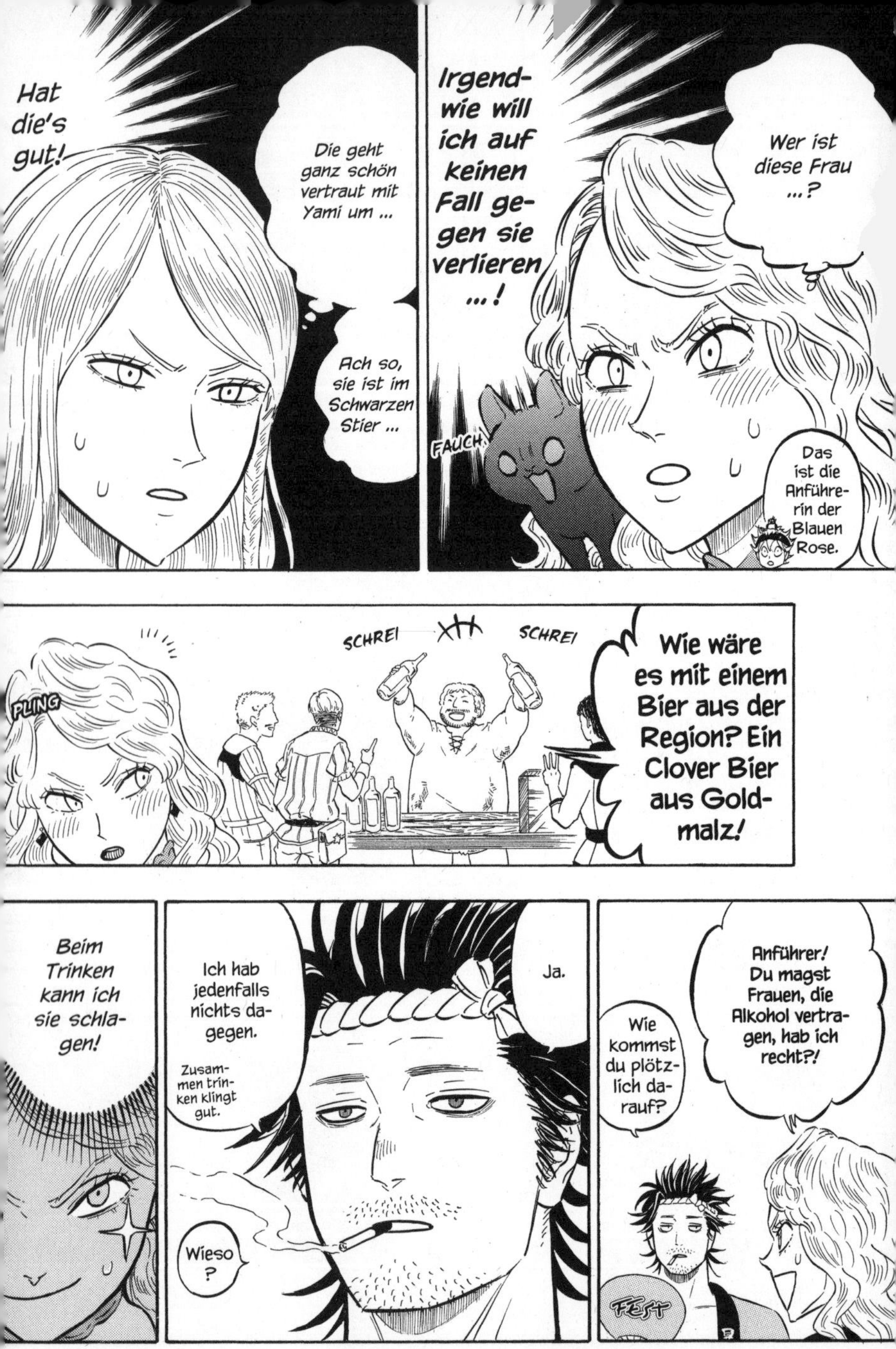
Wer ist diese Frau ...?
Irgendwie will ich auf keinen Fall gegen sie verlieren ...!
FAUCH
Das ist die Anführerin der Blauen Rose.
Die geht ganz schön vertraut mit Yami um ...
Ach so, sie ist im Schwarzen Stier ...
Hat die's gut!
Wie wäre es mit einem Bier aus der Region? Ein Clover Bier aus Goldmalz!
SCHREI
SCHREI
PLING
Anführer! Du magst Frauen, die Alkohol vertragen, hab ich recht?!
Wie kommst du plötzlich darauf?
FEST
Ja.
Ich hab jedenfalls nichts dagegen.
Zusammen trinken klingt gut.
Wieso?
Beim Trinken kann ich sie schlagen!

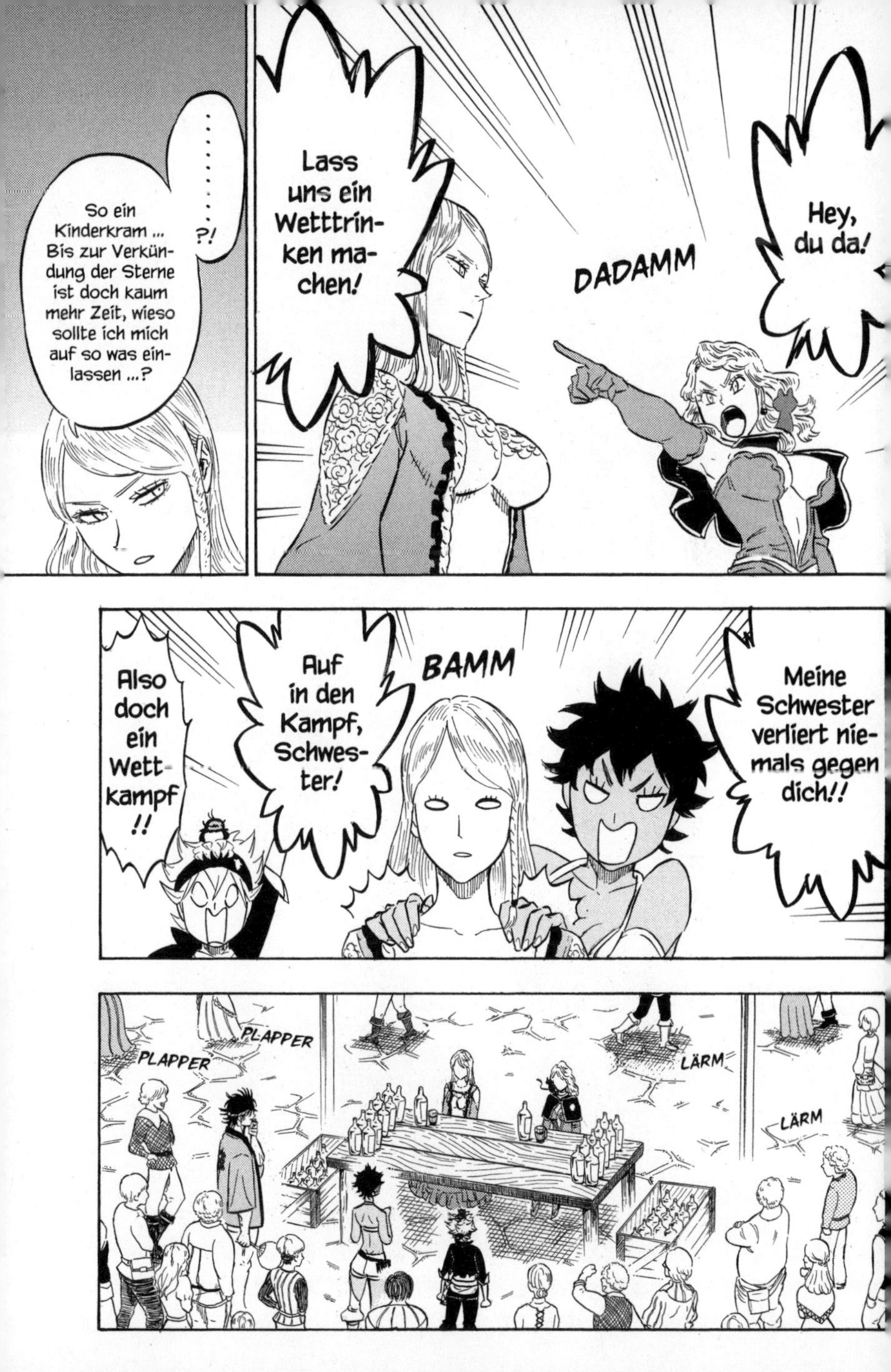

Hey, du da!
DADAMM
Lass uns ein Wetttrinken machen!
......?!
So ein Kinderkram ... Bis zur Verkündung der Sterne ist doch kaum mehr Zeit, wieso sollte ich mich auf so was einlassen ...?
Meine Schwester verliert niemals gegen dich!!
BAMM
Auf in den Kampf, Schwester!
Also doch ein Wettkampf!!
LÄRM
LÄRM
PLAPPER
PLAPPER

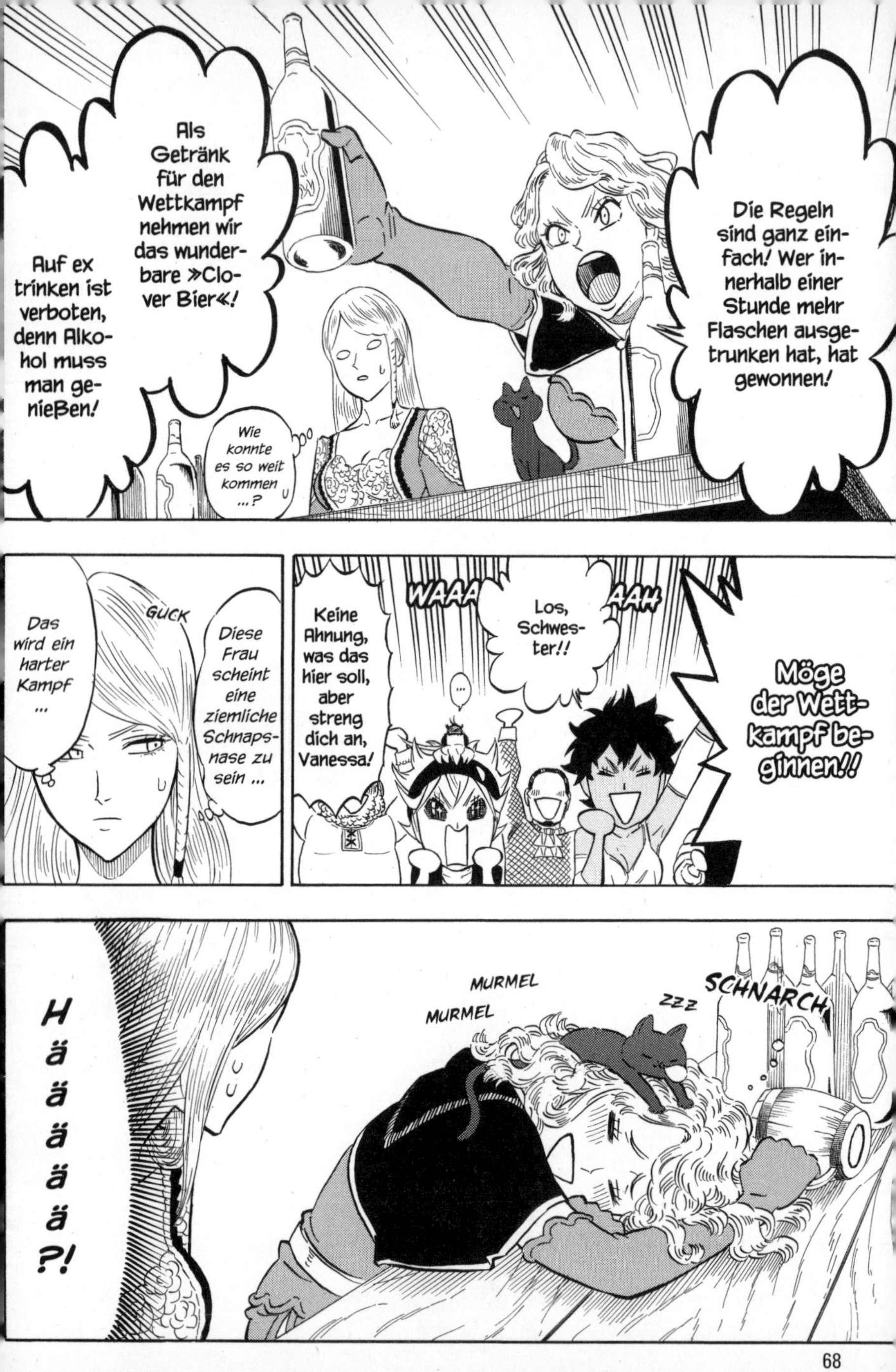
Die Regeln sind ganz einfach! Wer innerhalb einer Stunde mehr Flaschen ausgetrunken hat, hat gewonnen!
Als Getränk für den Wettkampf nehmen wir das wunderbare »Clover Bier«!
Auf ex trinken ist verboten, denn Alkohol muss man genießen!
Wie konnte es so weit kommen ...?
Möge der Wettkampf beginnen!!
WAAA
AAH
Los, Schwester!!
Keine Ahnung, was das hier soll, aber streng dich an, Vanessa!
...
GUCK
Diese Frau scheint eine ziemliche Schnapsnase zu sein ...
Das wird ein harter Kampf ...
SCHNARCH
ZZZ
MURMEL
MURMEL
Häääää?!

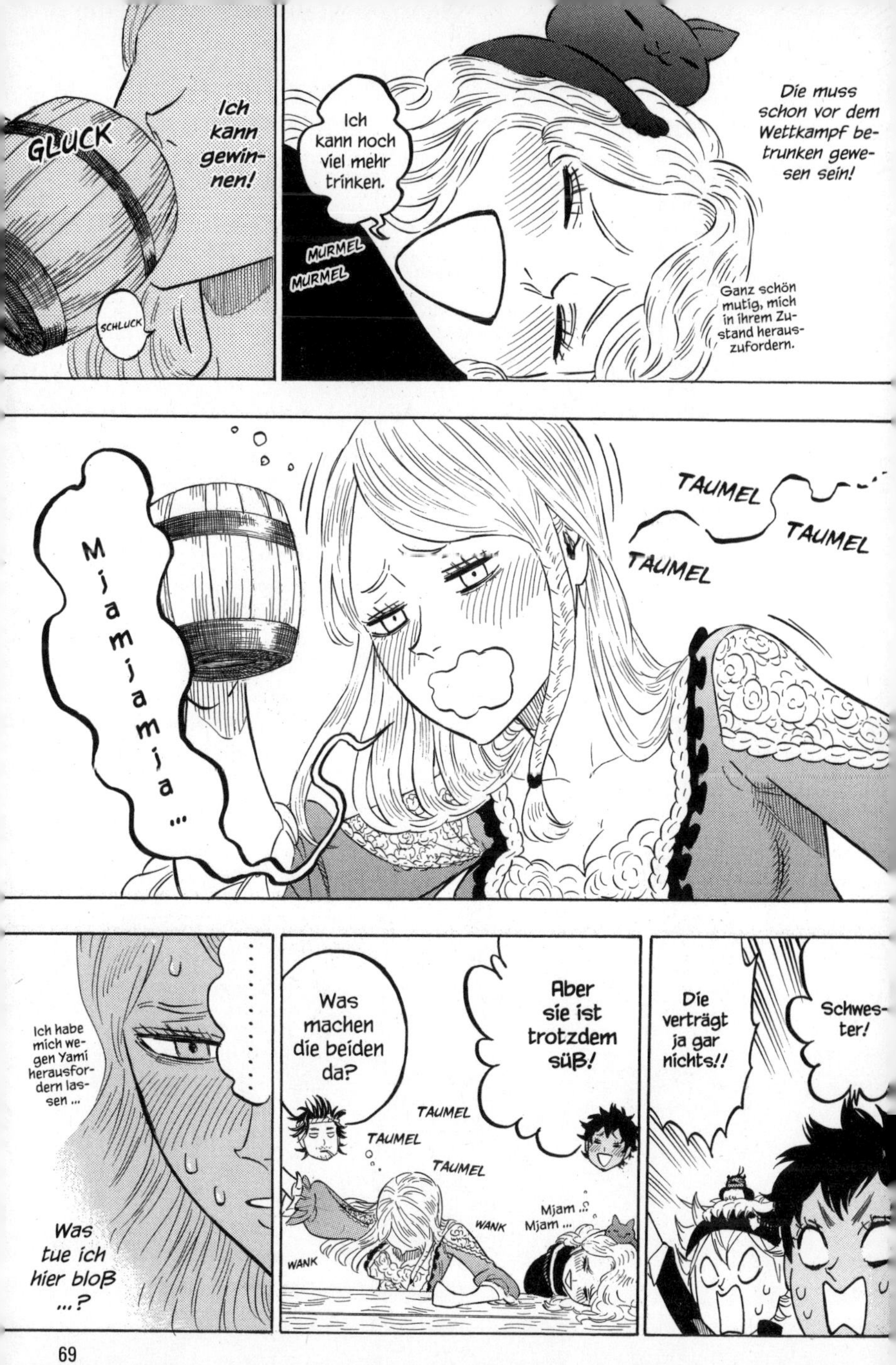
Die muss schon vor dem Wettkampf betrunken gewesen sein!
Ganz schön mutig, mich in ihrem Zustand herauszufordern.
Ich kann noch viel mehr trinken.
MURMEL MURMEL
Ich kann gewinnen!
GLUCK
SCHLUCK
TAUMEL TAUMEL TAUMEL
Mjamjamja …
Schwester!
Die verträgt ja gar nichts!!
Aber sie ist trotzdem süß!
Was machen die beiden da?
TAUMEL TAUMEL TAUMEL
Mjam … Mjam …
WANK WANK
……
Ich habe mich wegen Yami herausfordern lassen …
Was tue ich hier bloß …?

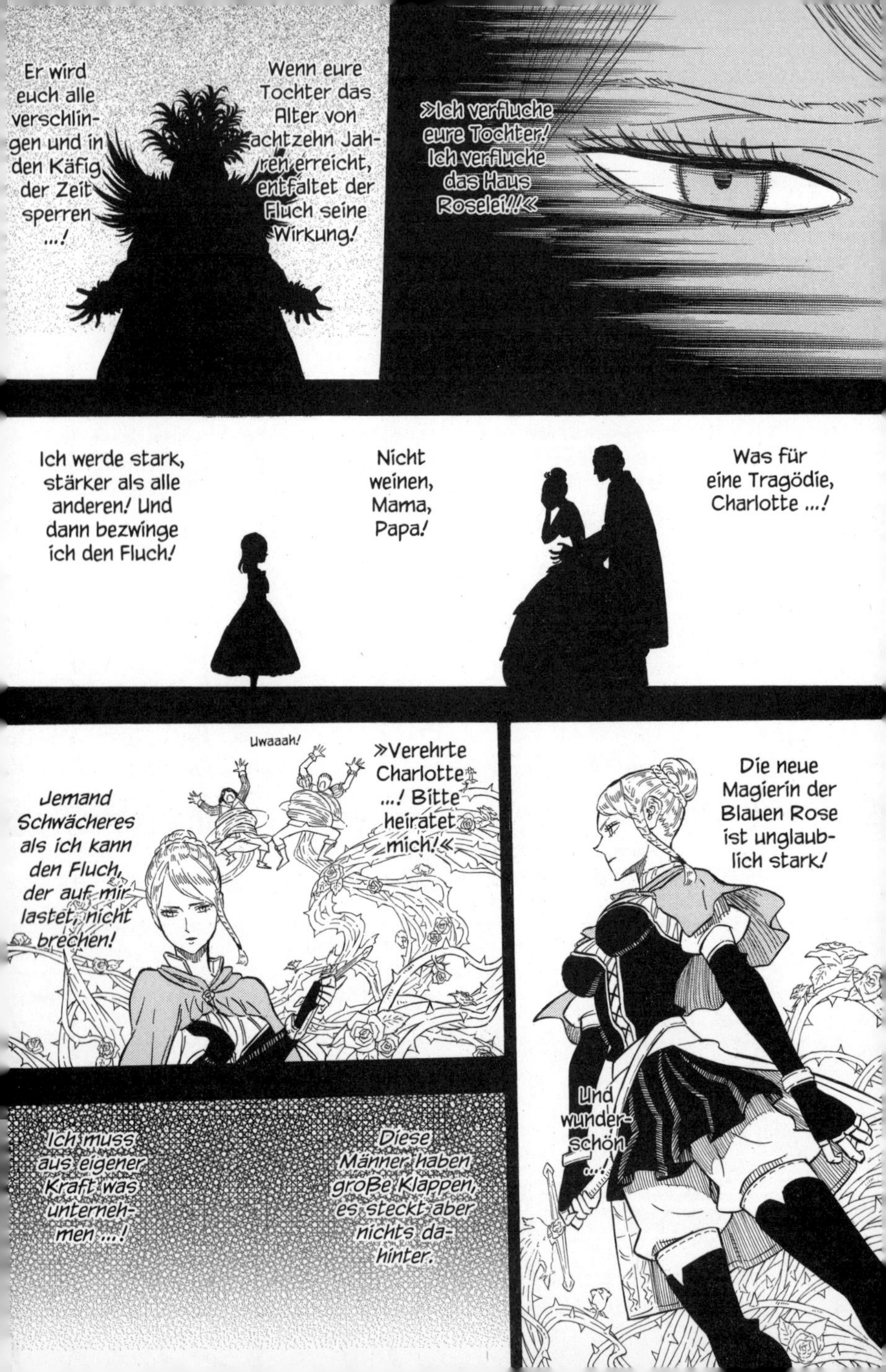

»Ich verfluche eure Tochter! Ich verfluche das Haus Roselei!!«
Wenn eure Tochter das Alter von achtzehn Jahren erreicht, entfaltet der Fluch seine Wirkung!
Er wird euch alle verschlingen und in den Käfig der Zeit sperren ...!
Was für eine Tragödie, Charlotte ...!
Nicht weinen, Mama, Papa!
Ich werde stark, stärker als alle anderen! Und dann bezwinge ich den Fluch!
Die neue Magierin der Blauen Rose ist unglaublich stark!
Und wunderschön ...!
»Verehrte Charlotte ...! Bitte heiratet mich!«
Uwaaah!
Jemand Schwächeres als ich kann den Fluch, der auf mir lastet, nicht brechen!
Diese Männer haben große Klappen, es steckt aber nichts dahinter.
Ich muss aus eigener Kraft was unternehmen ...!

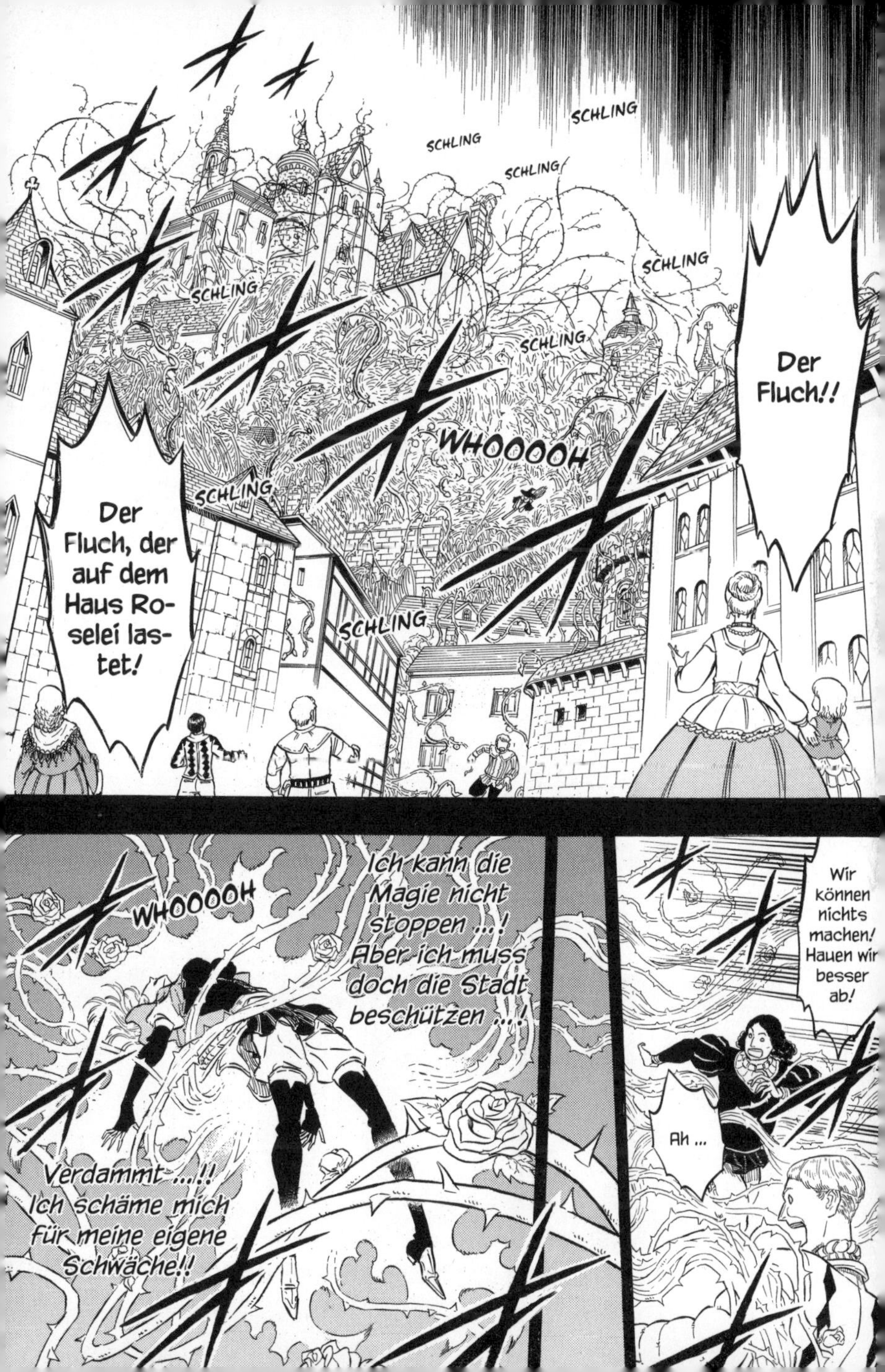
SCHLING
SCHLING
SCHLING
SCHLING
SCHLING
SCHLING
Der Fluch!!
WHOOOOH
Der Fluch, der auf dem Haus Roselei lastet!
SCHLING
SCHLING
Wir können nichts machen! Hauen wir besser ab!
Ah ...
Ich kann die Magie nicht stoppen ...! Aber ich muss doch die Stadt beschützen ...!
WHOOOOH
Verdammt ...!! Ich schäme mich für meine eigene Schwäche!!

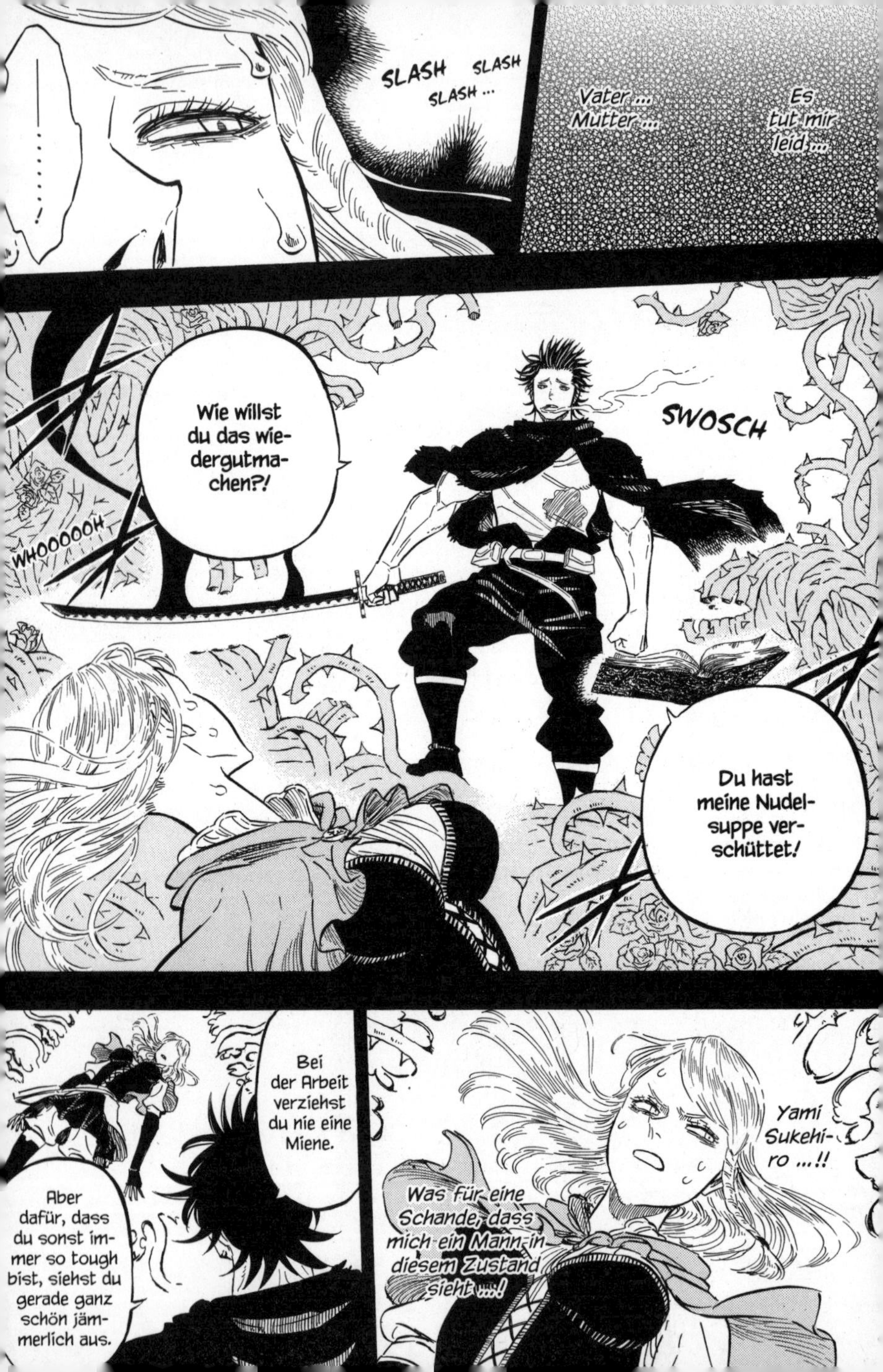
Vater ... Mutter ...
Es tut mir leid ...
SLASH SLASH SLASH ...
......
SWOSCH
Du hast meine Nudelsuppe verschüttet!
Wie willst du das wiedergutmachen?!
WHOOOOOH
Yami Sukehiro ...!!
Was für eine Schande, dass mich ein Mann in diesem Zustand sieht ...!
Bei der Arbeit verziehst du nie eine Miene.
Aber dafür, dass du sonst immer so tough bist, siehst du gerade ganz schön jämmerlich aus.

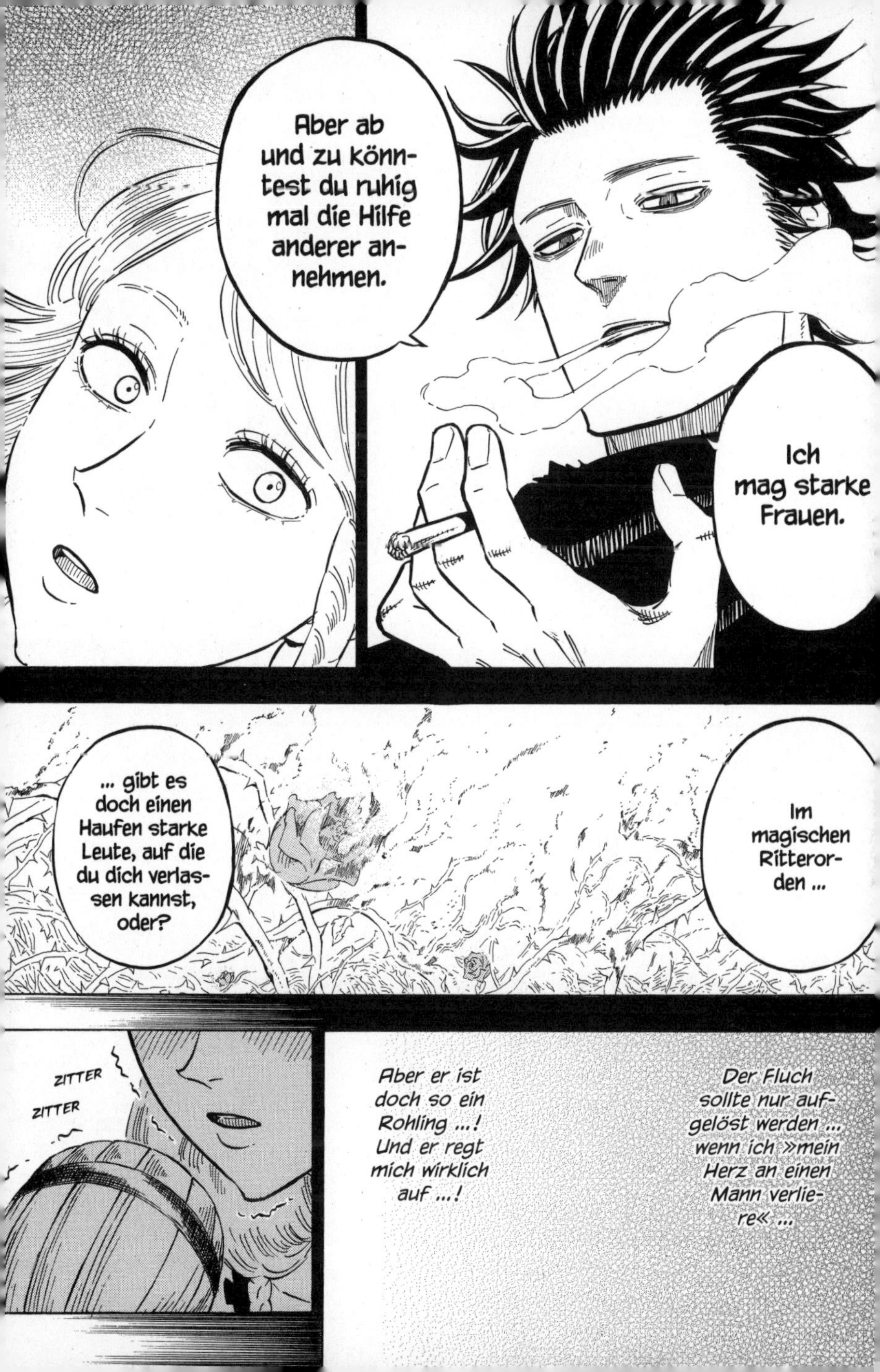
Ich mag starke Frauen.
Aber ab und zu könntest du ruhig mal die Hilfe anderer annehmen.
Im magischen Ritterorden ...
... gibt es doch einen Haufen starke Leute, auf die du dich verlassen kannst, oder?
Der Fluch sollte nur aufgelöst werden ... wenn ich »mein Herz an einen Mann verliere« ...
Aber er ist doch so ein Rohling ...! Und er regt mich wirklich auf ...!
ZITTER
ZITTER

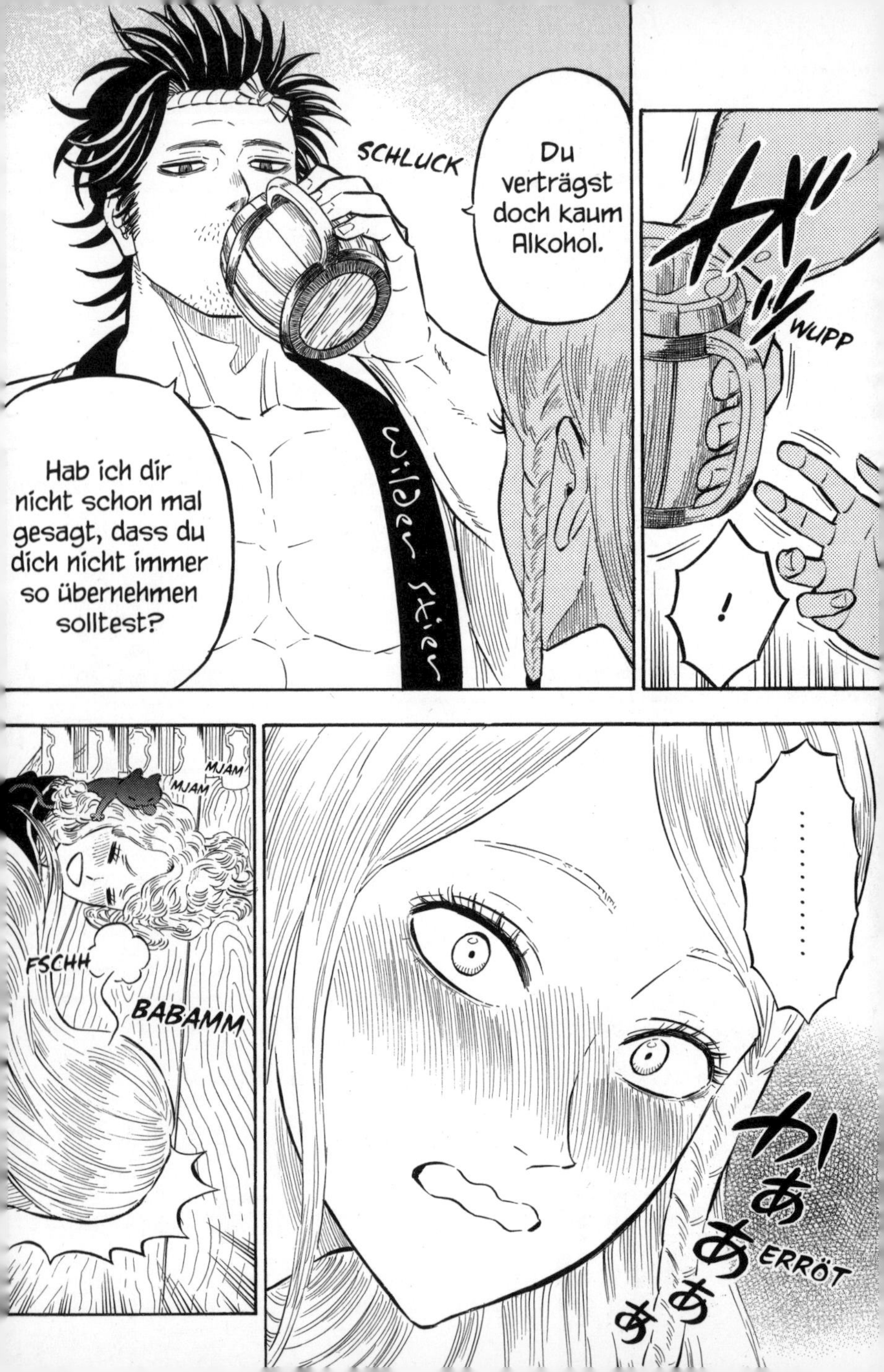
SCHLUCK
Du verträgst doch kaum Alkohol.
Hab ich dir nicht schon mal gesagt, dass du dich nicht immer so übernehmen solltest?
WUPP
!
……
ERRÖT
MJAM
MJAM
FSCHH
BABAMM

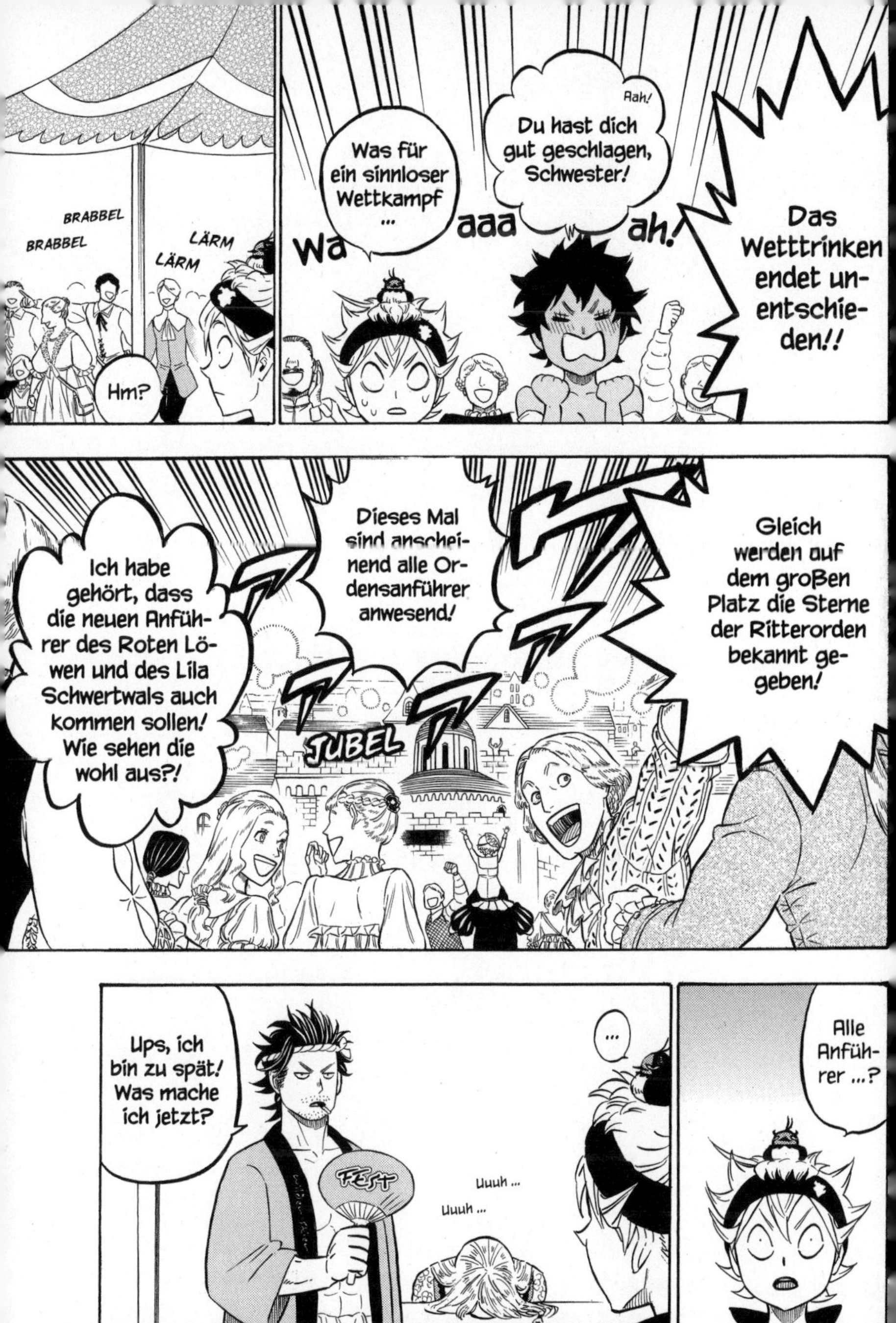
Das Wetttrinken endet unentschieden!!
Aah!
Du hast dich gut geschlagen, Schwester!
Waaaah!
Was für ein sinnloser Wettkampf ...
BRABBEL
BRABBEL
LÄRM
LÄRM
Hm?
Gleich werden auf dem großen Platz die Sterne der Ritterorden bekannt gegeben!
Dieses Mal sind anscheinend alle Ordensanführer anwesend!
Ich habe gehört, dass die neuen Anführer des Roten Löwen und des Lila Schwertwals auch kommen sollen! Wie sehen die wohl aus?!
JUBEL
Alle Anführer ...?
...
Uuuh ...
Uuuh ...
Ups, ich bin zu spät! Was mache ich jetzt?
FEST

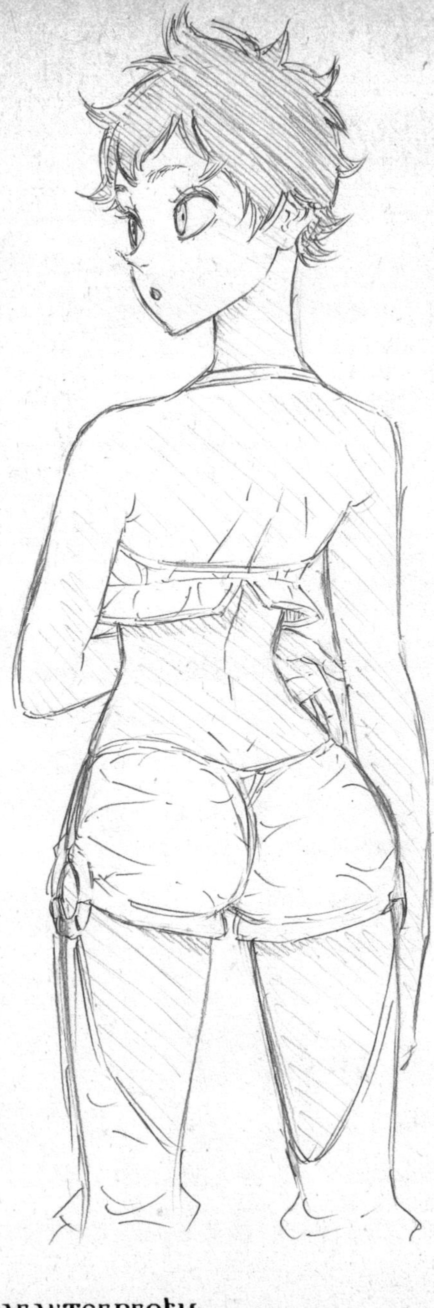

Sol Marron

Alter: 18 Jahre

Größe: 180 cm

Geburtstag: 13. Mai

Sternzeichen: Stier

Blutgruppe: B

Mag: Mont Blanc (ein Dessert aus Maronen), das Gefühl beim Anfassen von Erde, Charlotte

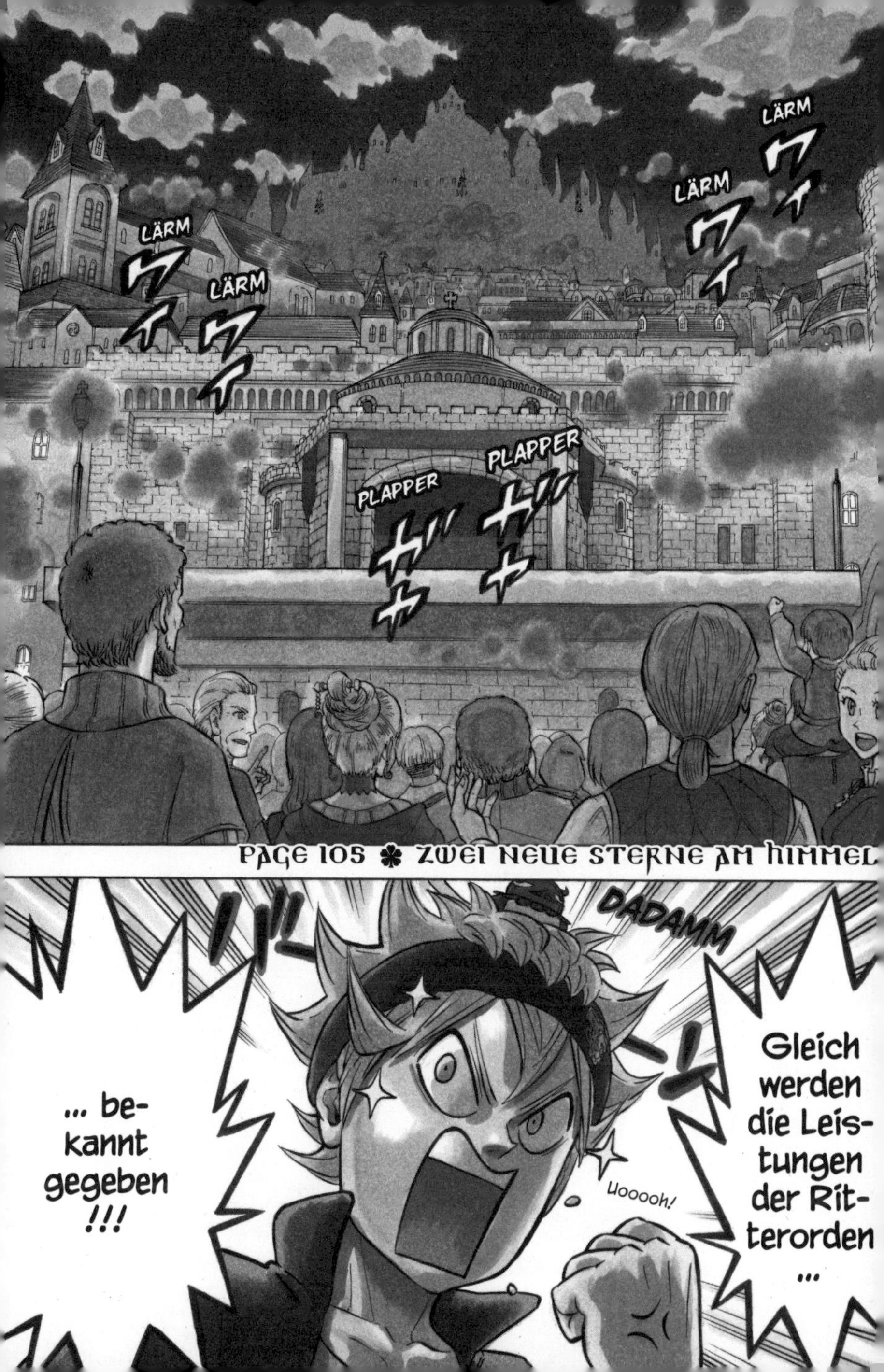
LÄRM
LÄRM
LÄRM
LÄRM
PLAPPER
PLAPPER
PAGE 105 ♣ ZWEI NEUE STERNE AM HIMMEL
DADAMM
Gleich werden die Leis-tungen der Rit-terorden …
Uooooh!
… be-kannt gegeben !!!

PAGE 105 ✿ ZWEI NEUE STERNE AM HIMMEL

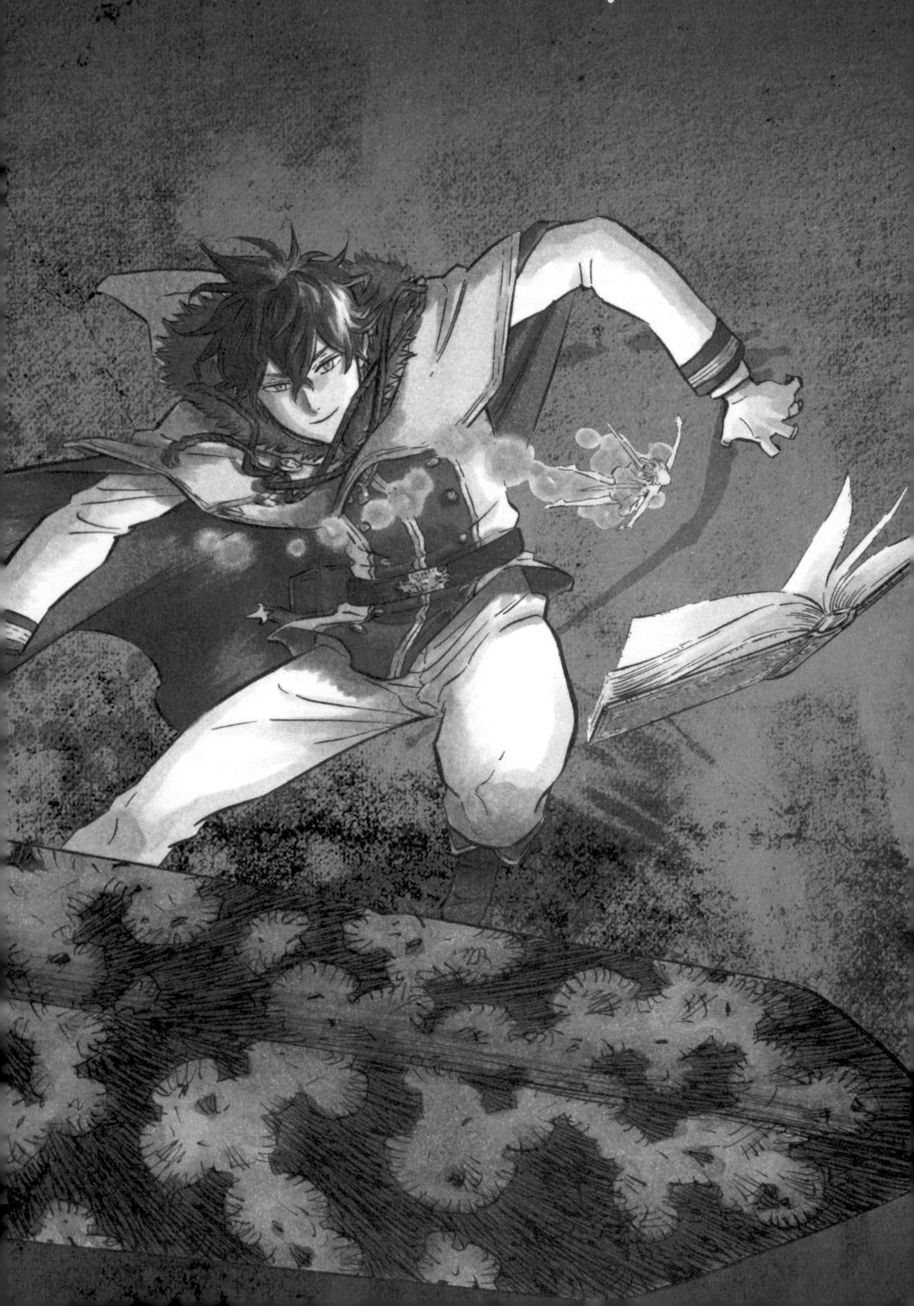

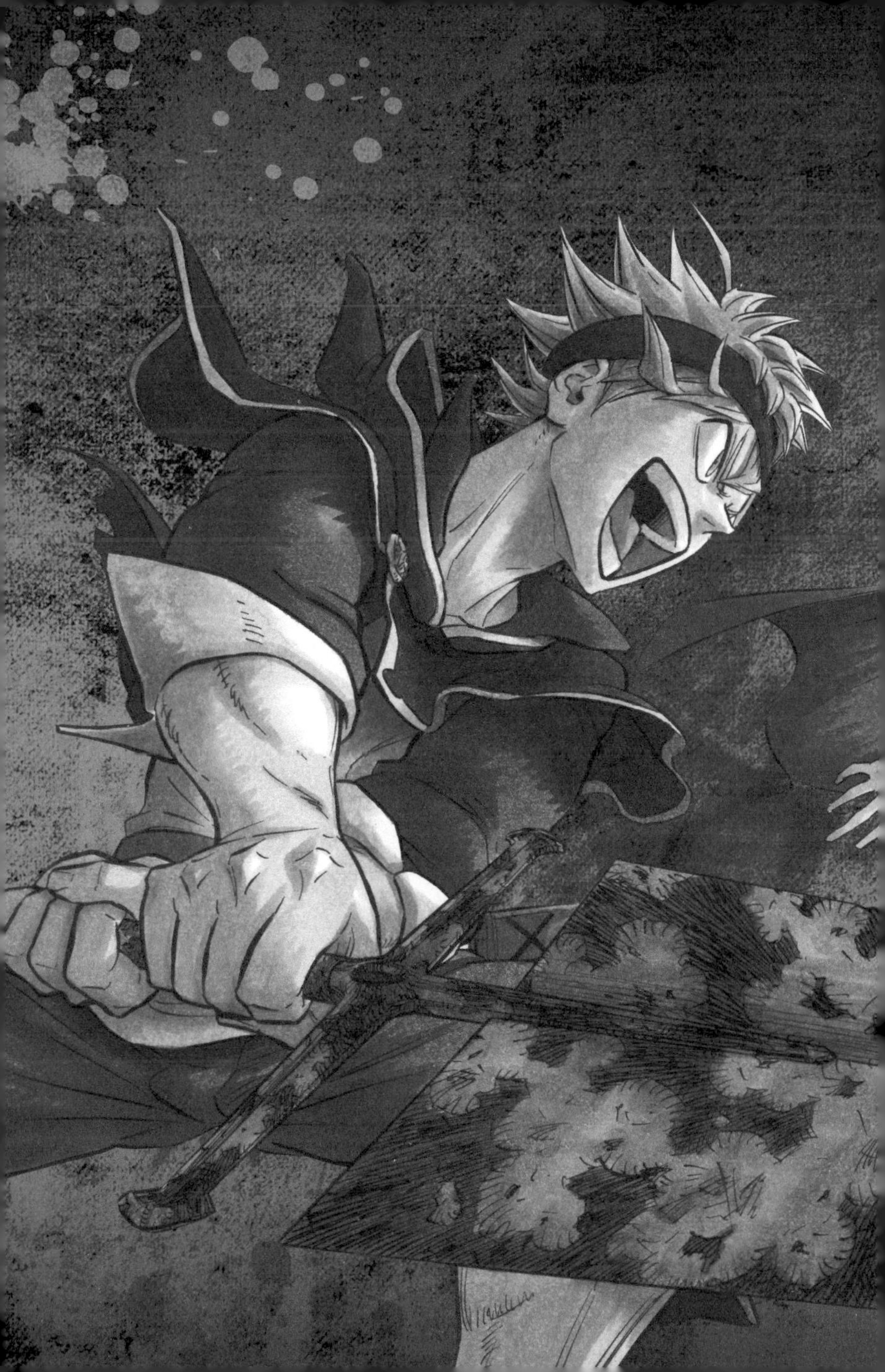

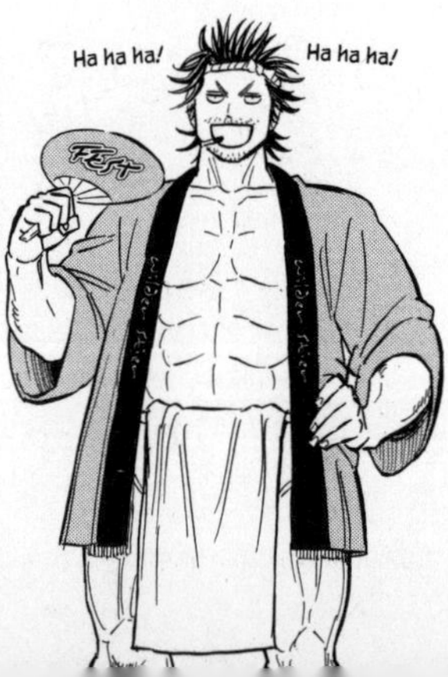
Ha ha ha!
Ha ha ha!

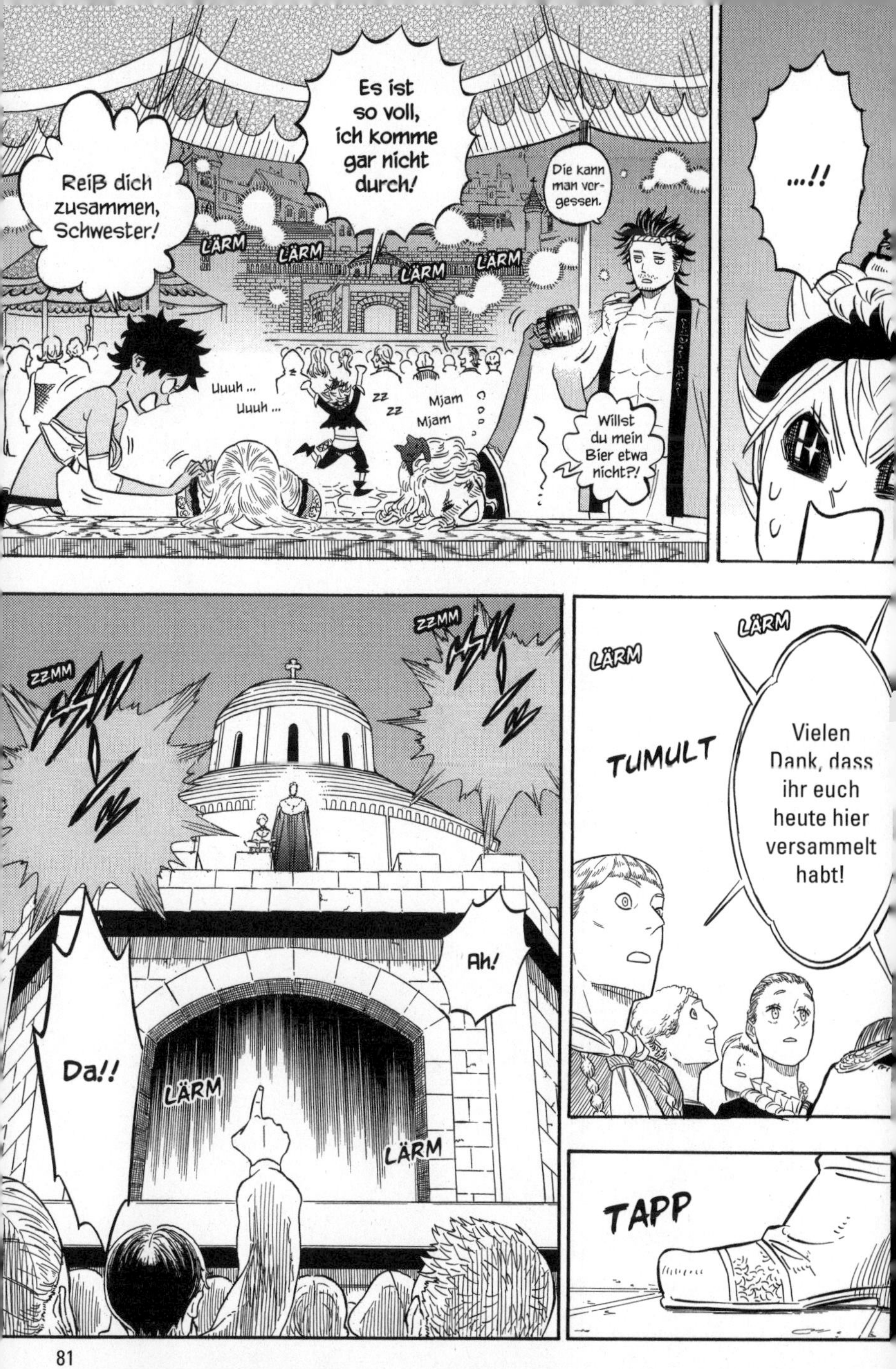

Reiß dich zusammen, Schwester!
Es ist so voll, ich komme gar nicht durch!
Die kann man vergessen.
LÄRM
LÄRM
LÄRM
LÄRM
Uuuh ...
Uuuh ...
ZZ
ZZ
Mjam
Mjam
Willst du mein Bier etwa nicht?!
...!!
ZZMM
ZZMM
Da!!
Ah!
LÄRM
LÄRM
LÄRM
LÄRM
TUMULT
Vielen Dank, dass ihr euch heute hier versammelt habt!
TAPP

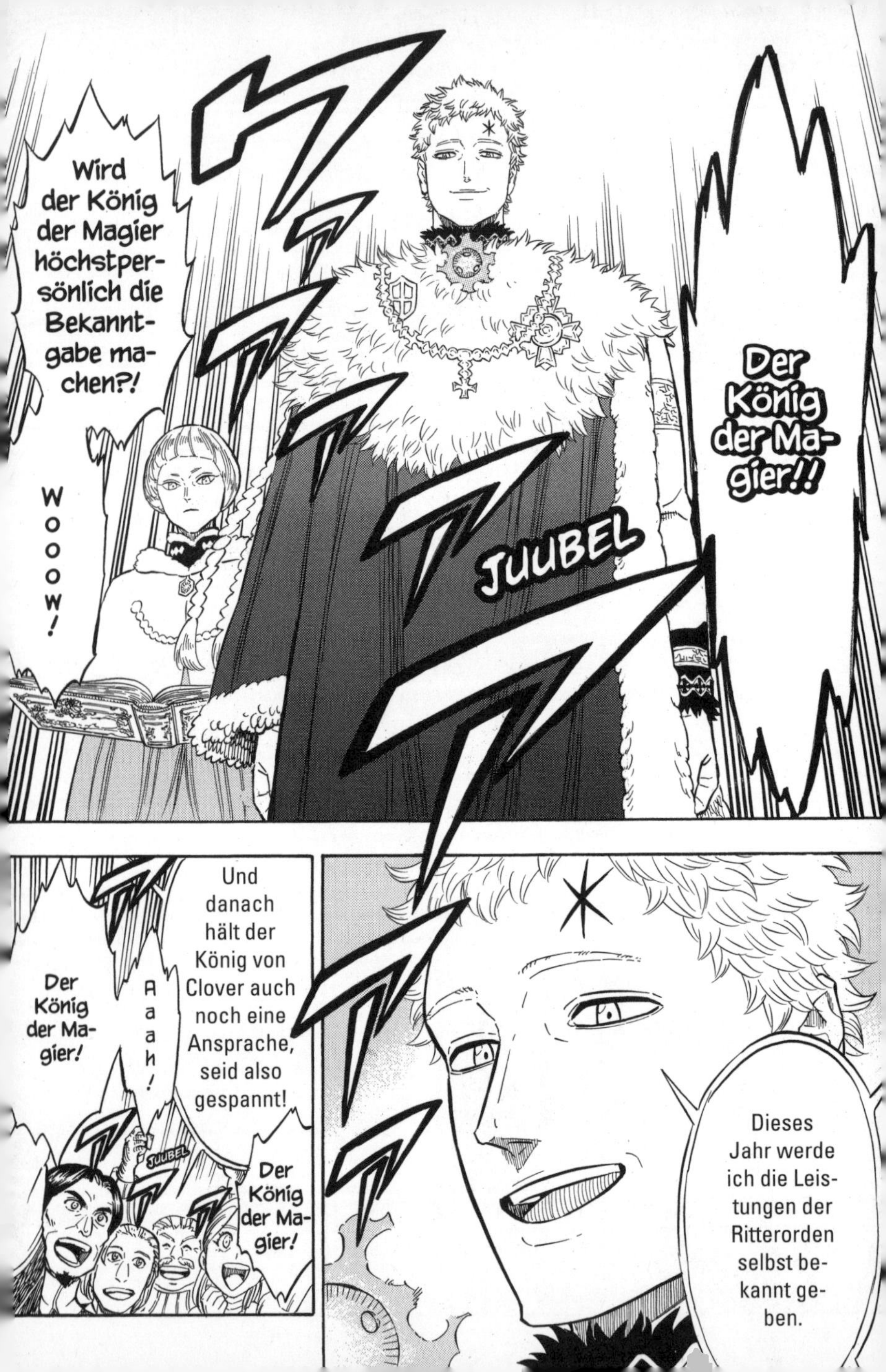

Der König der Magier!!
JUUBEL
Wird der König der Magier höchstpersönlich die Bekanntgabe machen?!
Wooooow!
Dieses Jahr werde ich die Leistungen der Ritterorden selbst bekannt geben.
Und danach hält der König von Clover auch noch eine Ansprache, seid also gespannt!
Der König der Magier!
Aaah!
JUUBEL
Der König der Magier!

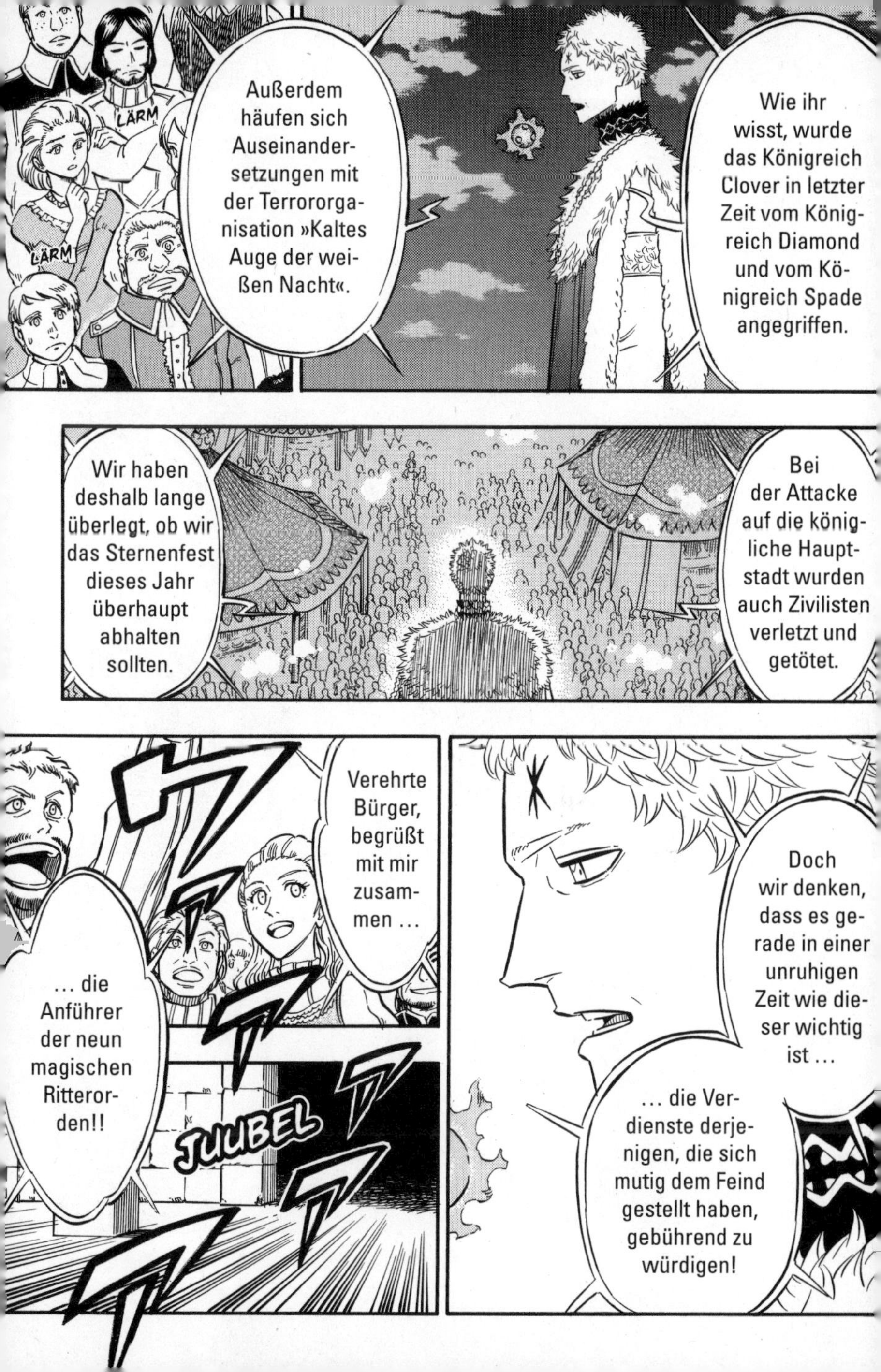
Wie ihr wisst, wurde das Königreich Clover in letzter Zeit vom Königreich Diamond und vom Königreich Spade angegriffen.
Außerdem häufen sich Auseinandersetzungen mit der Terrororganisation »Kaltes Auge der weißen Nacht«.
LÄRM
LÄRM
Bei der Attacke auf die königliche Hauptstadt wurden auch Zivilisten verletzt und getötet.
Wir haben deshalb lange überlegt, ob wir das Sternenfest dieses Jahr überhaupt abhalten sollten.
Doch wir denken, dass es gerade in einer unruhigen Zeit wie dieser wichtig ist …
… die Verdienste derjenigen, die sich mutig dem Feind gestellt haben, gebührend zu würdigen!
Verehrte Bürger, begrüßt mit mir zusammen …
… die Anführer der neun magischen Ritterorden!!
JUUBEL

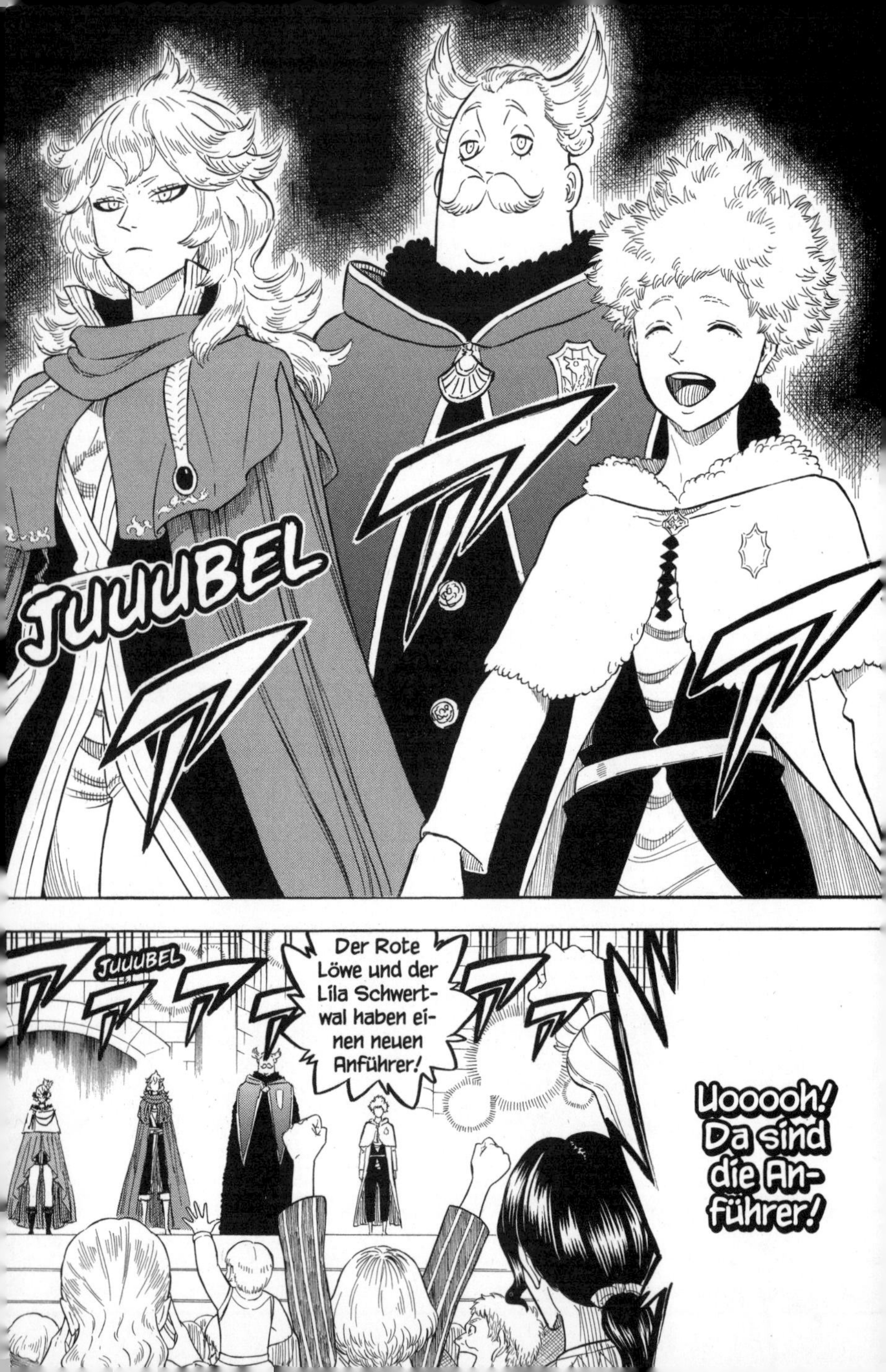
JUUUBEL
JUUUBEL
Der Rote Löwe und der Lila Schwert-wal haben ei-nen neuen Anführer!
Uooooh! Da sind die An-führer!

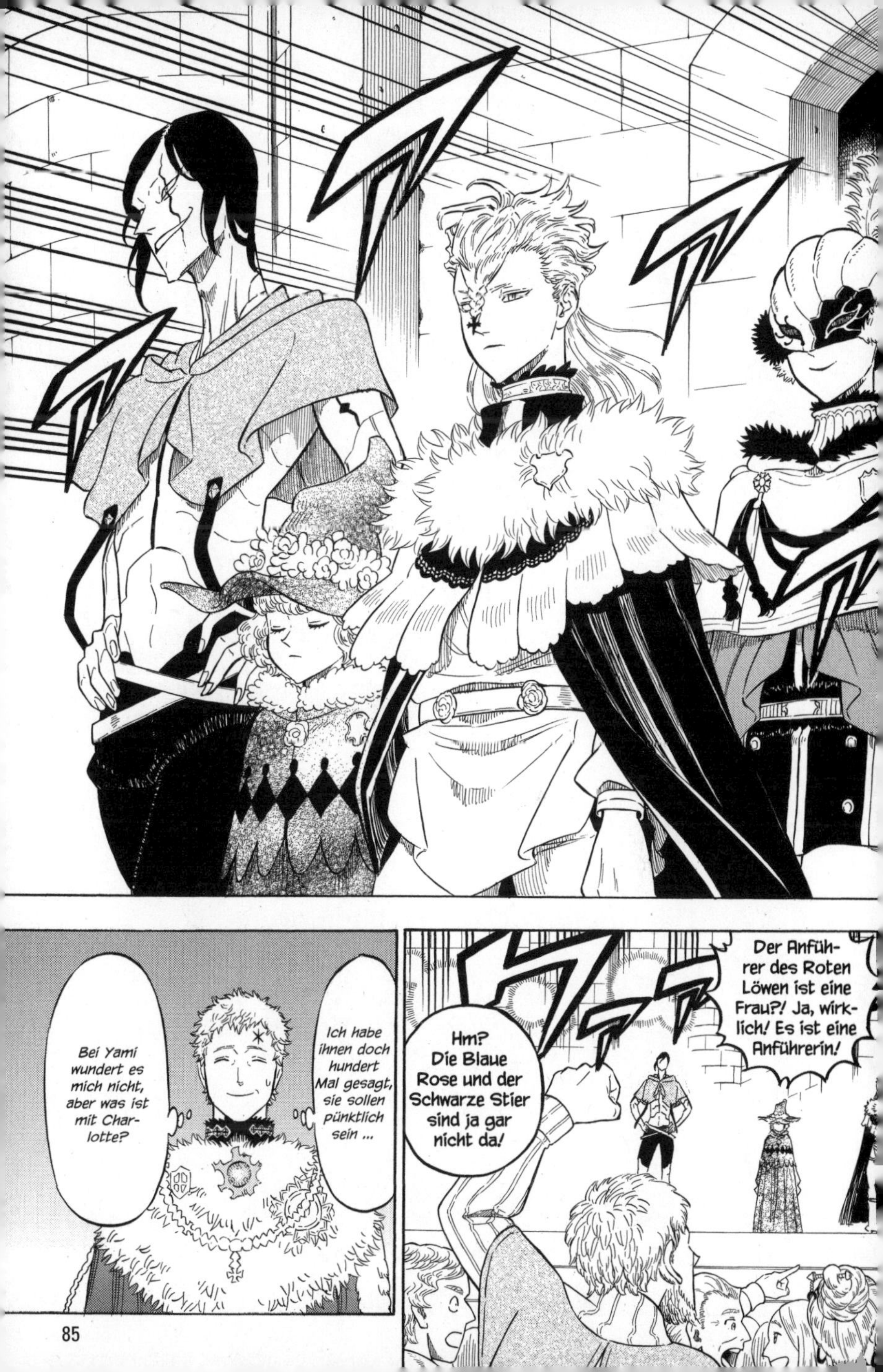

Der Anführer des Roten Löwen ist eine Frau?! Ja, wirklich! Es ist eine Anführerin!
Hm? Die Blaue Rose und der Schwarze Stier sind ja gar nicht da!
Ich habe ihnen doch hundert Mal gesagt, sie sollen pünktlich sein ...
Bei Yami wundert es mich nicht, aber was ist mit Charlotte?

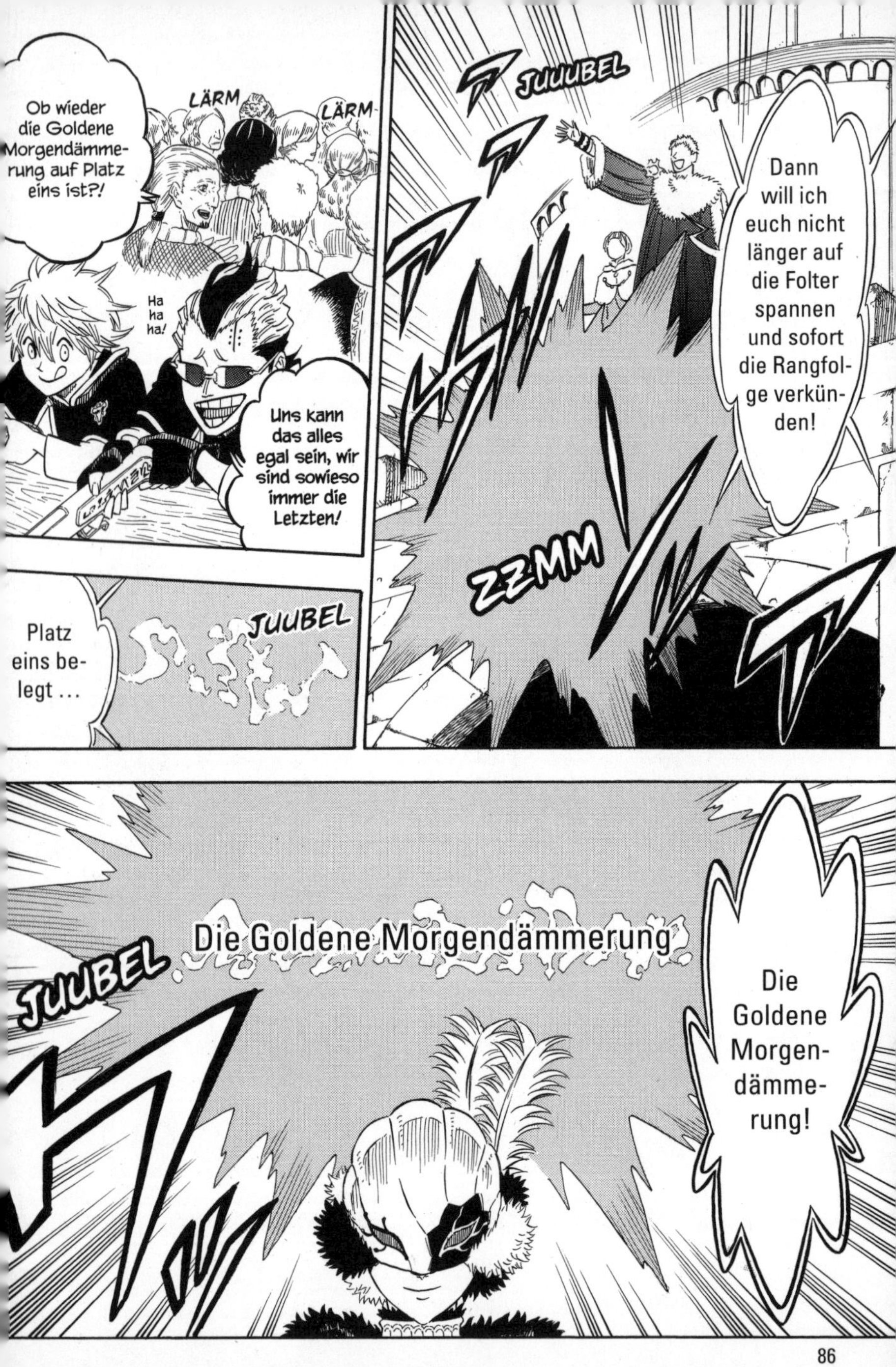
JUUUBEL
Dann will ich euch nicht länger auf die Folter spannen und sofort die Rangfolge verkünden!
ZZMM
LÄRM
LÄRM
Ob wieder die Goldene Morgendämmerung auf Platz eins ist?!
Ha ha ha!
Uns kann das alles egal sein, wir sind sowieso immer die Letzten!
JUUBEL
Platz eins belegt …
Die Goldene Morgendämmerung!
Die Goldene Morgendämmerung
JUUBEL

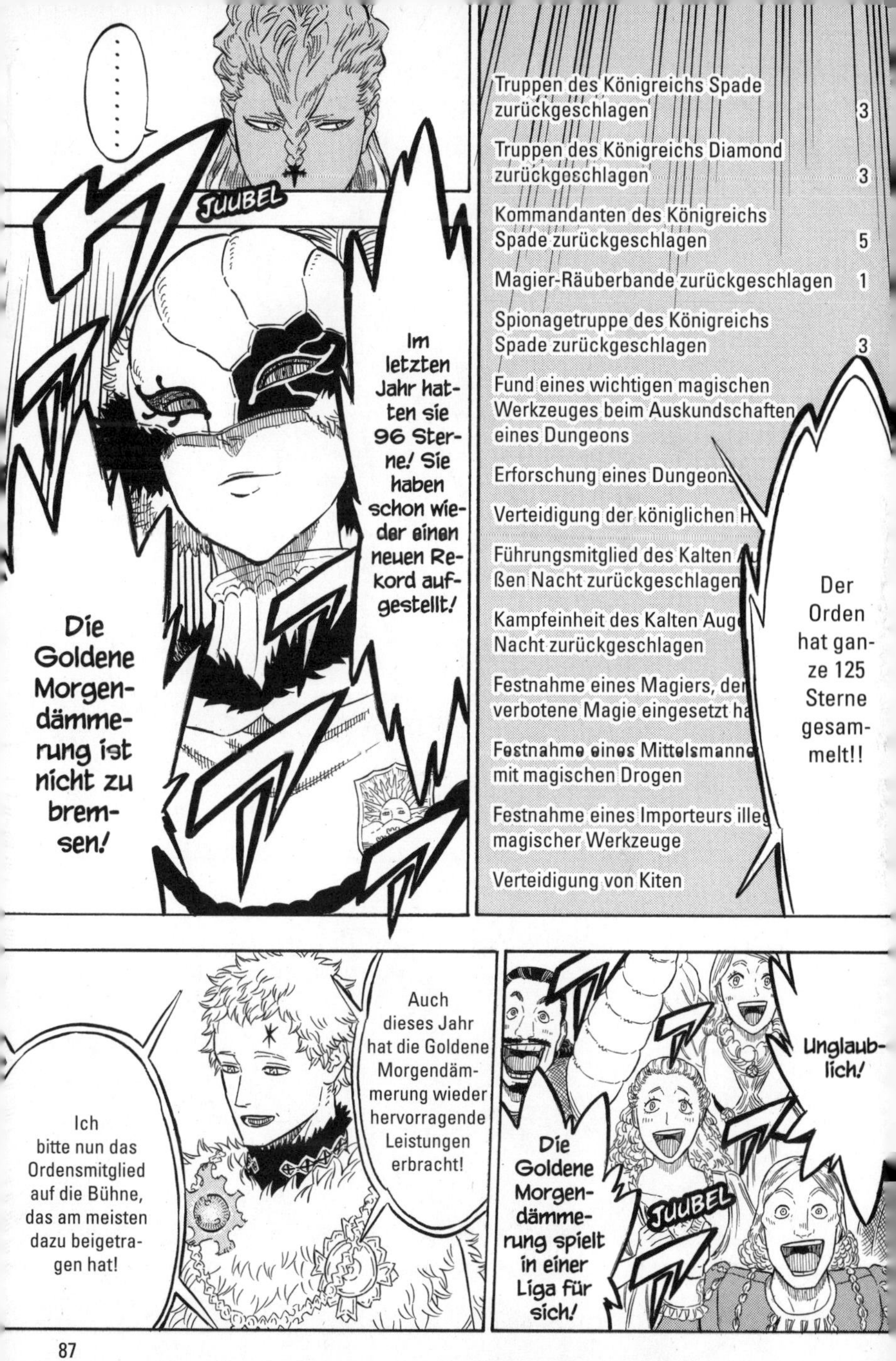
Truppen des Königreichs Spade zurückgeschlagen 3
Truppen des Königreichs Diamond zurückgeschlagen 3
Kommandanten des Königreichs Spade zurückgeschlagen 5
Magier-Räuberbande zurückgeschlagen 1
Spionagetruppe des Königreichs Spade zurückgeschlagen 3
Fund eines wichtigen magischen Werkzeuges beim Auskundschaften eines Dungeons
Erforschung eines Dungeons
Verteidigung der königlichen H
Führungsmitglied des Kalten Au ßen Nacht zurückgeschlagen
Kampfeinheit des Kalten Auge Nacht zurückgeschlagen
Festnahme eines Magiers, der verbotene Magie eingesetzt ha
Festnahme eines Mittelsmanne mit magischen Drogen
Festnahme eines Importeurs illeg magischer Werkzeuge
Verteidigung von Kiten
Der Orden hat ganze 125 Sterne gesammelt!!
……
JUUBEL
Im letzten Jahr hatten sie 96 Sterne! Sie haben schon wieder einen neuen Rekord aufgestellt!
Die Goldene Morgendämmerung ist nicht zu bremsen!
Unglaublich!
JUUBEL
Die Goldene Morgendämmerung spielt in einer Liga für sich!
Auch dieses Jahr hat die Goldene Morgendämmerung wieder hervorragende Leistungen erbracht!
Ich bitte nun das Ordensmitglied auf die Bühne, das am meisten dazu beigetragen hat!

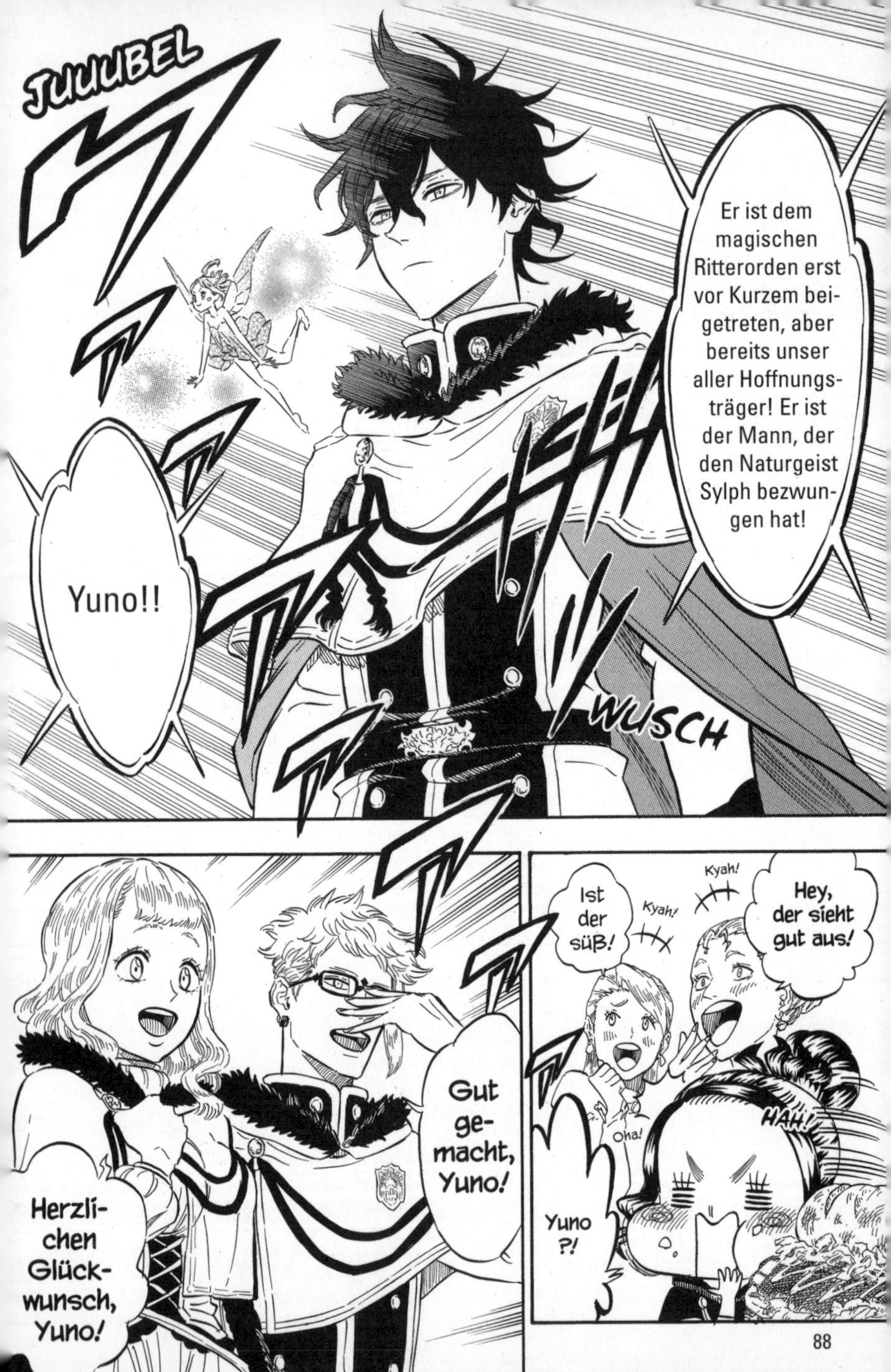

JUUUBEL
Er ist dem magischen Ritterorden erst vor Kurzem beigetreten, aber bereits unser aller Hoffnungsträger! Er ist der Mann, der den Naturgeist Sylph bezwungen hat!
Yuno!!
WUSCH
Hey, der sieht gut aus!
Kyah!
Kyah!
Ist der süß!
HAH!
Oha!
Yuno ?!
Gut gemacht, Yuno!
Herzlichen Glückwunsch, Yuno!

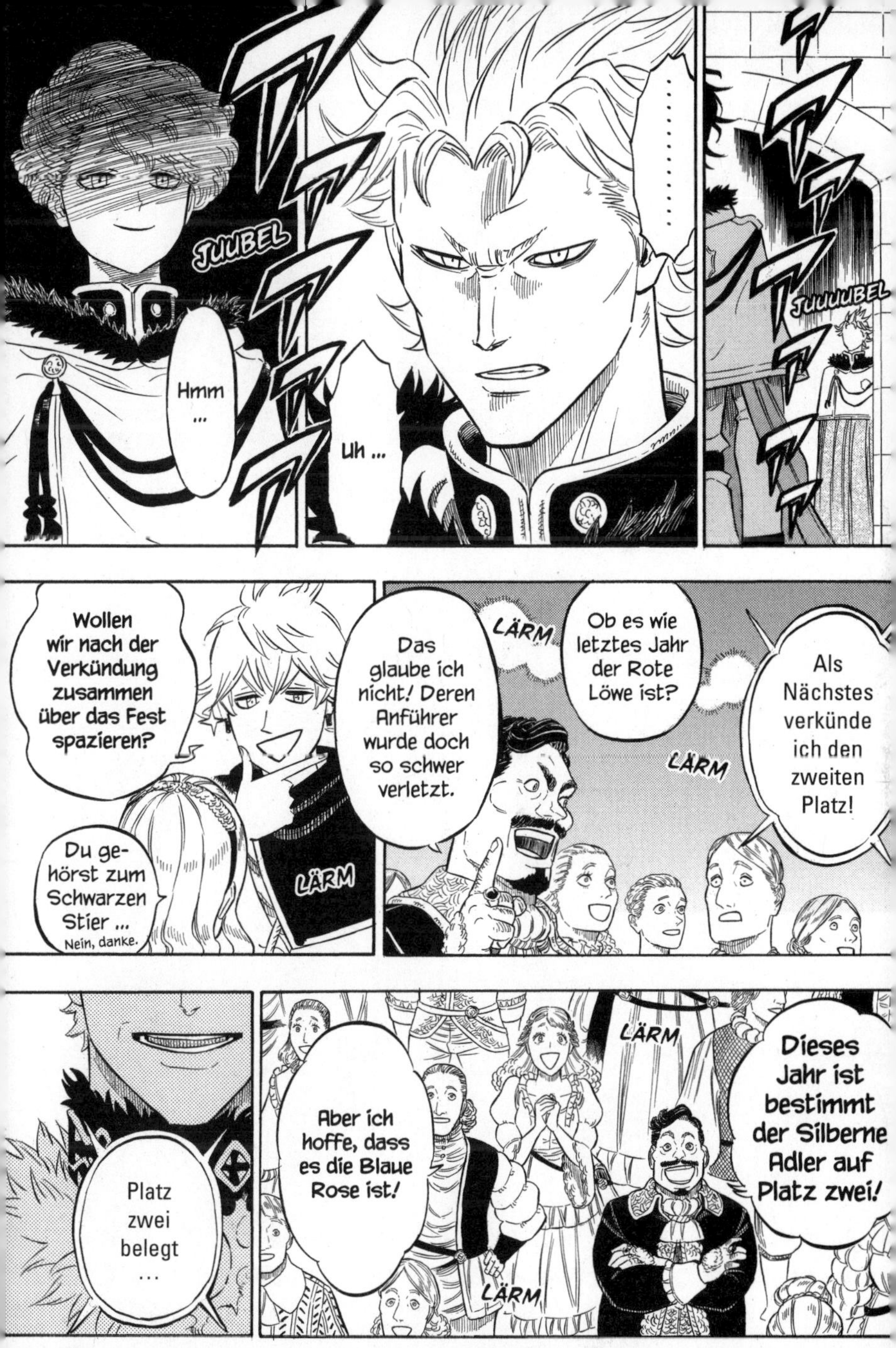
JUUUUBEL
......
Uh ...
JUUBEL
Hmm ...
Als Nächstes verkünde ich den zweiten Platz!
LÄRM
Ob es wie letztes Jahr der Rote Löwe ist?
LÄRM
Das glaube ich nicht! Deren Anführer wurde doch so schwer verletzt.
Wollen wir nach der Verkündung zusammen über das Fest spazieren?
LÄRM
Du gehörst zum Schwarzen Stier ... Nein, danke.
Dieses Jahr ist bestimmt der Silberne Adler auf Platz zwei!
LÄRM
Aber ich hoffe, dass es die Blaue Rose ist!
LÄRM
Platz zwei belegt ...

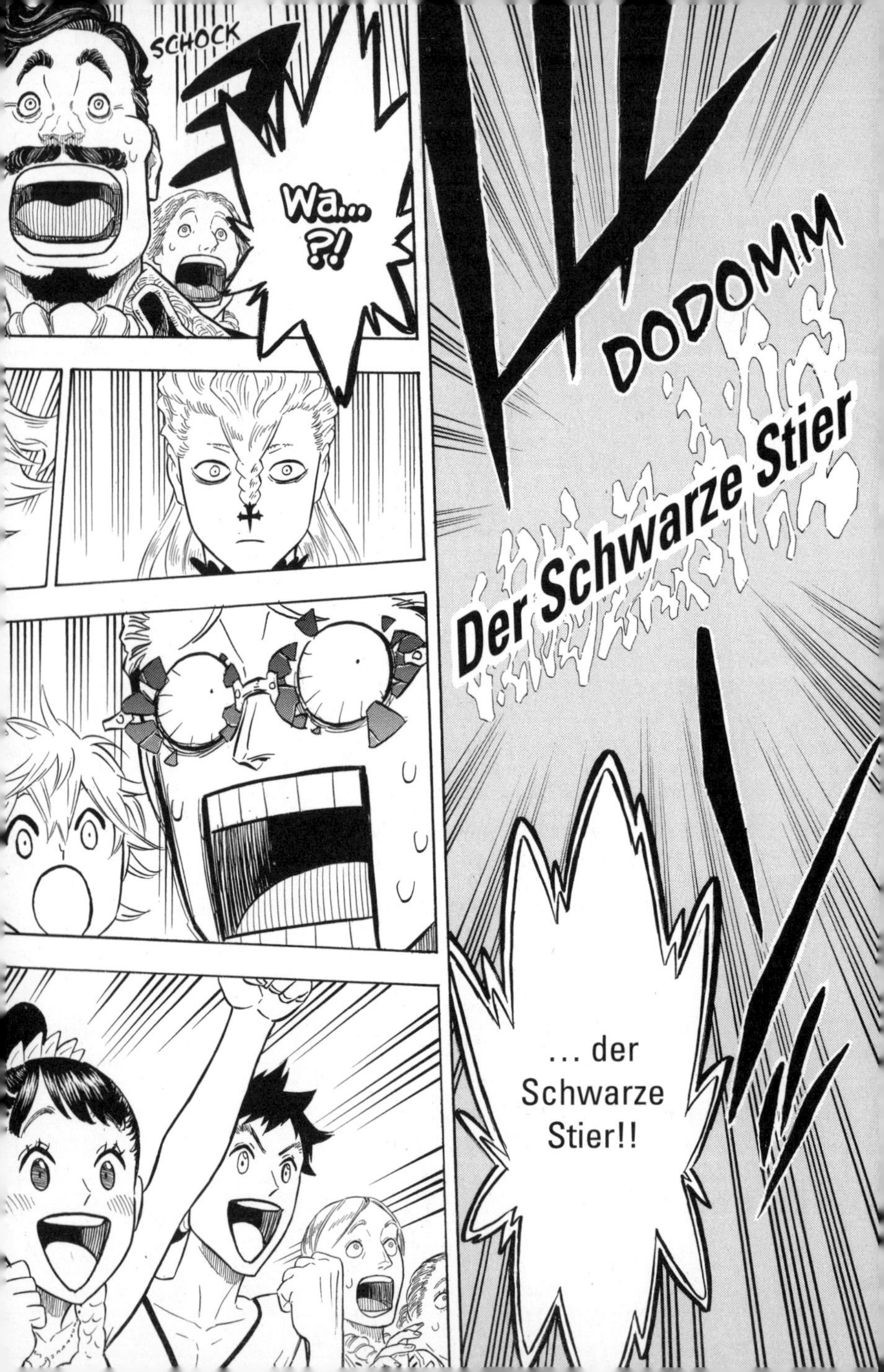

DODOMM
Der Schwarze Stier
SCHOCK
Wa…
?!
… der
Schwarze
Stier!!

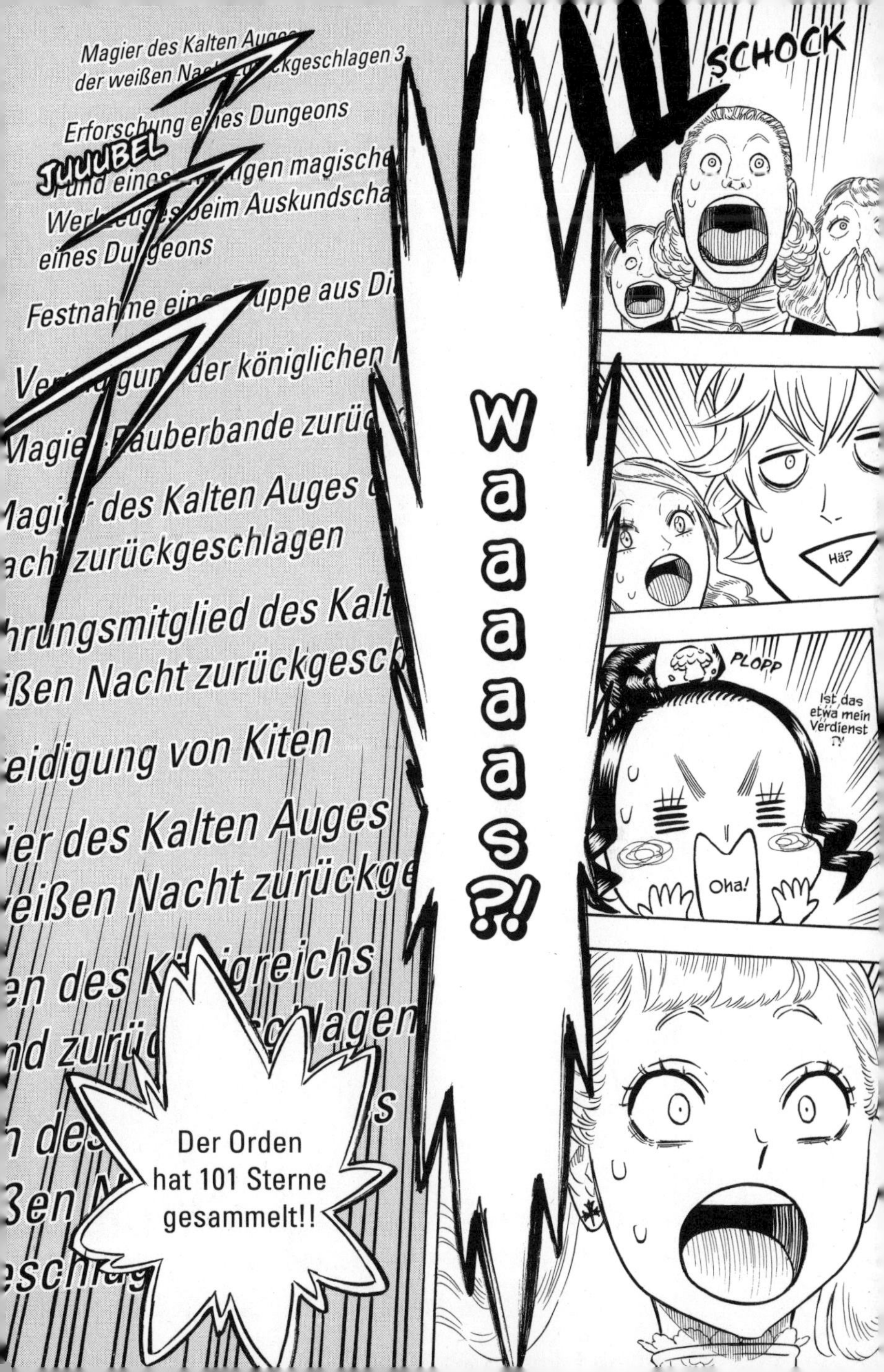
SCHOCK
Hä?
PLOPP
Ist das etwa mein Verdienst?!
Oha!
Waaaaaas?!
JUUUBEL
Der Orden hat 101 Sterne gesammelt!!

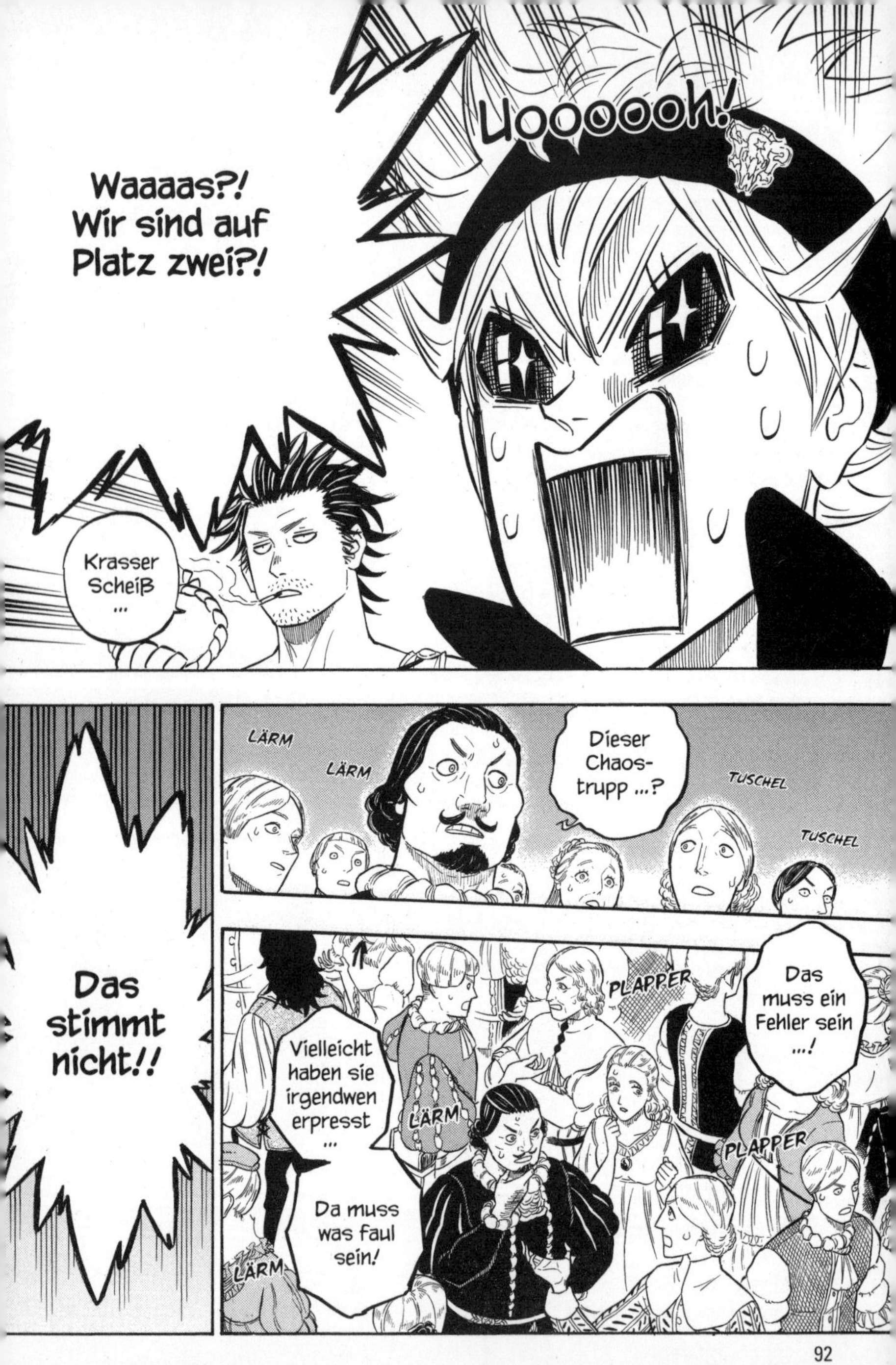

Uoooooh!
Waaaas?! Wir sind auf Platz zwei?!
Krasser Scheiß ...
TUSCHEL
TUSCHEL
Dieser Chaos-trupp ...?
LÄRM
LÄRM
Das muss ein Fehler sein ...!
PLAPPER
PLAPPER
Vielleicht haben sie irgendwen erpresst ...
LÄRM
Da muss was faul sein!
LÄRM
Das stimmt nicht!!

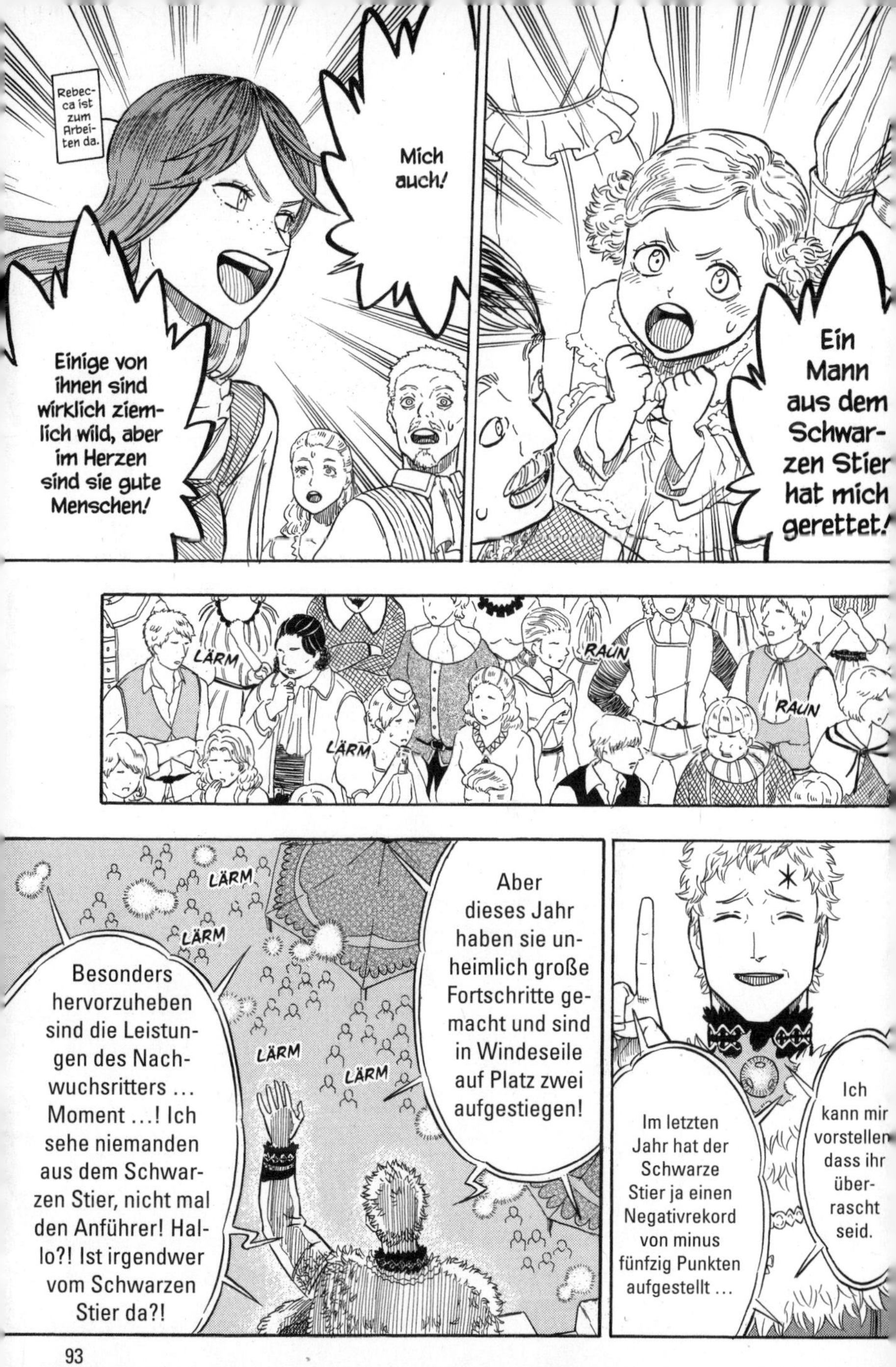
Rebecca ist zum Arbeiten da.
Einige von ihnen sind wirklich ziemlich wild, aber im Herzen sind sie gute Menschen!
Mich auch!
Ein Mann aus dem Schwarzen Stier hat mich gerettet!
LÄRM
RAUN
RAUN
LÄRM
LÄRM
LÄRM
Aber dieses Jahr haben sie unheimlich große Fortschritte gemacht und sind in Windeseile auf Platz zwei aufgestiegen!
Besonders hervorzuheben sind die Leistungen des Nachwuchsritters … Moment …! Ich sehe niemanden aus dem Schwarzen Stier, nicht mal den Anführer! Hallo?! Ist irgendwer vom Schwarzen Stier da?!
LÄRM
LÄRM
Ich kann mir vorstellen dass ihr überrascht seid.
Im letzten Jahr hat der Schwarze Stier ja einen Negativrekord von minus fünfzig Punkten aufgestellt …

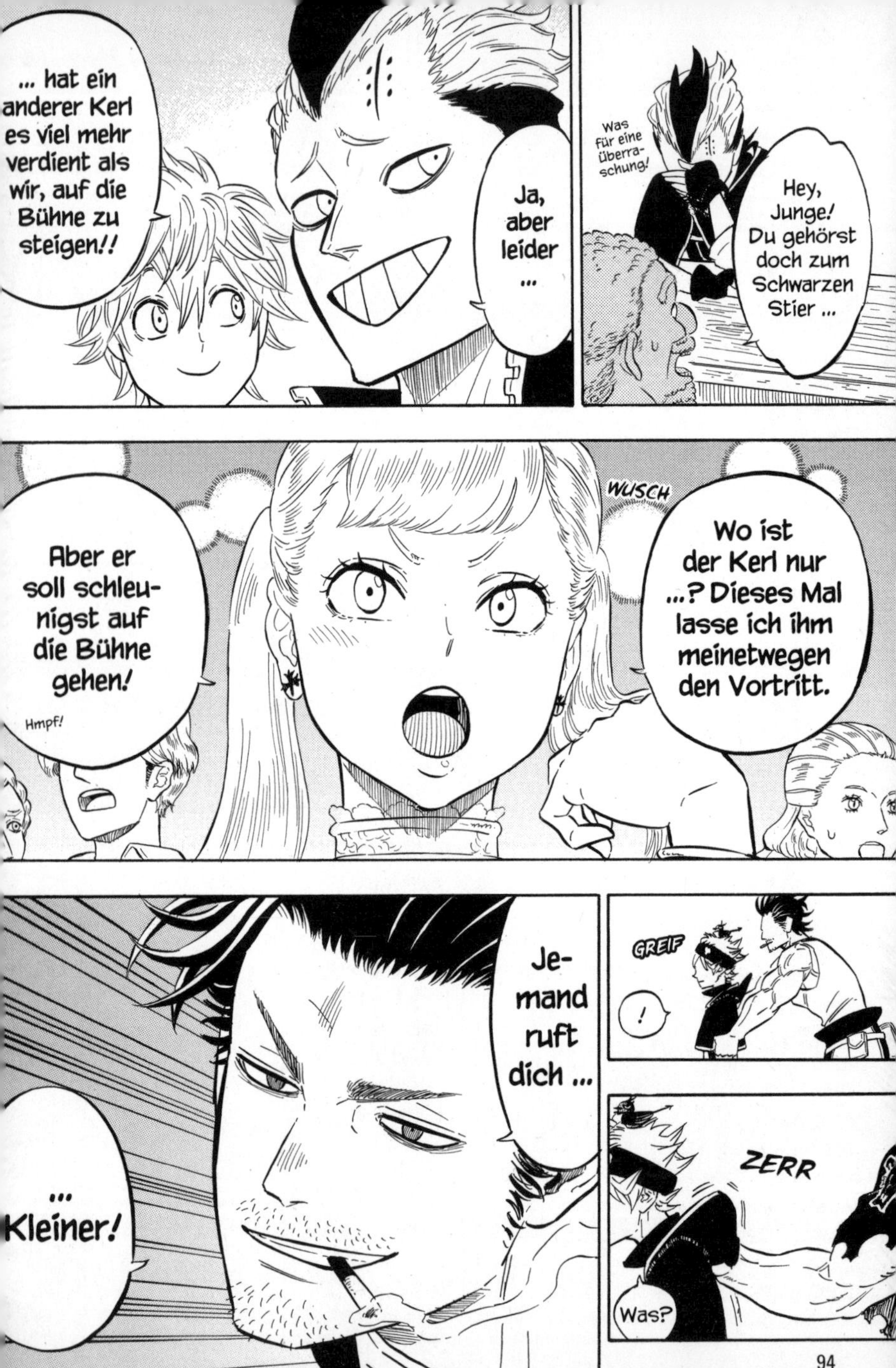

... hat ein anderer Kerl es viel mehr verdient als wir, auf die Bühne zu steigen!!
Ja, aber leider ...
Was für eine Überraschung!
Hey, Junge! Du gehörst doch zum Schwarzen Stier ...
WUSCH
Wo ist der Kerl nur ...? Dieses Mal lasse ich ihm meinetwegen den Vortritt.
Aber er soll schleunigst auf die Bühne gehen!
Hmpf!
GREIF
!
Jemand ruft dich ...
... Kleiner!
ZERR
Was?

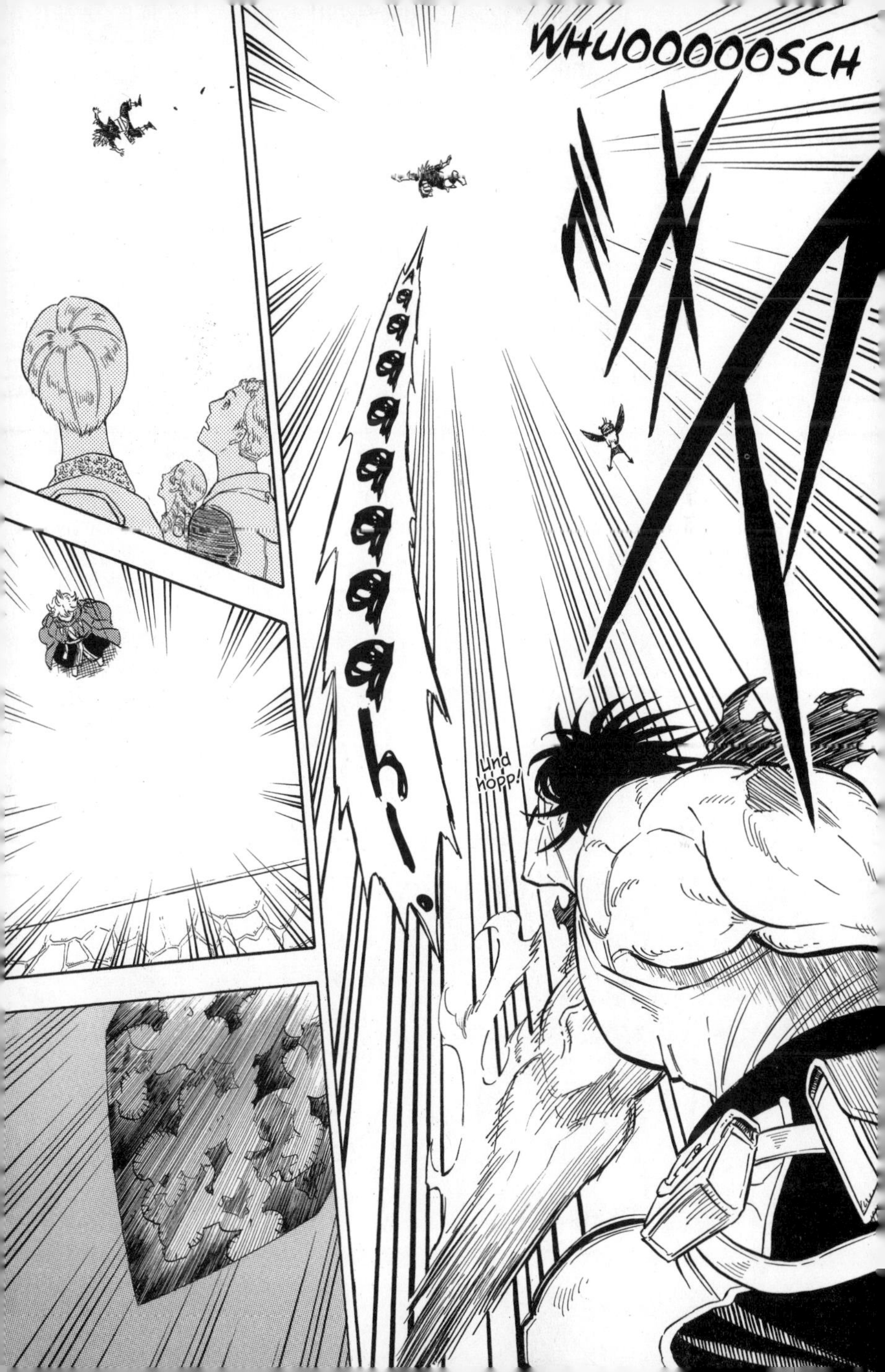
WHUOOOOOSCH
Aaaaaaaaaaaaaah!
Und hopp!

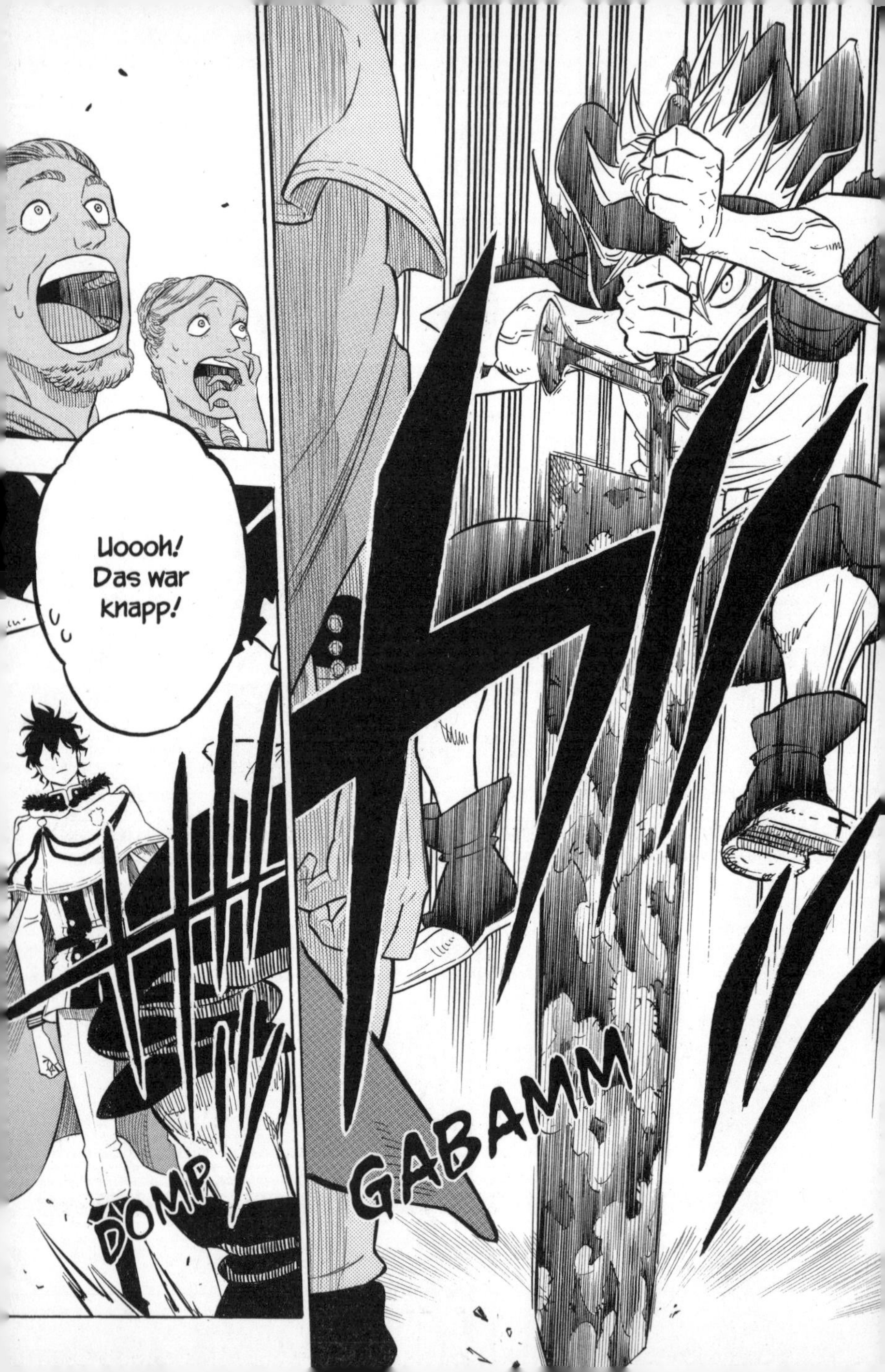
Uoooh! Das war knapp!
GABAMM
DOMP

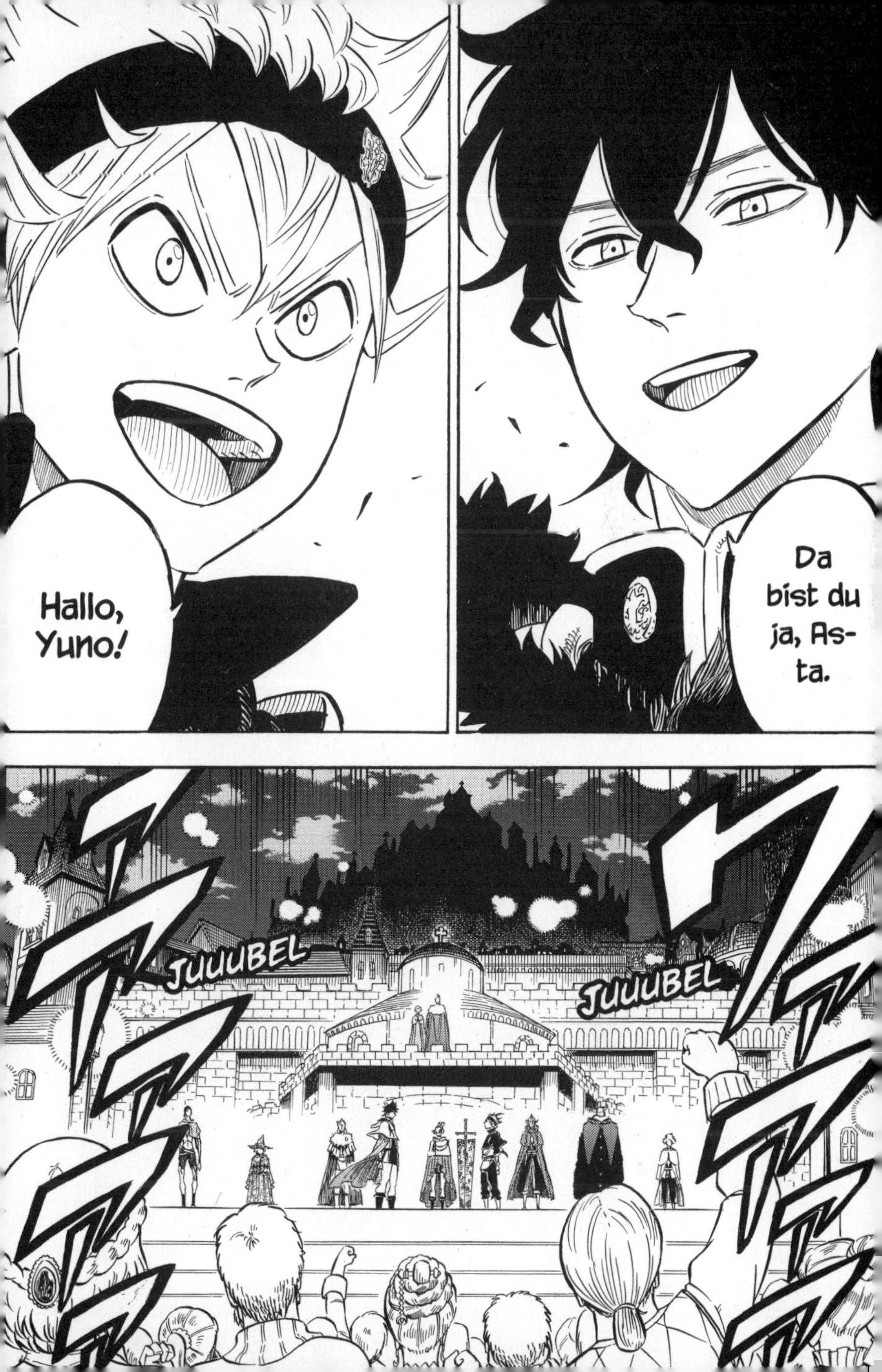

Da bist du ja, Asta.
Hallo, Yuno!
JUUUBEL
JUUUBEL

DER FRAGEORDEN NR. 2

Frage: Wie würde ein Ranking der hübschesten bzw. bestaussehenden *Black Clover*-Charaktere aussehen? (Kako Sugisaki aus Tokyo)

Antwort: Die Bürger des Königreiches Clover (und Autor Tabata) haben gewählt ...!

Hübsche Mädchen

1 Charlotte ohne ihren Helm

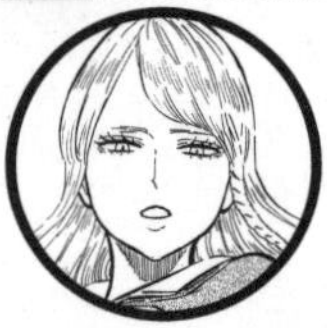

2 Noelle

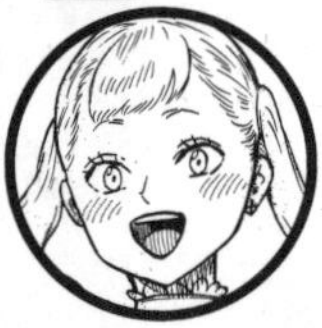

3 Mimosa

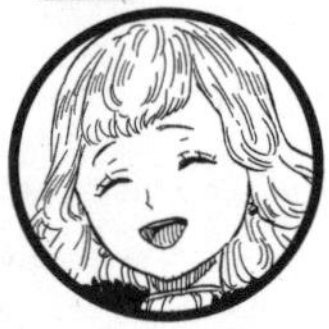

4 Vanessa

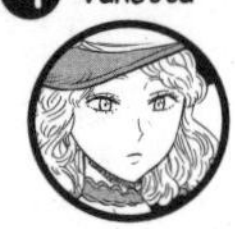

5 Kahono

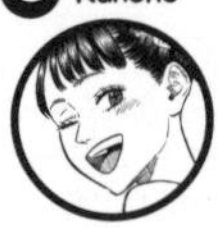

Gut aussehende Jungs

1 Yuno

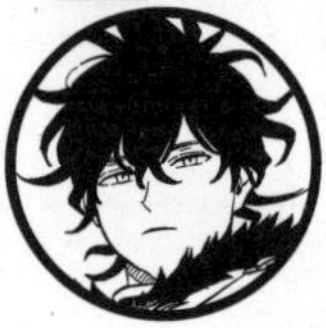

2 Licht

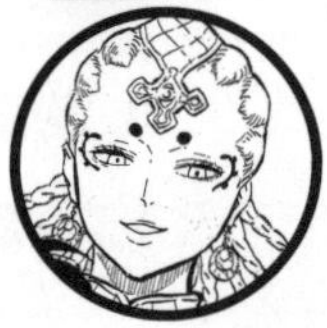

3 Mimosas Bruder

4 Nozel

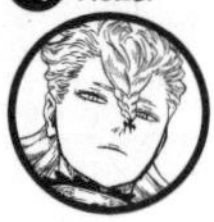

5 Klaus ohne seine Brille

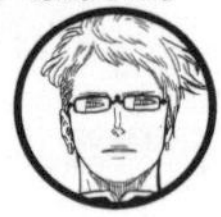

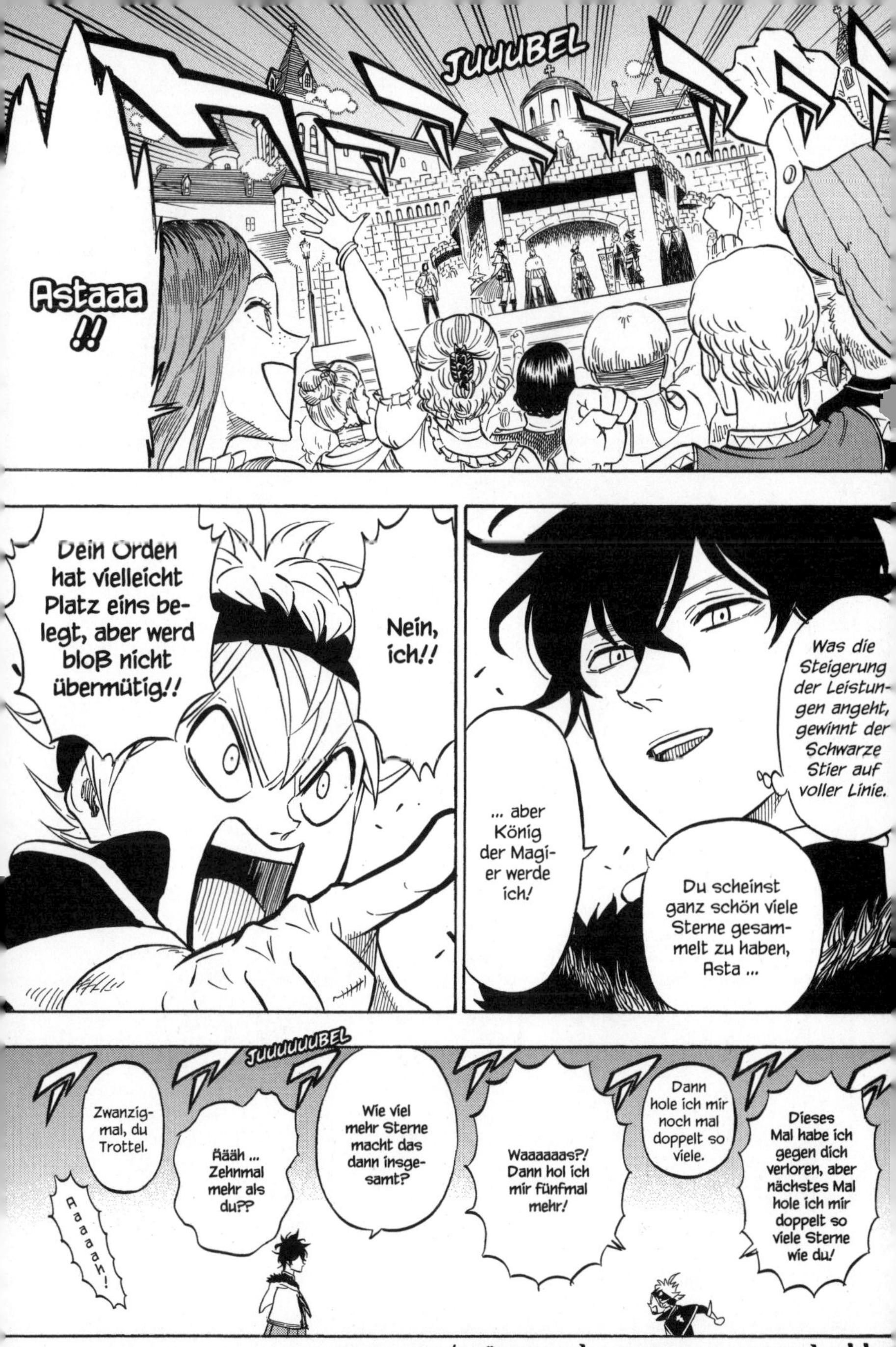

PAGE 106 ✤ WIR HABEN ES GESCHAFFT

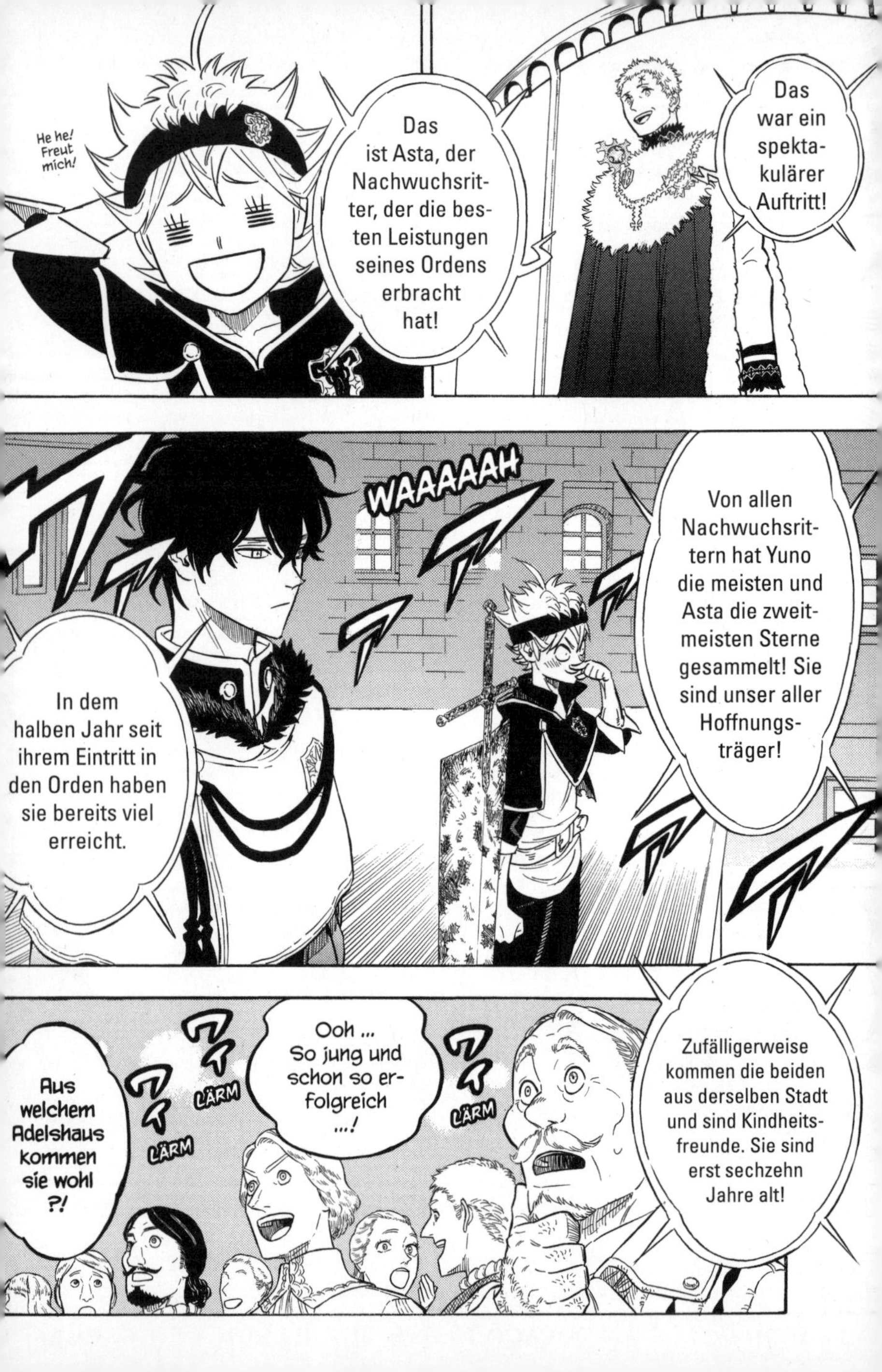
Das war ein spektakulärer Auftritt!
Das ist Asta, der Nachwuchsritter, der die besten Leistungen seines Ordens erbracht hat!
He he! Freut mich!
WAAAAAH
Von allen Nachwuchsrittern hat Yuno die meisten und Asta die zweitmeisten Sterne gesammelt! Sie sind unser aller Hoffnungsträger!
In dem halben Jahr seit ihrem Eintritt in den Orden haben sie bereits viel erreicht.
Zufälligerweise kommen die beiden aus derselben Stadt und sind Kindheitsfreunde. Sie sind erst sechzehn Jahre alt!
ワァ
LÄRM
Ooh ... So jung und schon so erfolgreich ...!
ワァ
LÄRM
ワァ
LÄRM
Aus welchem Adelshaus kommen sie wohl ?!

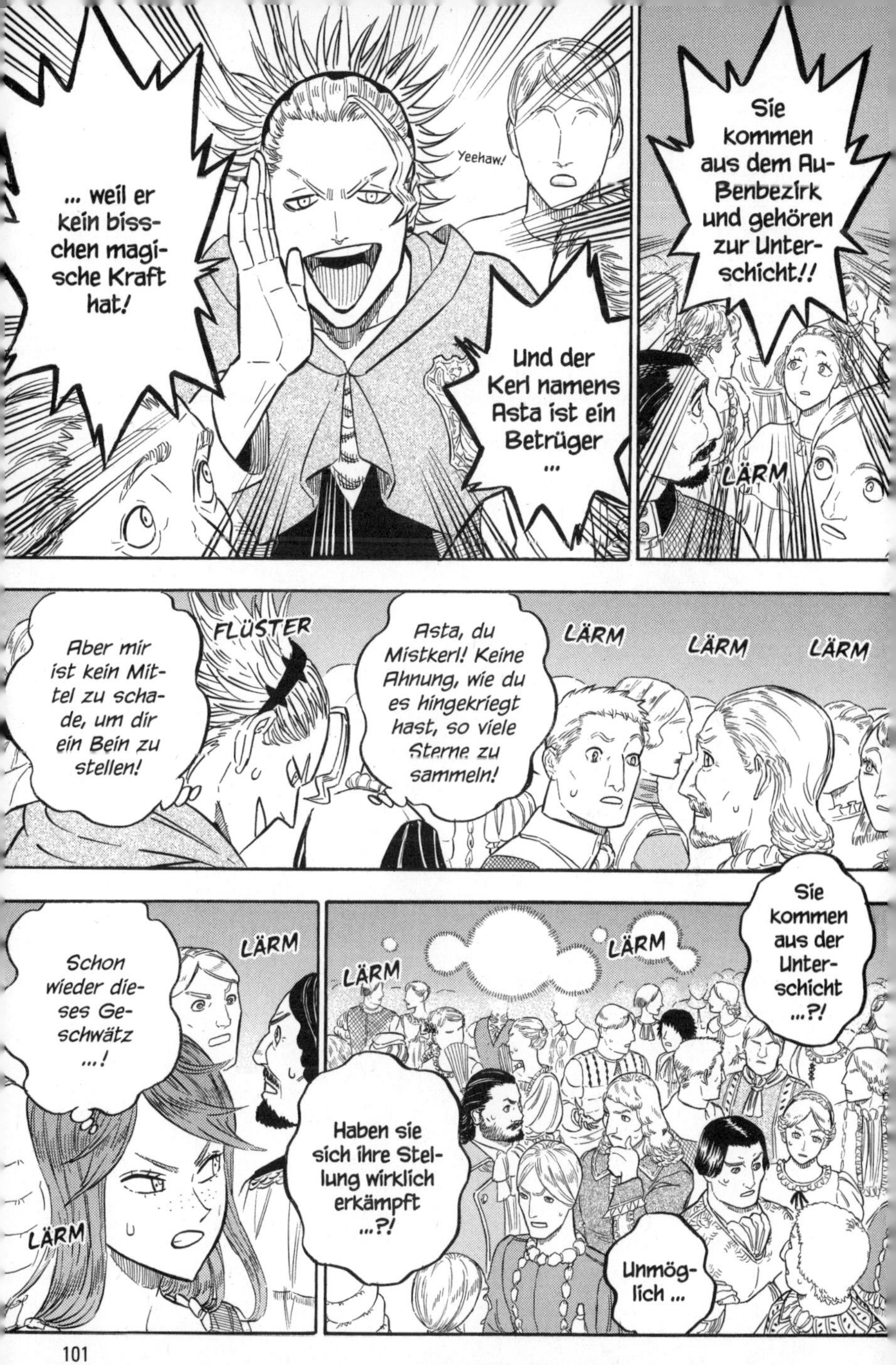
Sie kommen aus dem Außenbezirk und gehören zur Unterschicht!!
LÄRM
Und der Kerl namens Asta ist ein Betrüger ...
Yeehaw!
... weil er kein bisschen magische Kraft hat!
LÄRM
LÄRM
LÄRM
Asta, du Mistkerl! Keine Ahnung, wie du es hingekriegt hast, so viele Sterne zu sammeln!
FLÜSTER
Aber mir ist kein Mittel zu schade, um dir ein Bein zu stellen!
Sie kommen aus der Unterschicht ...?!
LÄRM
LÄRM
Haben sie sich ihre Stellung wirklich erkämpft ...?!
Unmöglich ...
LÄRM
Schon wieder dieses Geschwätz ...!
LÄRM

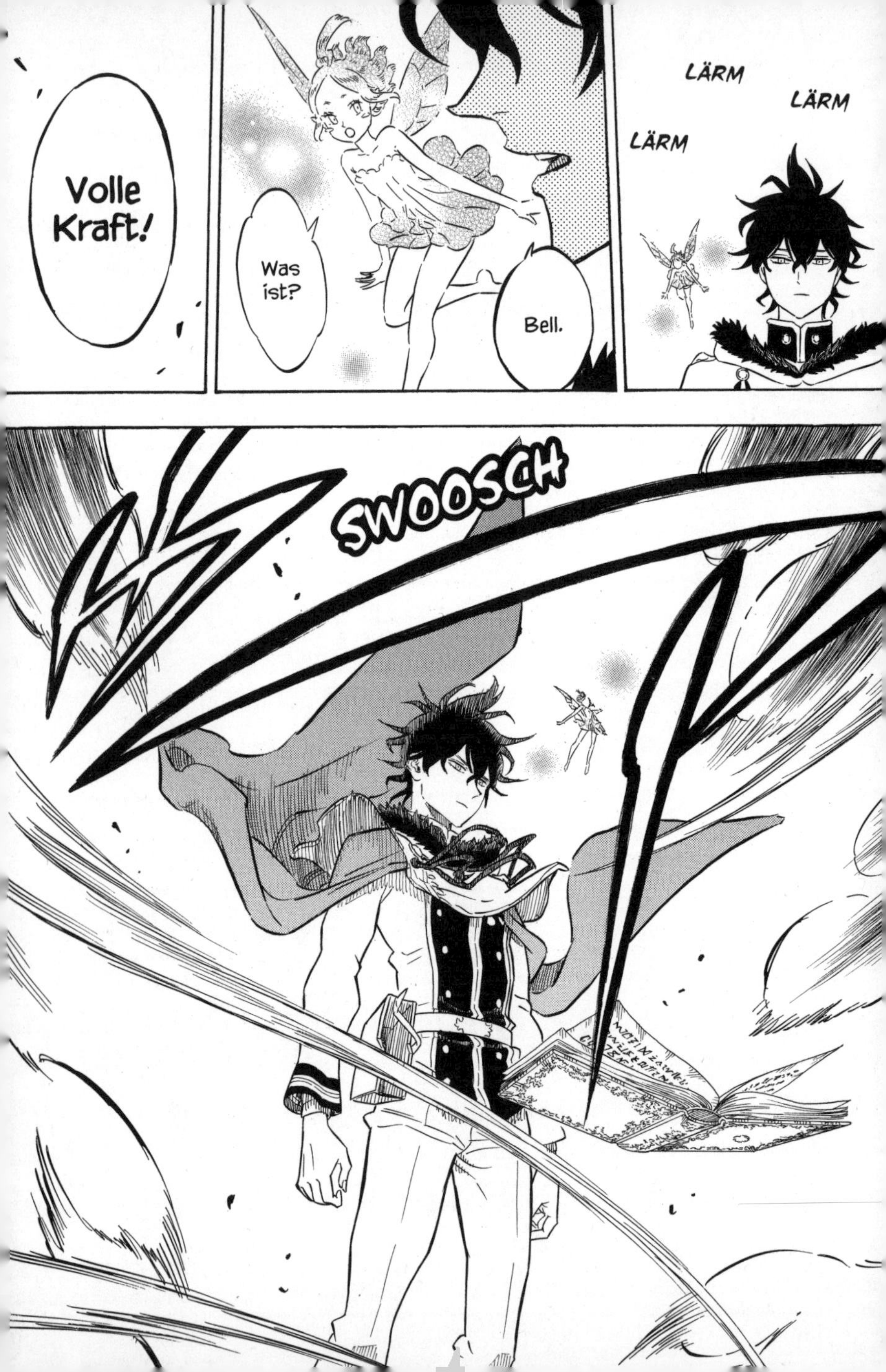
LÄRM
LÄRM
LÄRM
Bell.
Was ist?
Volle Kraft!
SWOOSCH

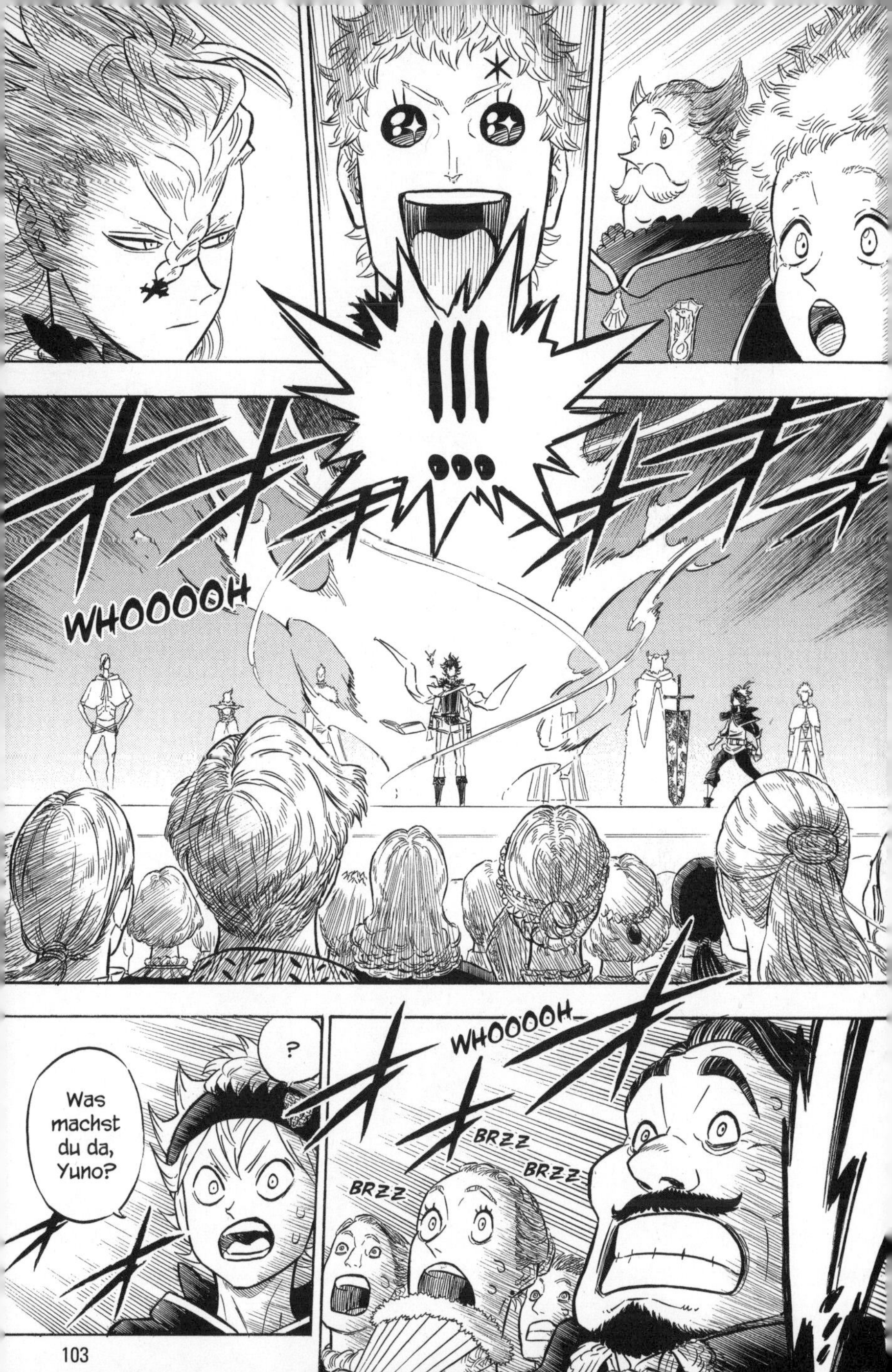
...
WHOOOOH
?
Was machst du da, Yuno?
WHOOOOH
BRZZ
BRZZ
BRZZ

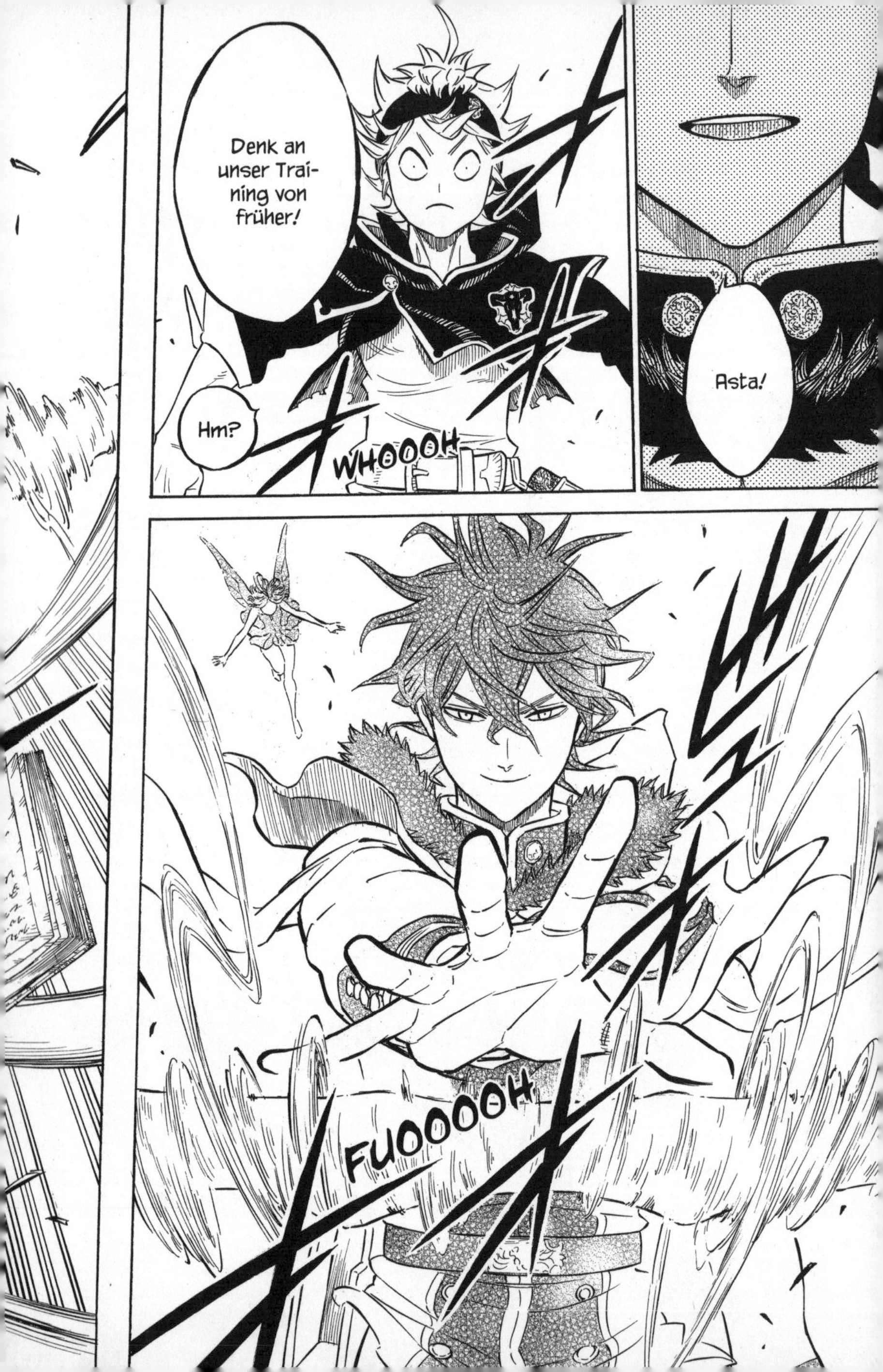
Asta!
Denk an unser Training von früher!
Hm?
WHOOOH
FUOOOOH

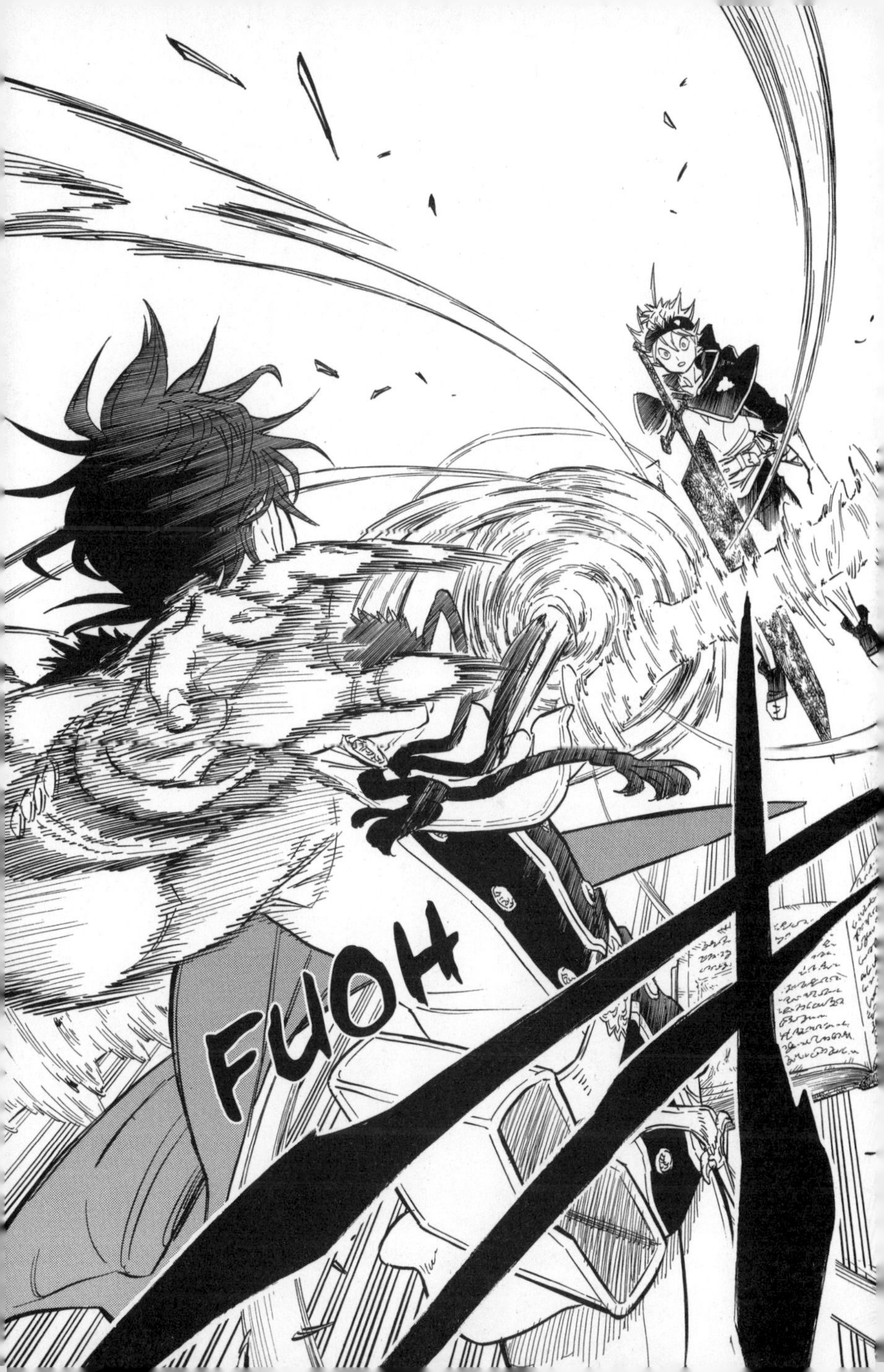
FUOH

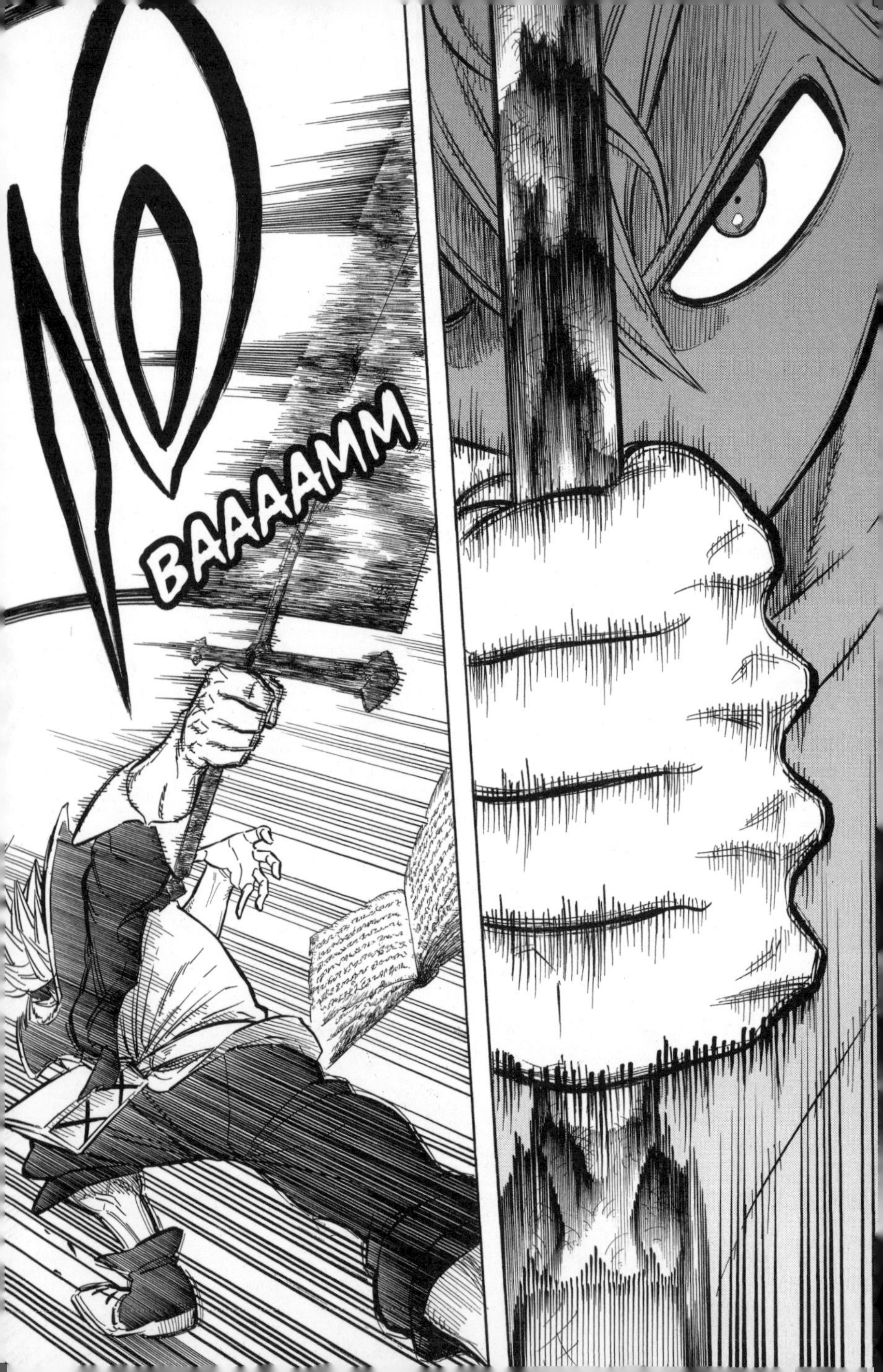
BAAAAMM

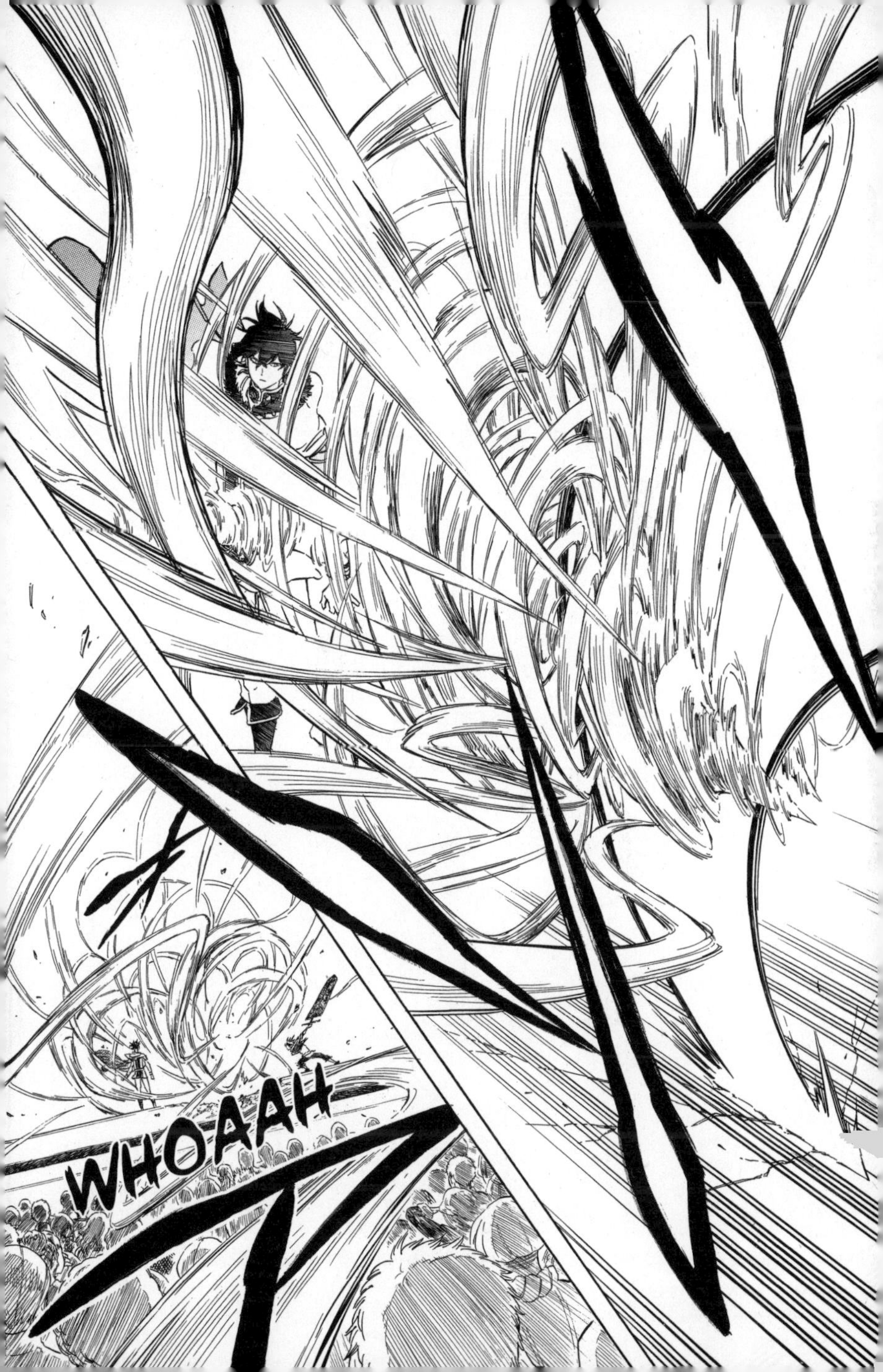
WHOAAH

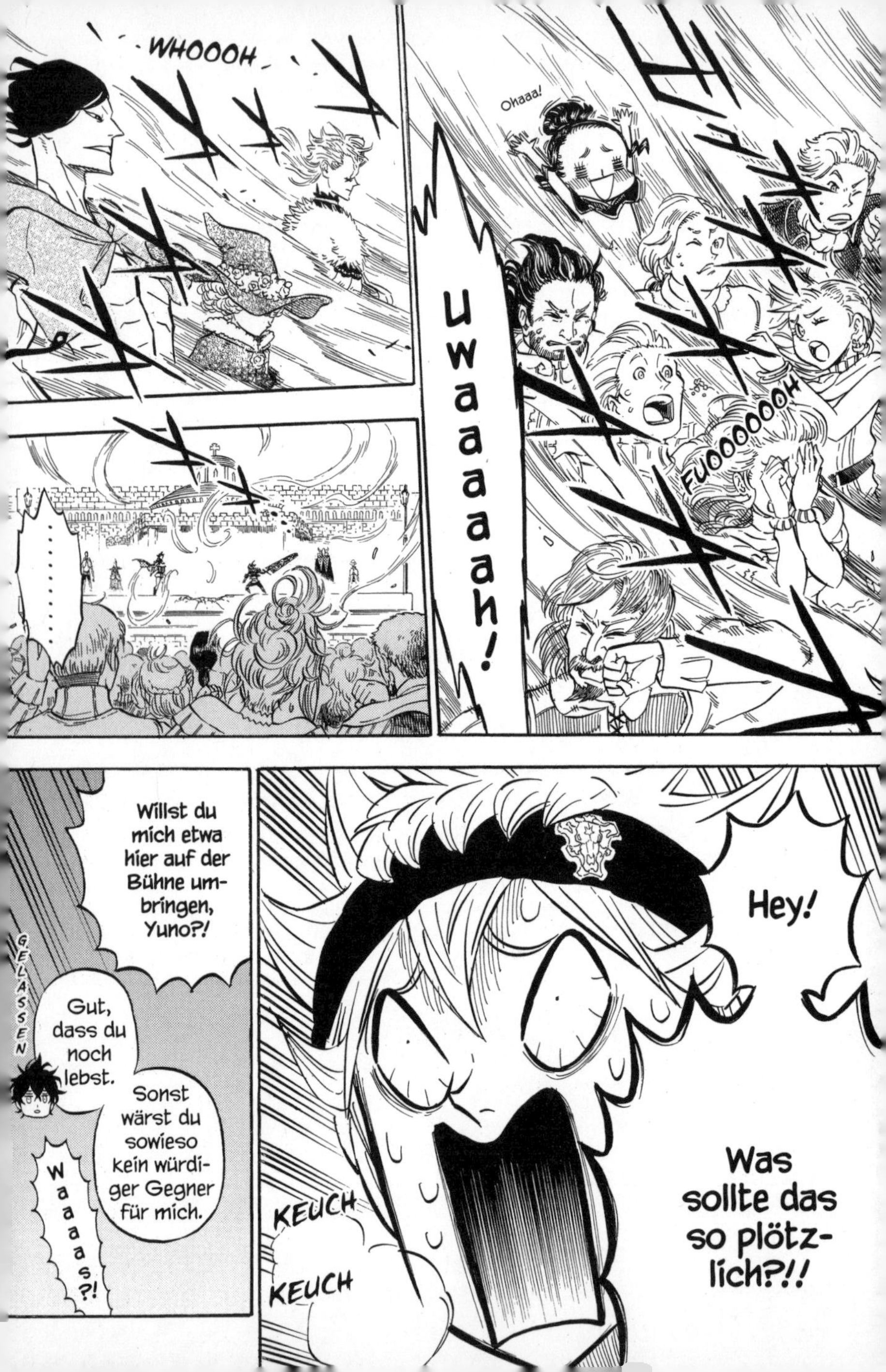

Ohaaa!
Uwaaaaaah!
FUOOOOOOH
WHOOOH
...
Hey!
Was sollte das so plötzlich?!!
KEUCH
KEUCH
Willst du mich etwa hier auf der Bühne umbringen, Yuno?!
GELASSEN
Gut, dass du noch lebst.
Sonst wärst du sowieso kein würdiger Gegner für mich.
Waaaas?!

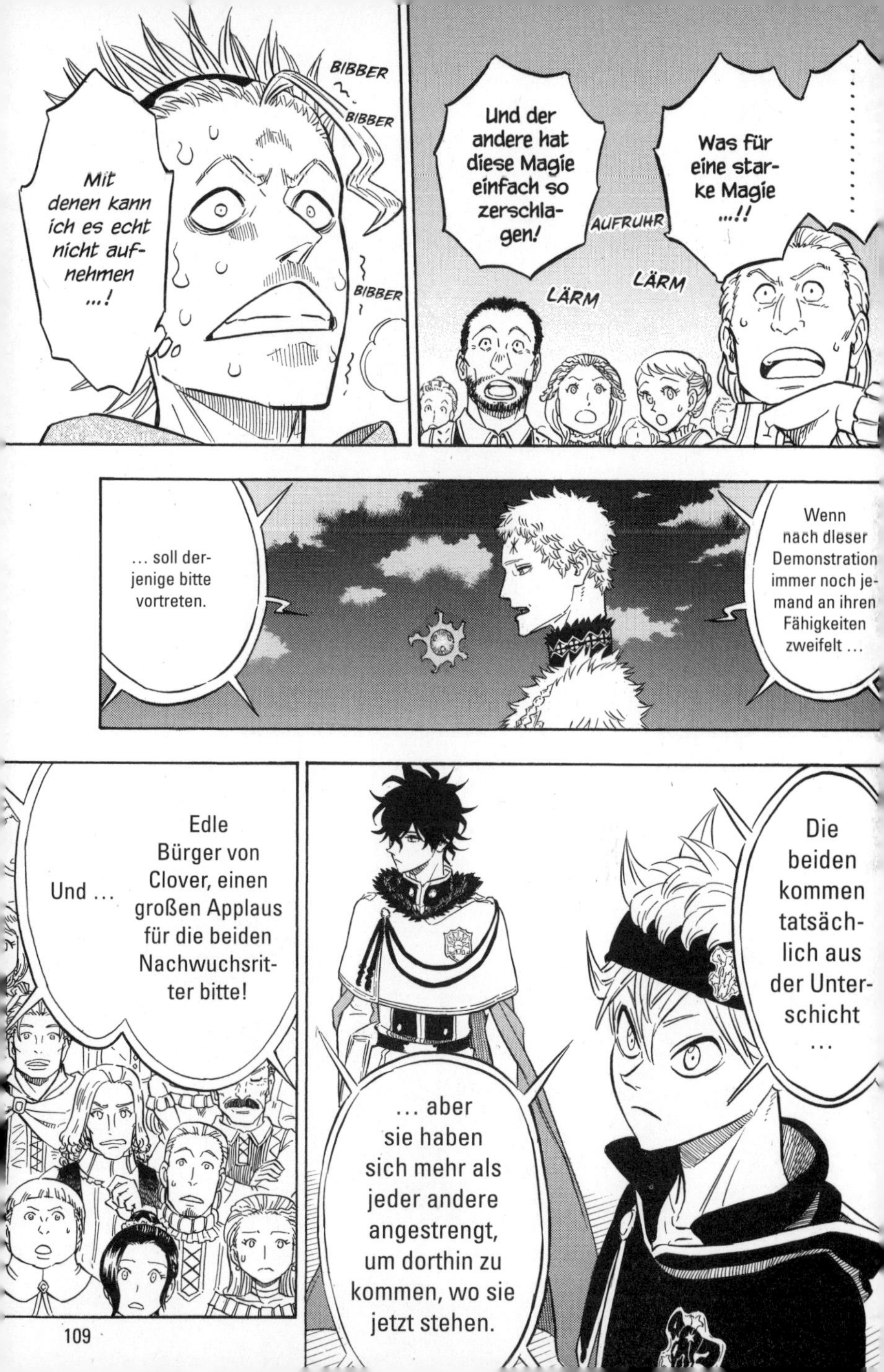
Was für eine starke Magie ...!!
Und der andere hat diese Magie einfach so zerschlagen!
AUFRUHR
LÄRM
LÄRM
BIBBER
BIBBER
BIBBER
Mit denen kann ich es echt nicht aufnehmen ...!
Wenn nach dieser Demonstration immer noch jemand an ihren Fähigkeiten zweifelt …
… soll derjenige bitte vortreten.
Die beiden kommen tatsächlich aus der Unterschicht …
… aber sie haben sich mehr als jeder andere angestrengt, um dorthin zu kommen, wo sie jetzt stehen.
Und …
Edle Bürger von Clover, einen großen Applaus für die beiden Nachwuchsritter bitte!

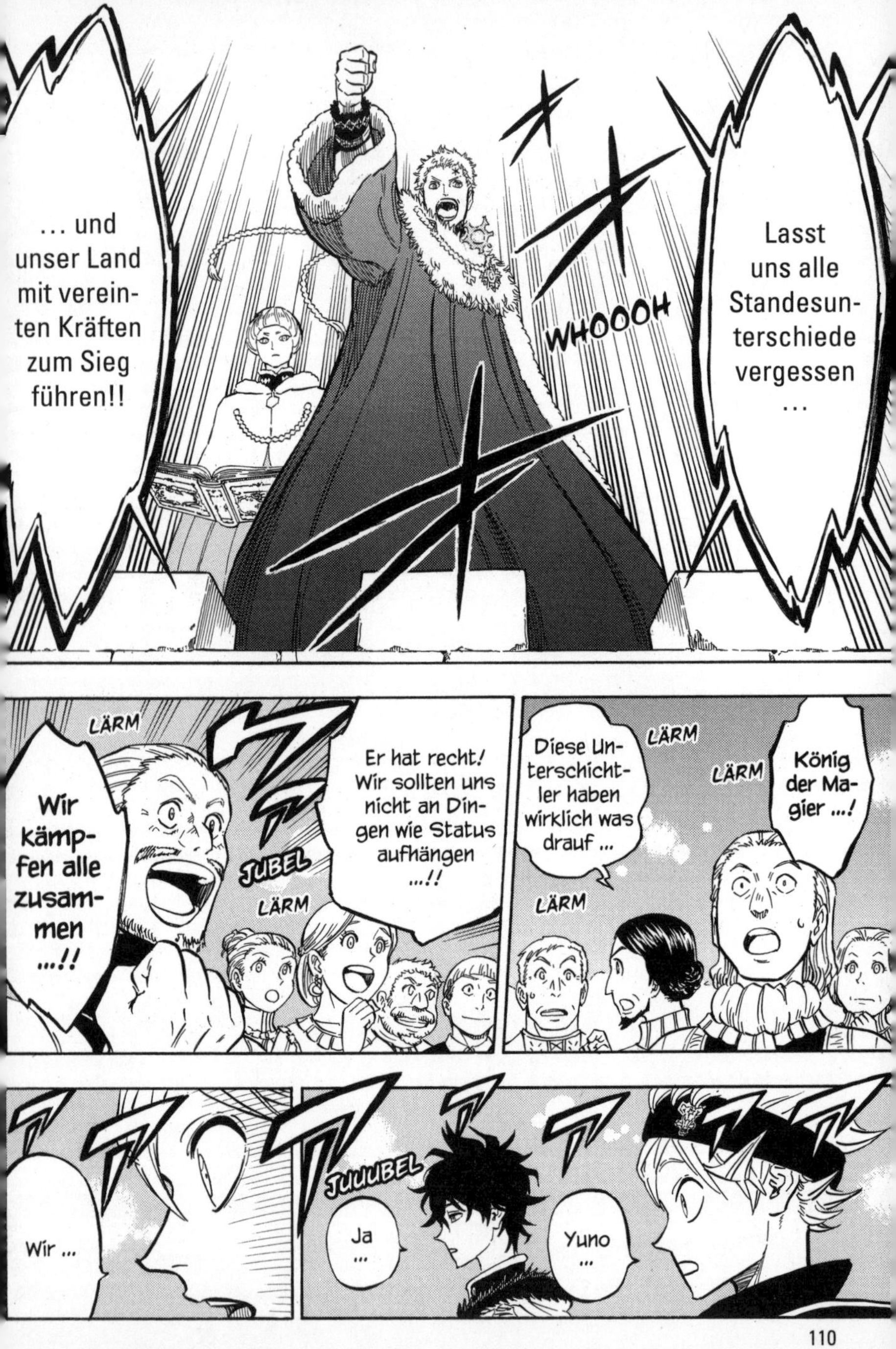
Lasst uns alle Standesunterschiede vergessen …
WHOOOH
… und unser Land mit vereinten Kräften zum Sieg führen!!
LÄRM
LÄRM
König der Magier …!
Diese Unterschichtler haben wirklich was drauf …
LÄRM
Er hat recht! Wir sollten uns nicht an Dingen wie Status aufhängen …!!
JUBEL
LÄRM
LÄRM
Wir kämpfen alle zusammen …!!
JUUUBEL
Yuno …
Ja …
Wir …

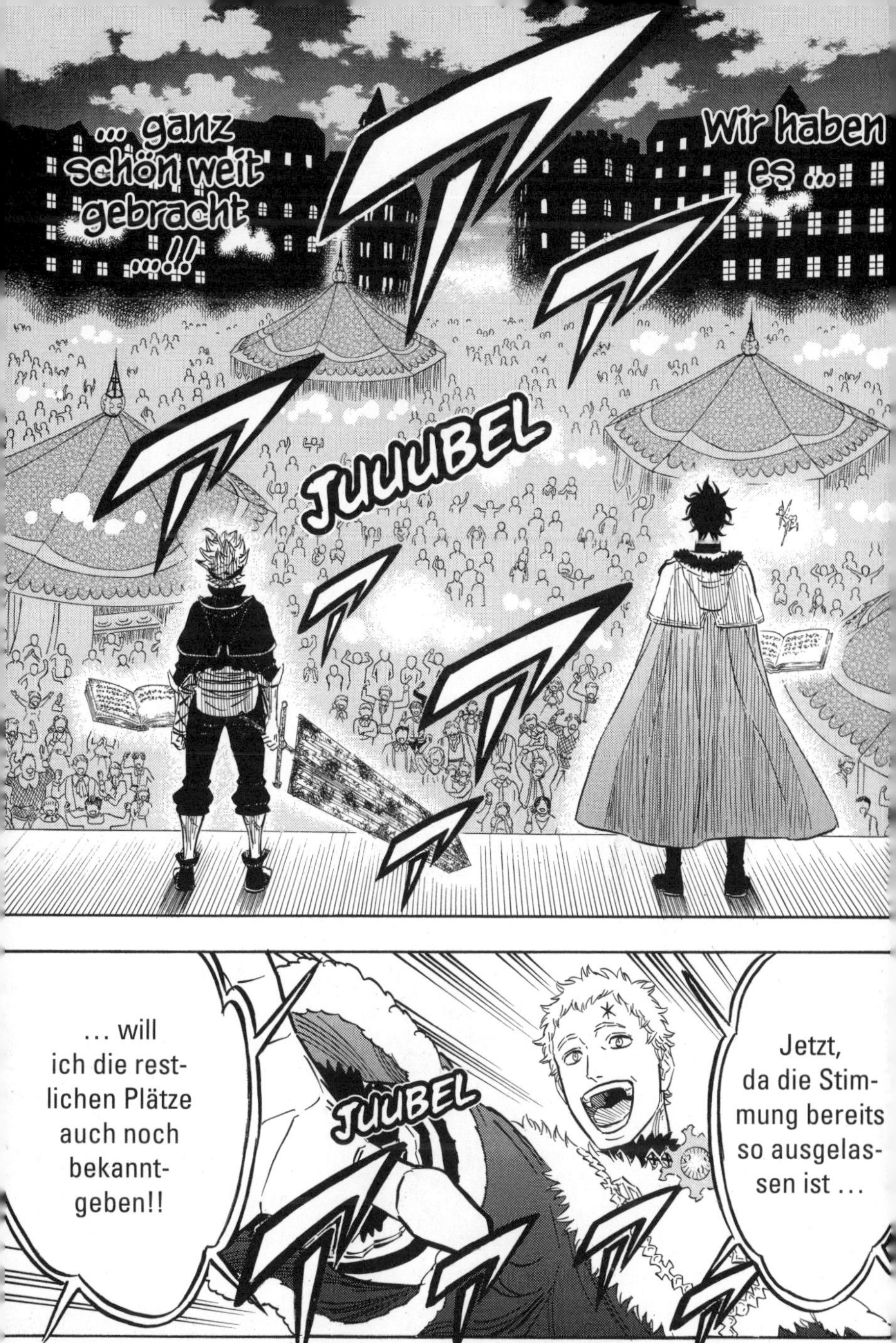
Wir haben es ...
... ganz schön weit gebracht ...!!
JUUUBEL
Jetzt, da die Stimmung bereits so ausgelassen ist ...
... will ich die restlichen Plätze auch noch bekanntgeben!!
JUUBEL

erung

Stier

dler

e

esanbeterin

ene Pfau

ertwal

ue

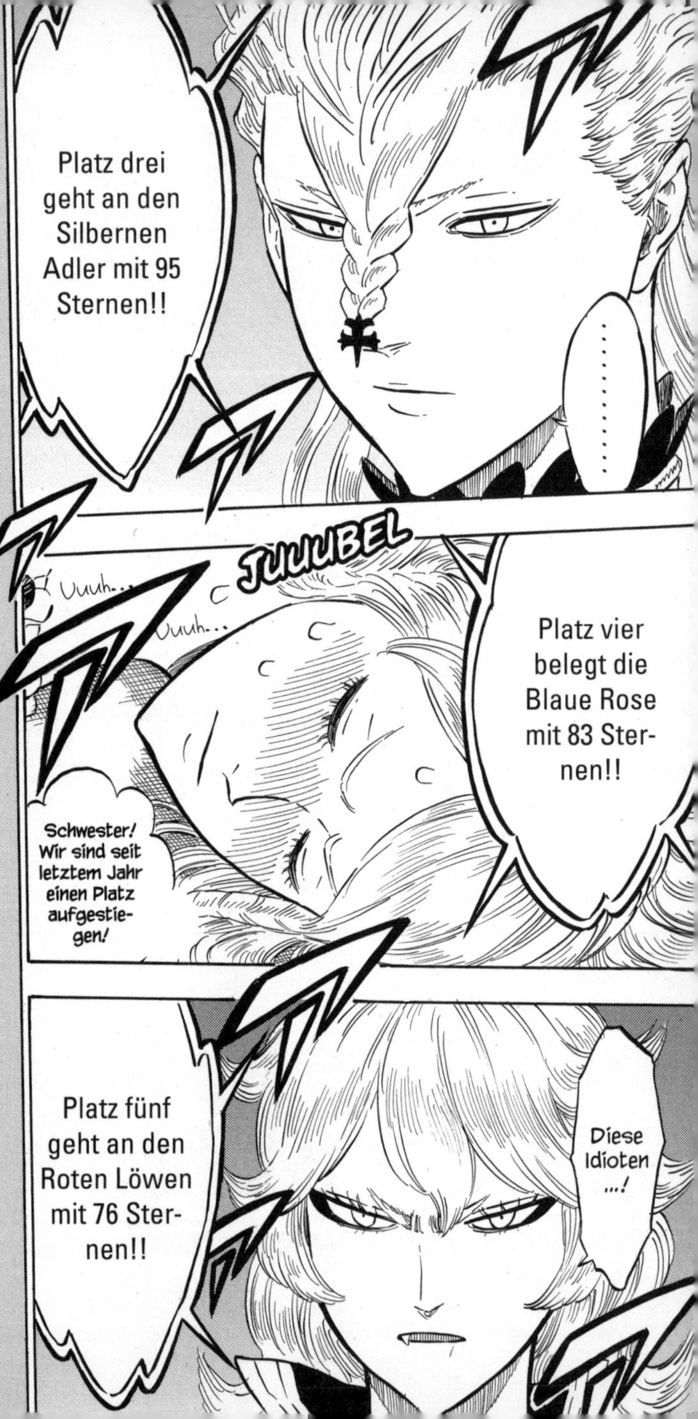

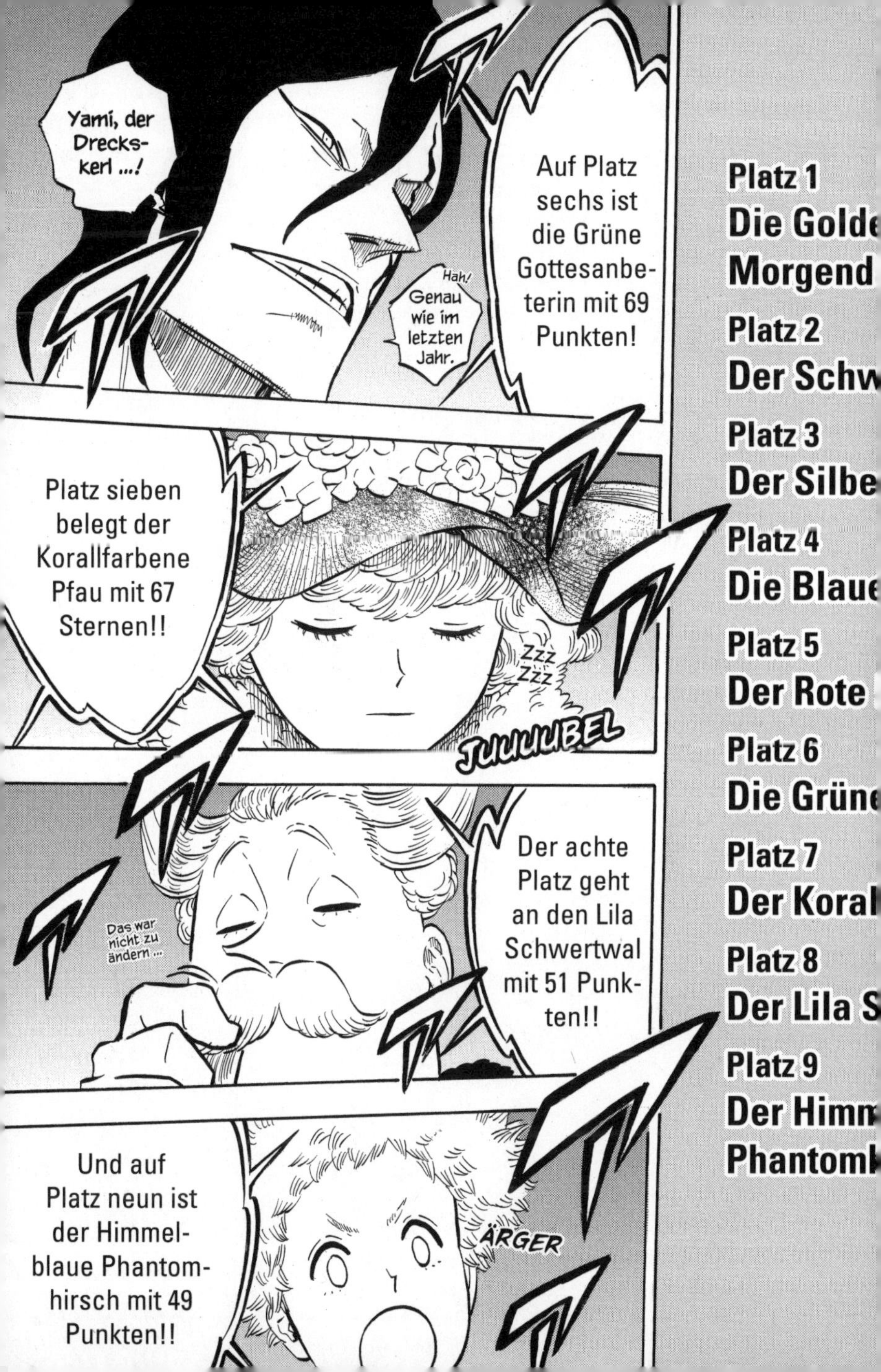
Auf Platz sechs ist die Grüne Gottesanbeterin mit 69 Punkten!
Hah! Genau wie im letzten Jahr.
Yami, der Dreckskerl ...!
Platz sieben belegt der Korallfarbene Pfau mit 67 Sternen!!
Zzz Zzz
JUUUUBEL
Der achte Platz geht an den Lila Schwertwal mit 51 Punkten!!
Das war nicht zu ändern ...
Und auf Platz neun ist der Himmelblaue Phantomhirsch mit 49 Punkten!!
ÄRGER
Platz 1
Die Golde
Morgend
Platz 2
Der Schw
Platz 3
Der Silbe
Platz 4
Die Blaue
Platz 5
Der Rote
Platz 6
Die Grüne
Platz 7
Der Koral
Platz 8
Der Lila S
Platz 9
Der Himm
Phantom

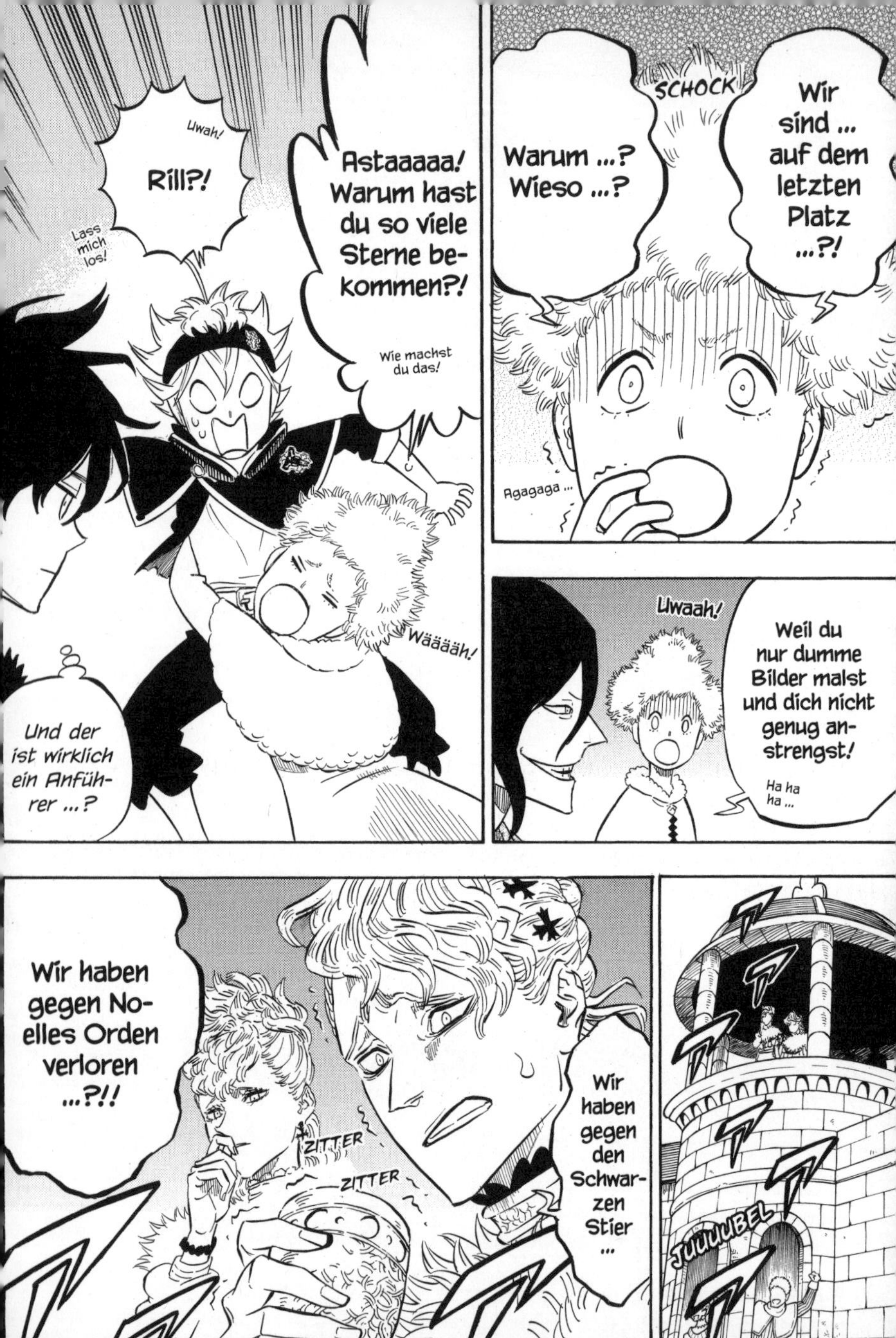
SCHOCK
Wir sind ... auf dem letzten Platz ...?!
Warum ...? Wieso ...?
Agagaga ...
Uwaah!
Weil du nur dumme Bilder malst und dich nicht genug anstrengst!
Ha ha ha ...
Astaaaaa! Warum hast du so viele Sterne bekommen?!
Wie machst du das!
Rill?!
Uwah!
Lass mich los!
Wäääh!
Und der ist wirklich ein Anführer ...?
JUUUUBEL
Wir haben gegen den Schwarzen Stier ...
ZITTER
ZITTER
Wir haben gegen Noelles Orden verloren ...?!!

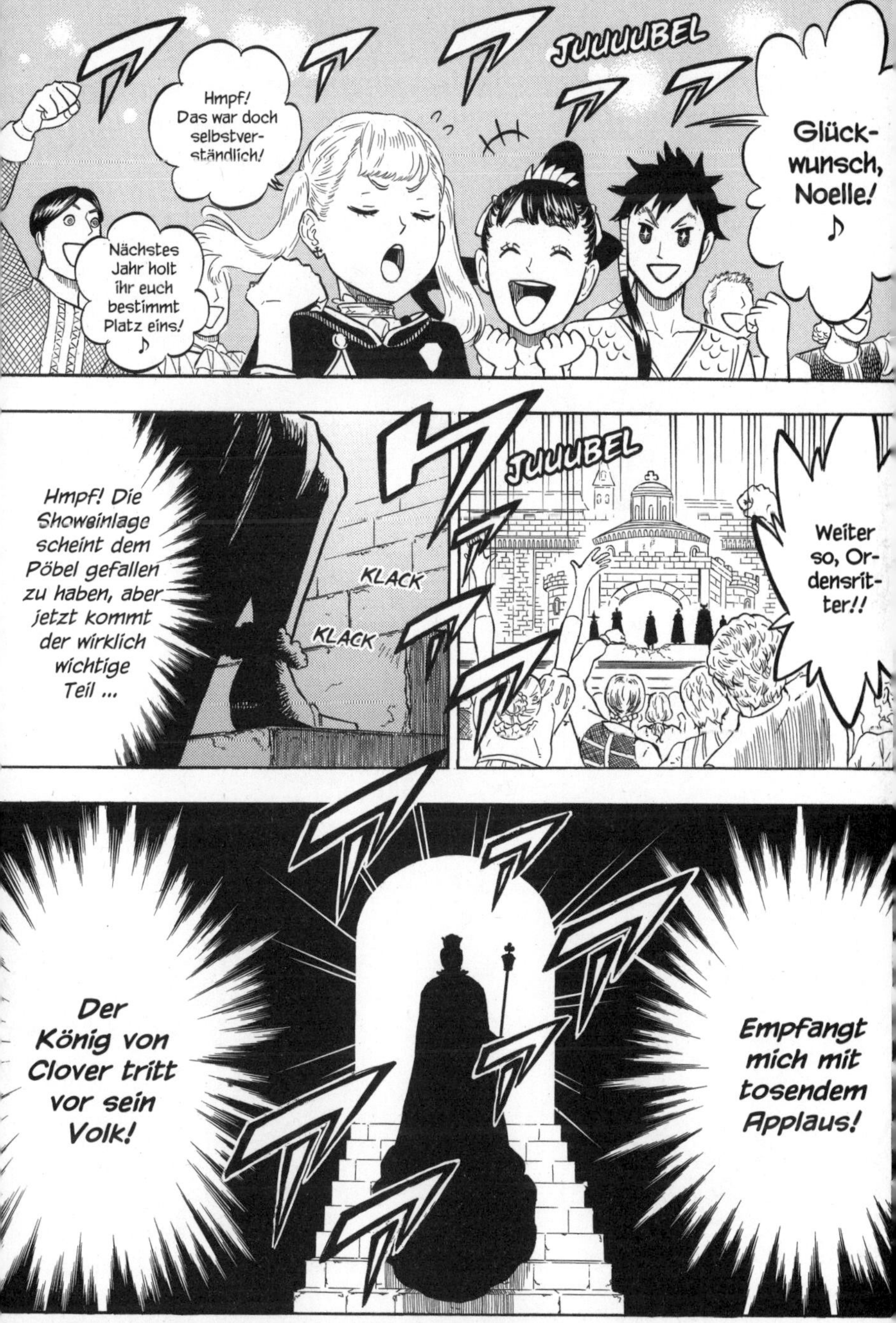
JUUUUBEL
Glück-wunsch, Noelle! ♪
Hmpf! Das war doch selbstver-ständlich!
Nächstes Jahr holt ihr euch bestimmt Platz eins! ♪
JUUUBEL
Weiter so, Or-densrit-ter!!
Hmpf! Die Showeinlage scheint dem Pöbel gefallen zu haben, aber jetzt kommt der wirklich wichtige Teil ...
KLACK
KLACK
Empfangt mich mit tosendem Applaus!
Der König von Clover tritt vor sein Volk!

Der Schwarz-weisse Bilderorden Nr. 1

Zwei süße Jungs aus *Black Clover*

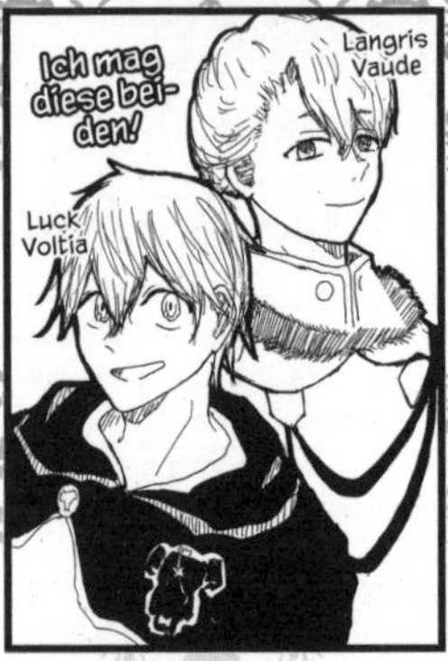

Amy Yamamoto aus Kanagawa

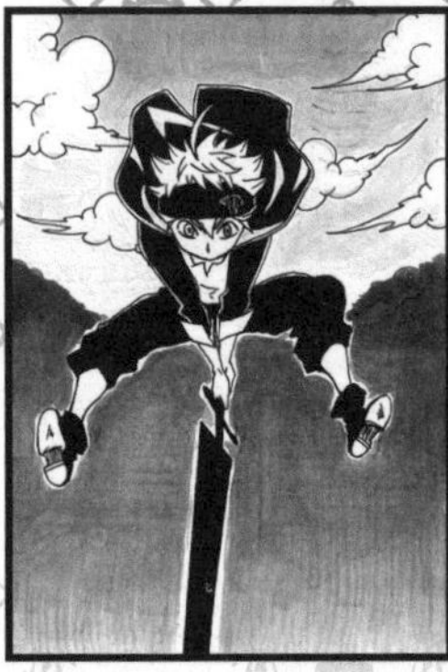

Anna Tanaka aus Aichi

Schwertschlag unter blauem Himmel

In diesem Bereich werden Leserzeichnungen abgedruckt! Vielen Dank für eure zahlreichen Einsendungen!!

Du wirst noch viel stärker!

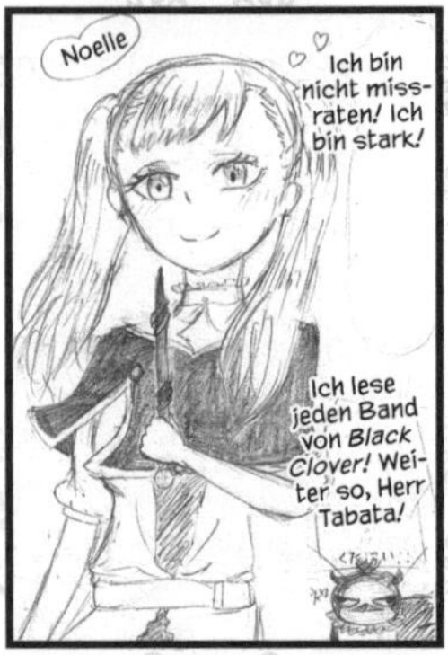

Risacchi aus Osaka

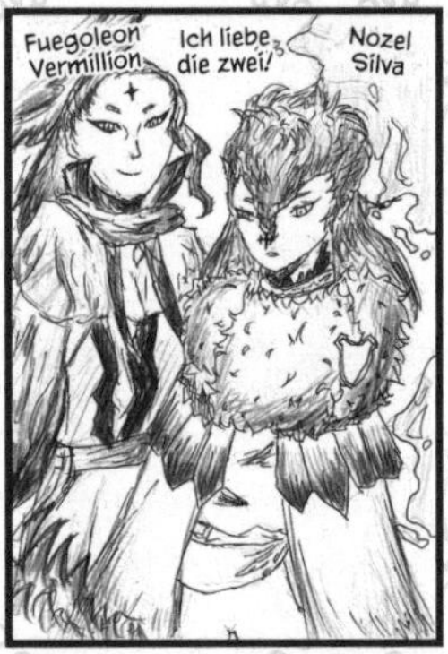

Replica aus Toyama

Ordensanführer und Rivalen aus der königlichen Familie

Vangeance – Ein Mann wie ein Baum, der kleinen Vögelchen als Haus dient

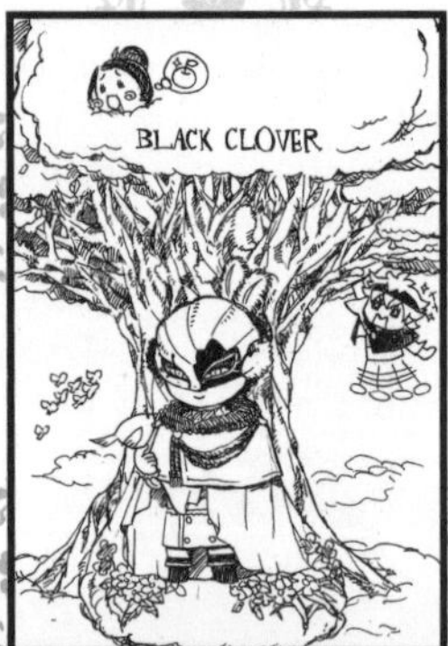

Miya aus Nagano

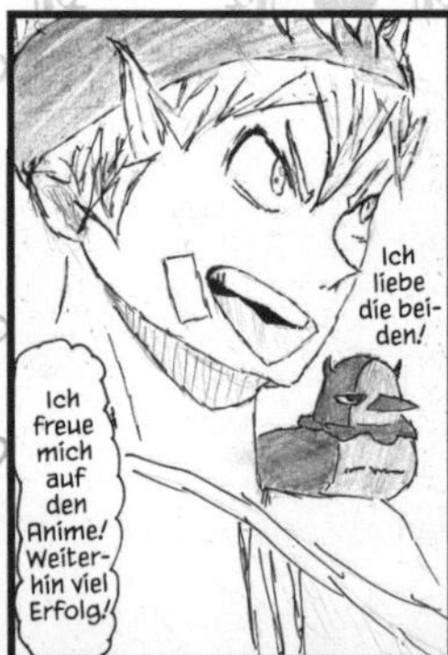

Shinji Harada aus Yamagata

Immer auf Astas Kopf und heute auf seiner Schulter

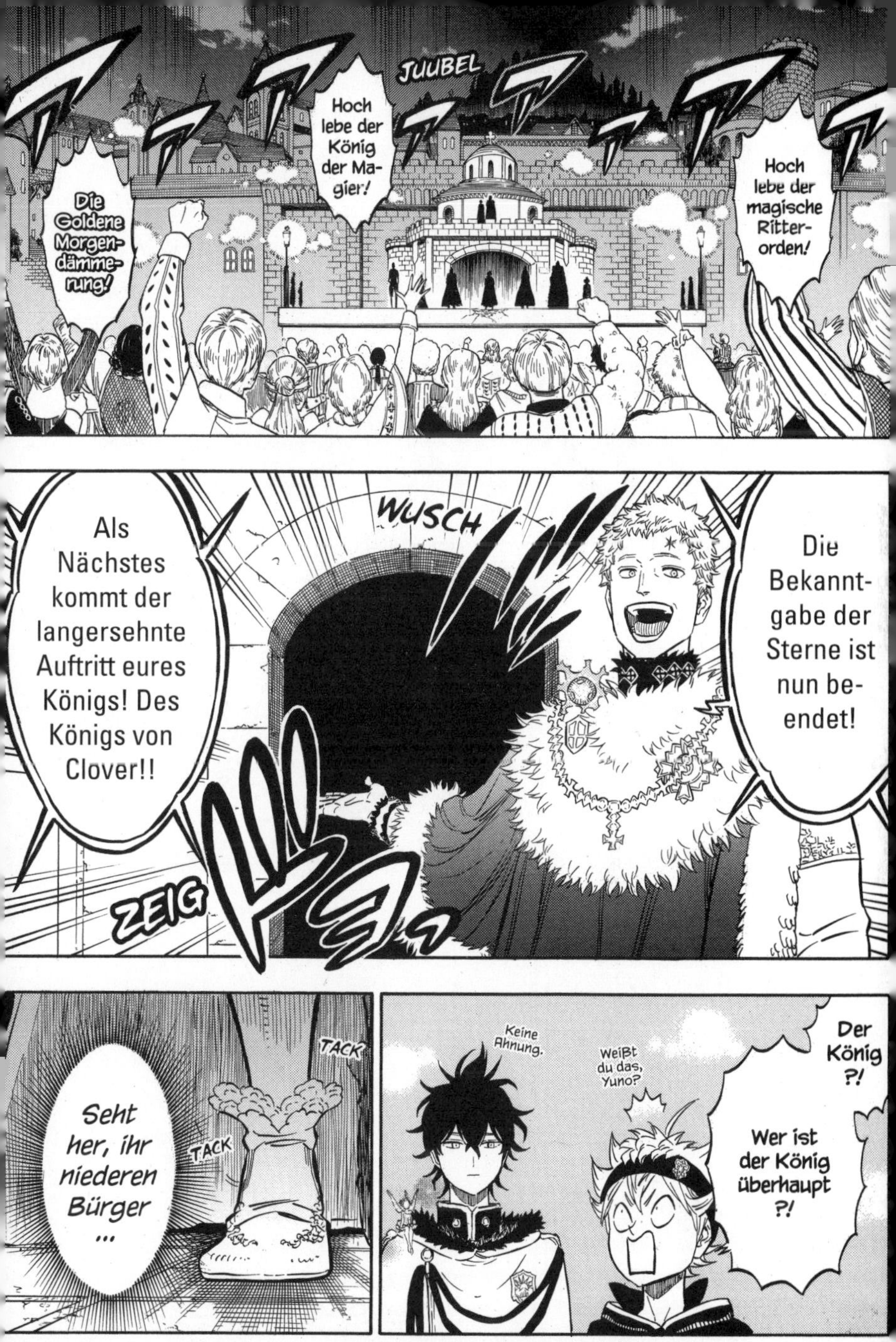

PAGE 107 ✤ DER KÖNIG VON CLOVER

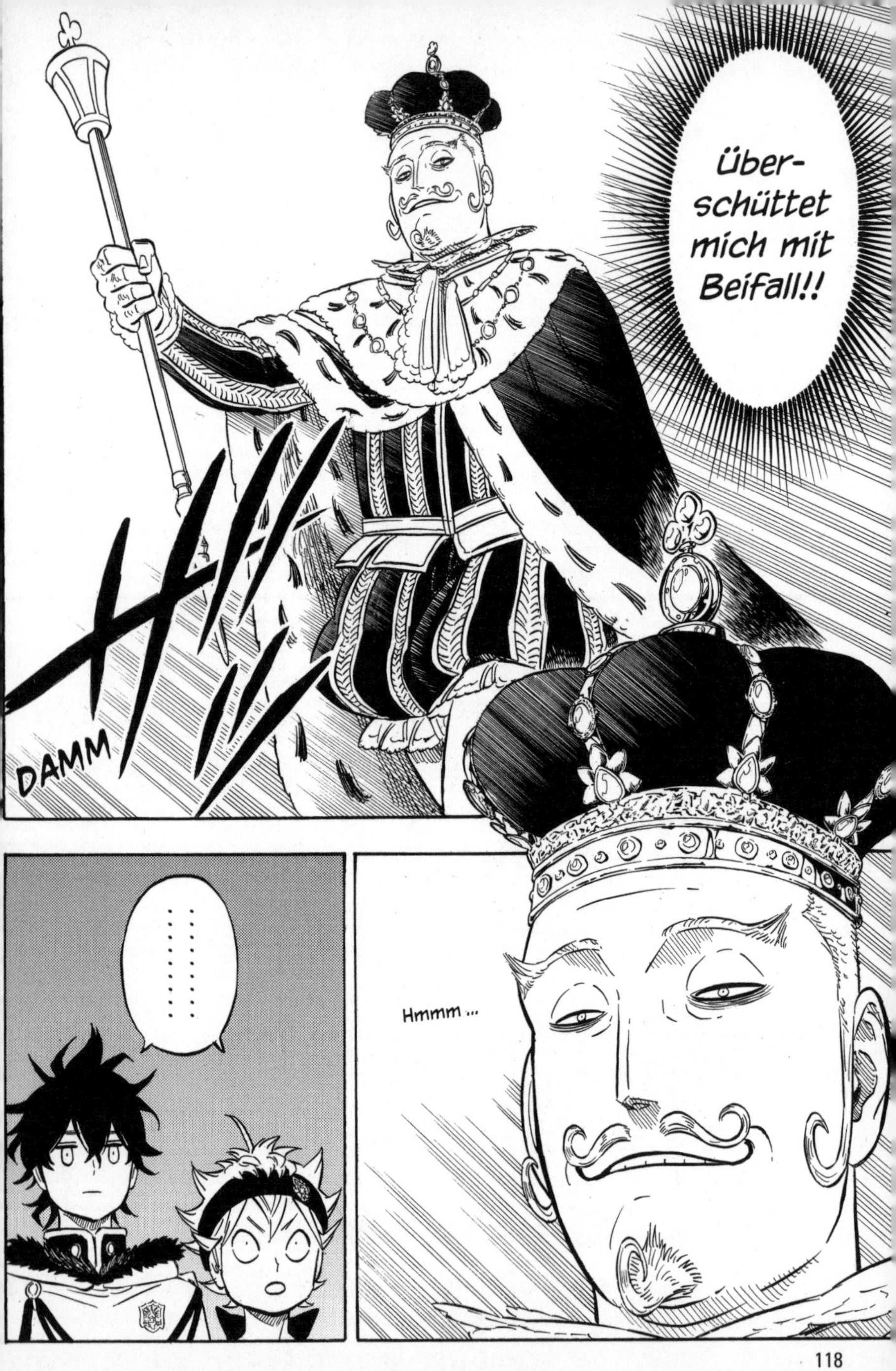
Über-
schüttet
mich mit
Beifall!!
DAMM
Hmmm ...
......

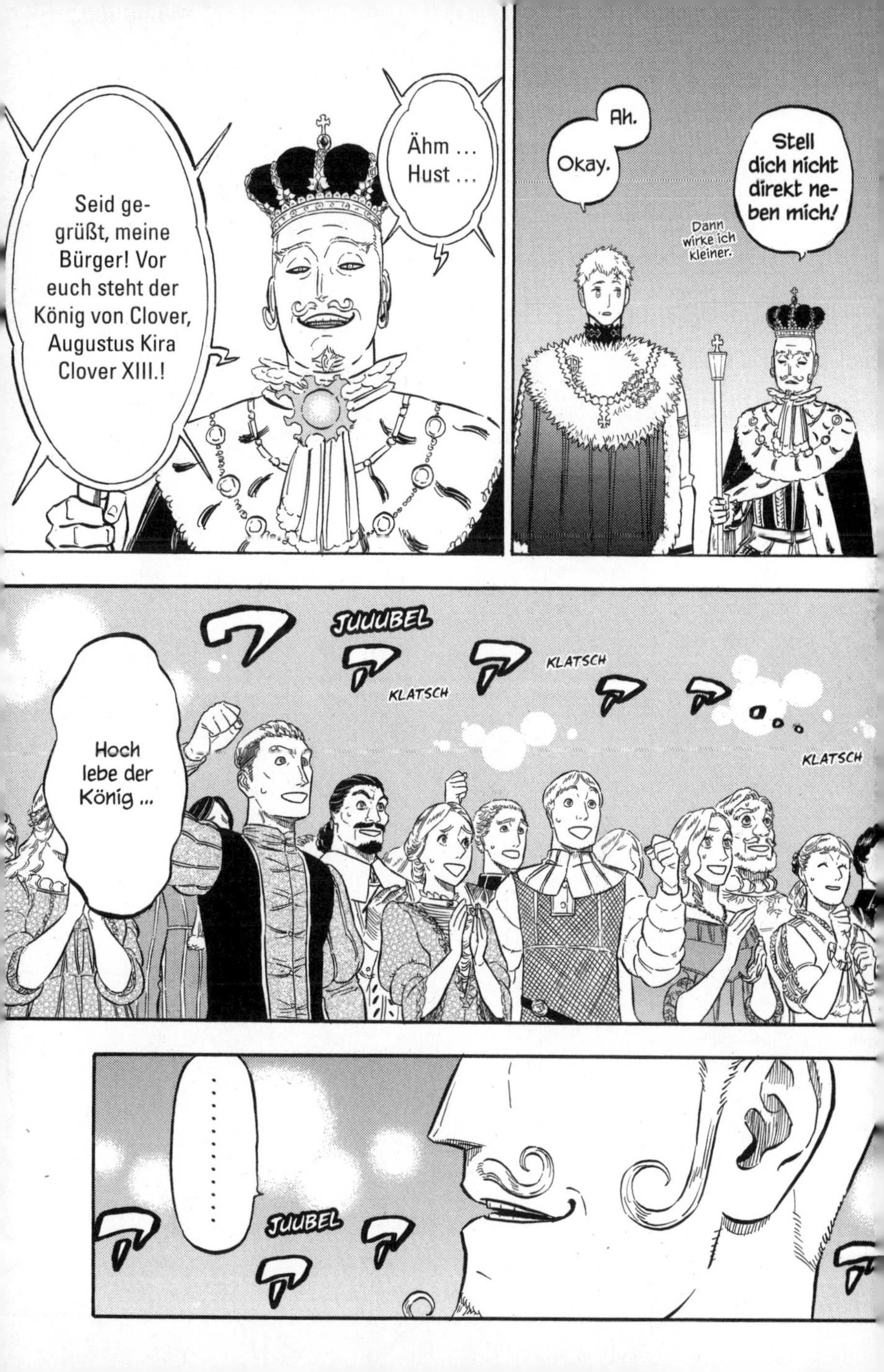
Ah.
Okay.
Stell dich nicht direkt neben mich!
Dann wirke ich kleiner.
Ähm … Hust …
Seid gegrüßt, meine Bürger! Vor euch steht der König von Clover, Augustus Kira Clover XIII.!
JUUUBEL
KLATSCH
KLATSCH
KLATSCH
Hoch lebe der König …
JUUBEL
……

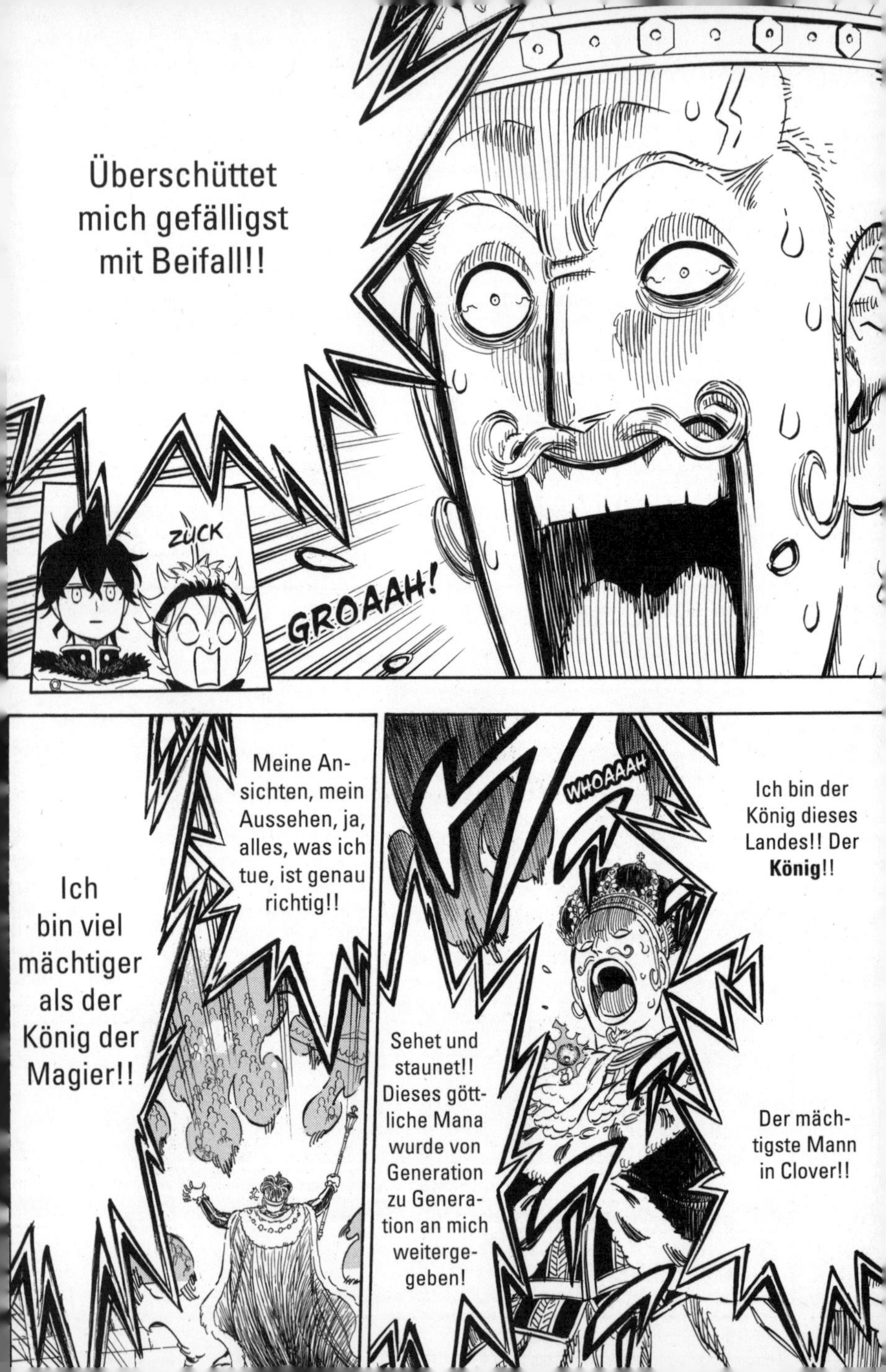
Überschüttet mich gefälligst mit Beifall!!
GROAAH!
ZUCK
Ich bin der König dieses Landes!! Der **König**!!
WHOAAAH
Der mächtigste Mann in Clover!!
Sehet und staunet!! Dieses göttliche Mana wurde von Generation zu Generation an mich weitergegeben!
Meine Ansichten, mein Aussehen, ja, alles, was ich tue, ist genau richtig!!
Ich bin viel mächtiger als der König der Magier!!

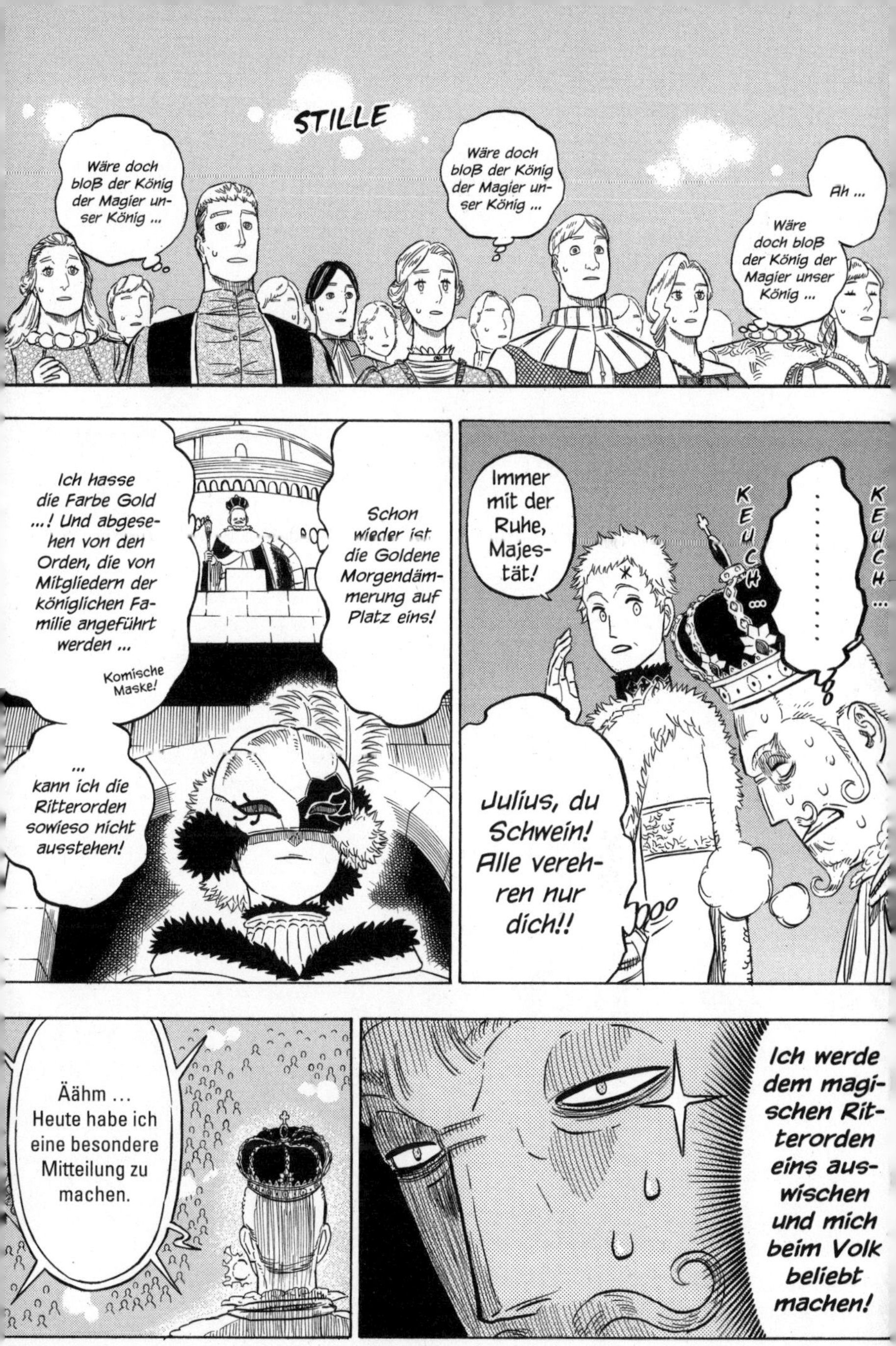
STILLE
Wäre doch bloß der König der Magier unser König ...
Wäre doch bloß der König der Magier unser König ...
Ah ...
Wäre doch bloß der König der Magier unser König ...
Ich hasse die Farbe Gold ...! Und abgesehen von den Orden, die von Mitgliedern der königlichen Familie angeführt werden ...
Komische Maske!
... kann ich die Ritterorden sowieso nicht ausstehen!
Schon wieder ist die Goldene Morgendämmerung auf Platz eins!
KEUCH ...
......
KEUCH ...
Immer mit der Ruhe, Majestät!
Julius, du Schwein! Alle verehren nur dich!!
Äähm ... Heute habe ich eine besondere Mitteilung zu machen.
Ich werde dem magischen Ritterorden eins auswischen und mich beim Volk beliebt machen!

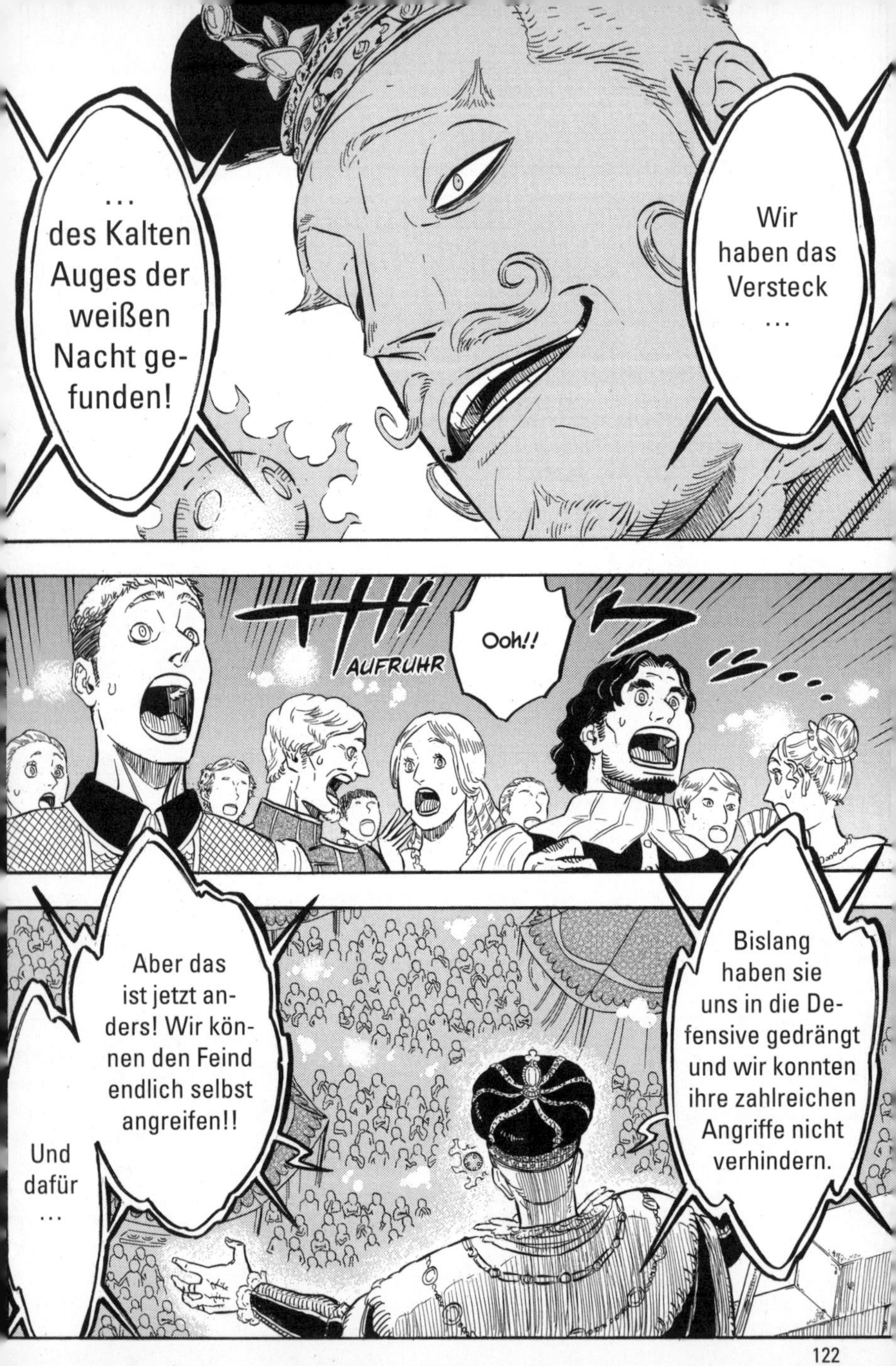
Wir haben das Versteck …
… des Kalten Auges der weißen Nacht gefunden!
Ooh!!
AUFRUHR
Bislang haben sie uns in die Defensive gedrängt und wir konnten ihre zahlreichen Angriffe nicht verhindern.
Aber das ist jetzt anders! Wir können den Feind endlich selbst angreifen!!
Und dafür …

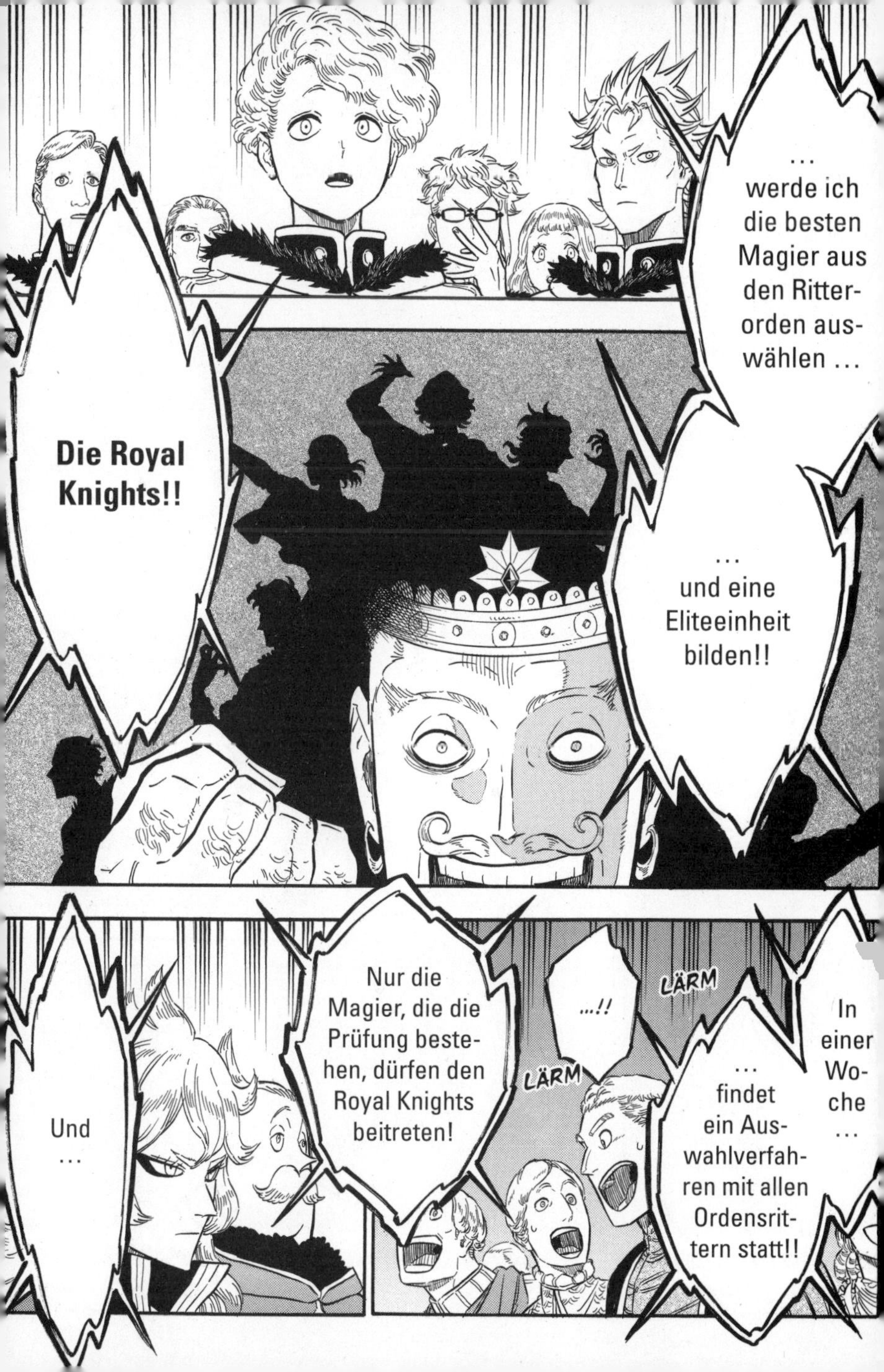
… werde ich die besten Magier aus den Ritterorden auswählen …
Die Royal Knights!!
… und eine Eliteeinheit bilden!!
In einer Woche …
… findet ein Auswahlverfahren mit allen Ordensrittern statt!!
LÄRM
…!!
LÄRM
Nur die Magier, die die Prüfung bestehen, dürfen den Royal Knights beitreten!
Und …

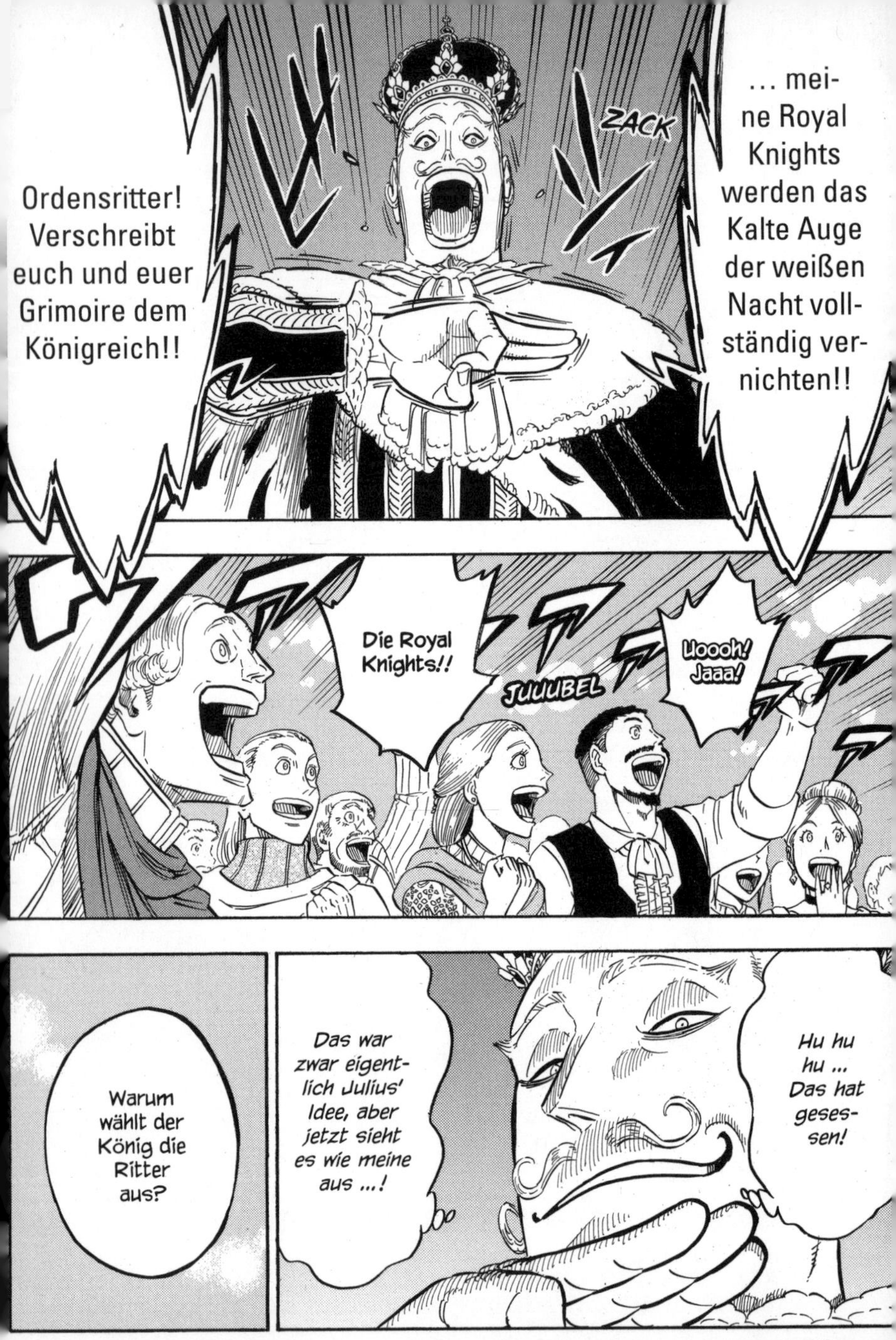

Ordensritter! Verschreibt euch und euer Grimoire dem Königreich!!
... meine Royal Knights werden das Kalte Auge der weißen Nacht vollständig vernichten!!
ZACK
Die Royal Knights!!
JUUUBEL
Uoooh! Jaaa!
Hu hu hu ... Das hat gesessen!
Das war zwar eigentlich Julius' Idee, aber jetzt sieht es wie meine aus ...!
Warum wählt der König die Ritter aus?

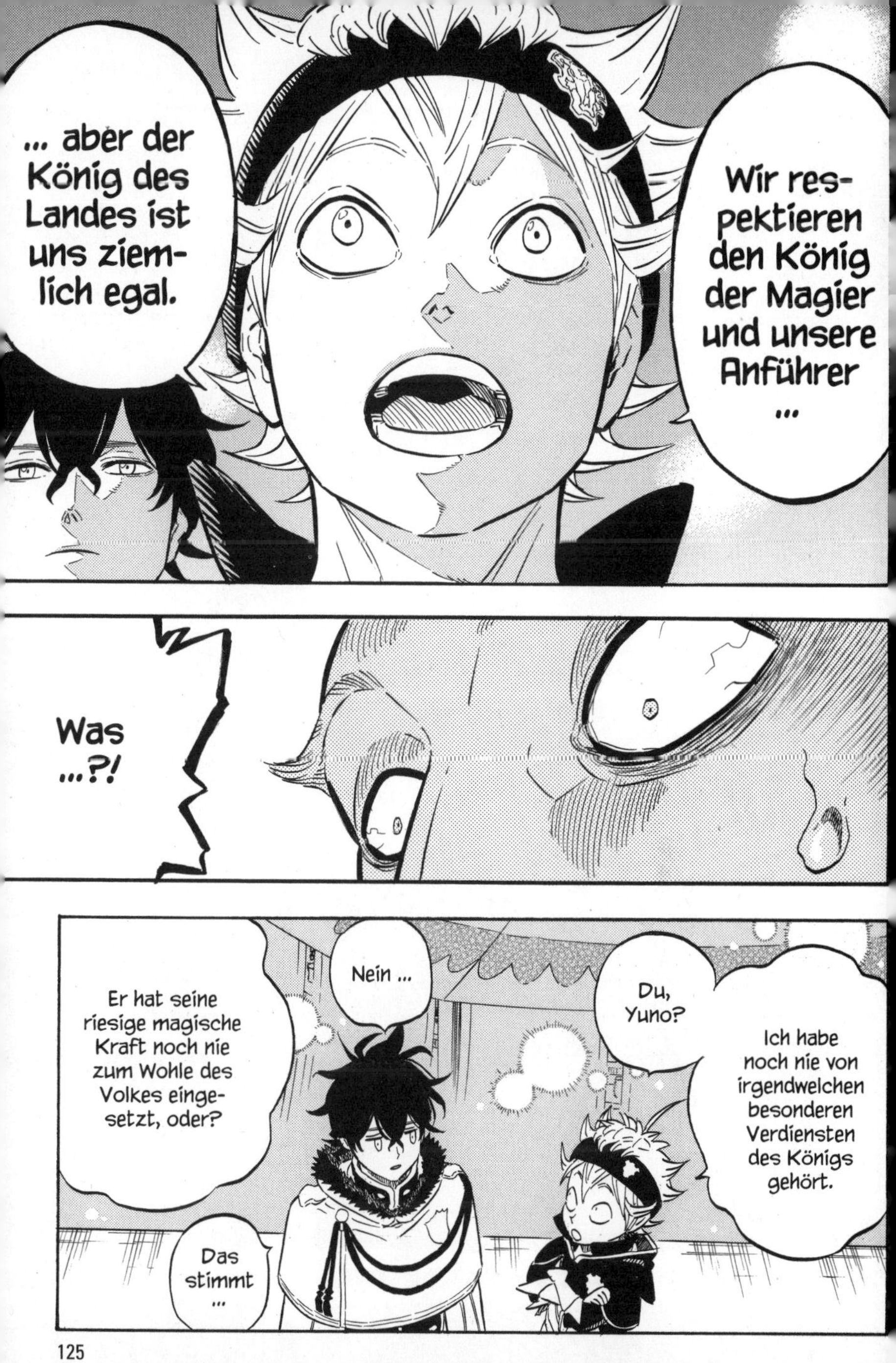
Wir respektieren den König der Magier und unsere Anführer ...
... aber der König des Landes ist uns ziemlich egal.
Was ...?!
Du, Yuno?
Ich habe noch nie von irgendwelchen besonderen Verdiensten des Königs gehört.
Nein ...
Er hat seine riesige magische Kraft noch nie zum Wohle des Volkes eingesetzt, oder?
Das stimmt ...

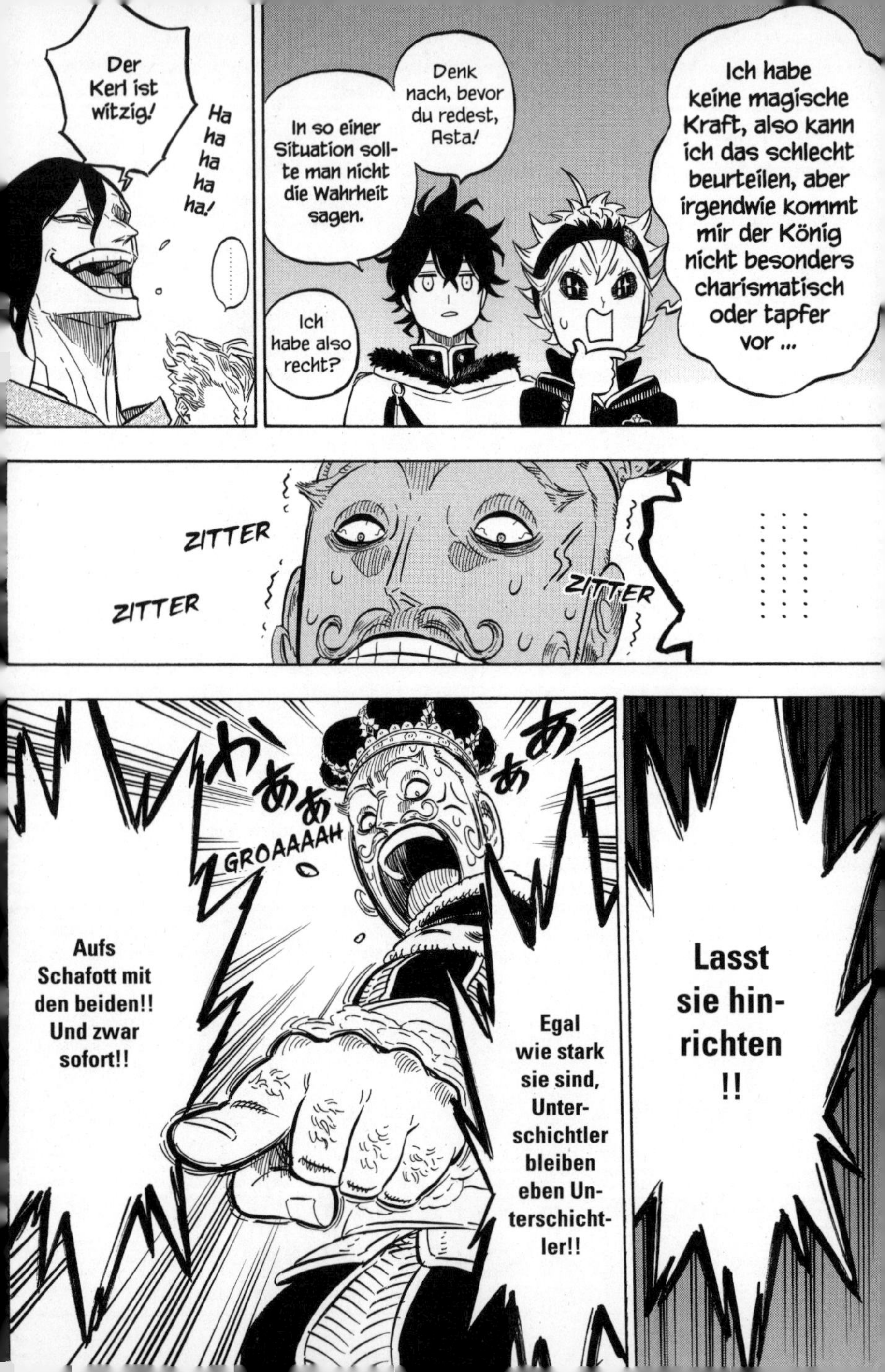
Ich habe keine magische Kraft, also kann ich das schlecht beurteilen, aber irgendwie kommt mir der König nicht besonders charismatisch oder tapfer vor ...
Denk nach, bevor du redest, Asta!
In so einer Situation sollte man nicht die Wahrheit sagen.
Ich habe also recht?
Der Kerl ist witzig!
Ha ha ha ha ha!
...
ZITTER
ZITTER
ZITTER
Lasst sie hinrichten !!
Egal wie stark sie sind, Unterschichtler bleiben eben Unterschichtler!!
Aufs Schafott mit den beiden!! Und zwar sofort!!
わあああ
GROAAAAH

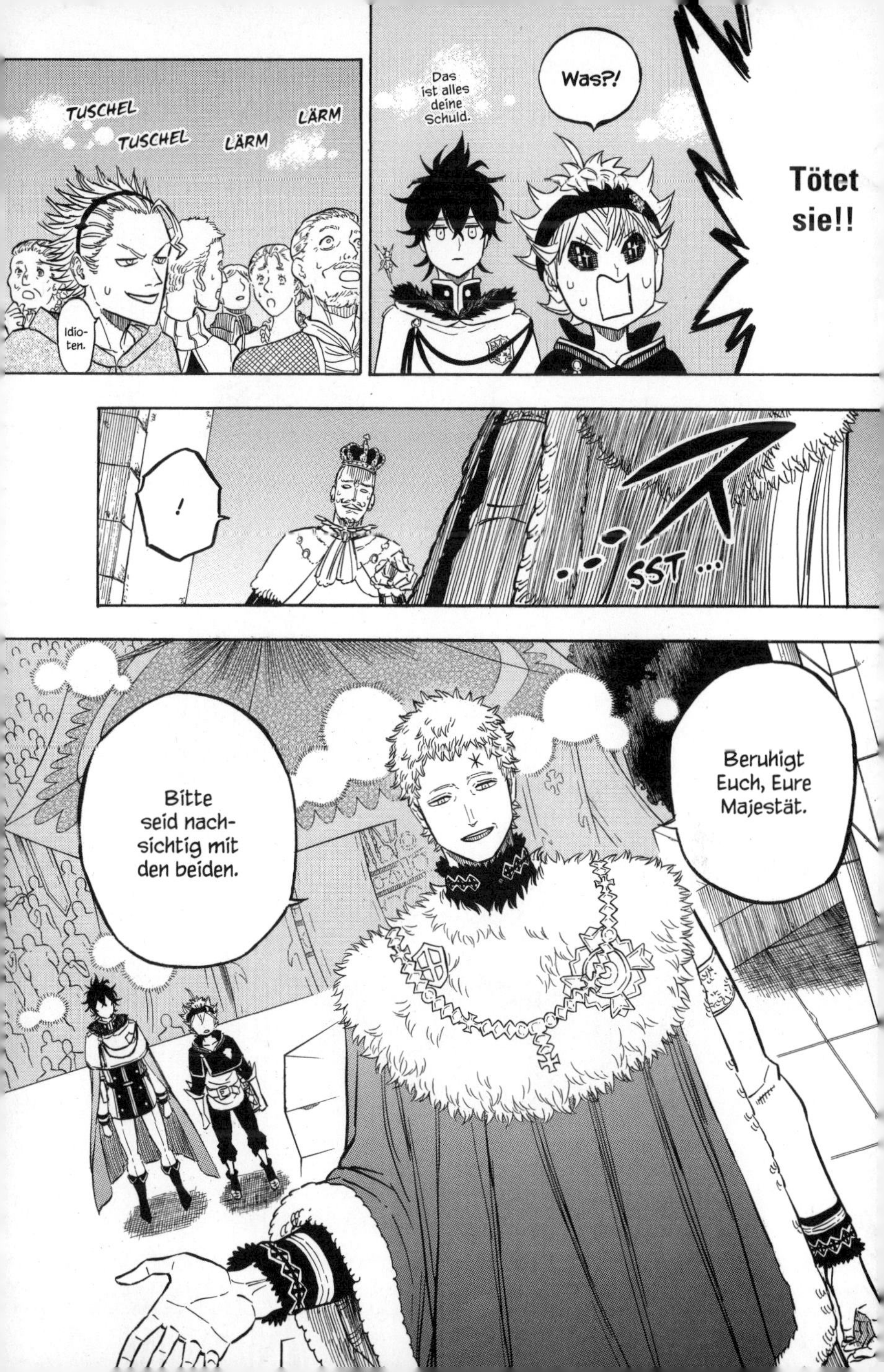

Tötet sie!!
Was?!
Das ist alles deine Schuld.
TUSCHEL TUSCHEL
LÄRM LÄRM
Idioten.
!
SST ...
Beruhigt Euch, Eure Majestät.
Bitte seid nachsichtig mit den beiden.

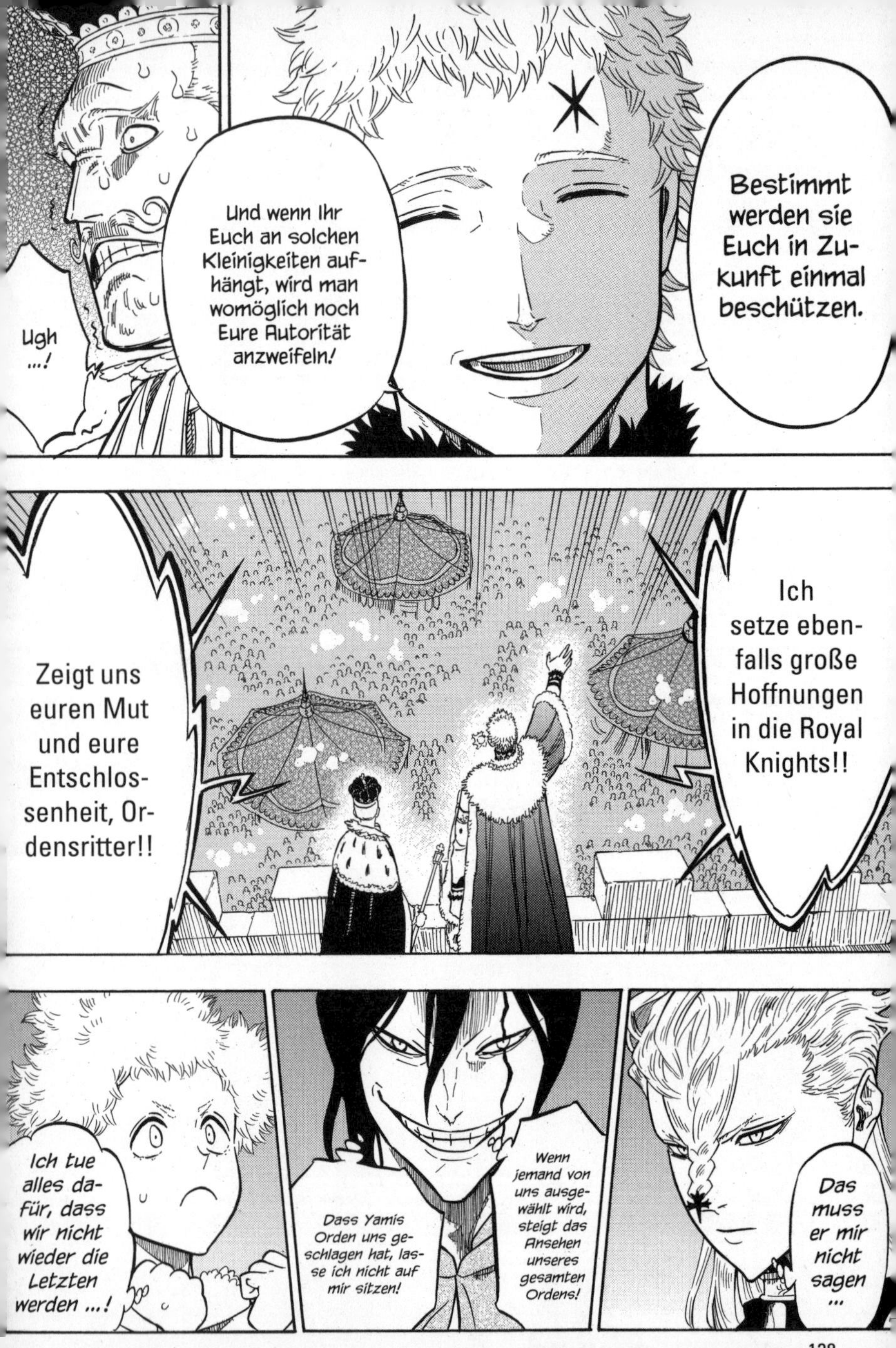

Bestimmt werden sie Euch in Zukunft einmal beschützen.
Und wenn Ihr Euch an solchen Kleinigkeiten aufhängt, wird man womöglich noch Eure Autorität anzweifeln!
Ugh ...!
Ich setze ebenfalls große Hoffnungen in die Royal Knights!!
Zeigt uns euren Mut und eure Entschlossenheit, Ordensritter!!
Das muss er mir nicht sagen ...
Wenn jemand von uns ausgewählt wird, steigt das Ansehen unseres gesamten Ordens!
Dass Yamis Orden uns geschlagen hat, lasse ich nicht auf mir sitzen!
Ich tue alles dafür, dass wir nicht wieder die Letzten werden ...!

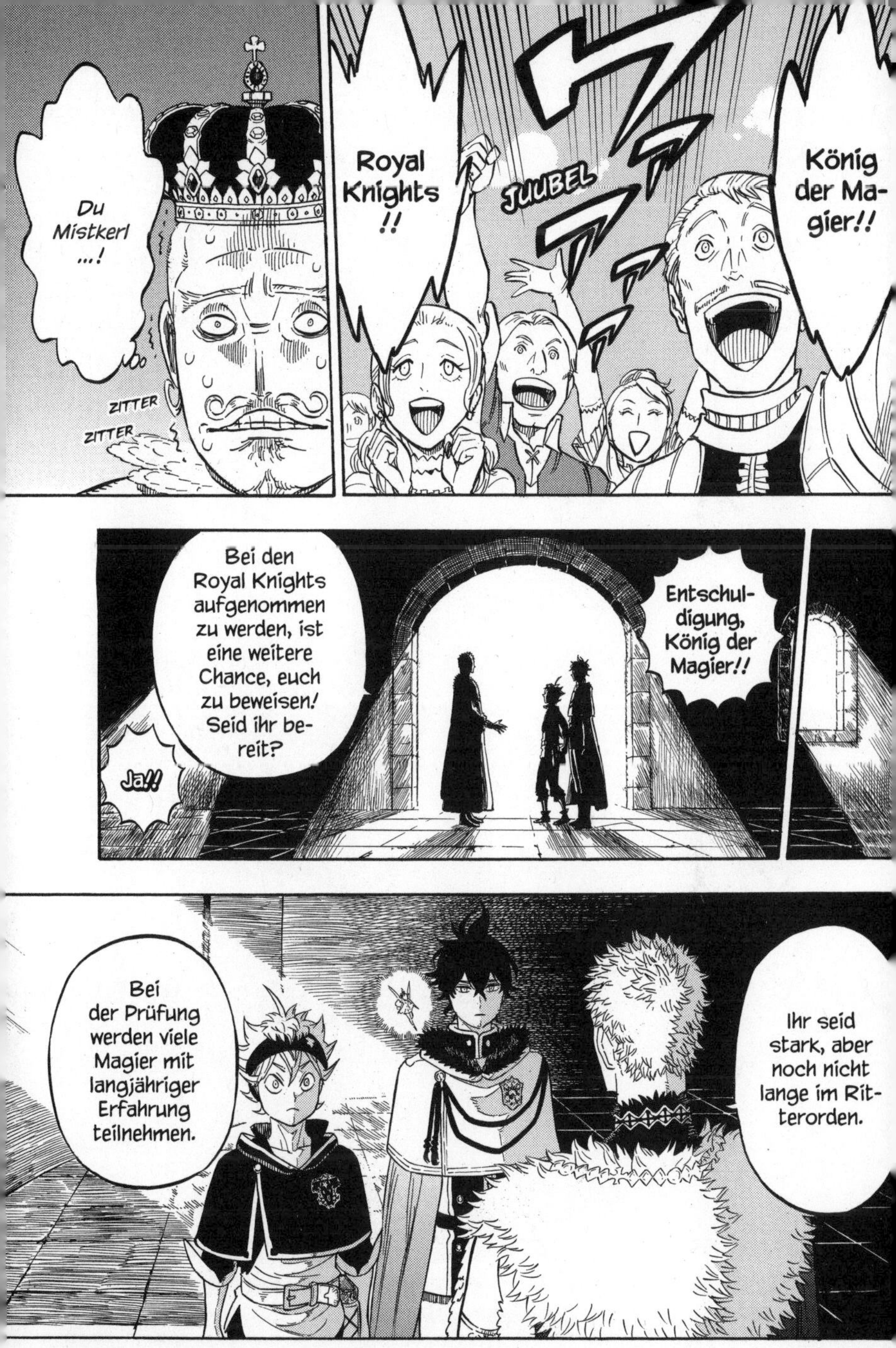
König der Magier!!
JUUBEL
Royal Knights !!
Du Mistkerl ...!
ZITTER
ZITTER
Entschuldigung, König der Magier!!
Bei den Royal Knights aufgenommen zu werden, ist eine weitere Chance, euch zu beweisen! Seid ihr bereit?
Ja!!
Ihr seid stark, aber noch nicht lange im Ritterorden.
Bei der Prüfung werden viele Magier mit langjähriger Erfahrung teilnehmen.

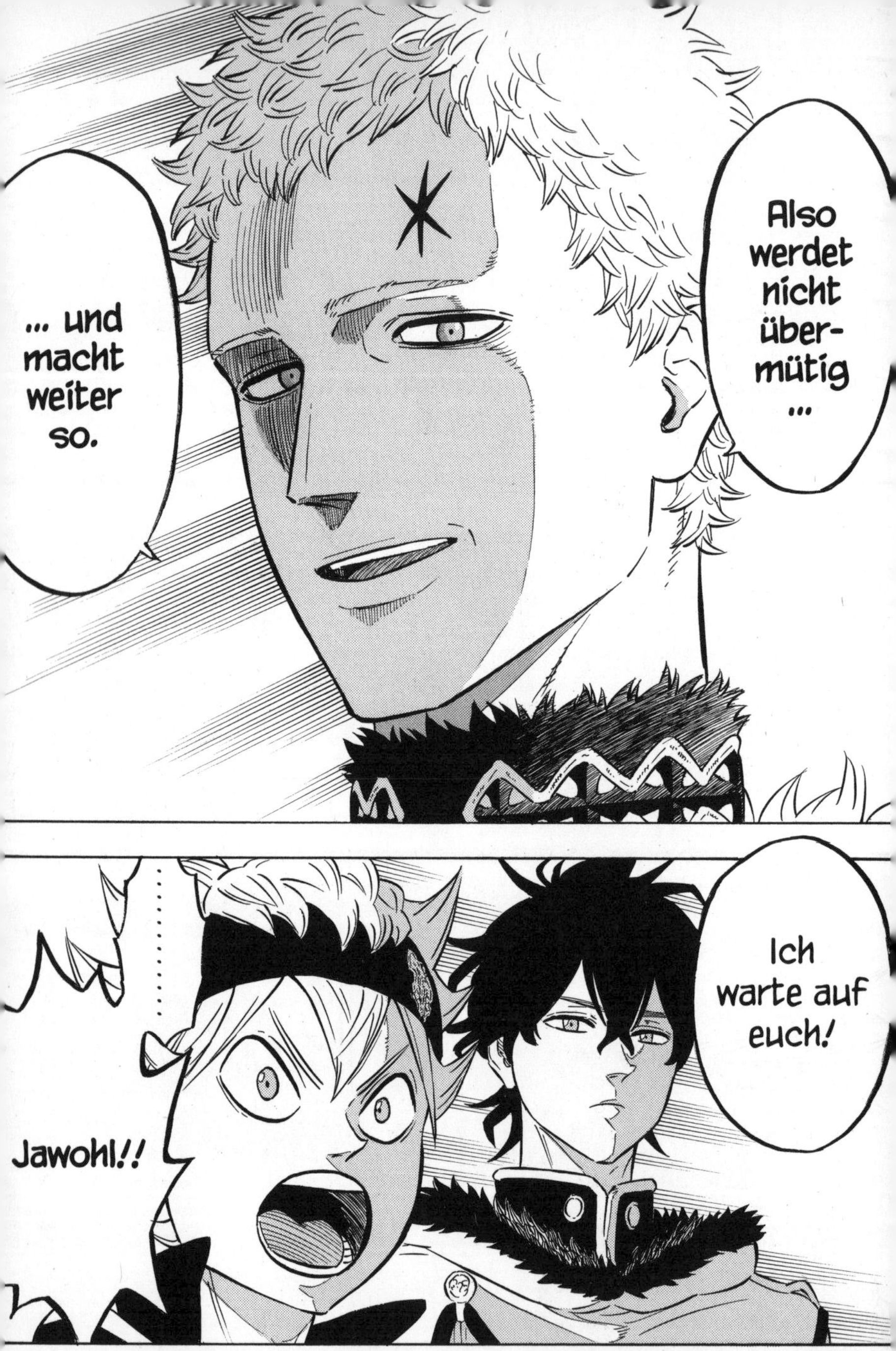
Also werdet nicht übermütig ...
... und macht weiter so.
Ich warte auf euch!
......
Jawohl!!

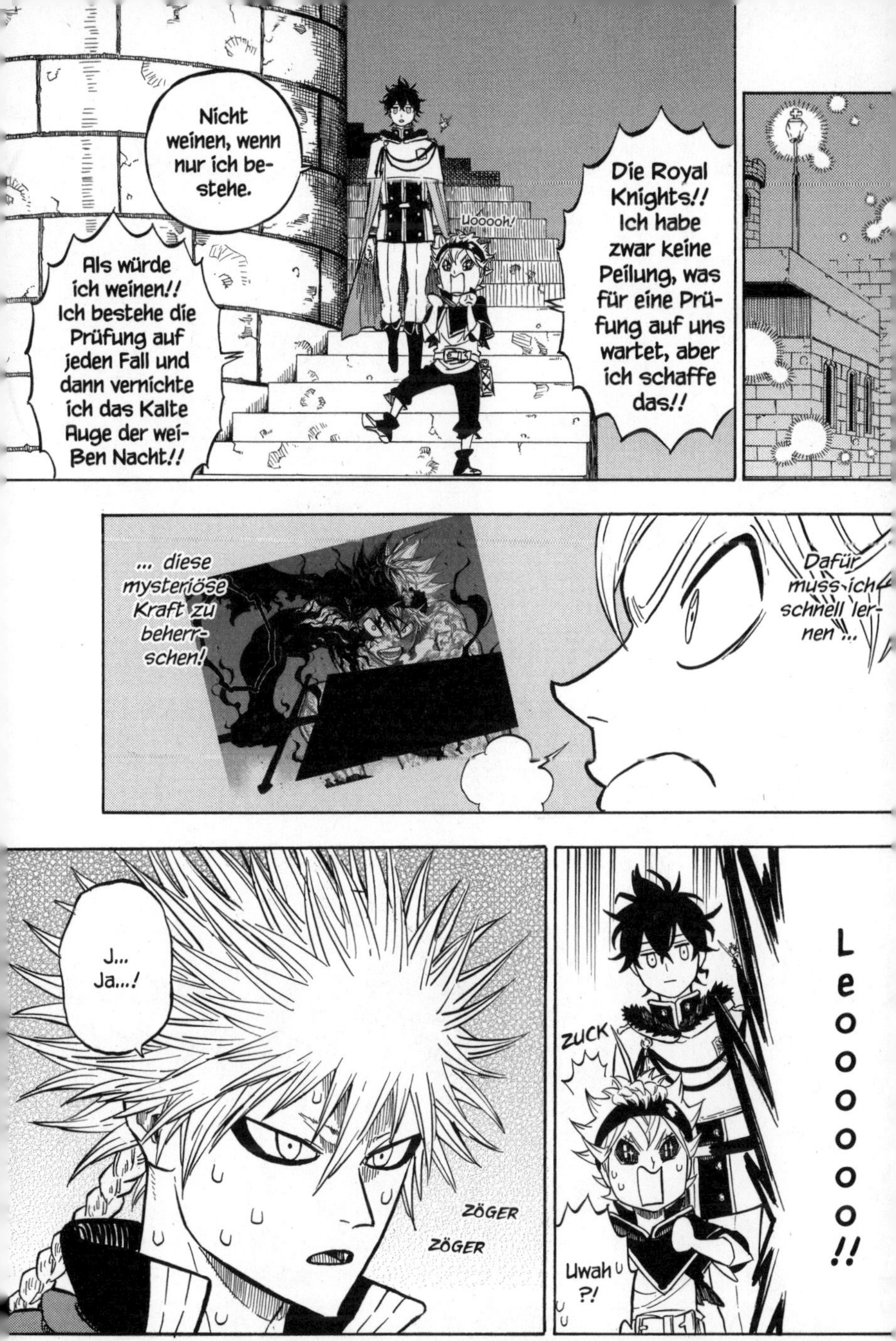

Die Royal Knights!! Ich habe zwar keine Peilung, was für eine Prüfung auf uns wartet, aber ich schaffe das!!
Uooooh!
Nicht weinen, wenn nur ich bestehe.
Als würde ich weinen!! Ich bestehe die Prüfung auf jeden Fall und dann vernichte ich das Kalte Auge der weißen Nacht!!
Dafür muss ich schnell lernen ...
... diese mysteriöse Kraft zu beherrschen!
Leoooooooo!!
ZUCK
Uwah ?!
J... Ja...!
ZÖGER
ZÖGER

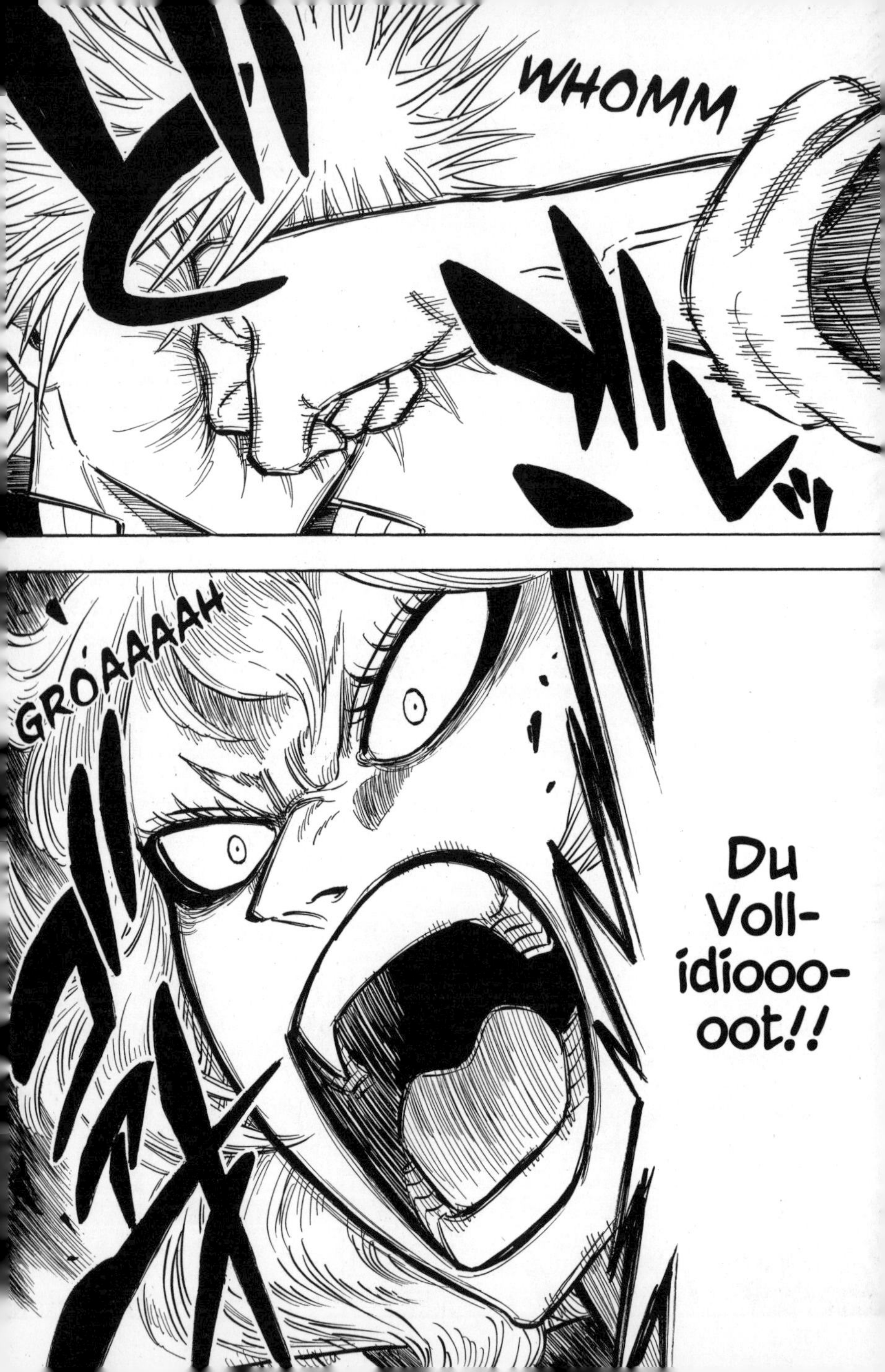
WHOMM
GROAAAAAH
Du
Voll-
idiooo-
oot!!

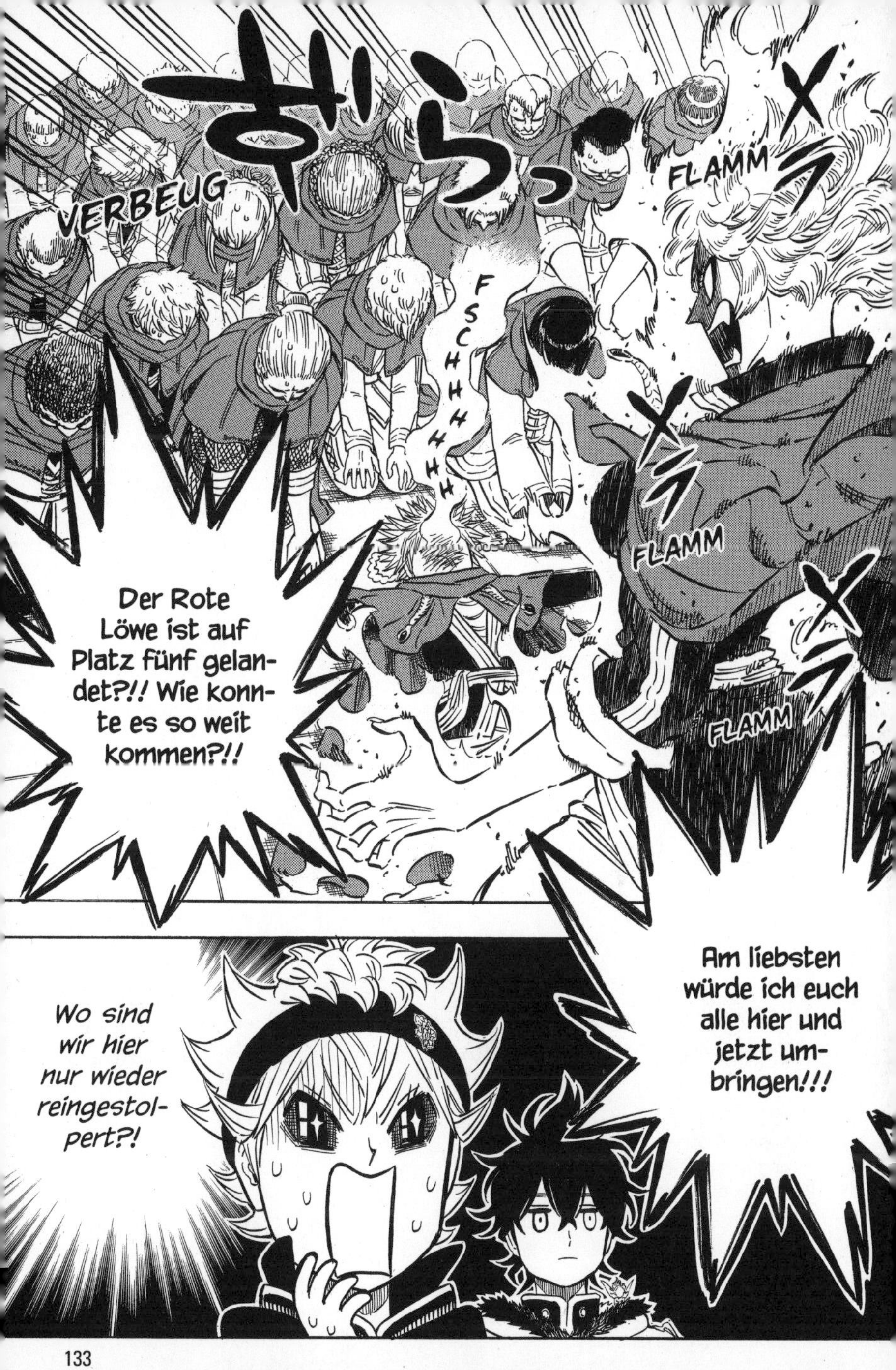

FLAMM
VERBEUG
FSCHHHHHHH
FLAMM
FLAMM
Der Rote Löwe ist auf Platz fünf gelandet?!! Wie konnte es so weit kommen?!!
Am liebsten würde ich euch alle hier und jetzt umbringen!!!
Wo sind wir hier nur wieder reingestolpert?!

Augustus Kira Clover

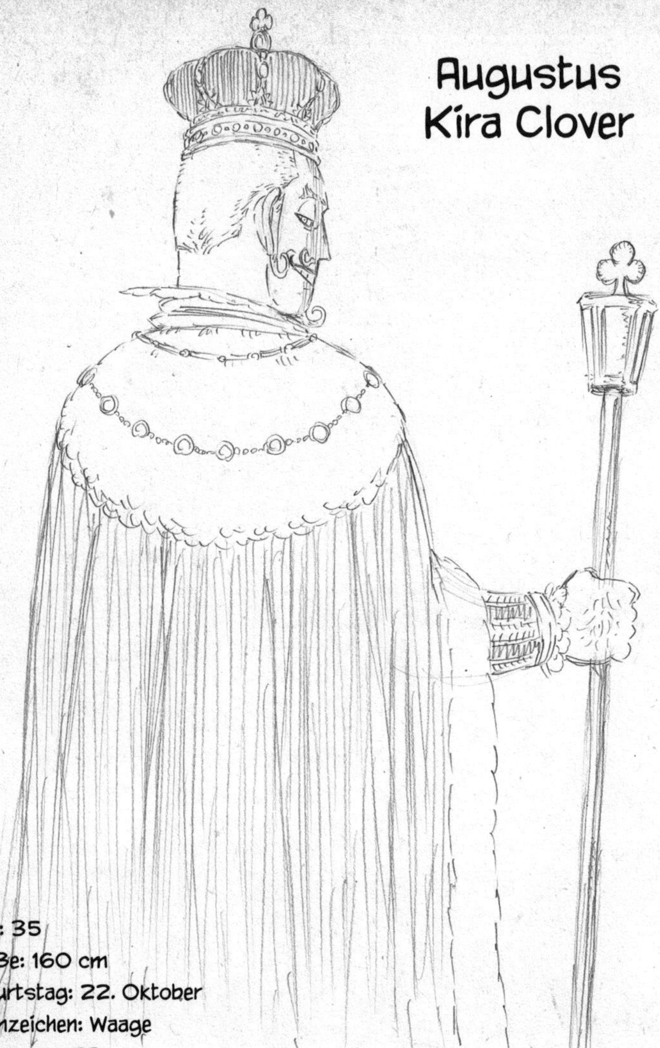

Alter: 35

Größe: 160 cm

Geburtstag: 22. Oktober

Sternzeichen: Waage

Blutgruppe: AB

Mag: mit Beifall überschüttet zu werden, aus dem Schloss auf sein Land herabzuschauen

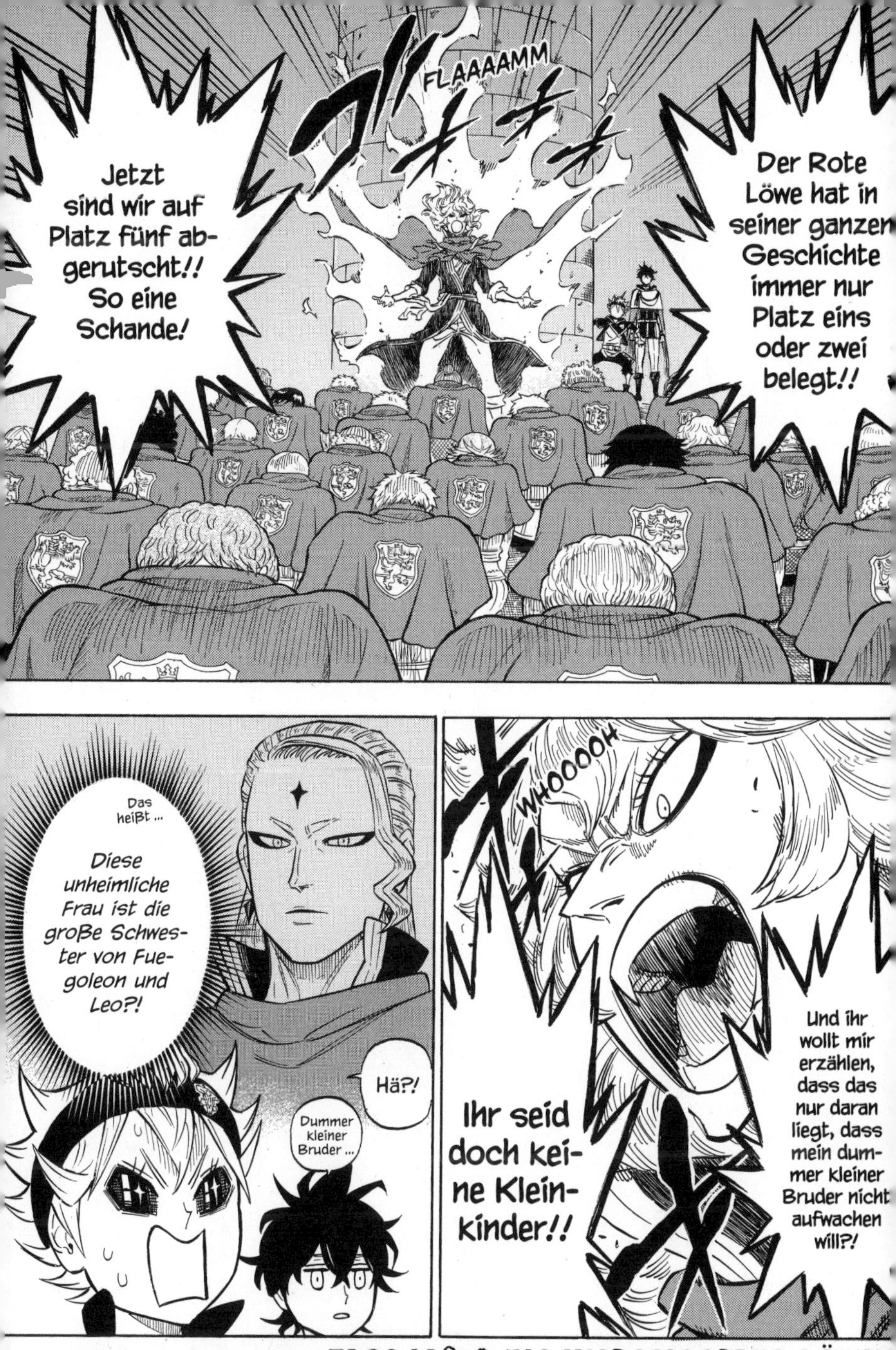
FLAAAAMM
Der Rote Löwe hat in seiner ganzen Geschichte immer nur Platz eins oder zwei belegt!!
Jetzt sind wir auf Platz fünf abgerutscht!! So eine Schande!
WHOOOOH
Und ihr wollt mir erzählen, dass das nur daran liegt, dass mein dummer kleiner Bruder nicht aufwachen will?!
Ihr seid doch keine Kleinkinder!!
Das heißt ...
Diese unheimliche Frau ist die große Schwester von Fuegoleon und Leo?!
Hä?!
Dummer kleiner Bruder ...

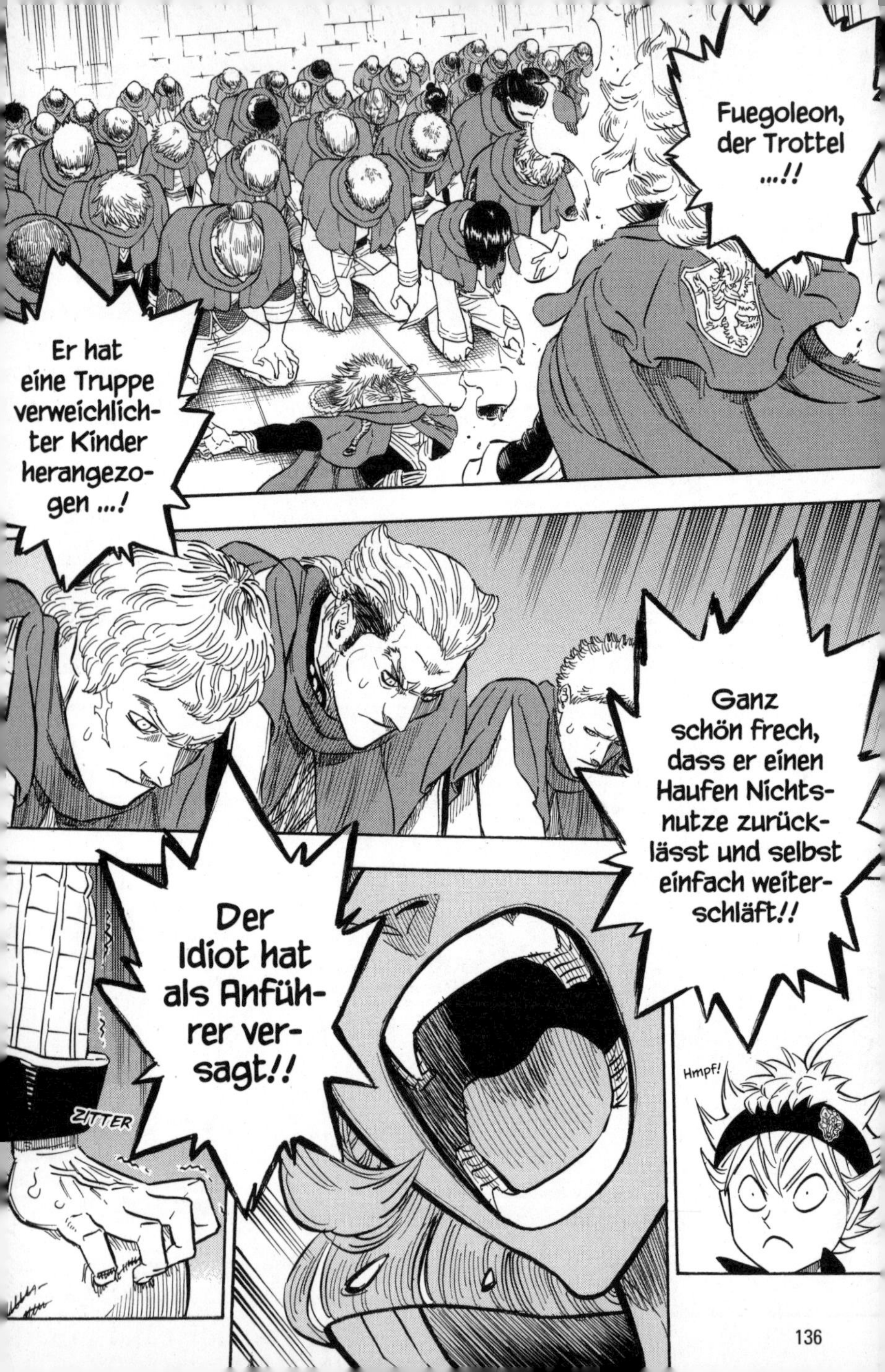
Fuegoleon, der Trottel ...!!
Er hat eine Truppe verweichlichter Kinder herangezogen ...!
Ganz schön frech, dass er einen Haufen Nichtsnutze zurücklässt und selbst einfach weiterschläft!!
Hmpf!
Der Idiot hat als Anführer versagt!!
ZITTER

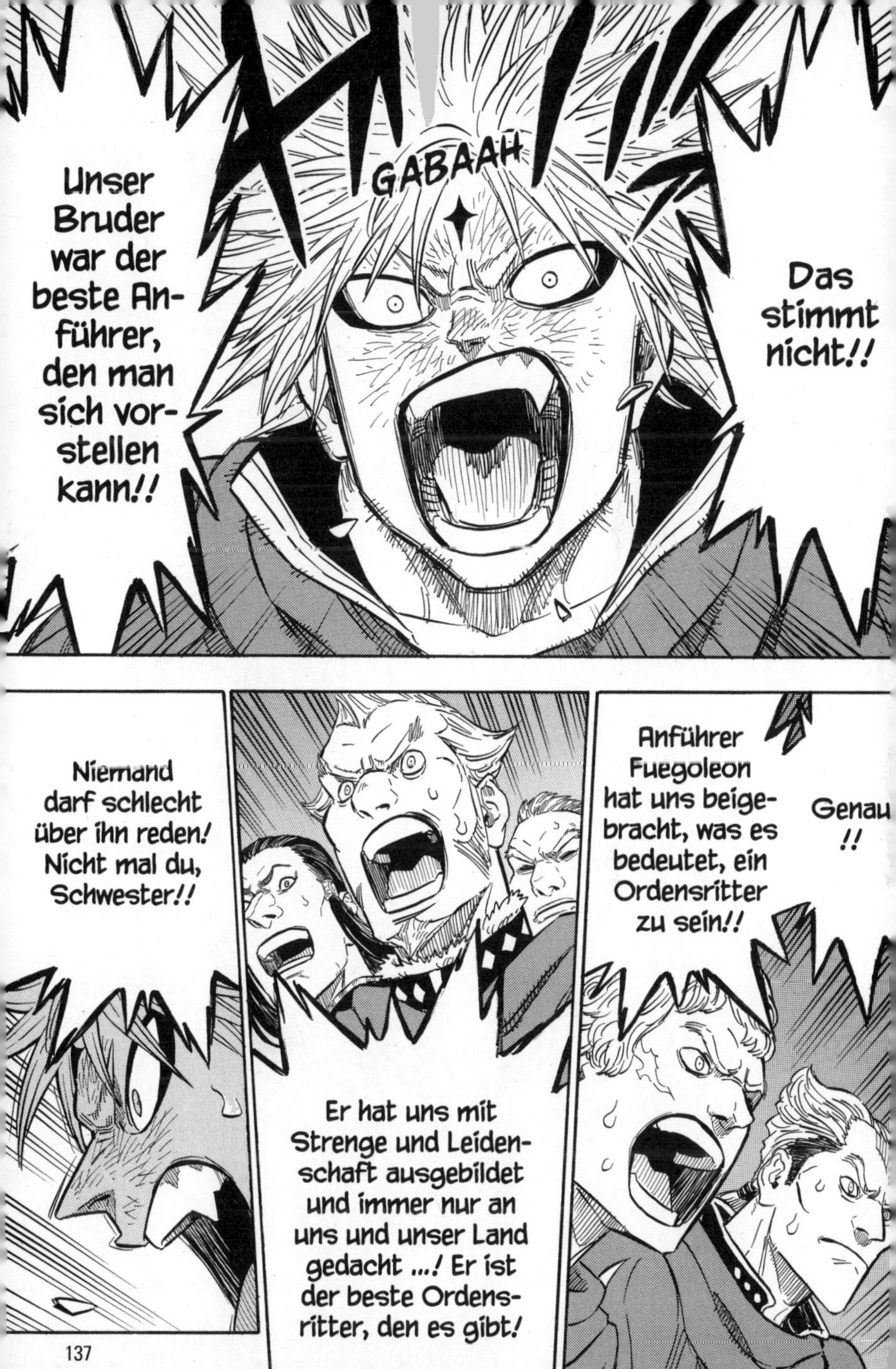
GABAAH
Das stimmt nicht!!
Unser Bruder war der beste Anführer, den man sich vorstellen kann!!
Genau!!
Anführer Fuegoleon hat uns beigebracht, was es bedeutet, ein Ordensritter zu sein!!
Niemand darf schlecht über ihn reden! Nicht mal du, Schwester!!
Er hat uns mit Strenge und Leidenschaft ausgebildet und immer nur an uns und unser Land gedacht ...! Er ist der beste Ordensritter, den es gibt!

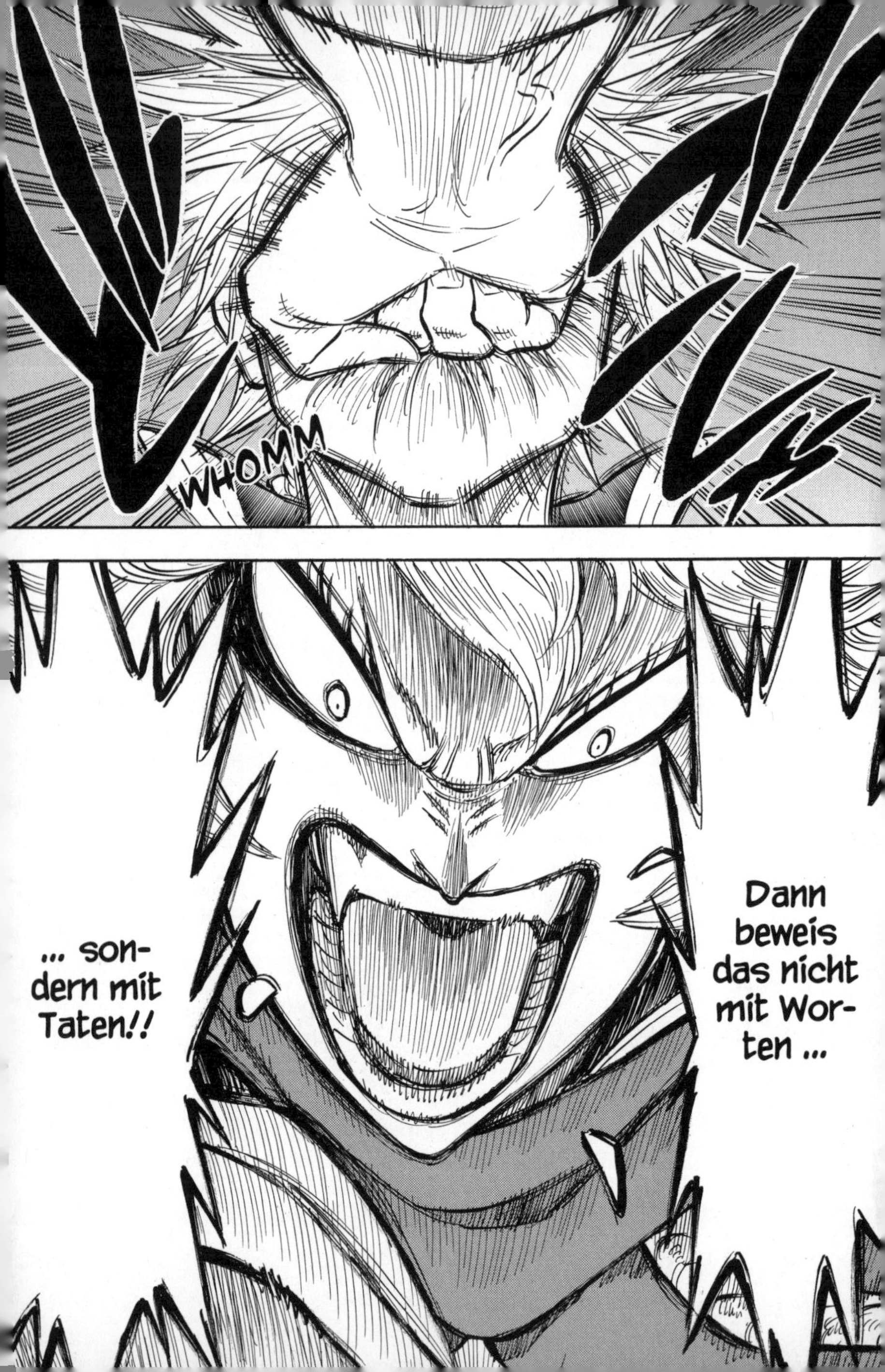
WHOMM
Dann beweis das nicht mit Worten ...
... sondern mit Taten!!

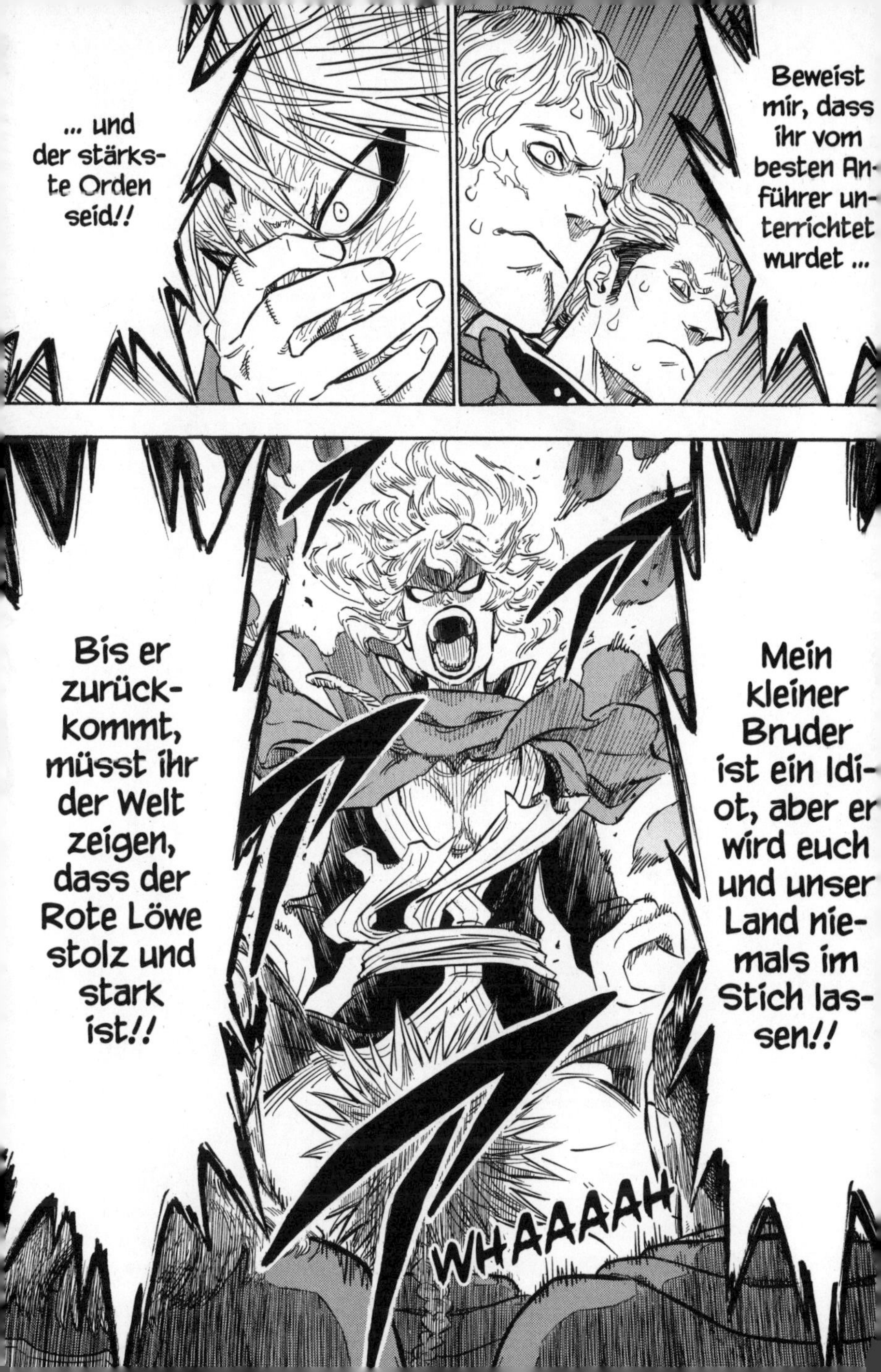
Beweist mir, dass ihr vom besten Anführer unterrichtet wurdet ...
... und der stärkste Orden seid!!
Mein kleiner Bruder ist ein Idiot, aber er wird euch und unser Land niemals im Stich lassen!!
Bis er zurückkommt, müsst ihr der Welt zeigen, dass der Rote Löwe stolz und stark ist!!
WHAAAAAH

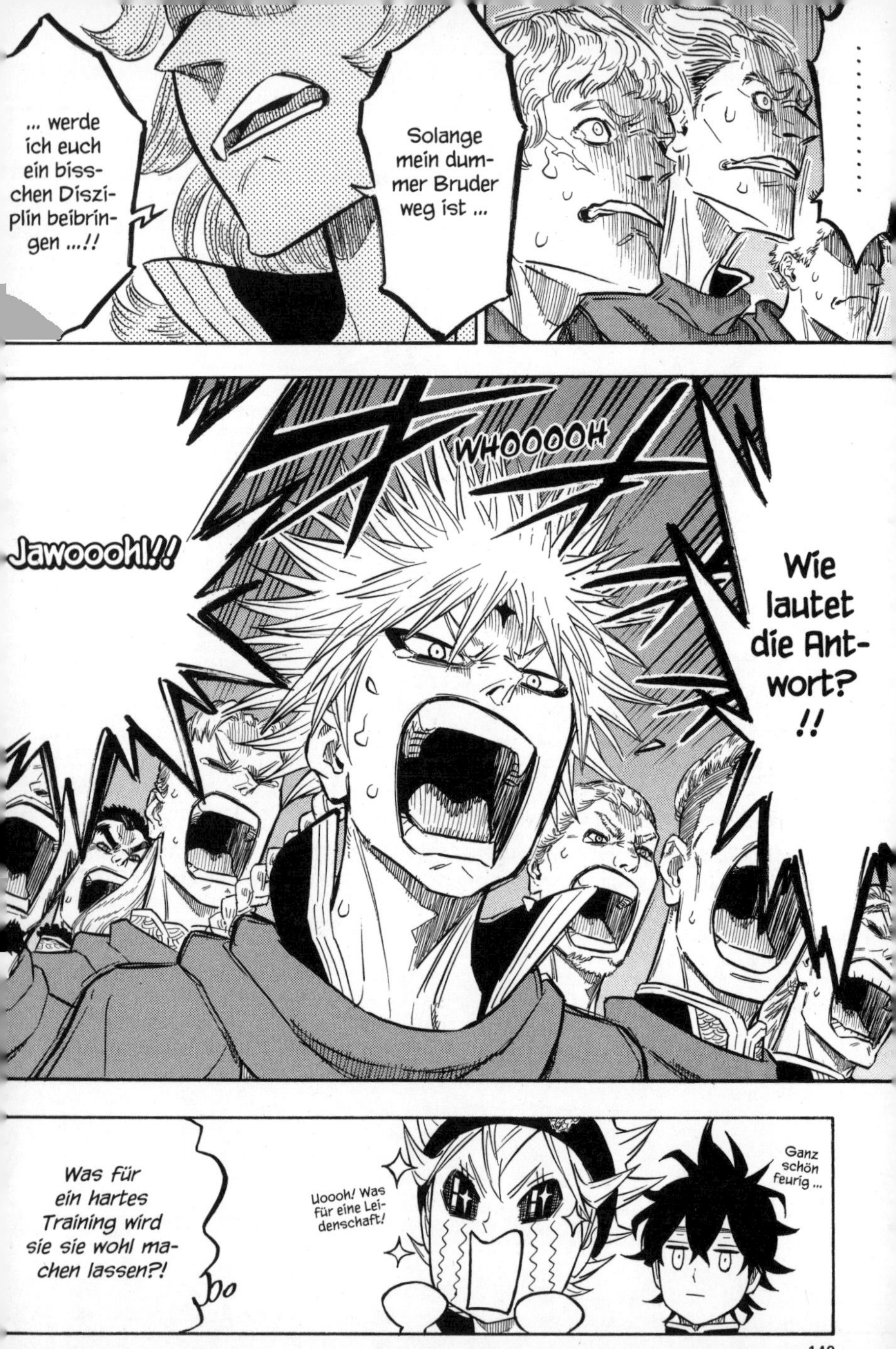
Solange mein dummer Bruder weg ist ...
... werde ich euch ein bisschen Disziplin beibringen ...!!
Wie lautet die Antwort?!!
WHOOOOH
Jawooohl!!
Ganz schön feurig ...
Uoooh! Was für eine Leidenschaft!
Was für ein hartes Training wird sie sie wohl machen lassen?!
bo

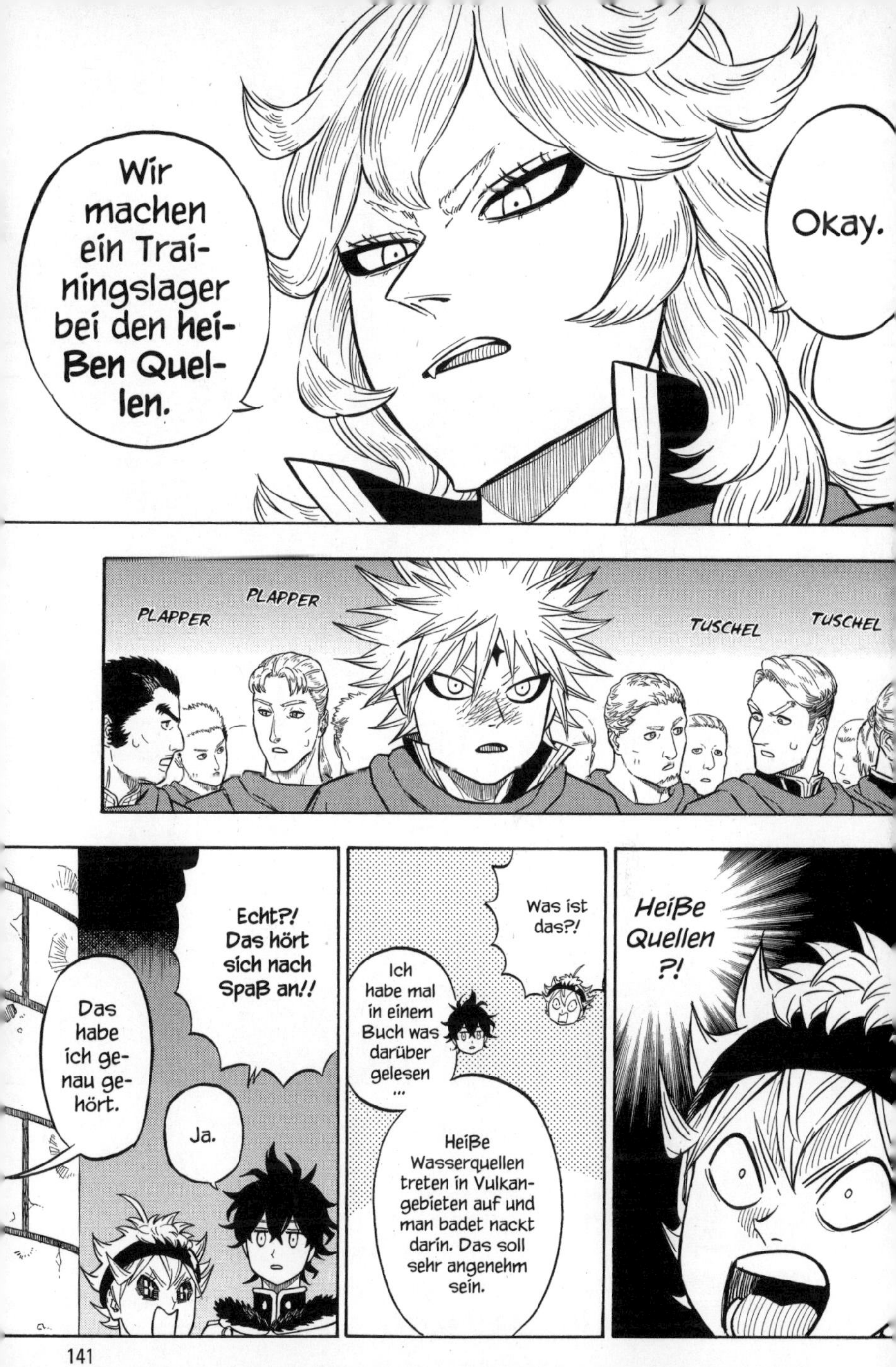
Okay.
Wir machen ein Trainingslager bei den heißen Quellen.
TUSCHEL
TUSCHEL
PLAPPER
PLAPPER
Heiße Quellen ?!
Was ist das?!
Ich habe mal in einem Buch was darüber gelesen ...
Heiße Wasserquellen treten in Vulkangebieten auf und man badet nackt darin. Das soll sehr angenehm sein.
Echt?! Das hört sich nach Spaß an!!
Das habe ich genau gehört.
Ja.

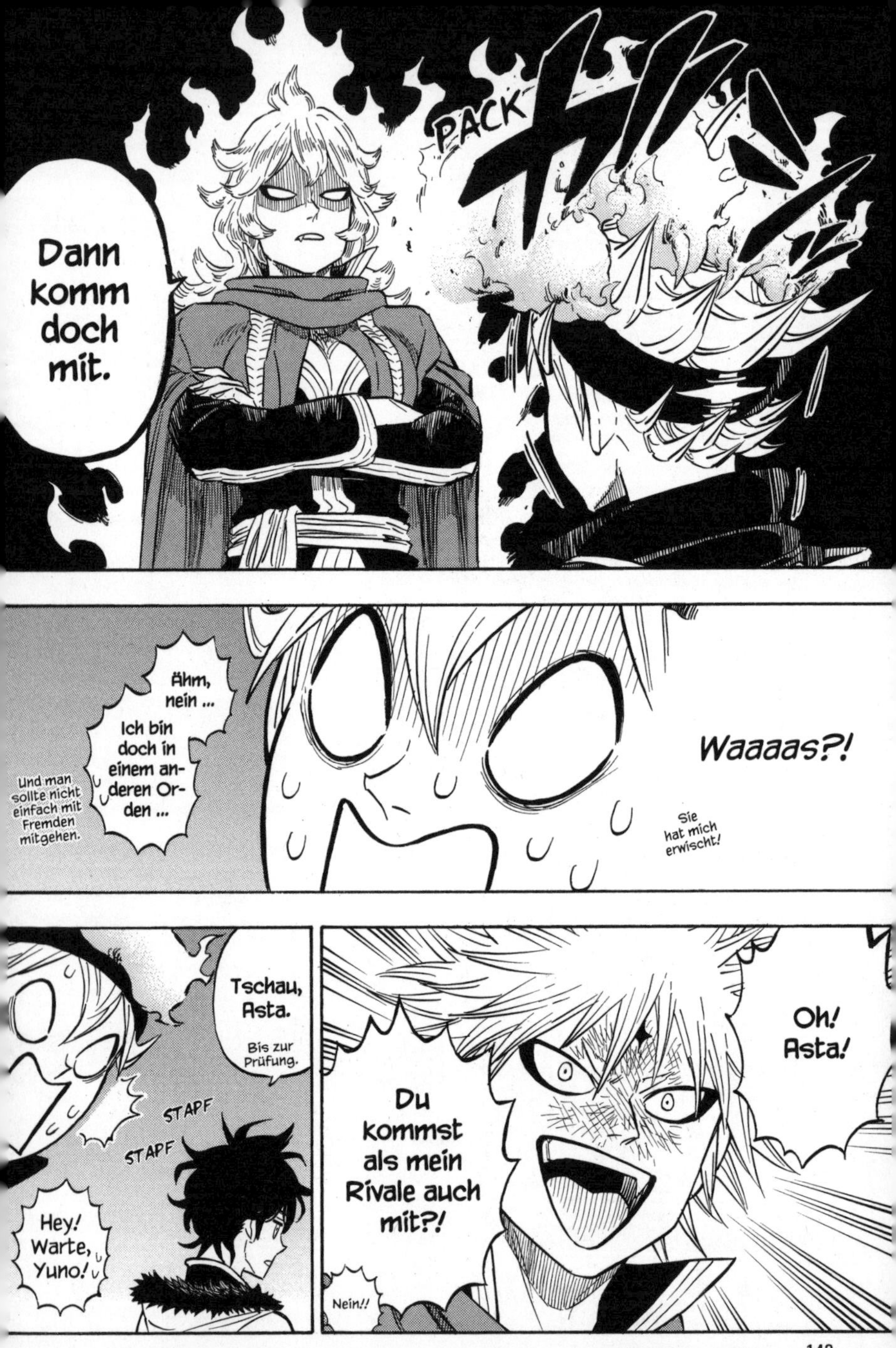
PACK
Dann komm doch mit.
Waaaas?!
Sie hat mich erwischt!
Ähm, nein ... Ich bin doch in einem anderen Orden ...
Und man sollte nicht einfach mit Fremden mitgehen.
Oh! Asta!
Du kommst als mein Rivale auch mit?!
Nein!!
Tschau, Asta.
Bis zur Prüfung.
STAPF
STAPF
Hey! Warte, Yuno!

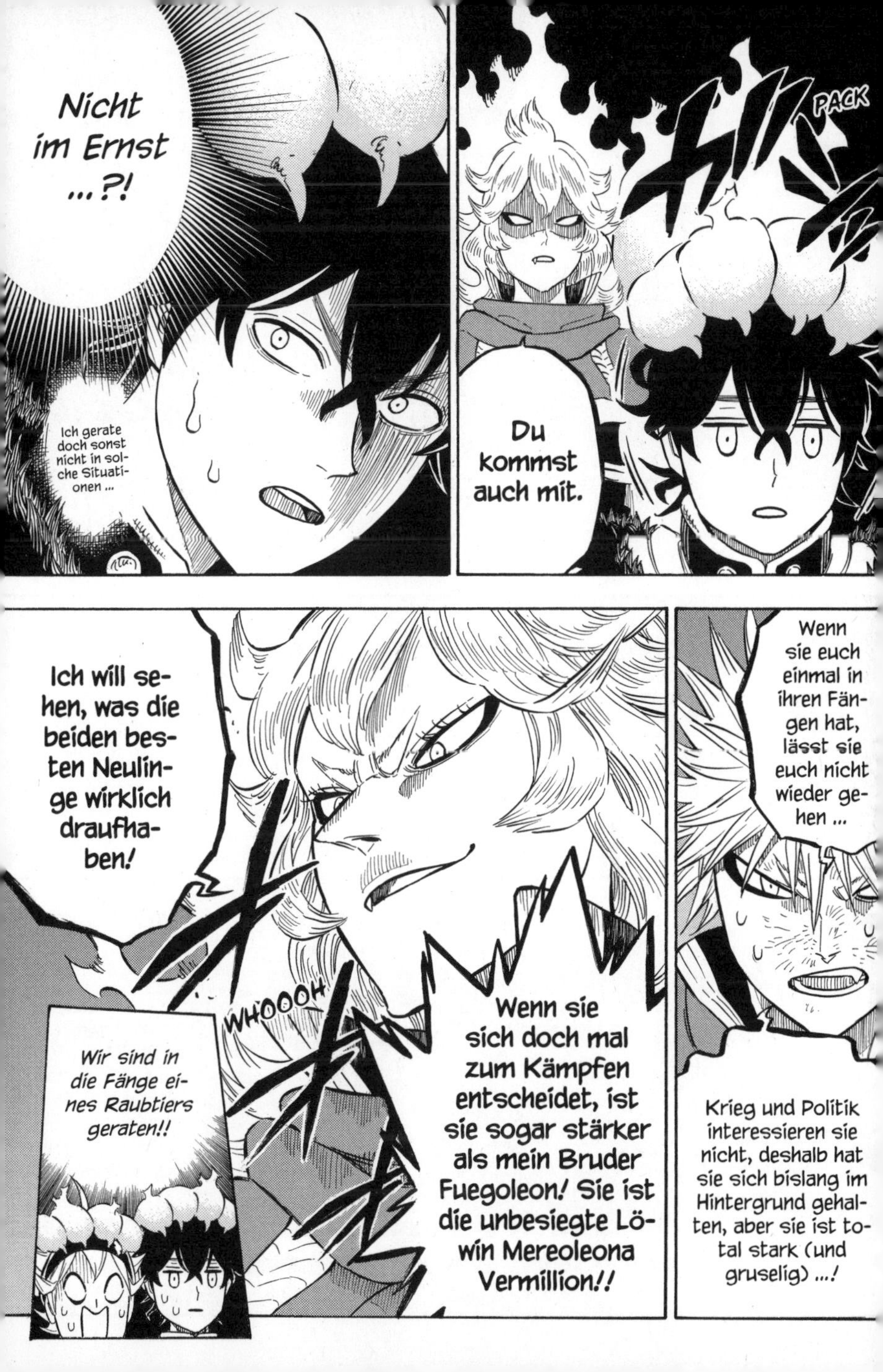
PACK
Du kommst auch mit.
Nicht im Ernst ...?!
Ich gerate doch sonst nicht in solche Situationen ...
Wenn sie euch einmal in ihren Fängen hat, lässt sie euch nicht wieder gehen ...
Krieg und Politik interessieren sie nicht, deshalb hat sie sich bislang im Hintergrund gehalten, aber sie ist total stark (und gruselig) ...!
Ich will sehen, was die beiden besten Neulinge wirklich draufhaben!
WHOOOH
Wenn sie sich doch mal zum Kämpfen entscheidet, ist sie sogar stärker als mein Bruder Fuegoleon! Sie ist die unbesiegte Löwin Mereoleona Vermillion!!
Wir sind in die Fänge eines Raubtiers geraten!!

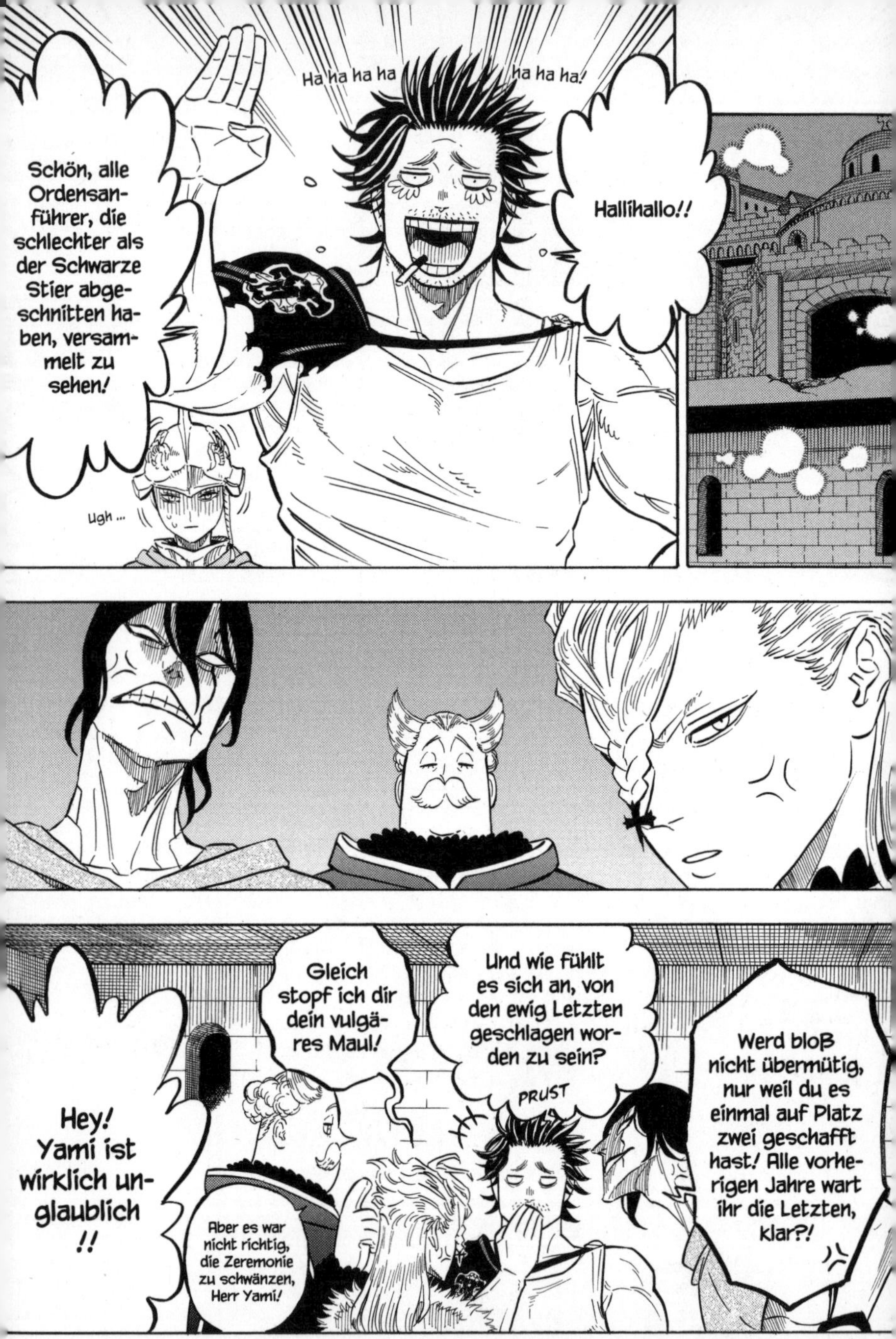
Ha ha ha ha ha ha ha!
Hallihallo!!
Schön, alle Ordensanführer, die schlechter als der Schwarze Stier abgeschnitten haben, versammelt zu sehen!
Ugh ...
Werd bloß nicht übermütig, nur weil du es einmal auf Platz zwei geschafft hast! Alle vorherigen Jahre wart ihr die Letzten, klar?!
Und wie fühlt es sich an, von den ewig Letzten geschlagen worden zu sein?
PRUST
Gleich stopf ich dir dein vulgäres Maul!
Aber es war nicht richtig, die Zeremonie zu schwänzen, Herr Yami!
Hey! Yami ist wirklich unglaublich!!

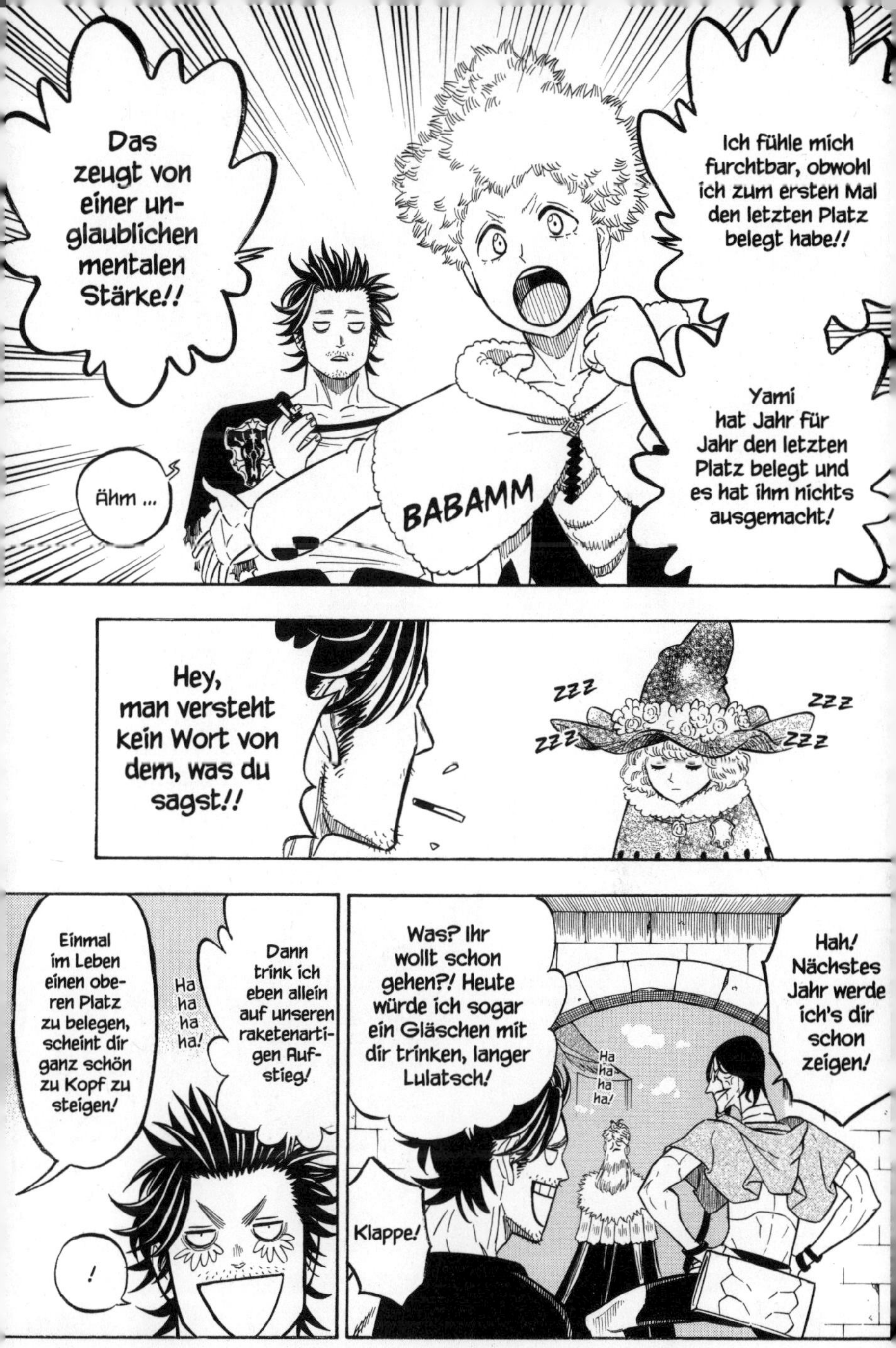
Ich fühle mich furchtbar, obwohl ich zum ersten Mal den letzten Platz belegt habe!!
Yami hat Jahr für Jahr den letzten Platz belegt und es hat ihm nichts ausgemacht!
Das zeugt von einer unglaublichen mentalen Stärke!!
BABAMM
Ähm ...
ZZZ
ZZZ
ZZZ
ZZZ
Hey, man versteht kein Wort von dem, was du sagst!!
Hah! Nächstes Jahr werde ich's dir schon zeigen!
Ha ha ha ha!
Was? Ihr wollt schon gehen?! Heute würde ich sogar ein Gläschen mit dir trinken, langer Lulatsch!
Klappe!
Dann trink ich eben allein auf unseren raketenartigen Aufstieg!
Ha ha ha ha!
Einmal im Leben einen oberen Platz zu belegen, scheint dir ganz schön zu Kopf zu steigen!
!

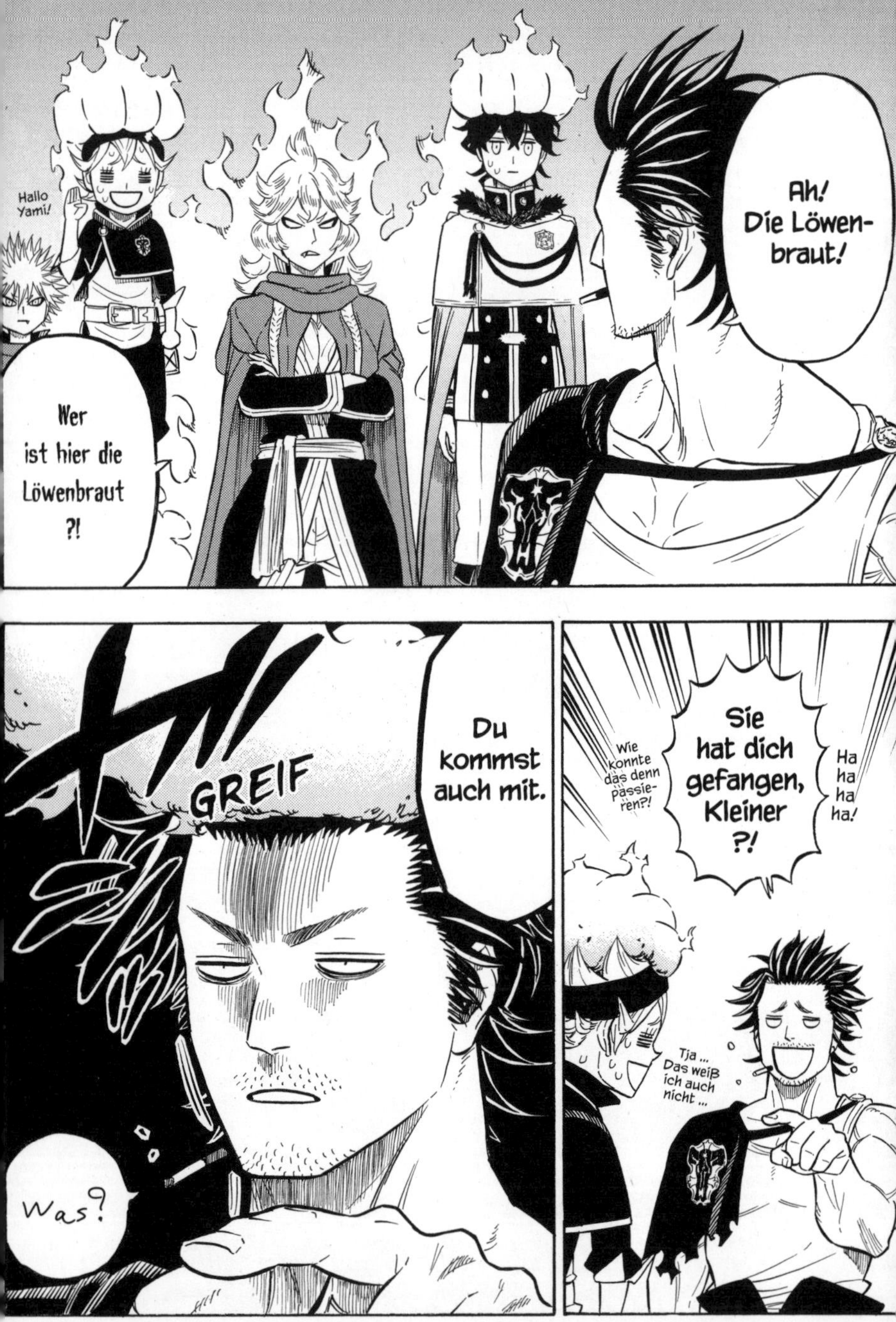
Ah! Die Löwenbraut!
Hallo Yami!
Wer ist hier die Löwenbraut ?!
Ha ha ha ha!
Sie hat dich gefangen, Kleiner ?!
Wie konnte das denn passieren?!
Tja ... Das weiß ich auch nicht ...
Du kommst auch mit.
GREIF
Was?

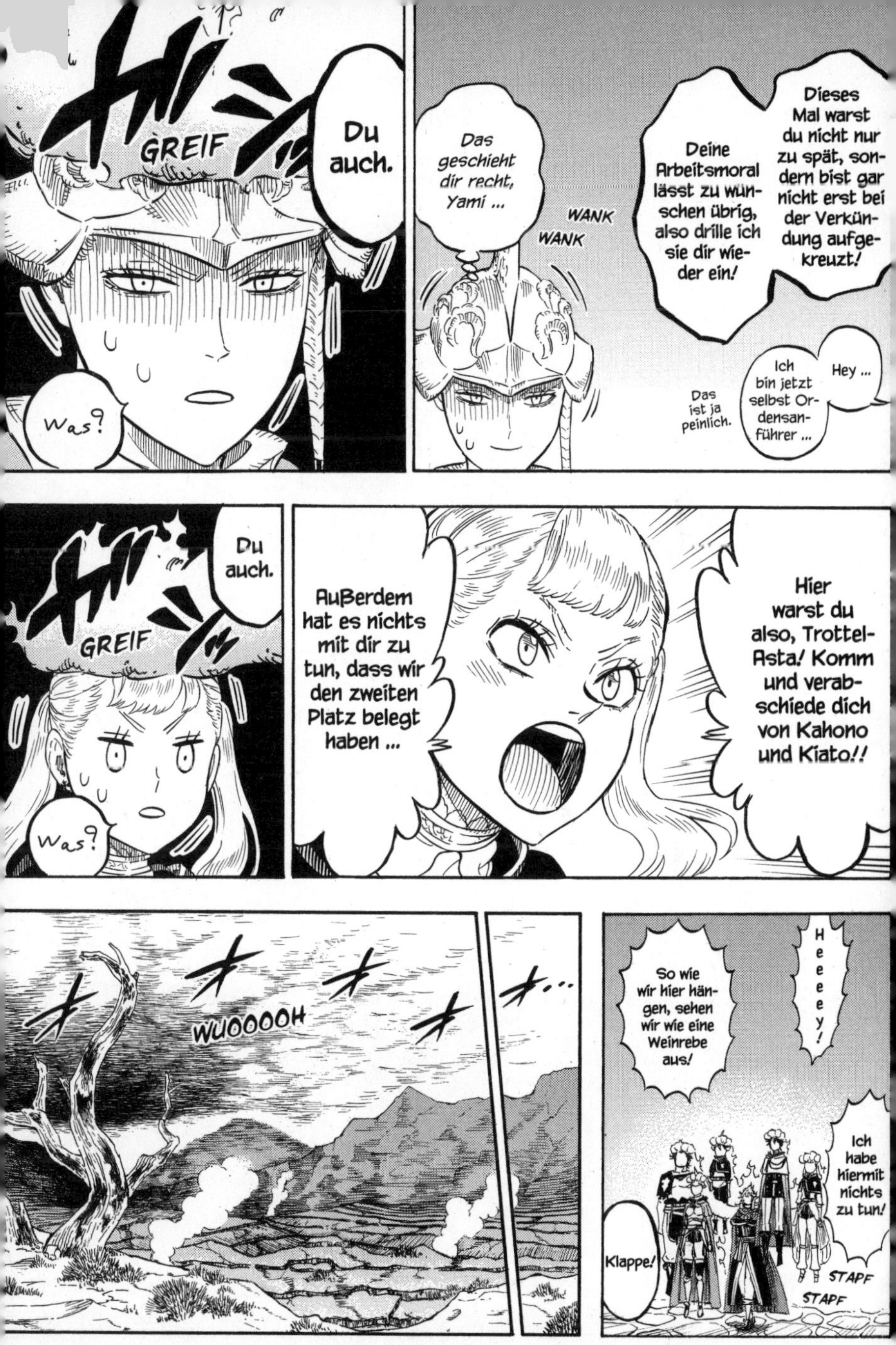

Dieses Mal warst du nicht nur zu spät, sondern bist gar nicht erst bei der Verkündung aufgekreuzt!
Deine Arbeitsmoral lässt zu wünschen übrig, also drille ich sie dir wieder ein!
Hey ...
Ich bin jetzt selbst Ordensanführer ...
Das ist ja peinlich.
WANK
WANK
Das geschieht dir recht, Yami ...
Du auch.
GREIF
Was?
Hier warst du also, Trottel-Asta! Komm und verabschiede dich von Kahono und Kiato!!
Außerdem hat es nichts mit dir zu tun, dass wir den zweiten Platz belegt haben ...
Du auch.
GREIF
Was?
Heeeeey!
So wie wir hier hängen, sehen wir wie eine Weinrebe aus!
Ich habe hiermit nichts zu tun!
Klappe!
STAPF
STAPF
WUOOOOH

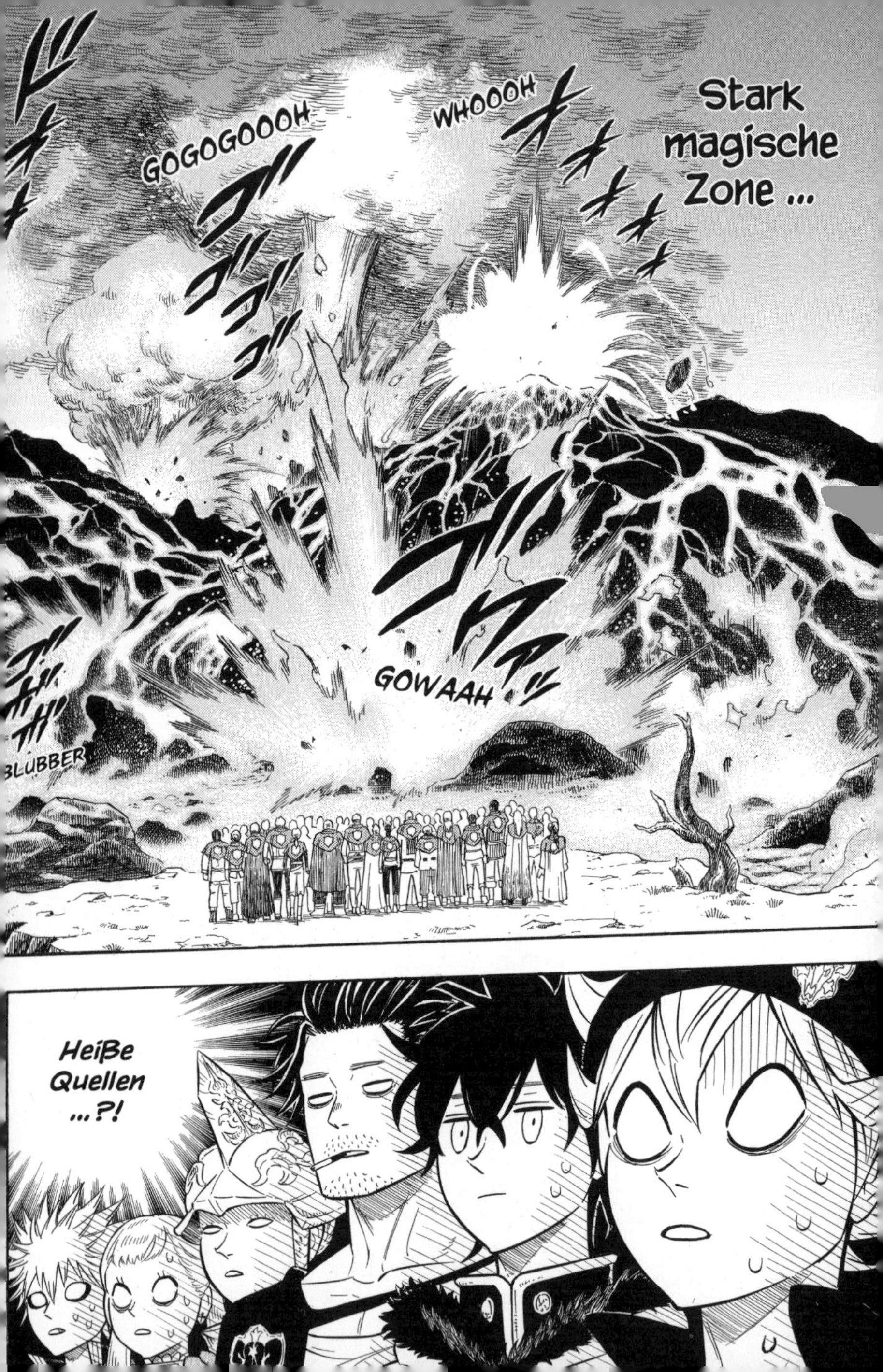
Stark magische Zone ...
WHOOOH
GOGOGOOOH
GOWAAH
BLUBBER
Heiße Quellen ...?!

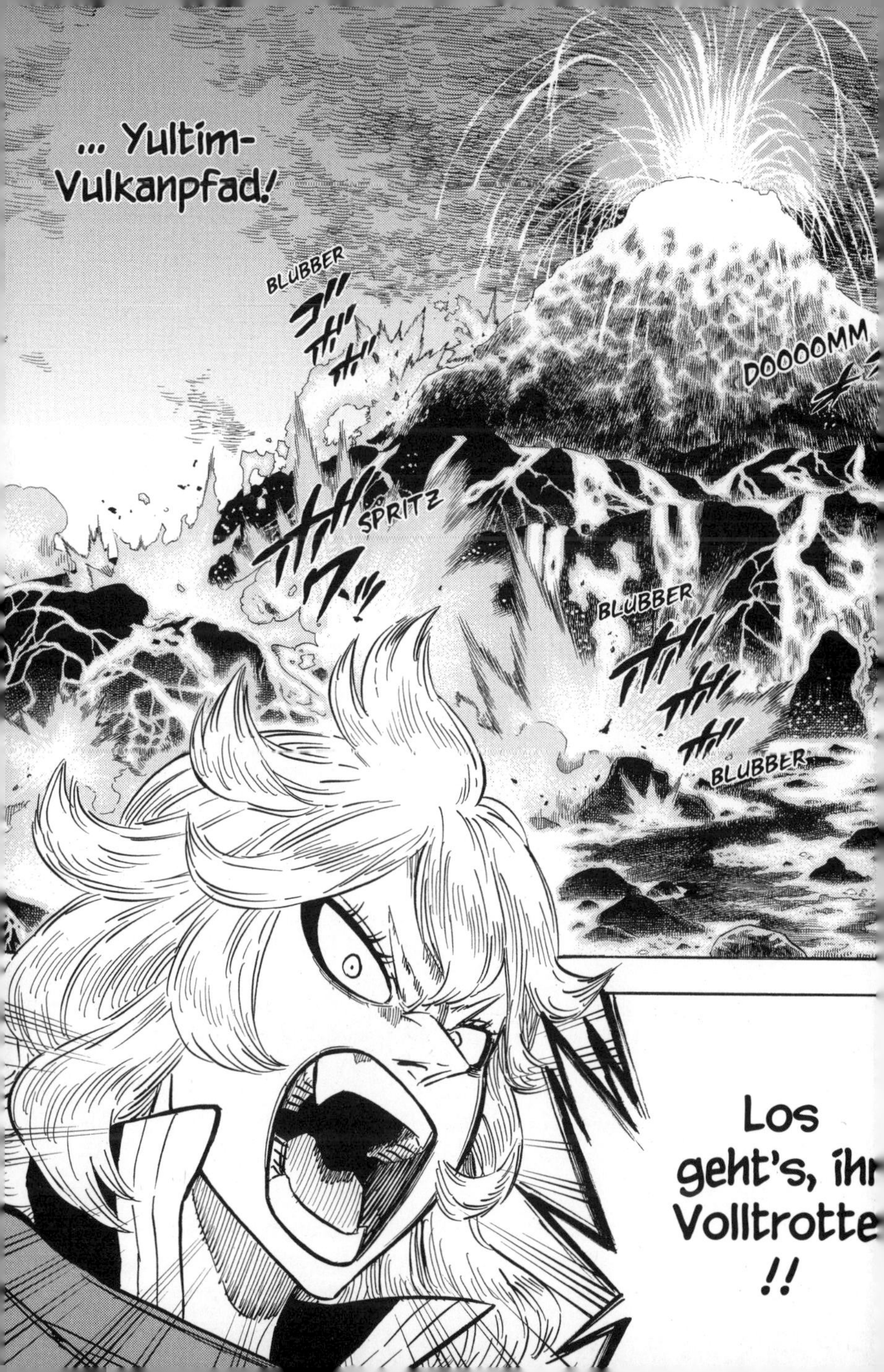
... Yultim-
Vulkanpfad!
BLUBBER
DOOOOMM
SPRITZ
BLUBBER
BLUBBER
Los
geht's, ihr
Volltrotte
!!

DER SCHWARZ-WEISSE BILDERORDEN NR. 2

Rukinko aus Hiroshima

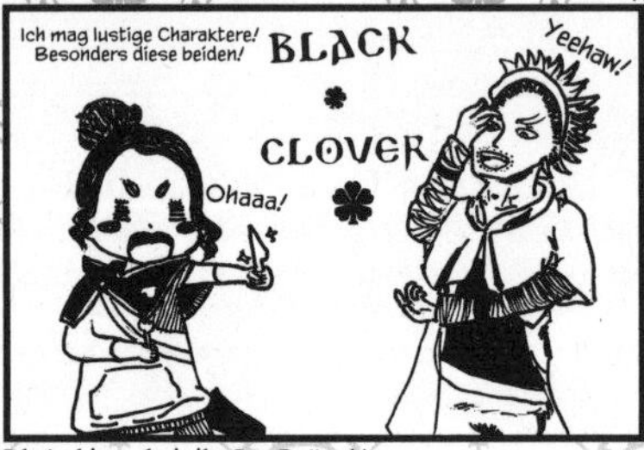

Die beiden sind die Spaßvögel!

Anführer des Kalten Auges der weißen Nacht – Licht!

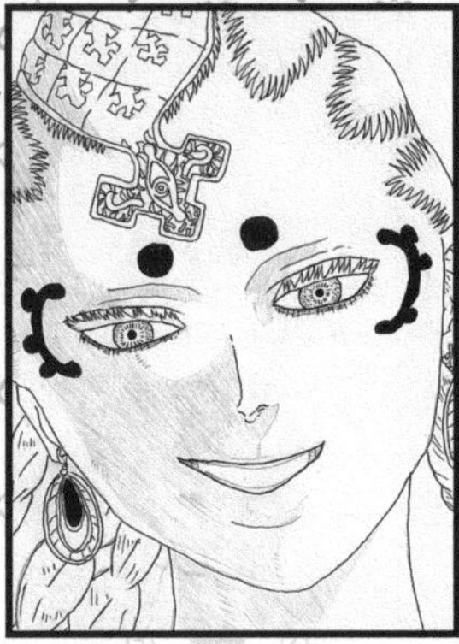

Glacier aus Yamaguchi

Narimi Inde aus Ibaraki

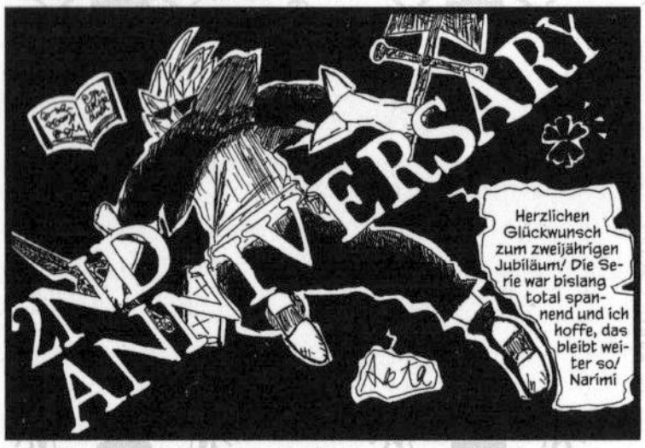

Ich strenge mich weiterhin an!!

Rappe aus Ehime

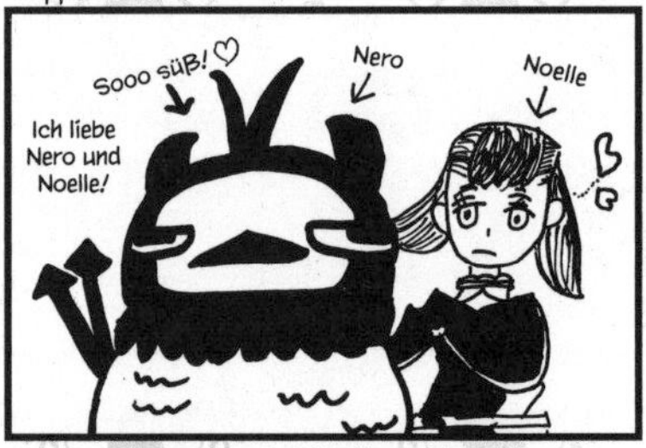

Wann werden Noelles Gefühle ihn wohl erreichen ...?

AUFGEPASST!

* Liebe Leser, auch im nächsten Band wird es einen Bereich mit Fragen und Illustrationen geben.

Ich präsentiere wieder Fanarts zu Black Clover und beantworte Fragen!

Danke für eure Unterstützung!

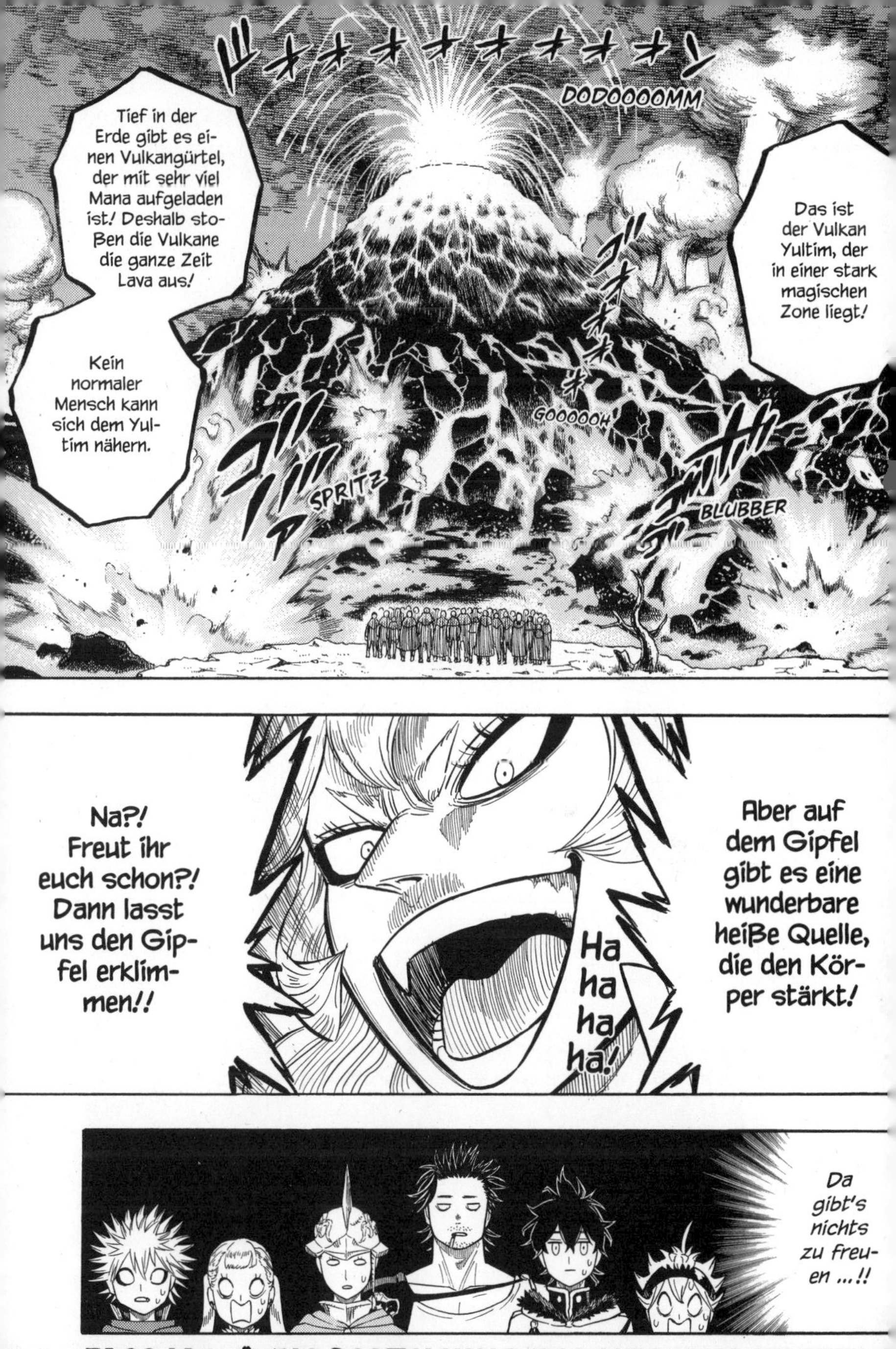

PAGE 104 ✤ DIE BESTEIGUNG DES VULKANS YULTIM

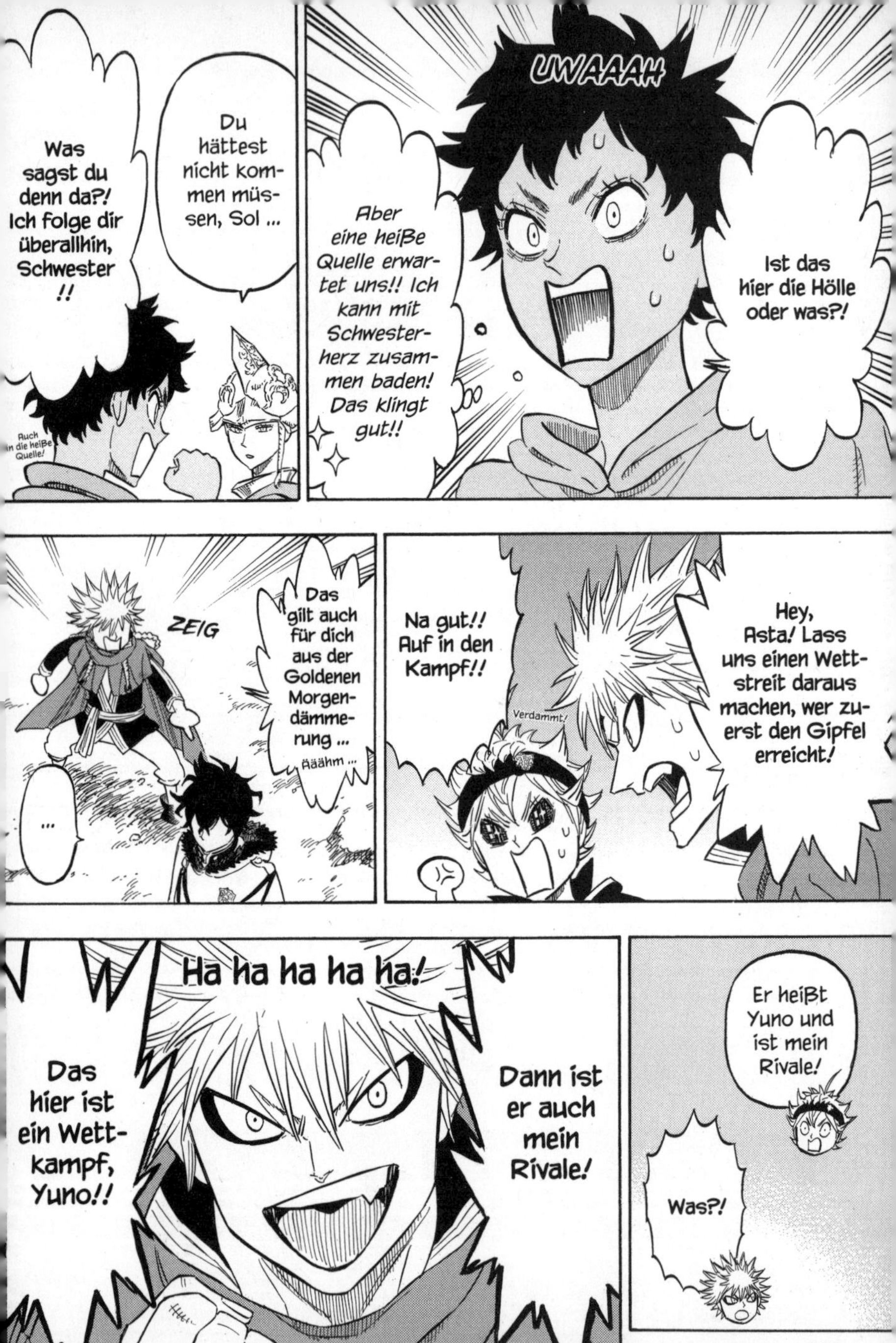
UWAAAH
Ist das hier die Hölle oder was?!
Aber eine heiße Quelle erwartet uns!! Ich kann mit Schwesterherz zusammen baden! Das klingt gut!!
Du hättest nicht kommen müssen, Sol ...
Was sagst du denn da?! Ich folge dir überallhin, Schwester!!
Auch in die heiße Quelle!
Hey, Asta! Lass uns einen Wettstreit daraus machen, wer zuerst den Gipfel erreicht!
Verdammt!
Na gut!! Auf in den Kampf!!
Das gilt auch für dich aus der Goldenen Morgendämmerung ...
Äääähm ...
ZEIG
...
Er heißt Yuno und ist mein Rivale!
Was?!
Ha ha ha ha ha!
Dann ist er auch mein Rivale!
Das hier ist ein Wettkampf, Yuno!!

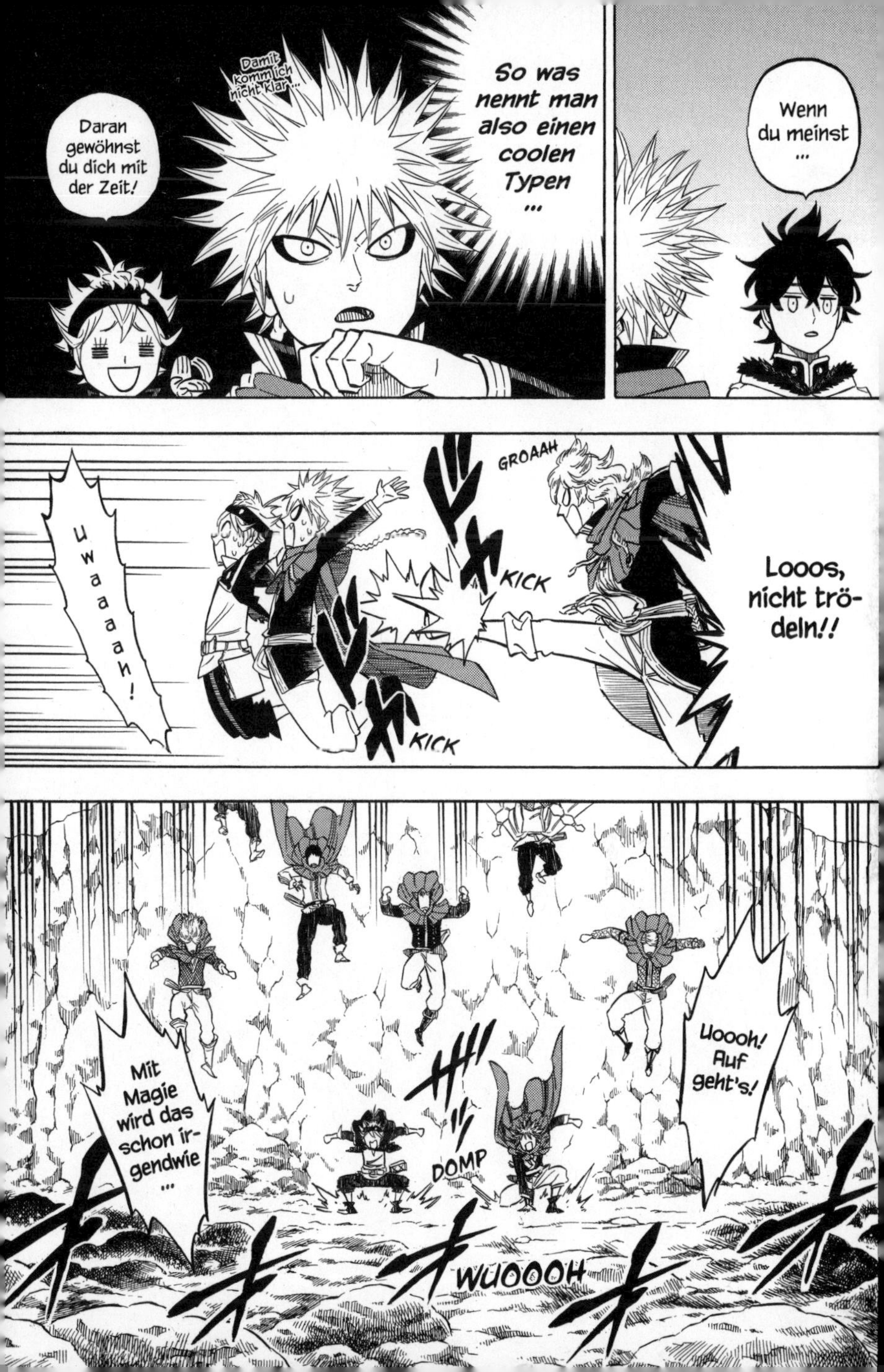
Wenn du meinst ...
So was nennt man also einen coolen Typen ...
Damit komm ich nicht klar ...
Daran gewöhnst du dich mit der Zeit!
Looos, nicht trödeln!!
GROAAH
KICK
KICK
Uwaaaaah!
Uoooh! Auf geht's!
DOMP
WUOOOH
Mit Magie wird das schon irgendwie ...

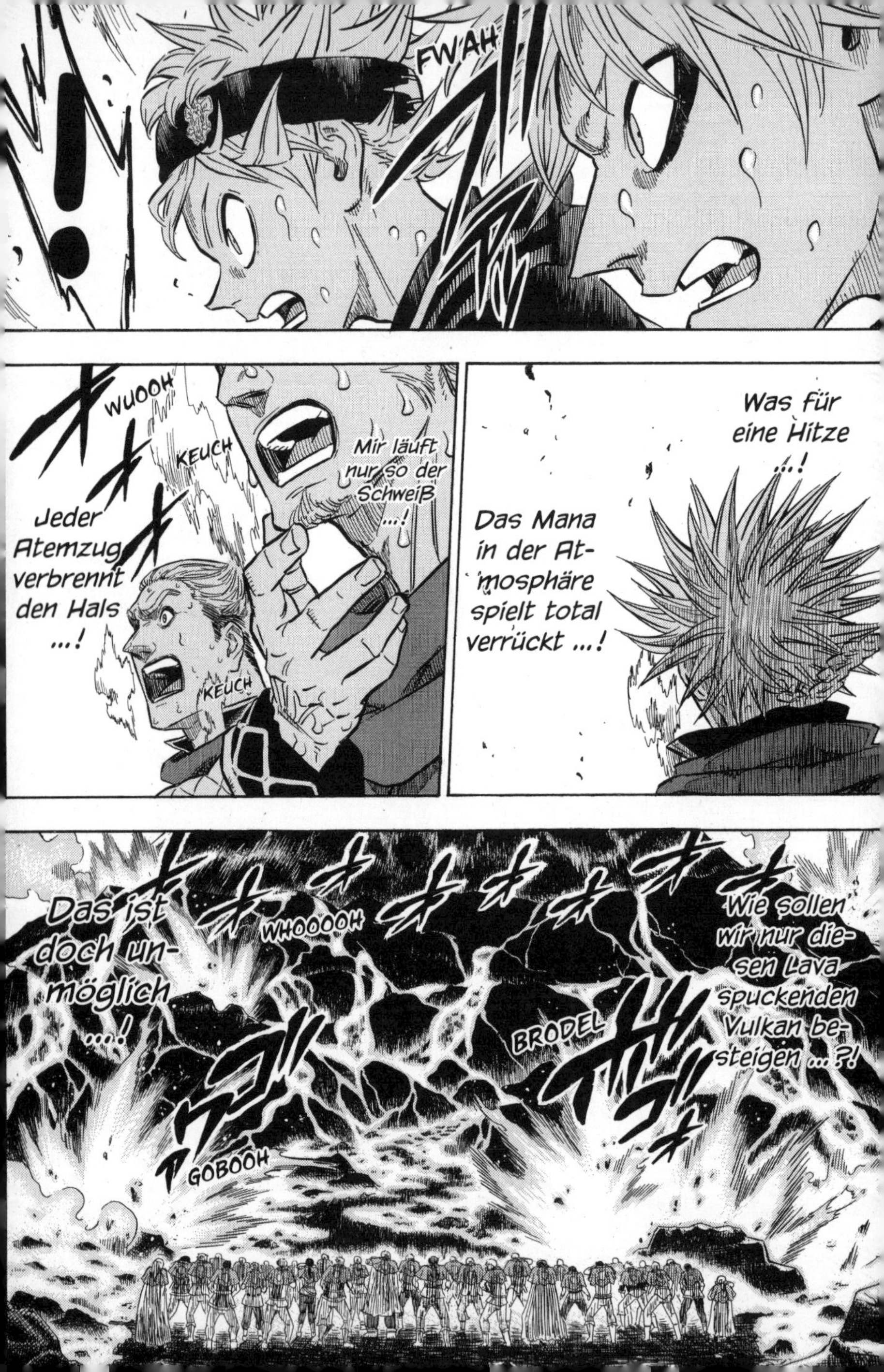
FWAH
Was für eine Hitze ...!
Das Mana in der Atmosphäre spielt total verrückt ...!
WUOOH
KEUCH
Mir läuft nur so der Schweiß ...!
Jeder Atemzug verbrennt den Hals ...!
KEUCH
Wie sollen wir nur diesen Lava spuckenden Vulkan besteigen ...?!
BRODEL
WHOOOOH
Das ist doch unmöglich ...!
GOBOOH

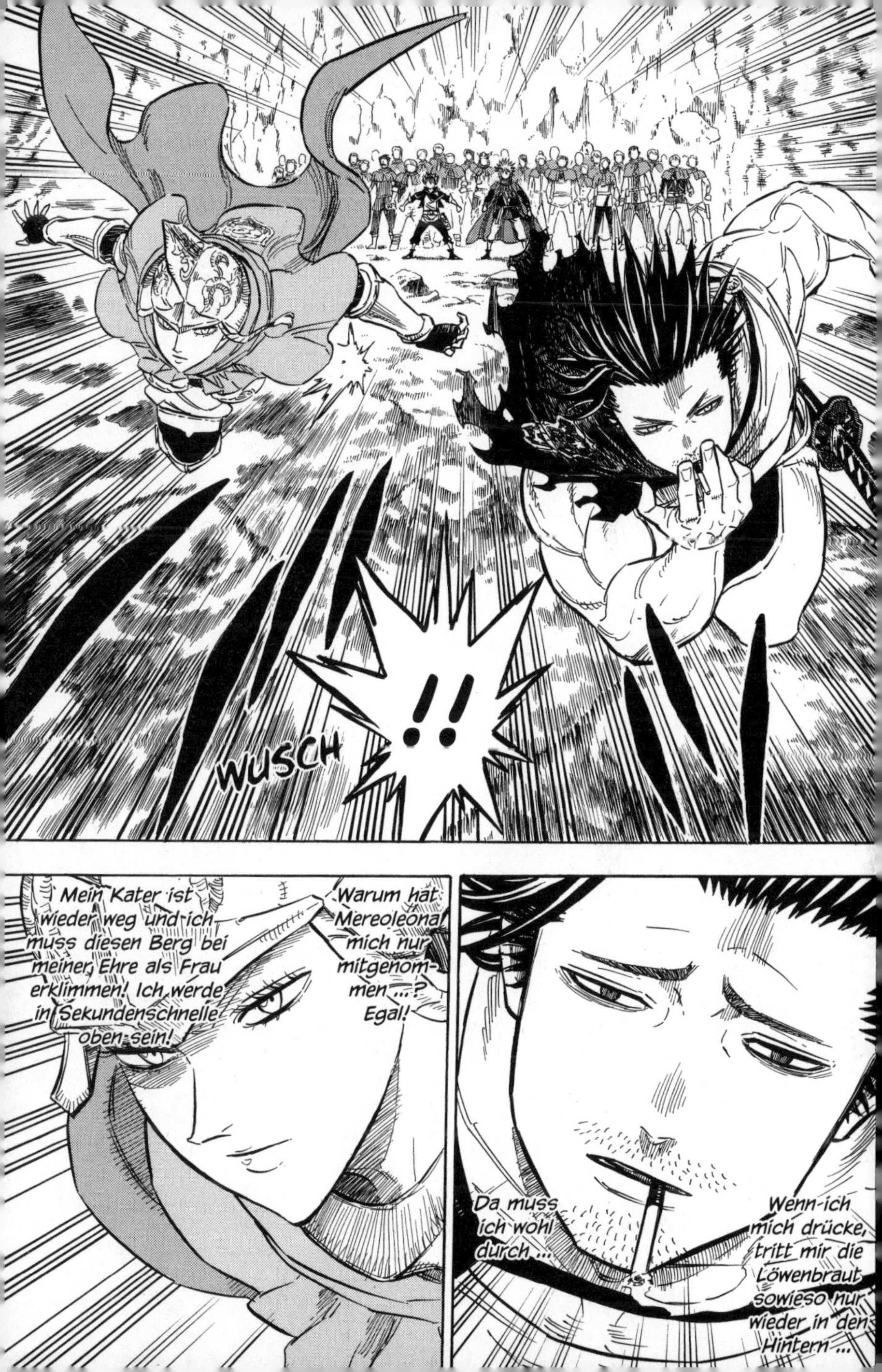
!!
WUSCH
Wenn ich mich drücke, tritt mir die Löwenbraut sowieso nur wieder in den Hintern ...
Da muss ich wohl durch ...
Warum hat Mereoleona mich nur mitgenommen ...? Egal!
Mein Kater ist wieder weg und ich muss diesen Berg bei meiner Ehre als Frau erklimmen! Ich werde in Sekundenschnelle oben sein!

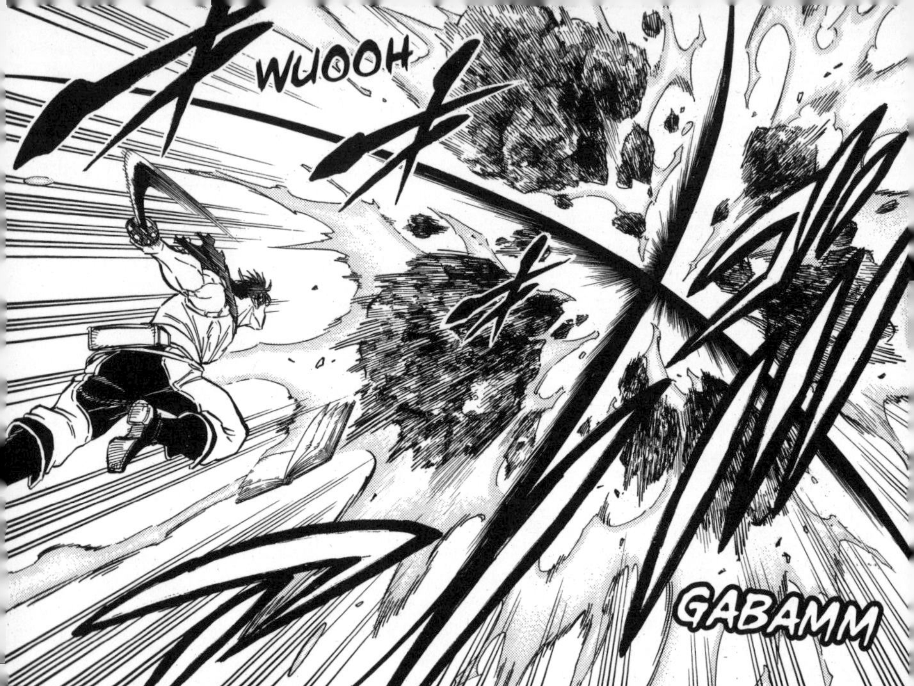
WUOOH
GABAMM
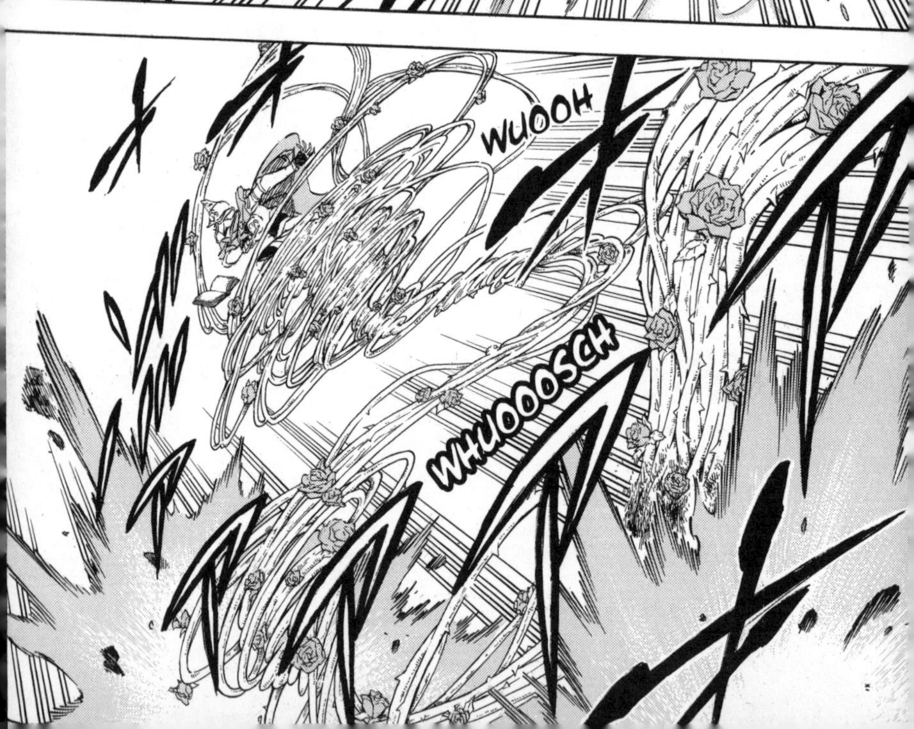
WUOOH
WHUOOOSCH

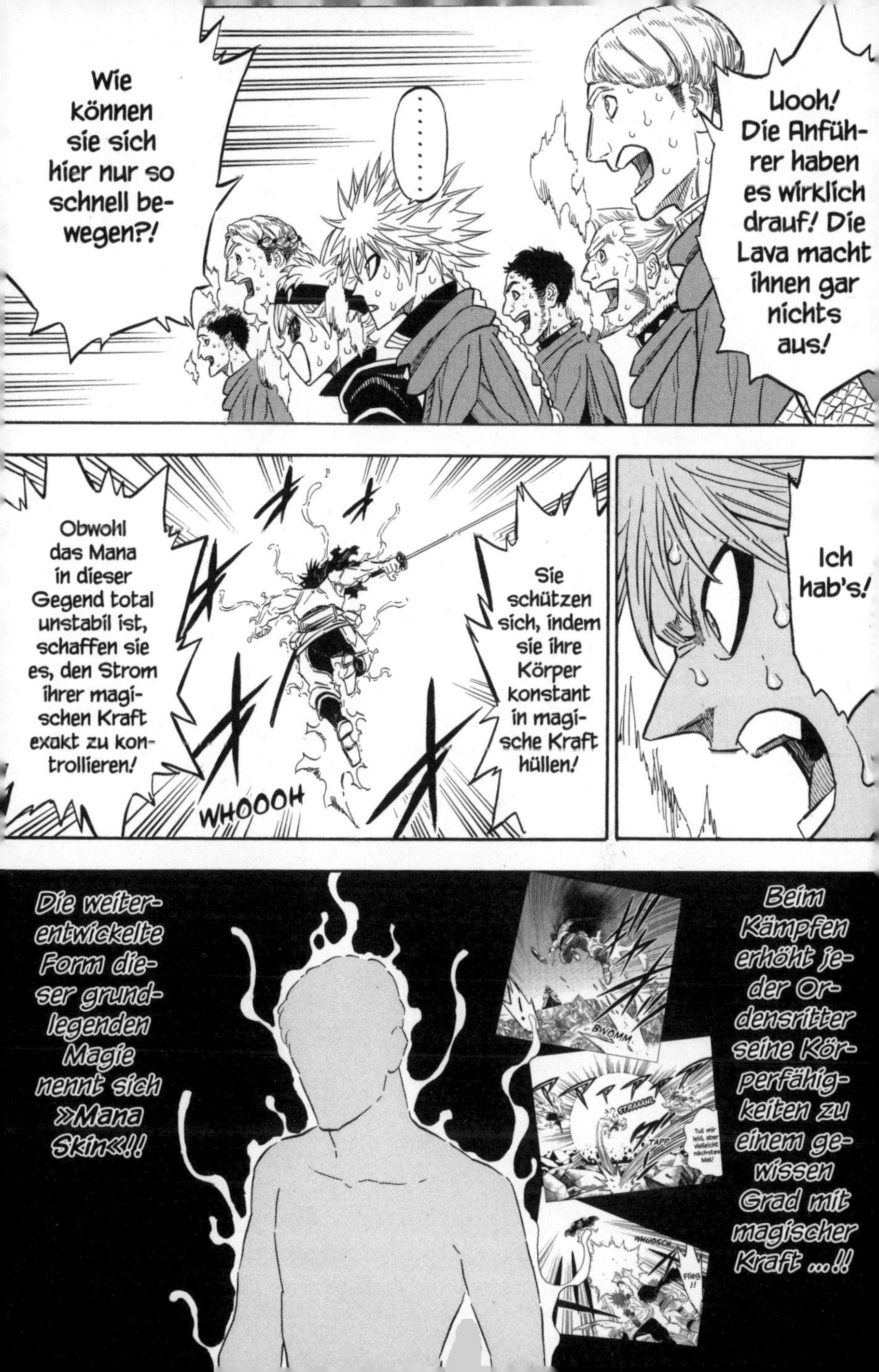
Uooh! Die Anführer haben es wirklich drauf! Die Lava macht ihnen gar nichts aus!
……
Wie können sie sich hier nur so schnell bewegen?!
Ich hab's!
Sie schützen sich, indem sie ihre Körper konstant in magische Kraft hüllen!
Obwohl das Mana in dieser Gegend total unstabil ist, schaffen sie es, den Strom ihrer magischen Kraft exakt zu kontrollieren!
WHOOOH
Beim Kämpfen erhöht jeder Ordensritter seine Körperfähigkeiten zu einem gewissen Grad mit magischer Kraft …!!
BWOMM
STRAAAHL
TAPP
Tut mir leid, aber vielleicht nächstes Mal!
WHUOSCH
Flieg !!
Die weiterentwickelte Form dieser grundlegenden Magie nennt sich »Mana Skin«!!

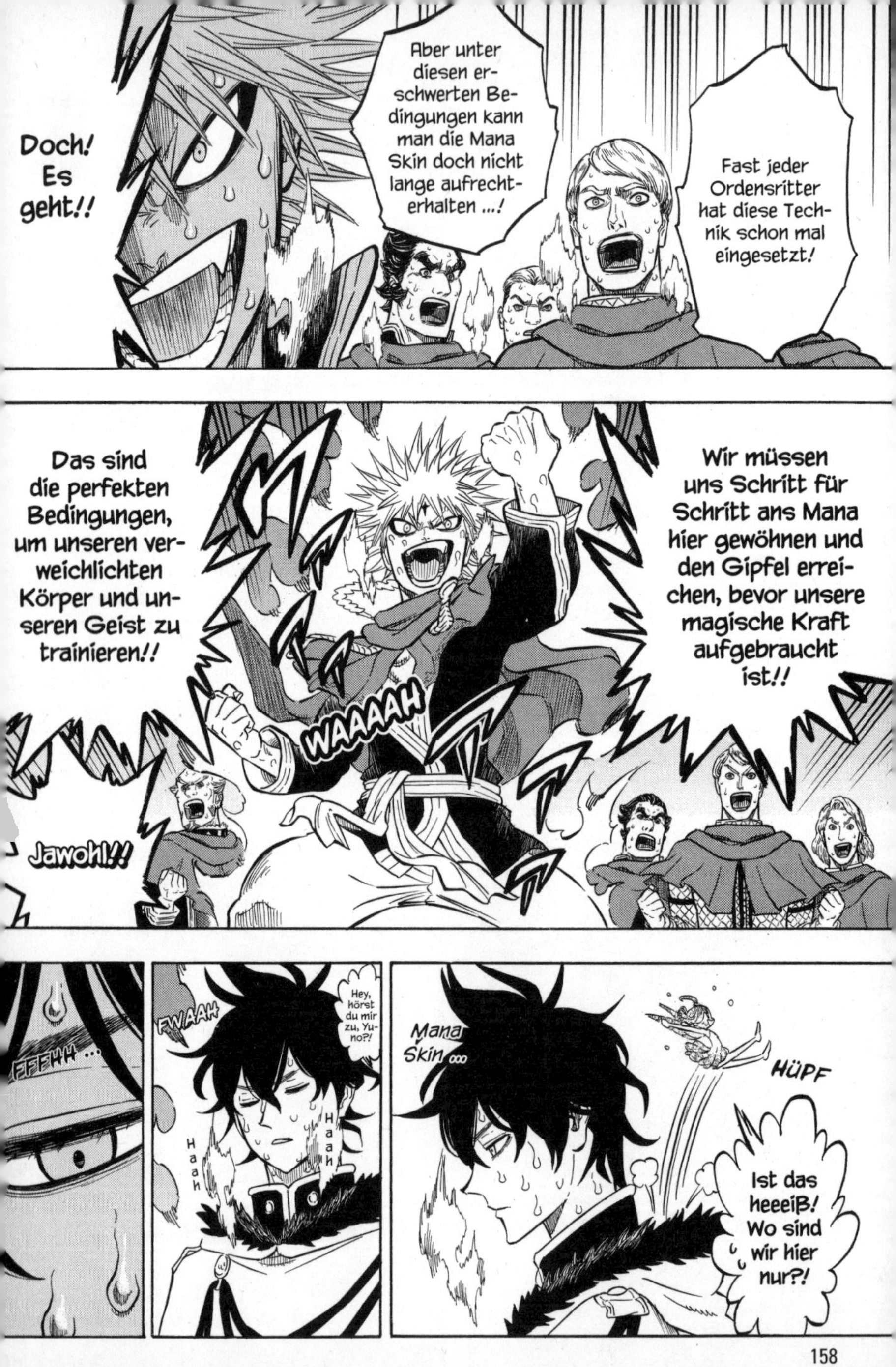
Fast jeder Ordensritter hat diese Technik schon mal eingesetzt!
Aber unter diesen erschwerten Bedingungen kann man die Mana Skin doch nicht lange aufrechterhalten …!
Doch! Es geht!!
Wir müssen uns Schritt für Schritt ans Mana hier gewöhnen und den Gipfel erreichen, bevor unsere magische Kraft aufgebraucht ist!!
Das sind die perfekten Bedingungen, um unseren verweichlichten Körper und unseren Geist zu trainieren!!
WAAAAH
Jawohl!!
HÜPF
Ist das heeeiß! Wo sind wir hier nur?!
Mana Skin …
Hey, hörst du mir zu, Yuno?!
FWAAH
Haah
Haah
FFFHH …

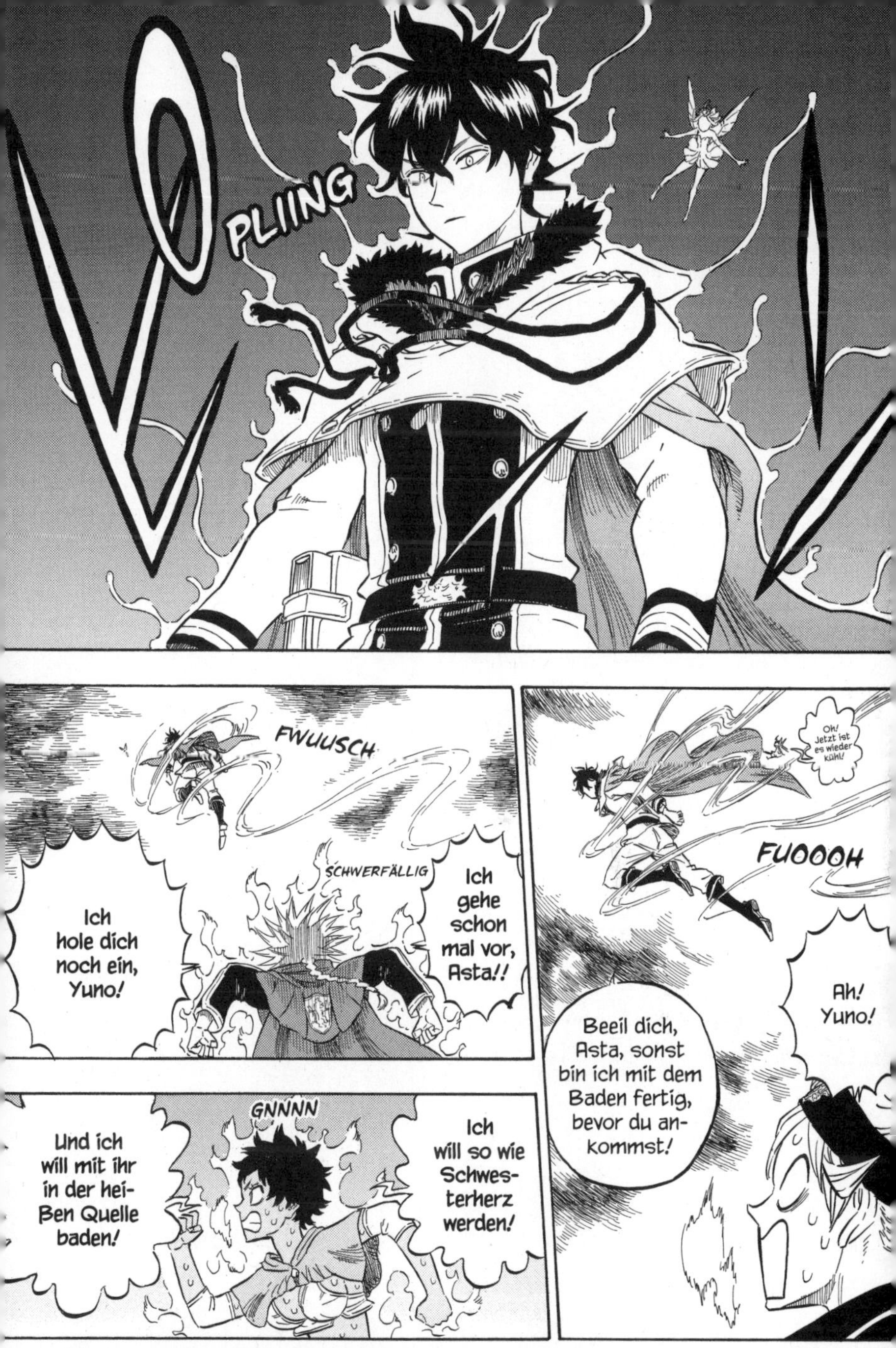
PLIING
Oh! Jetzt ist es wieder kühl!
FUOOOH
Ah! Yuno!
Beeil dich, Asta, sonst bin ich mit dem Baden fertig, bevor du ankommst!
FWUUSCH
Ich gehe schon mal vor, Asta!!
SCHWERFÄLLIG
Ich hole dich noch ein, Yuno!
GNNNN
Ich will so wie Schwesterherz werden!
Und ich will mit ihr in der heißen Quelle baden!

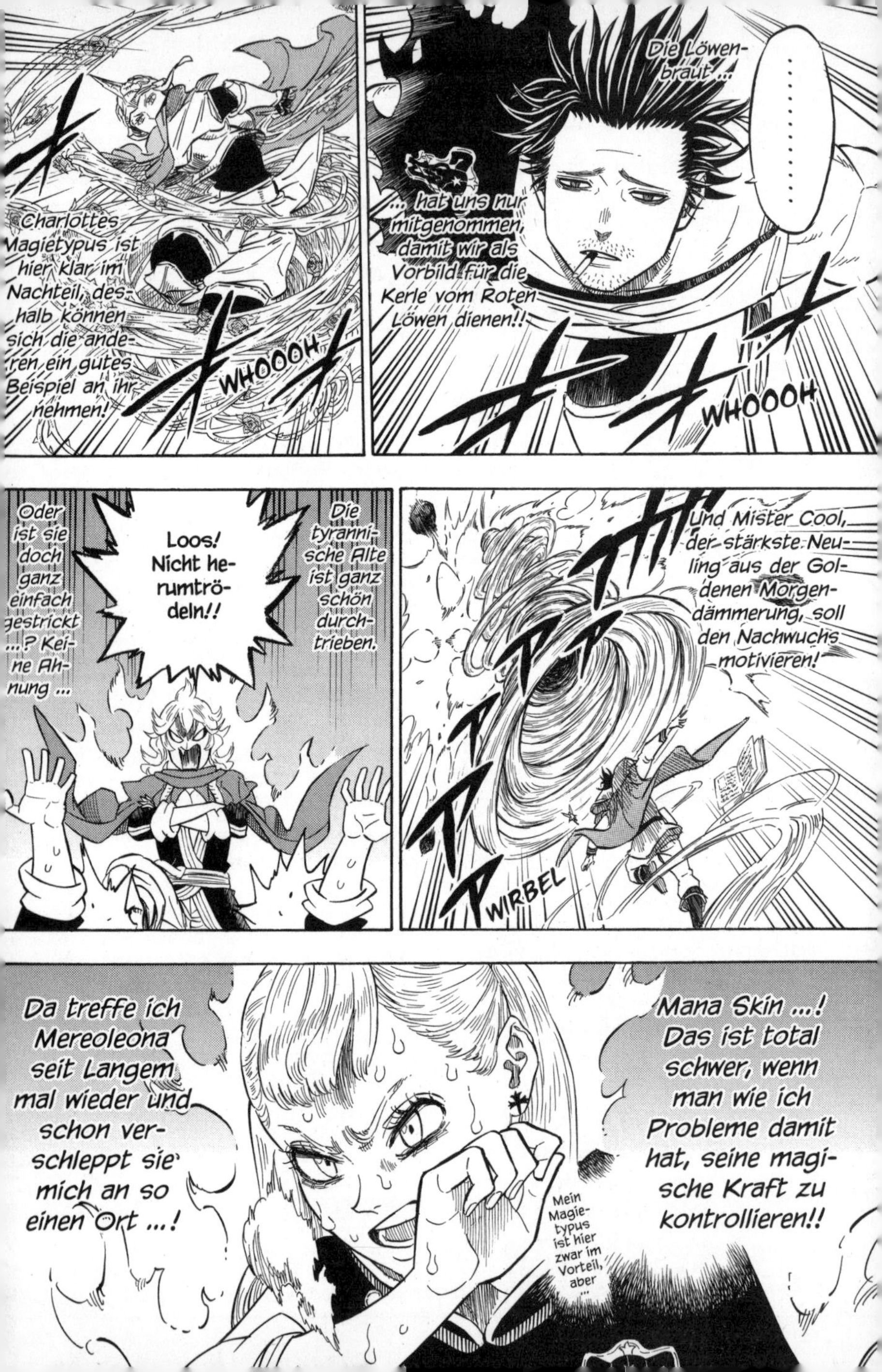

Die Löwen-braut ...
... hat uns nur mitgenommen, damit wir als Vorbild für die Kerle vom Roten Löwen dienen!!
WHOOOH
Charlottes Magietypus ist hier klar im Nachteil, deshalb können sich die anderen ein gutes Beispiel an ihr nehmen!
WHOOOH
Und Mister Cool, der stärkste Neuling aus der Goldenen Morgendämmerung, soll den Nachwuchs motivieren!
WIRBEL
Die tyrannische Alte ist ganz schön durchtrieben.
Loos! Nicht herumtrödeln!!
Oder ist sie doch ganz einfach gestrickt ...? Keine Ahnung ...
Mana Skin ...! Das ist total schwer, wenn man wie ich Probleme damit hat, seine magische Kraft zu kontrollieren!!
Mein Magietypus ist hier zwar im Vorteil, aber ...
Da treffe ich Mereoleona seit Langem mal wieder und schon verschleppt sie mich an so einen Ort ...!

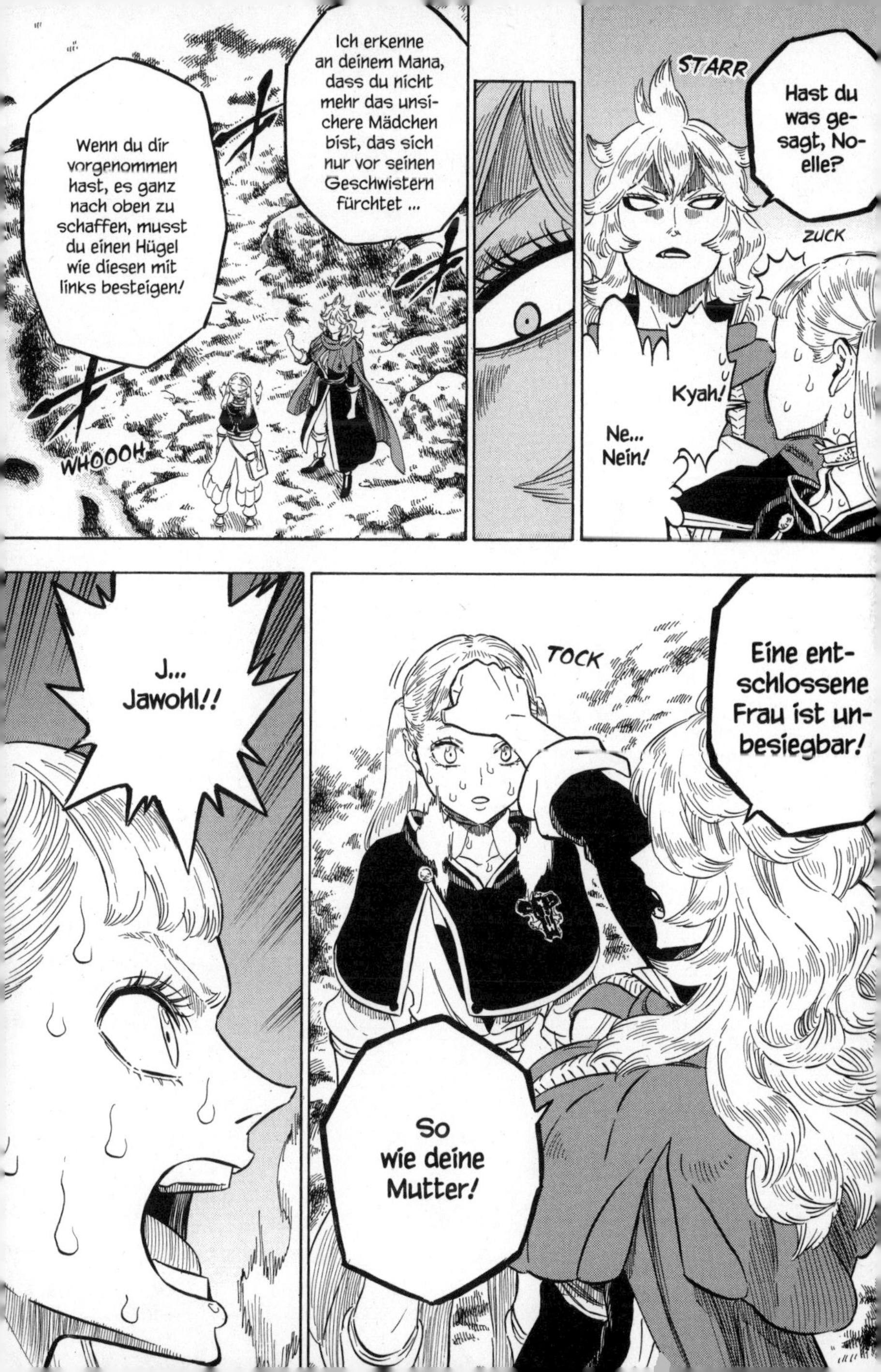
Wenn du dir vorgenommen hast, es ganz nach oben zu schaffen, musst du einen Hügel wie diesen mit links besteigen!
Ich erkenne an deinem Mana, dass du nicht mehr das unsichere Mädchen bist, das sich nur vor seinen Geschwistern fürchtet ...
WHOOOH
STARR
Hast du was gesagt, Noelle?
ZUCK
Kyah!
Ne... Nein!
J... Jawohl!!
TOCK
Eine entschlossene Frau ist unbesiegbar!
So wie deine Mutter!

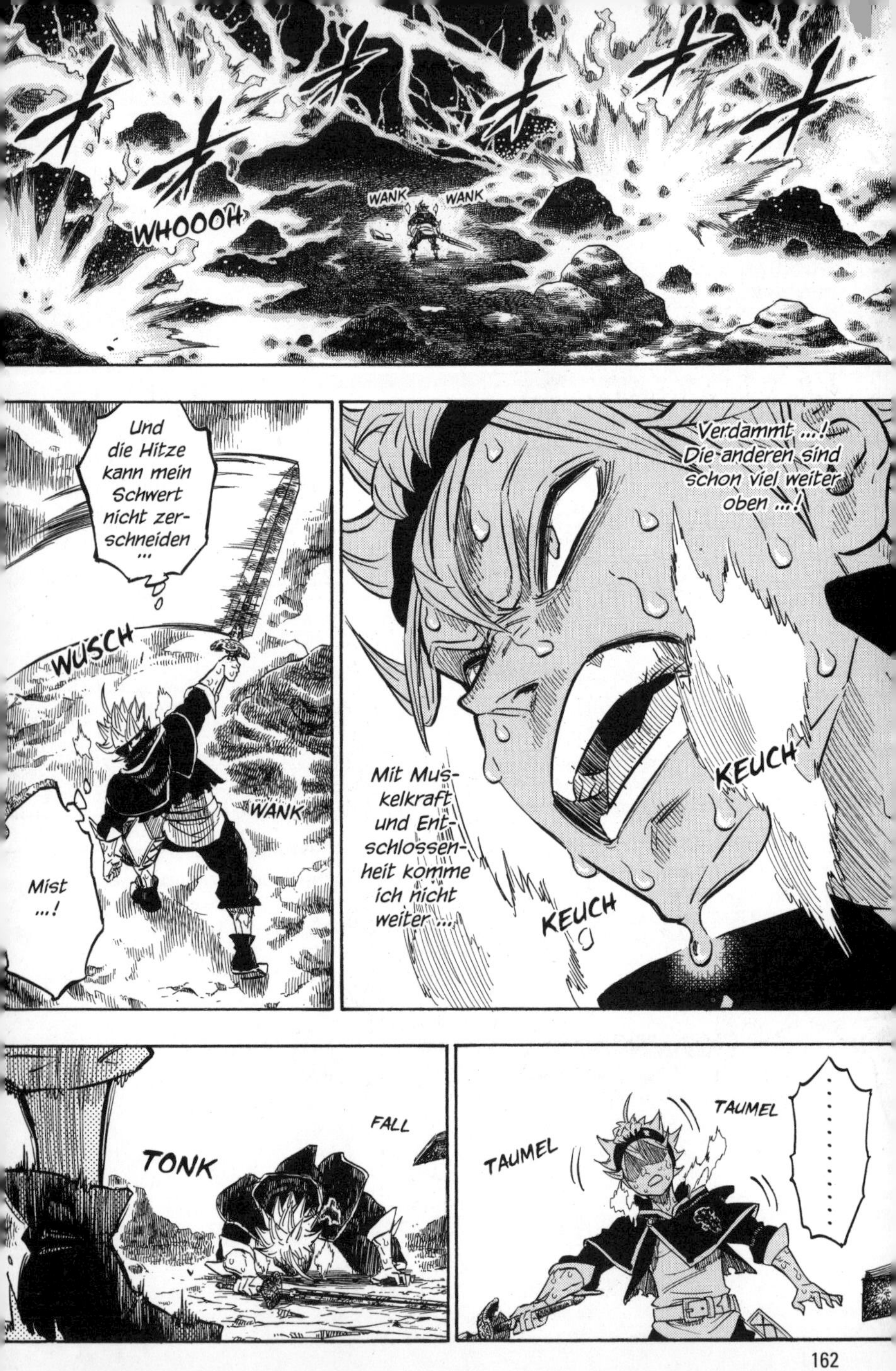
WANK
WANK
WHOOOH
Und die Hitze kann mein Schwert nicht zerschneiden ...
WUSCH
WANK
Mist ...!
Verdammt ...! Die anderen sind schon viel weiter oben ...!
Mit Muskelkraft und Entschlossenheit komme ich nicht weiter ...
KEUCH
KEUCH
FALL
TONK
TAUMEL
TAUMEL
....

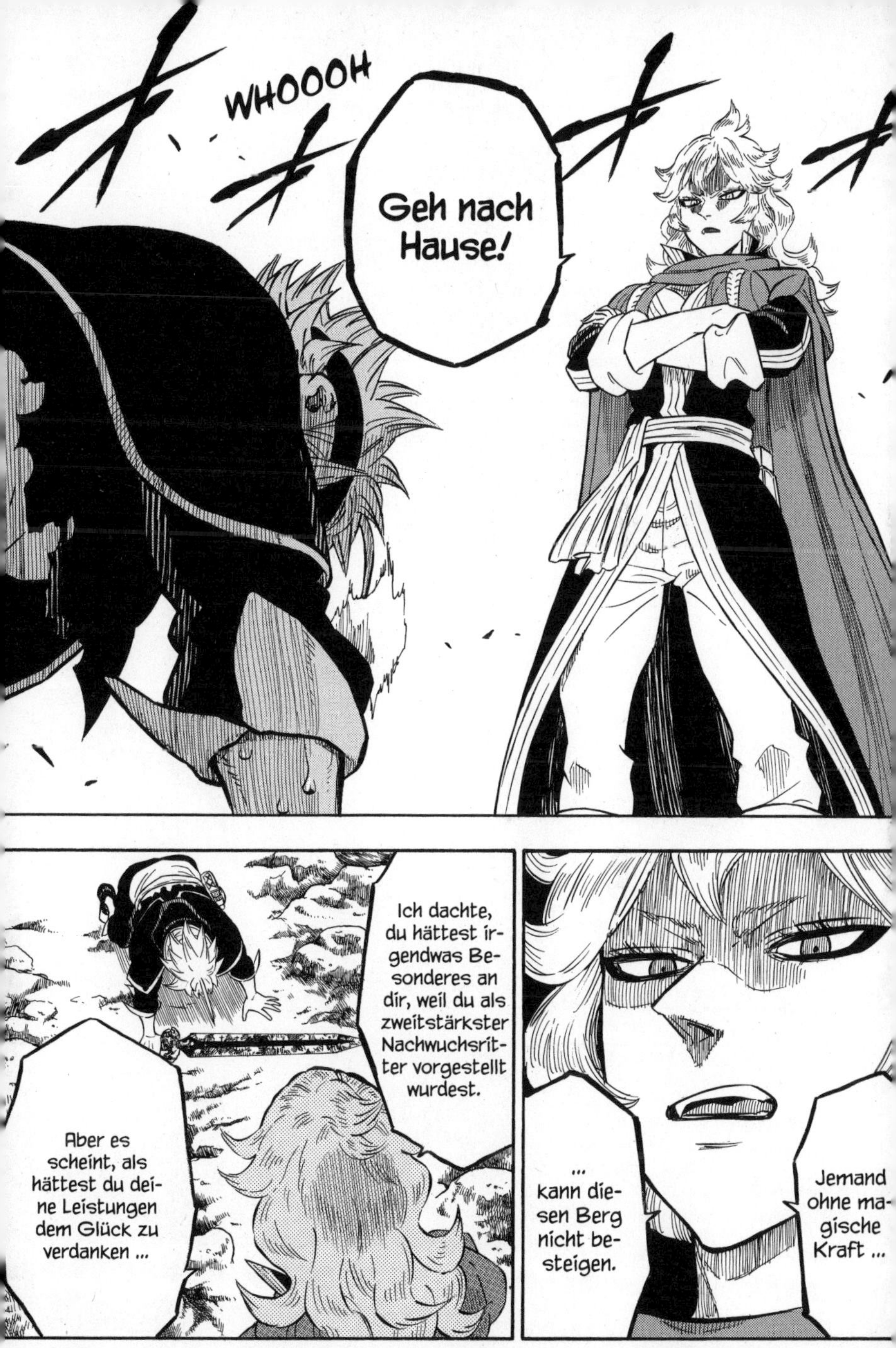
WHOOOH
Geh nach Hause!
Jemand ohne magische Kraft ...
... kann diesen Berg nicht besteigen.
Ich dachte, du hättest irgendwas Besonderes an dir, weil du als zweitstärkster Nachwuchsritter vorgestellt wurdest.
Aber es scheint, als hättest du deine Leistungen dem Glück zu verdanken ...

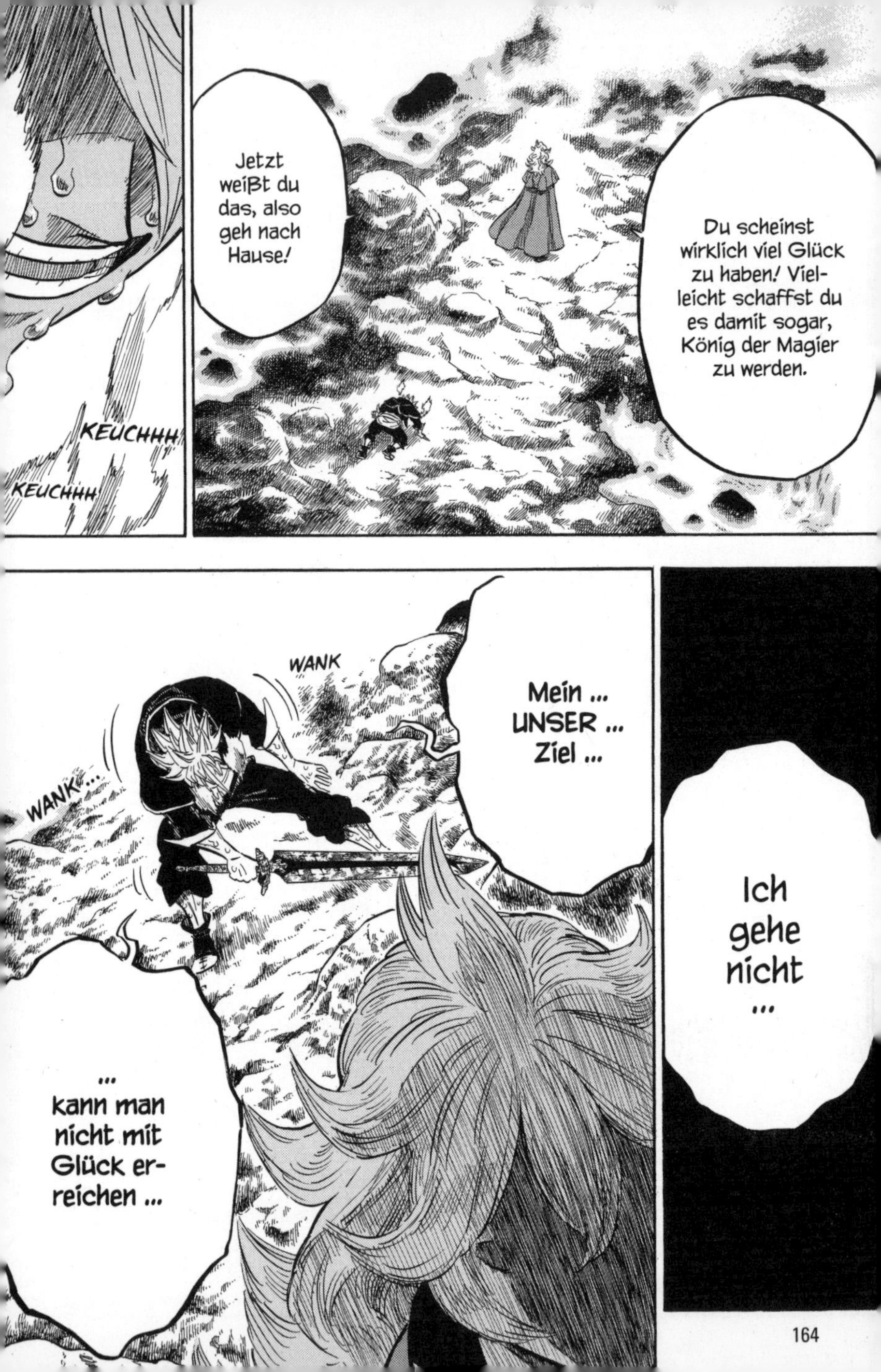

Du scheinst wirklich viel Glück zu haben! Viel-leicht schaffst du es damit sogar, König der Magier zu werden.
Jetzt weißt du das, also geh nach Hause!
KEUCHHH
KEUCHHH
Ich gehe nicht ...
Mein ... UNSER ... Ziel ...
WANK
WANK ...
... kann man nicht mit Glück er-reichen ...

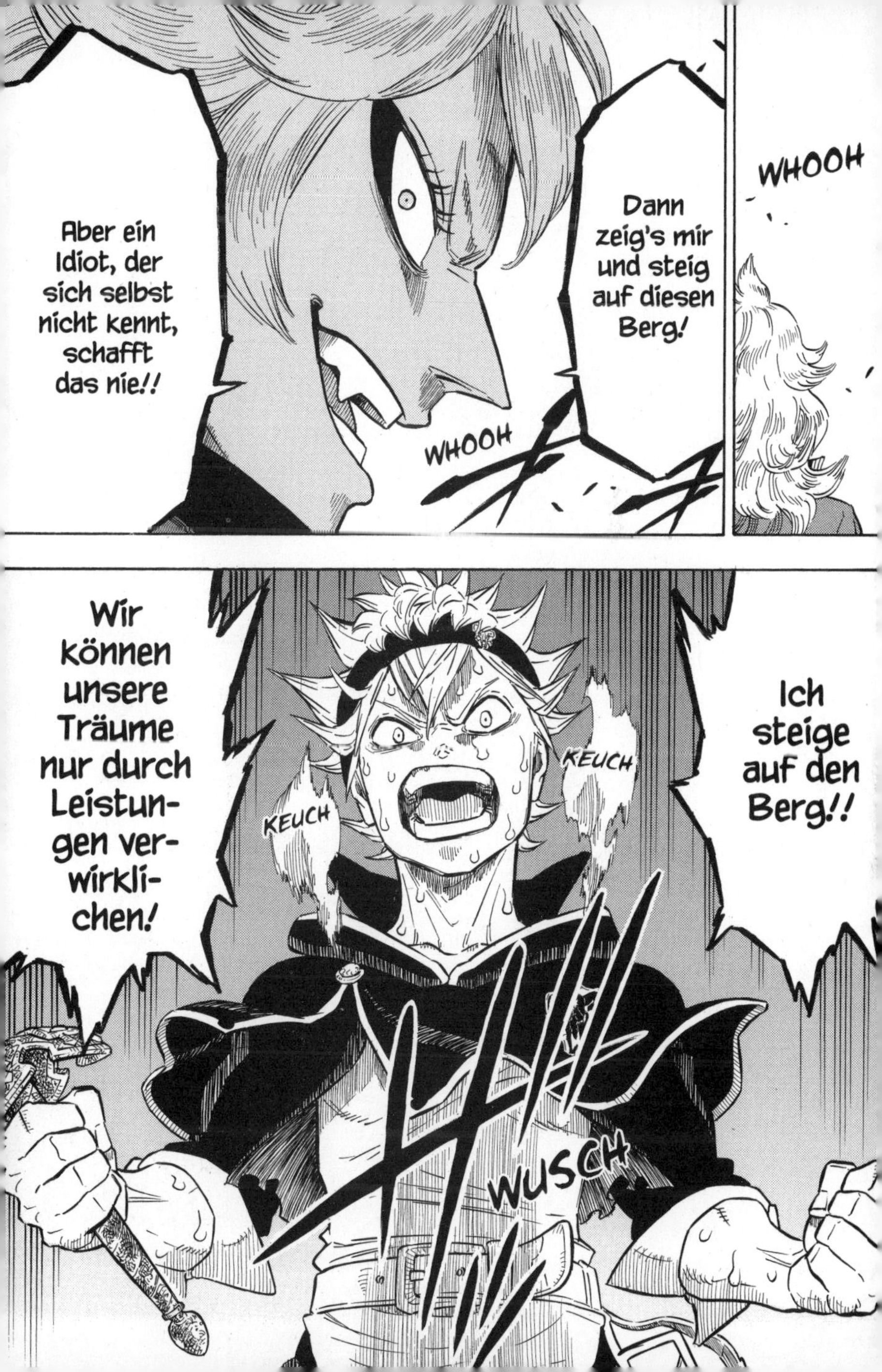
WHOOH
Dann zeig's mir und steig auf diesen Berg!
Aber ein Idiot, der sich selbst nicht kennt, schafft das nie!!
WHOOH
Ich steige auf den Berg!!
Wir können unsere Träume nur durch Leistungen verwirklichen!
KEUCH
KEUCH
WUSCH

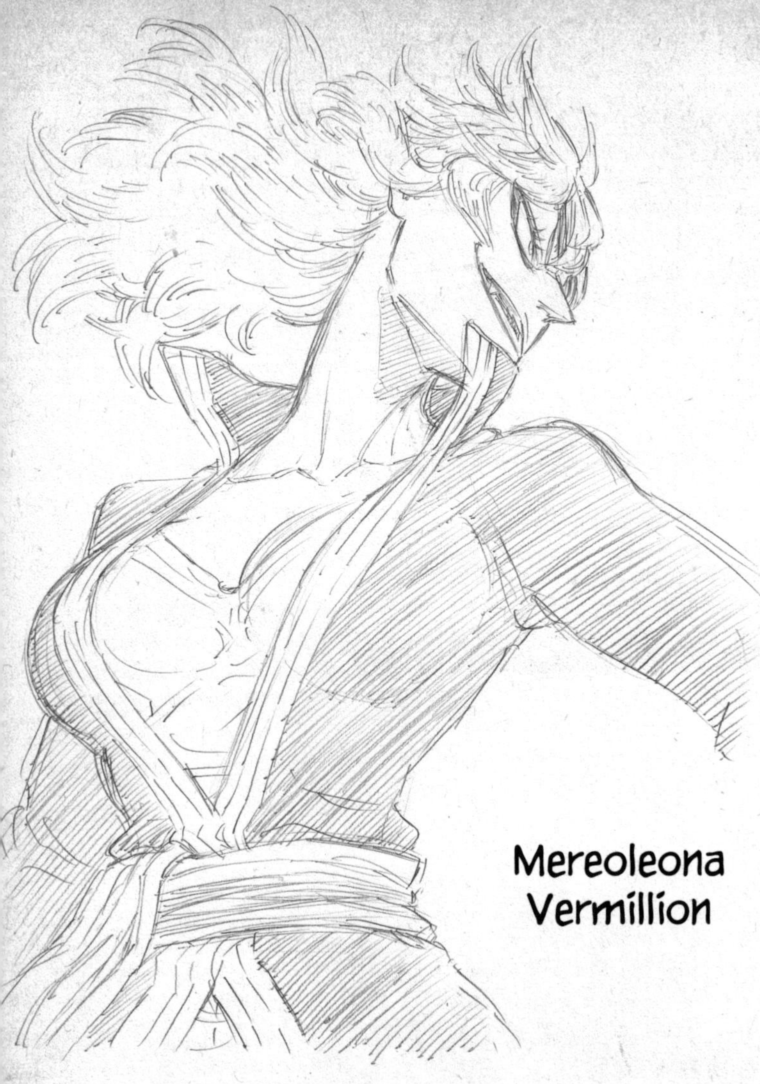

Mereoleona Vermillion

Alter: 32 Größe: 178 cm
Geburtstag: 26. Juli Sternzeichen: Löwe Blutgruppe: 0
Mag: in heißen Quellen baden und dabei Alkohol trinken, Fleischgerichte vom Wild

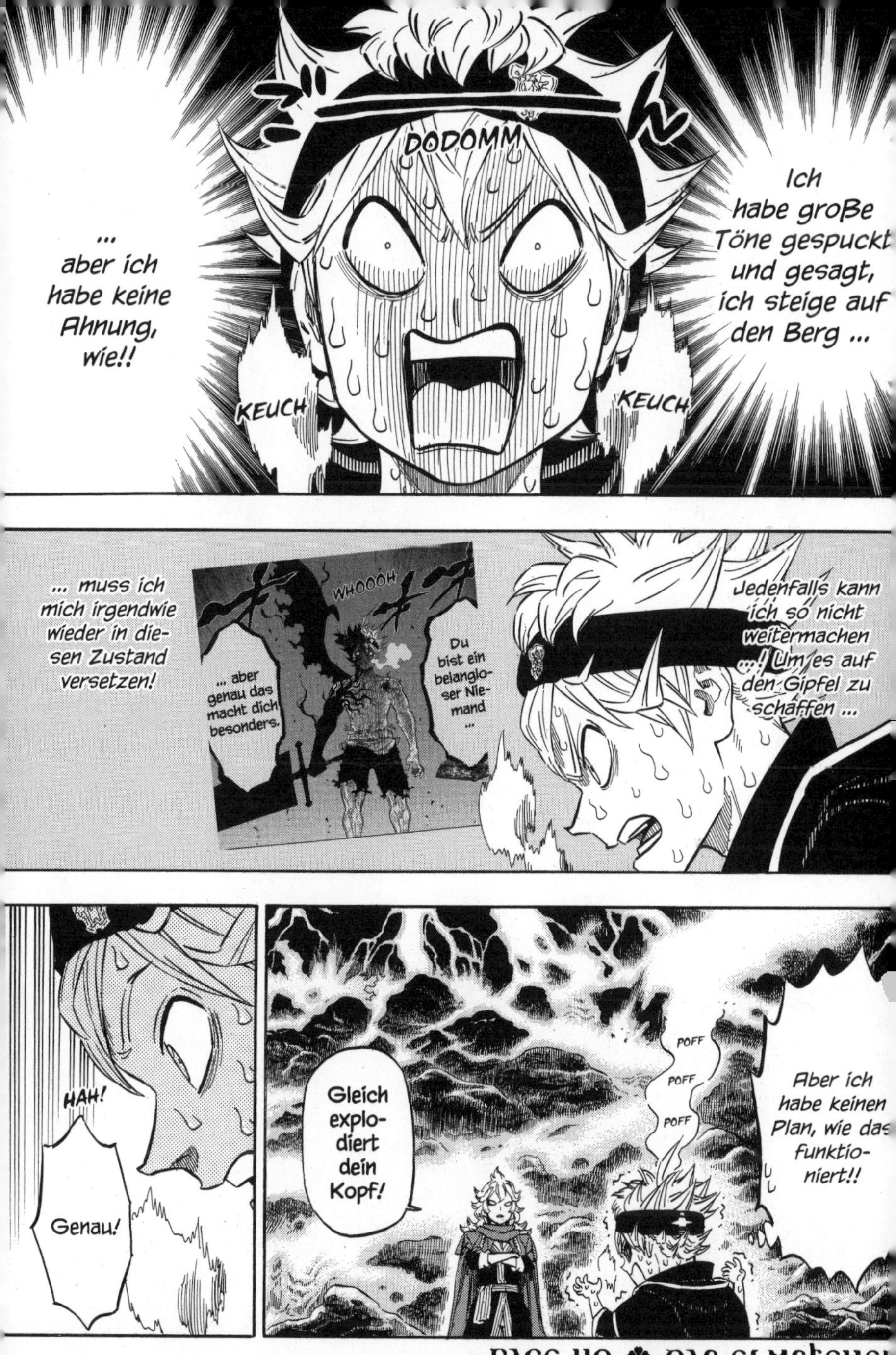

Ich habe große Töne gespuckt und gesagt, ich steige auf den Berg ...
DODOMM
KEUCH
KEUCH
... aber ich habe keine Ahnung, wie!!
Jedenfalls kann ich so nicht weitermachen ...! Um es auf den Gipfel zu schaffen ...
WHOOOH
Du bist ein belangloser Niemand ...
... aber genau das macht dich besonders.
... muss ich mich irgendwie wieder in diesen Zustand versetzen!
Aber ich habe keinen Plan, wie das funktioniert!!
POFF
POFF
POFF
Gleich explodiert dein Kopf!
HAH!
Genau!

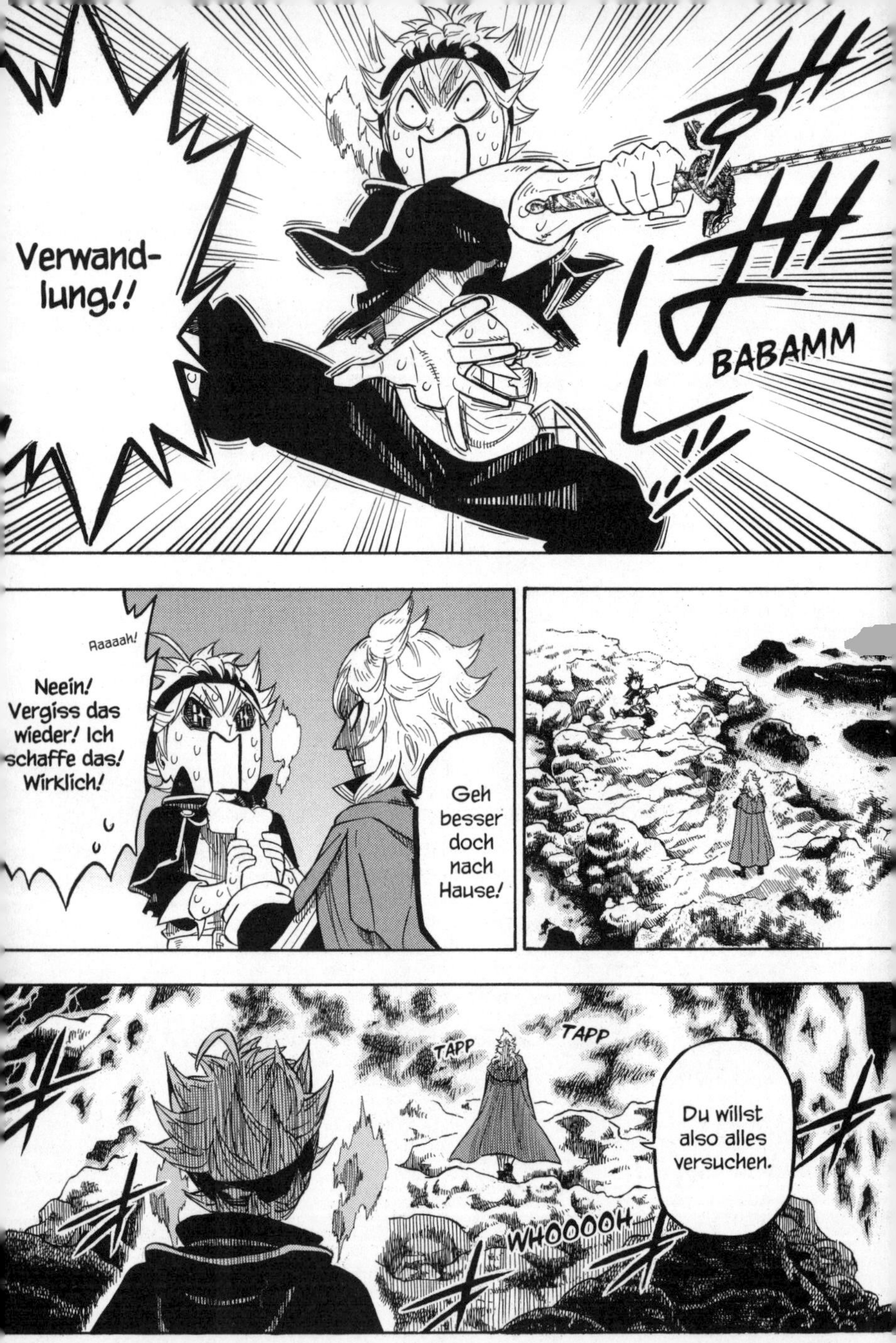

Verwand-lung!!
BABAMM
Aaaaah!
Neein! Vergiss das wieder! Ich schaffe das! Wirklich!
Geh besser doch nach Hause!
TAPP
TAPP
Du willst also alles versuchen.
WHOOOOH

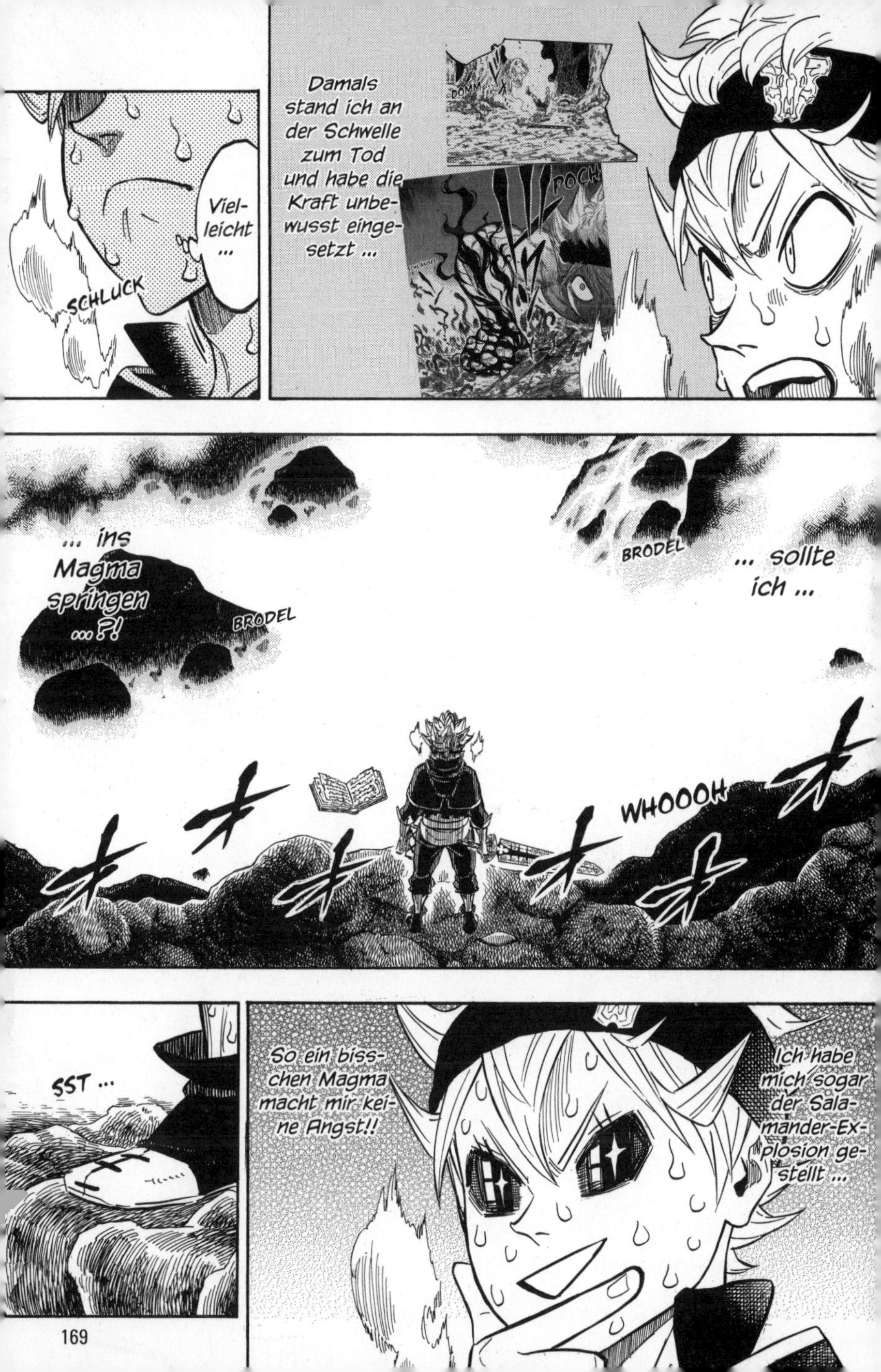
DOMM
POCH
Damals stand ich an der Schwelle zum Tod und habe die Kraft unbewusst eingesetzt ...
Vielleicht ...
SCHLUCK
BRODEL
... sollte ich ...
BRODEL
... ins Magma springen ...?!
WHOOOH
Ich habe mich sogar der Salamander-Explosion gestellt ...
So ein bisschen Magma macht mir keine Angst!!
SST ...

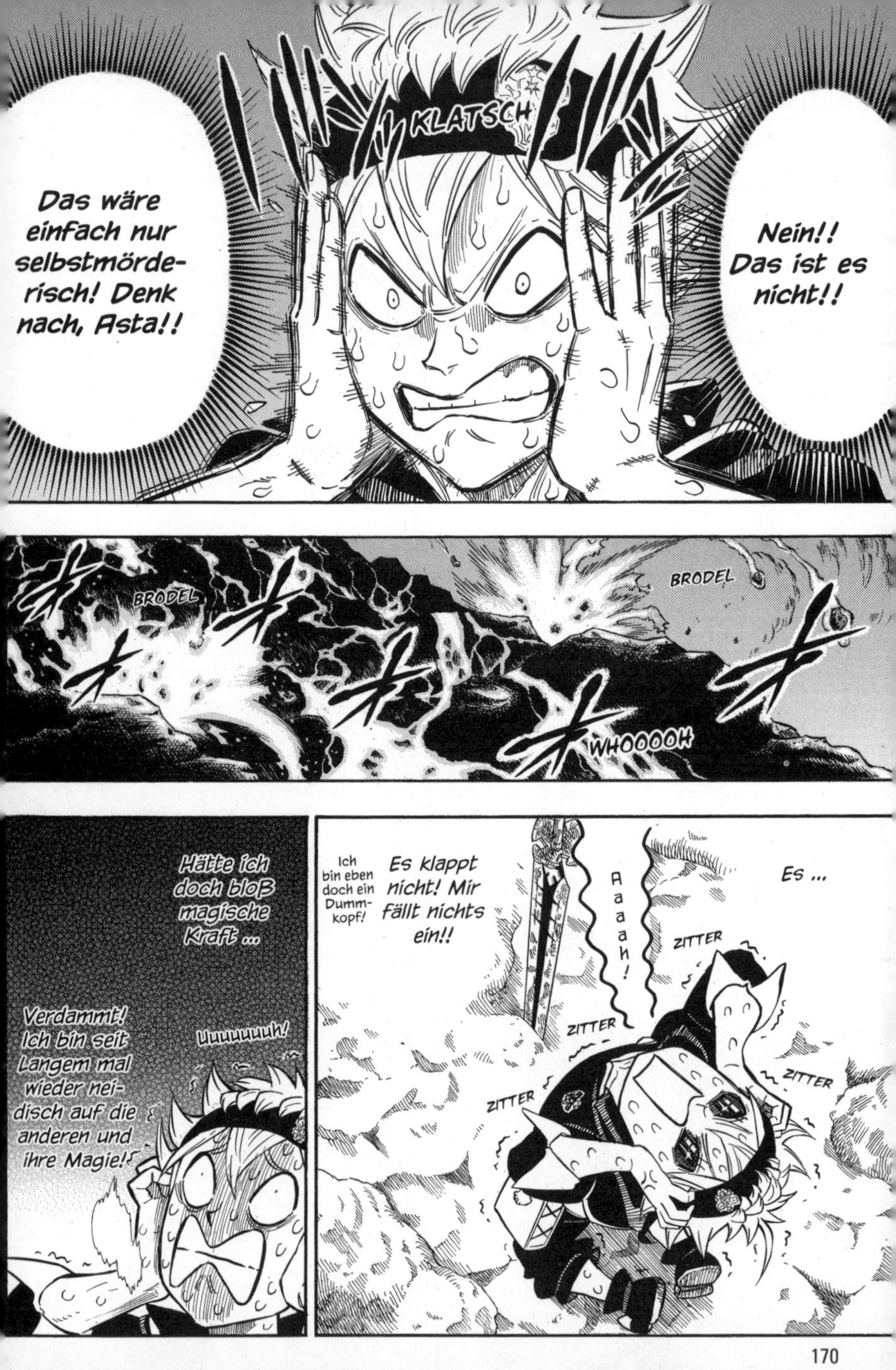
KLATSCH
Nein!! Das ist es nicht!!
Das wäre einfach nur selbstmörderisch! Denk nach, Asta!!
BRODEL
BRODEL
WHOOOOH
Es ...
Aaaah!
ZITTER
ZITTER
ZITTER
ZITTER
Es klappt nicht! Mir fällt nichts ein!!
Ich bin eben doch ein Dummkopf!
Hätte ich doch bloß magische Kraft ...
Uuuuuuuh!
Verdammt! Ich bin seit Langem mal wieder neidisch auf die anderen und ihre Magie!

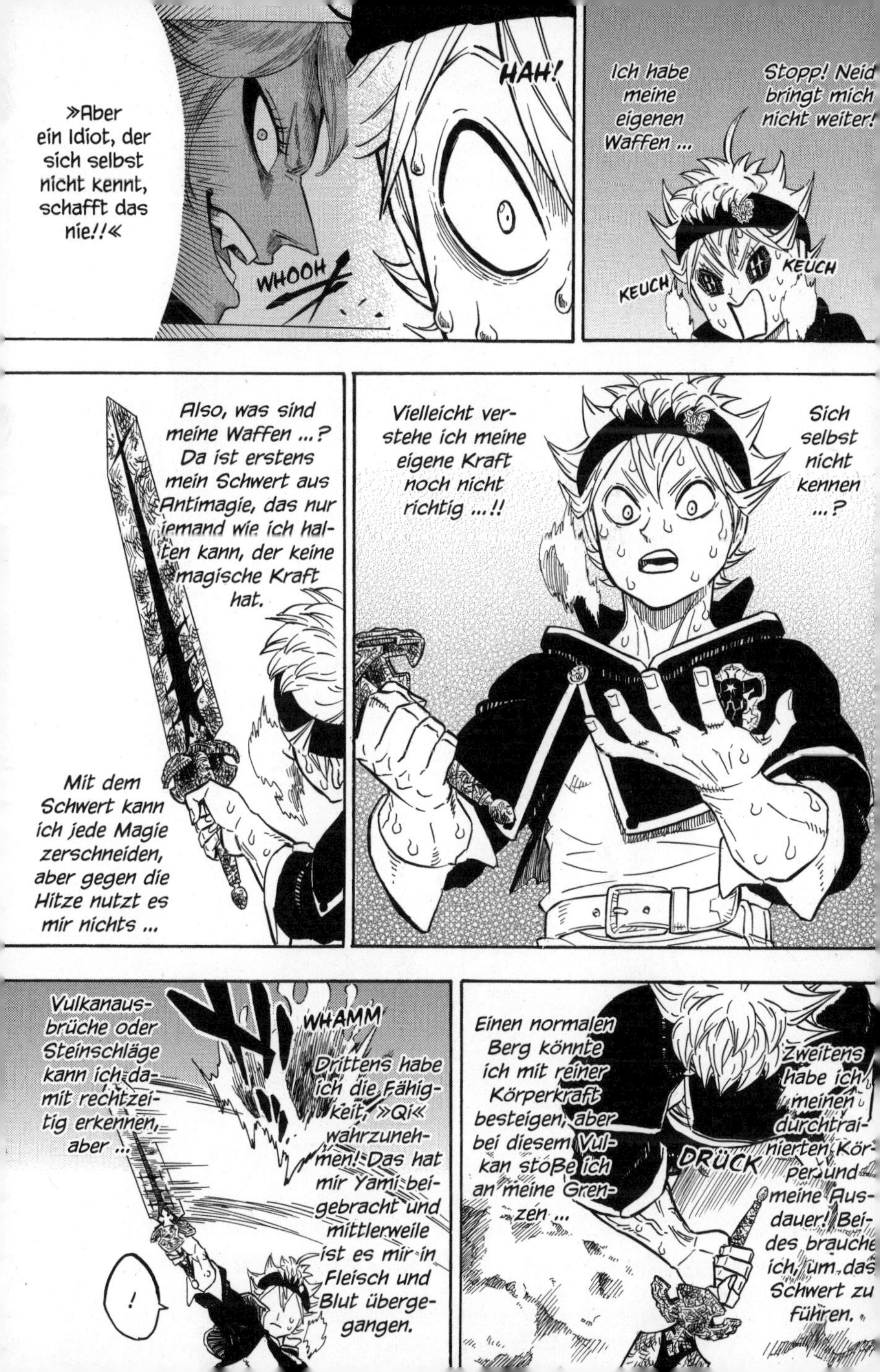
Stopp! Neid bringt mich nicht weiter!
Ich habe meine eigenen Waffen ...
KEUCH
KEUCH
HAH!
»Aber ein Idiot, der sich selbst nicht kennt, schafft das nie!!«
WHOOH
Sich selbst nicht kennen ...?
Vielleicht verstehe ich meine eigene Kraft noch nicht richtig ...!!
Also, was sind meine Waffen ...? Da ist erstens mein Schwert aus Antimagie, das nur jemand wie ich halten kann, der keine magische Kraft hat.
Mit dem Schwert kann ich jede Magie zerschneiden, aber gegen die Hitze nutzt es mir nichts ...
Zweitens habe ich meinen durchtrainierten Körper und meine Ausdauer! Beides brauche ich, um das Schwert zu führen.
DRÜCK
Einen normalen Berg könnte ich mit reiner Körperkraft besteigen, aber bei diesem Vulkan stoße ich an meine Grenzen ...
Drittens habe ich die Fähigkeit, »Qi« wahrzunehmen! Das hat mir Yami beigebracht und mittlerweile ist es mir in Fleisch und Blut übergegangen.
WHAMM
Vulkanausbrüche oder Steinschläge kann ich damit rechtzeitig erkennen, aber ...
!

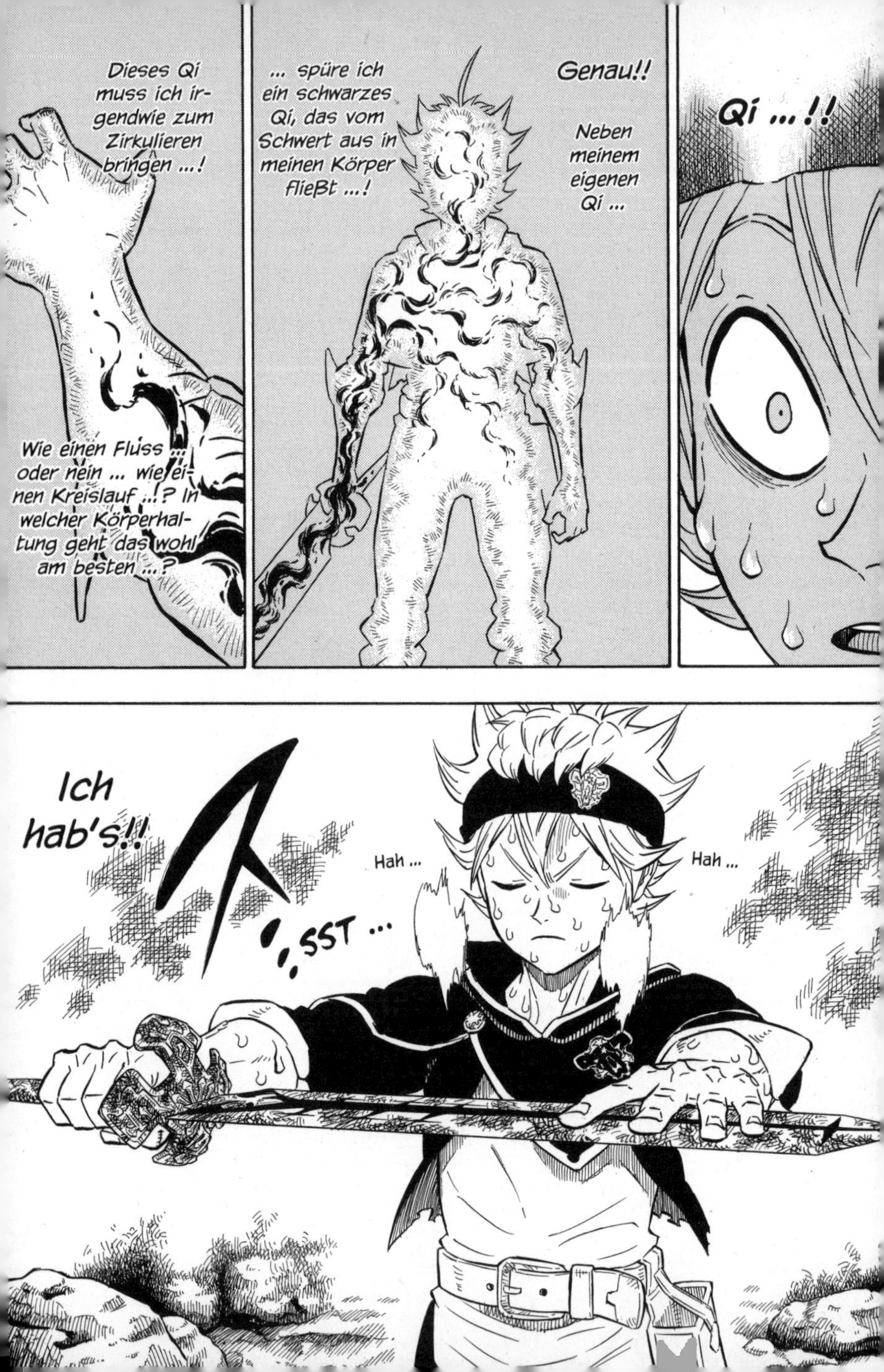

Qi ...!!
Genau!!
Neben meinem eigenen Qi ...
... spüre ich ein schwarzes Qi, das vom Schwert aus in meinen Körper fließt ...!
Dieses Qi muss ich irgendwie zum Zirkulieren bringen ...!
Wie einen Fluss ... oder nein ... wie einen Kreislauf ...? In welcher Körperhaltung geht das wohl am besten ...?
Hah ...
Hah ...
Ich hab's!!
SST ...

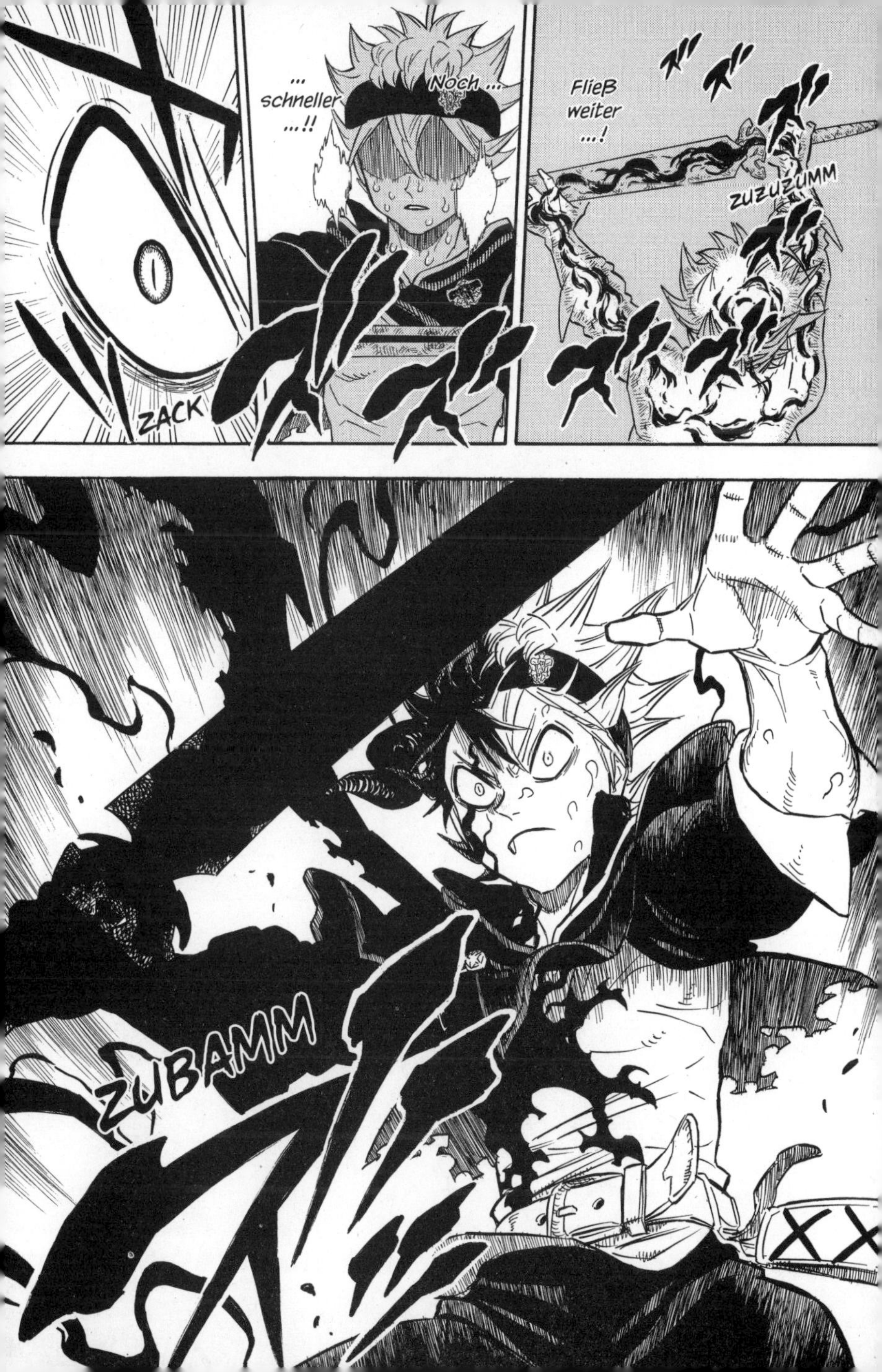
Fließ weiter ...!
ZUZUZUMM
Noch ...
... schneller ...!!
ZACK
ZUBAMM

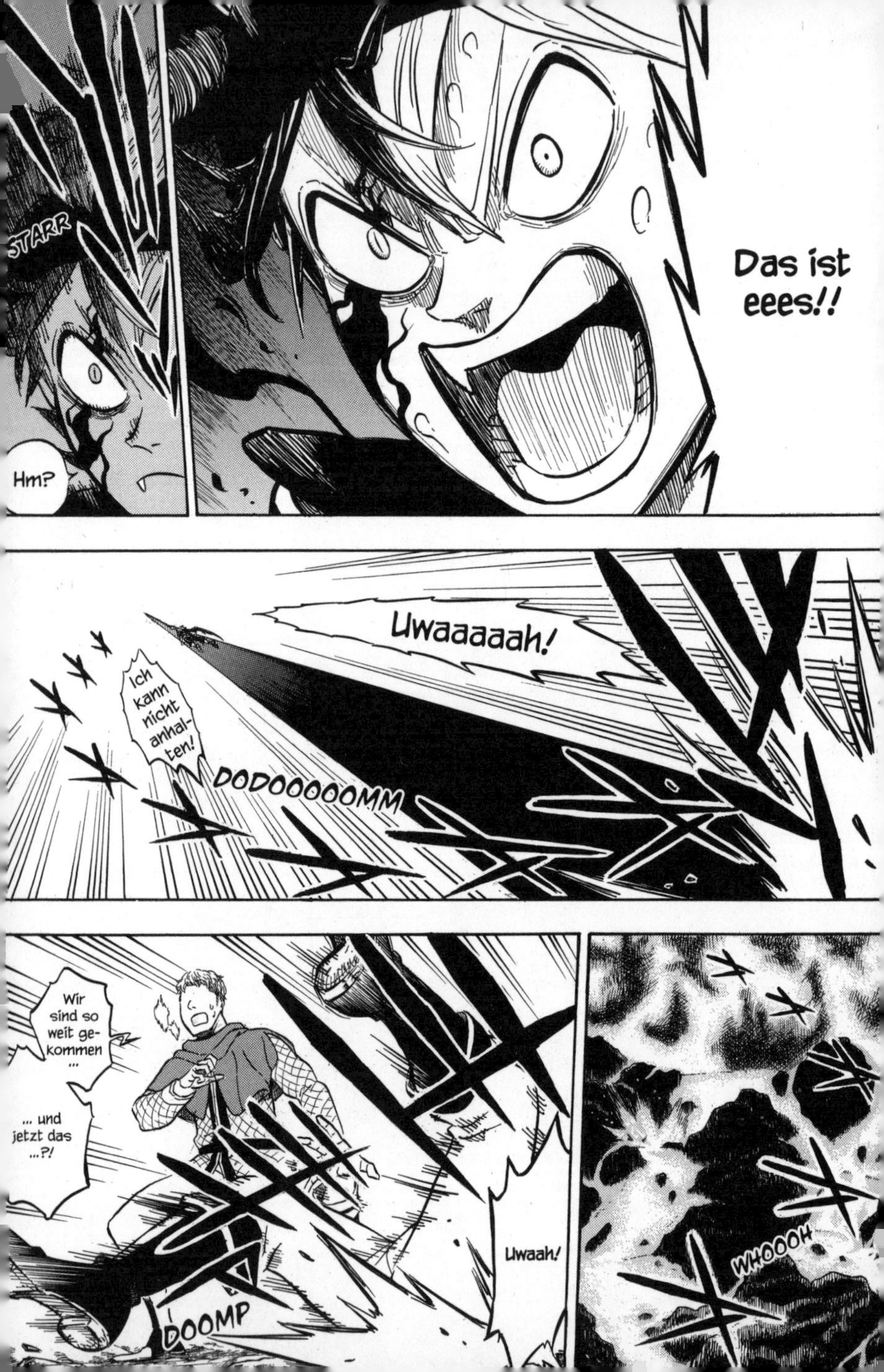
Das ist eees!!
STARR
Hm?
Uwaaaaaah!
Ich kann nicht anhal-ten!
DODOOOOOMM
WHOOOH
Uwaah!
Wir sind so weit gekommen ...
... und jetzt das ...?!
DOOMP

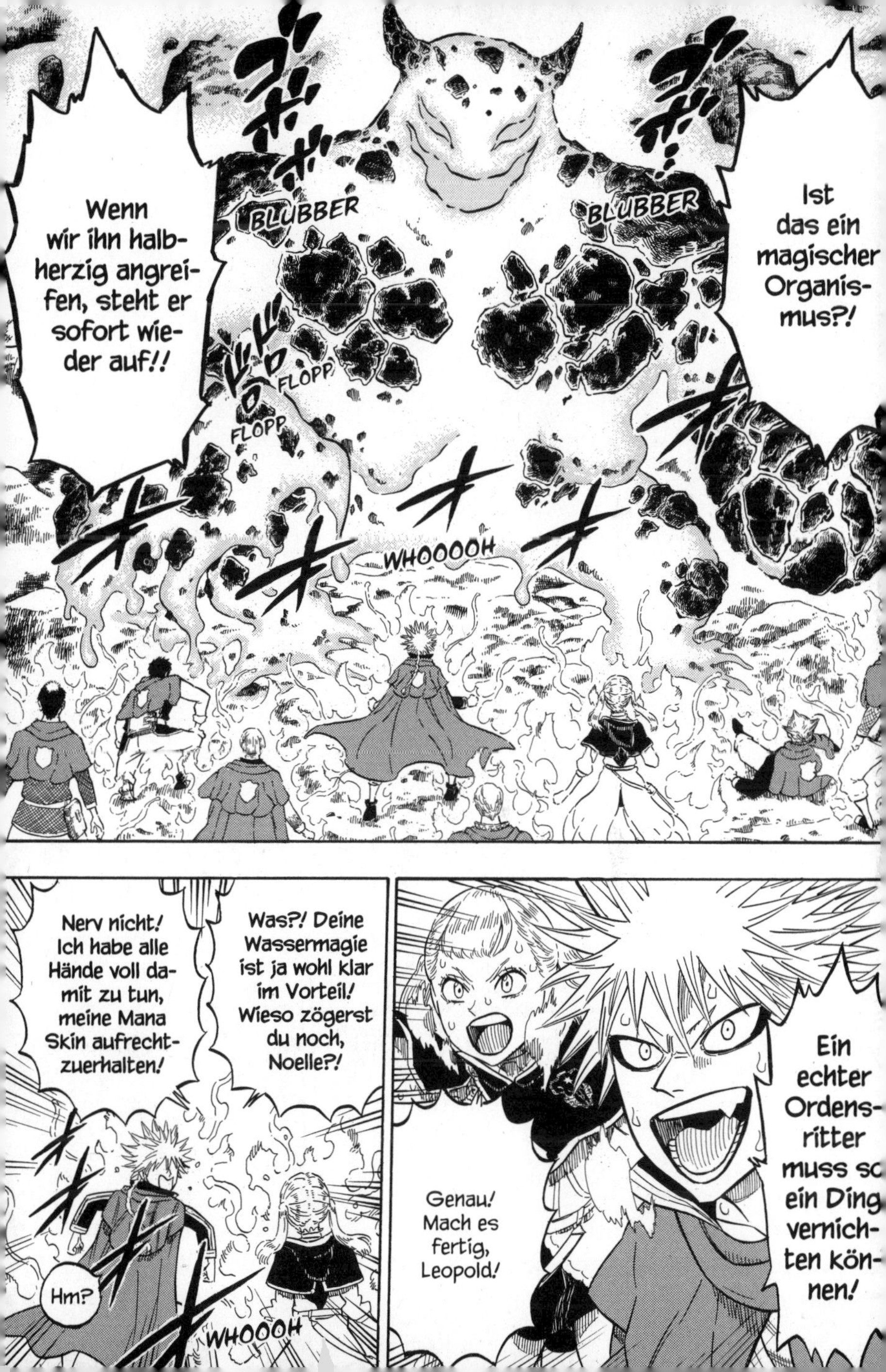

BLUBBER
BLUBBER
Ist das ein magischer Organismus?!
Wenn wir ihn halbherzig angreifen, steht er sofort wieder auf!!
FLOPP
FLOPP
WHOOOOH
Ein echter Ordensritter muss so ein Ding vernichten können!
Genau! Mach es fertig, Leopold!
Was?! Deine Wassermagie ist ja wohl klar im Vorteil! Wieso zögerst du noch, Noelle?!
Nerv nicht! Ich habe alle Hände voll damit zu tun, meine Mana Skin aufrechtzuerhalten!
Hm?
WHOOOH

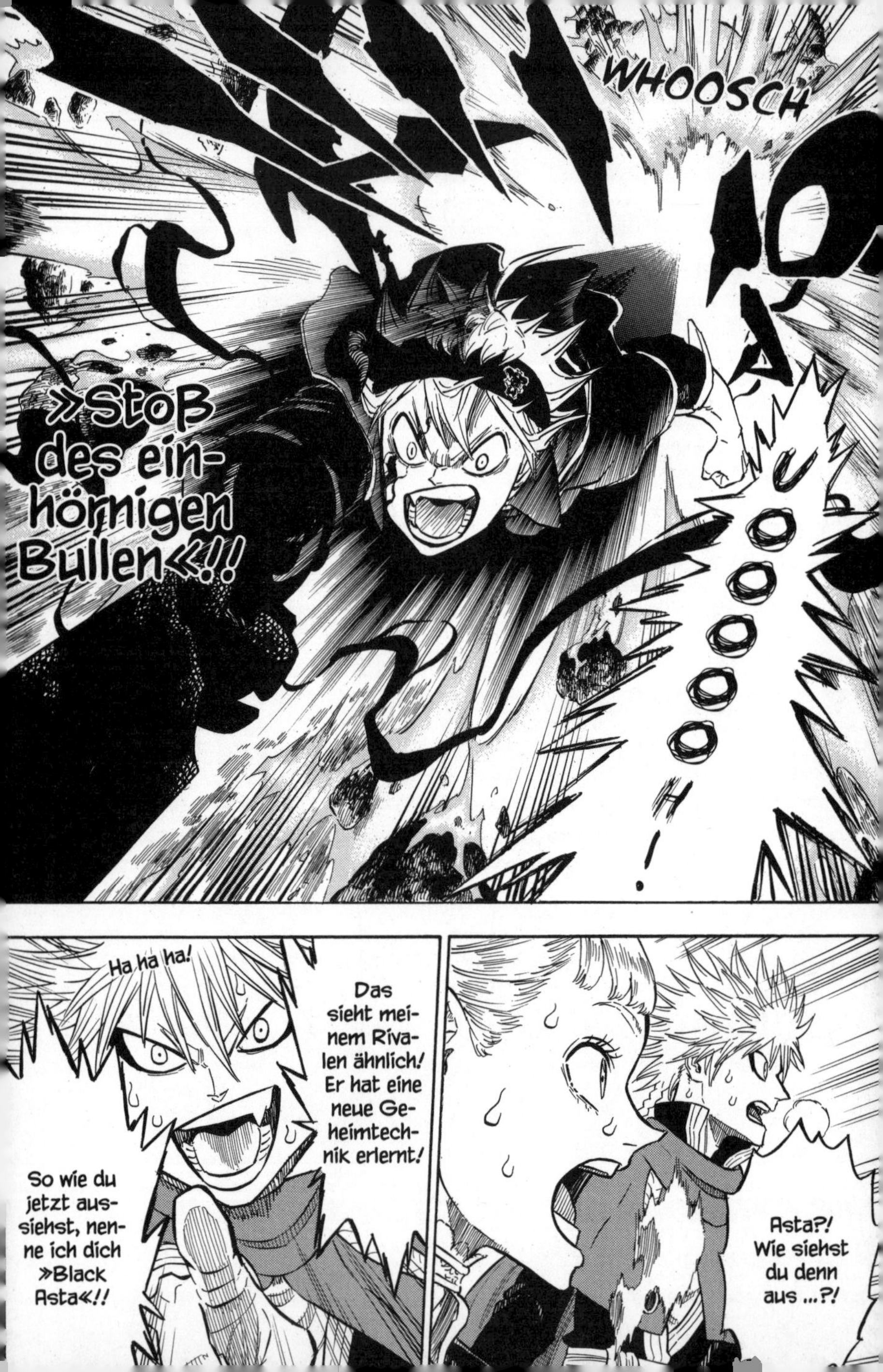
WHOOSCH
»Stoß des einhörnigen Bullen«!!
Asta?! Wie siehst du denn aus ...?!
Ha ha ha!
Das sieht meinem Rivalen ähnlich! Er hat eine neue Geheimtechnik erlernt!
So wie du jetzt aussiehst, nenne ich dich »Black Asta«!!

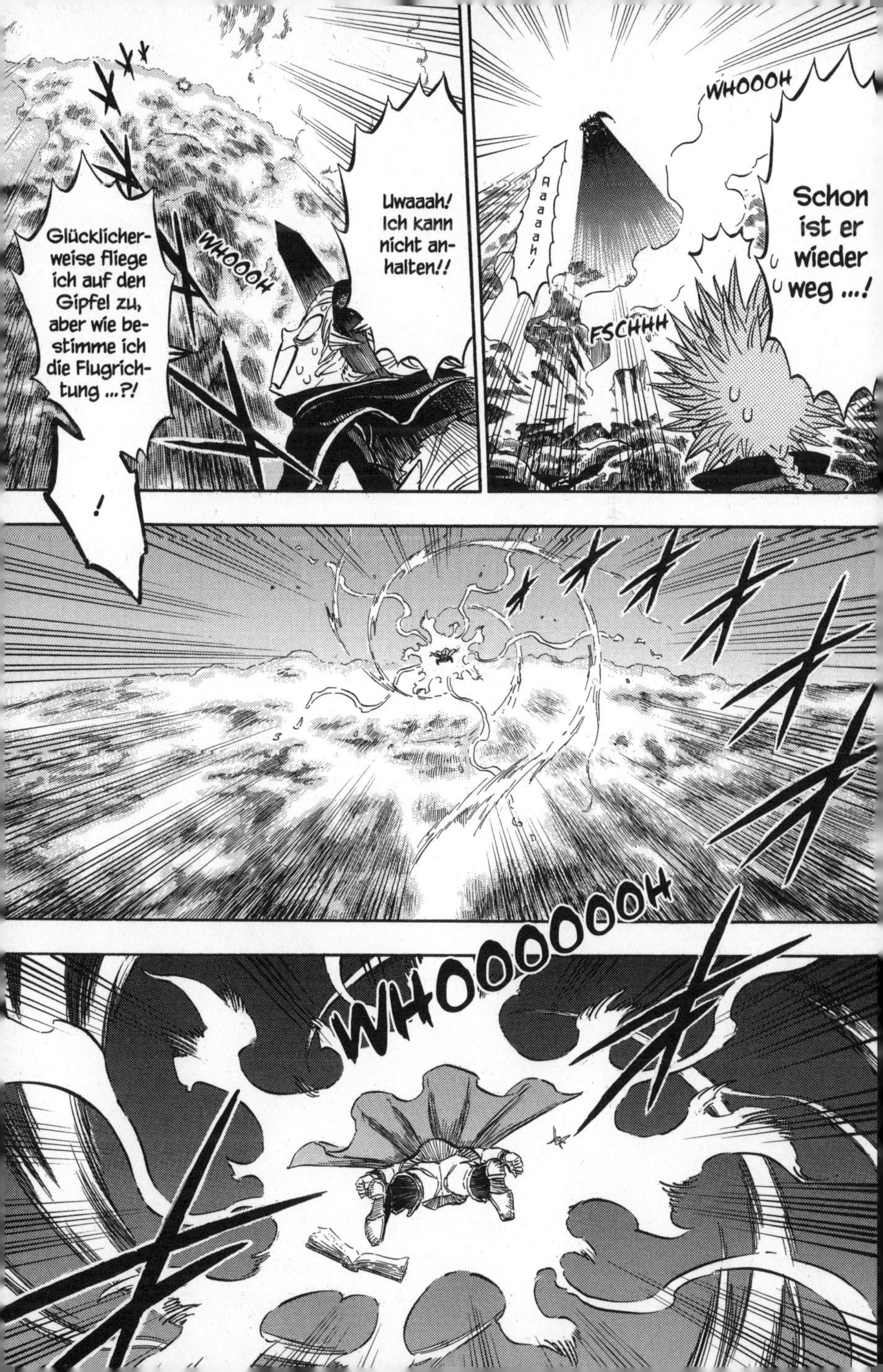
WHOOOH
Aaaaah!
Schon ist er wieder weg ...!
FSCHHH
Uwaaah! Ich kann nicht anhalten!!
WHOOOH
Glücklicherweise fliege ich auf den Gipfel zu, aber wie bestimme ich die Flugrichtung ...?!
!
WHOOOOOOOH

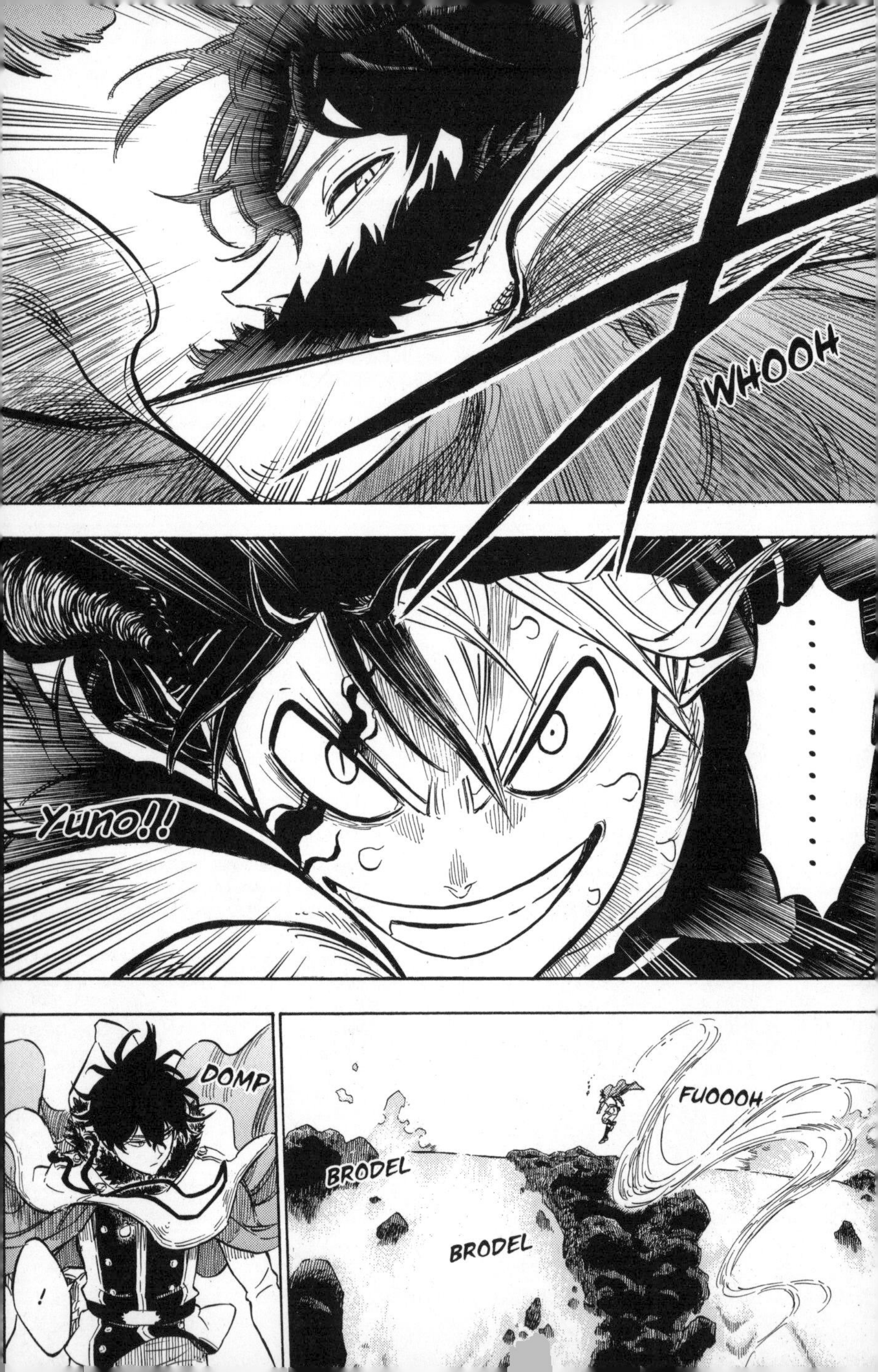
WHOOH
......
Yuno!!
FUOOOH
BRODEL
BRODEL
DOMP
!

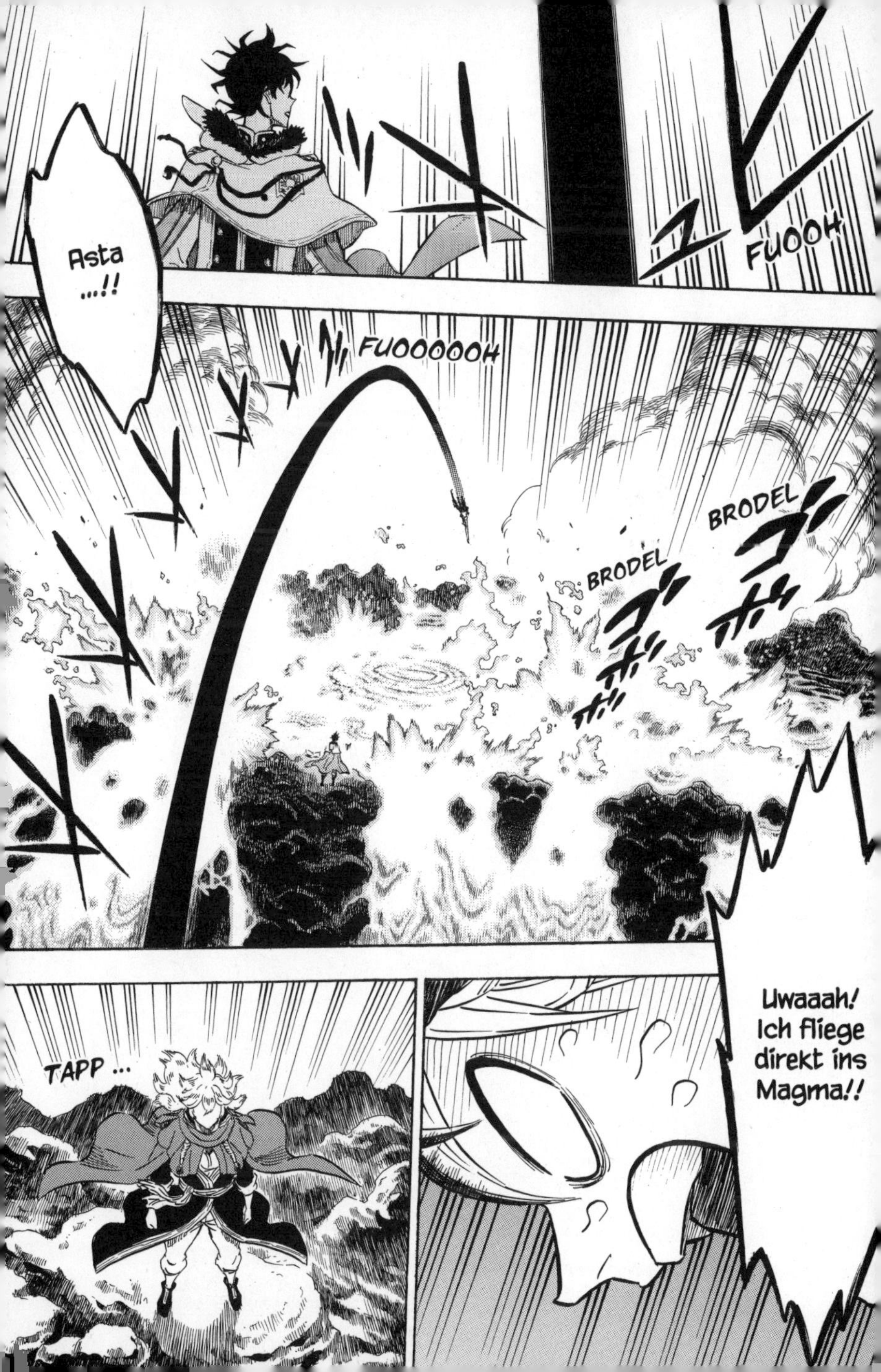

FUOOH
Asta ...!!
FUOOOOOH
BRODEL
BRODEL
Uwaaah! Ich fliege direkt ins Magma!!
TAPP ...

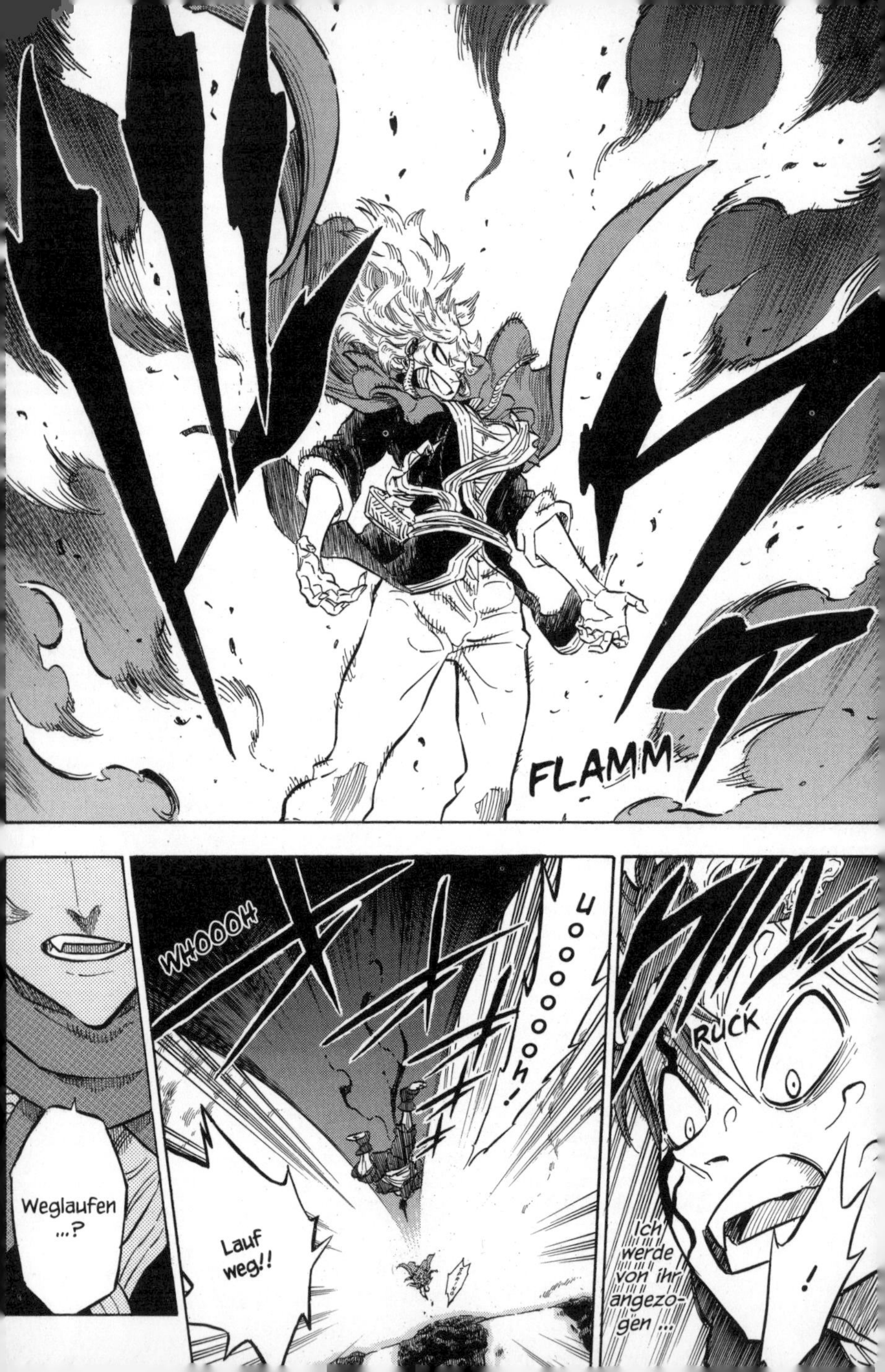
FLAMM
RUCK
Ich werde von ihr angezogen ...
!
uoooooh!
WHOOOH
Lauf weg!!
Weglaufen ...?

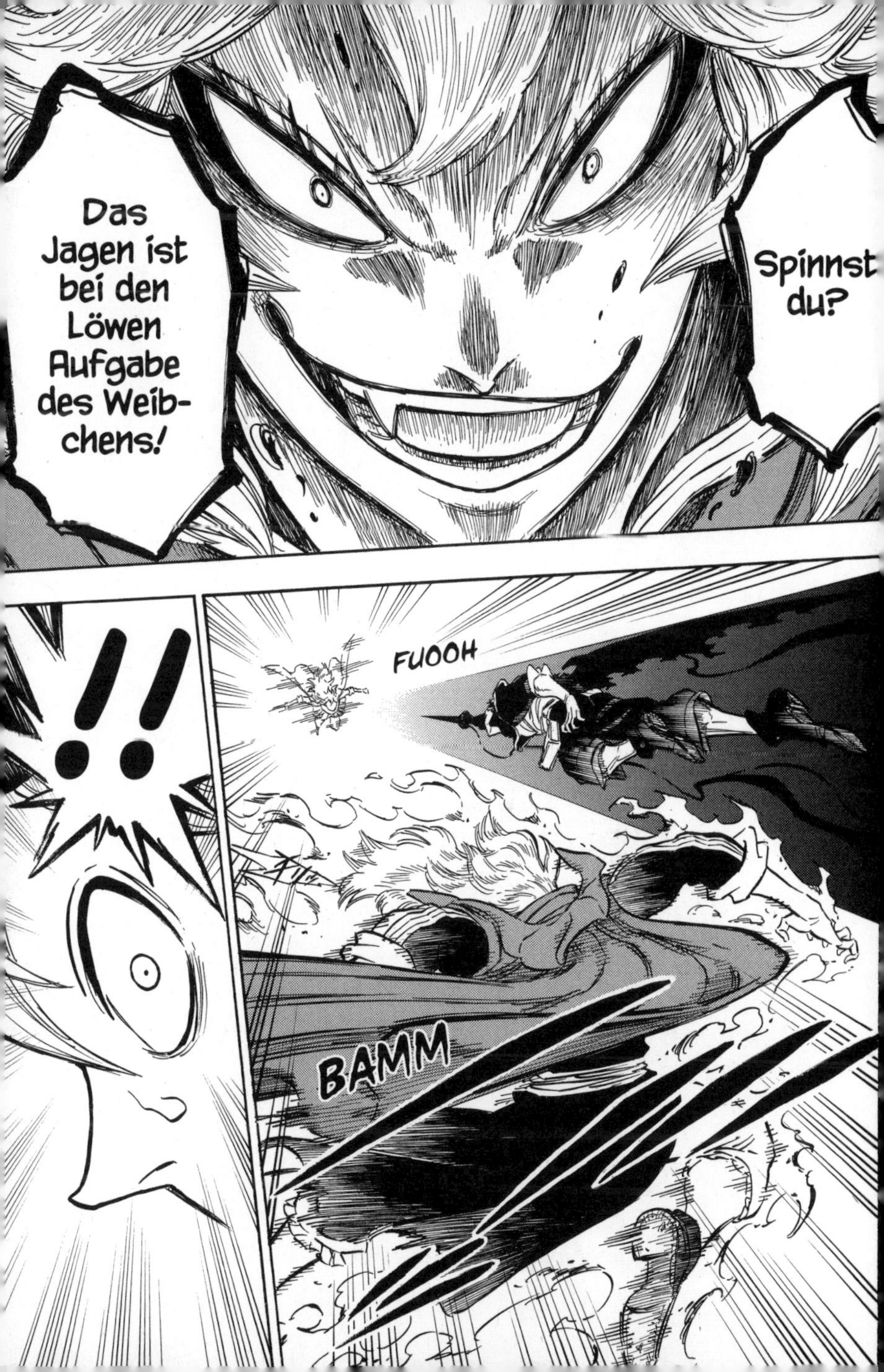
Spinnst du?
Das Jagen ist bei den Löwen Aufgabe des Weibchens!
FUOOH
!!
BAMM

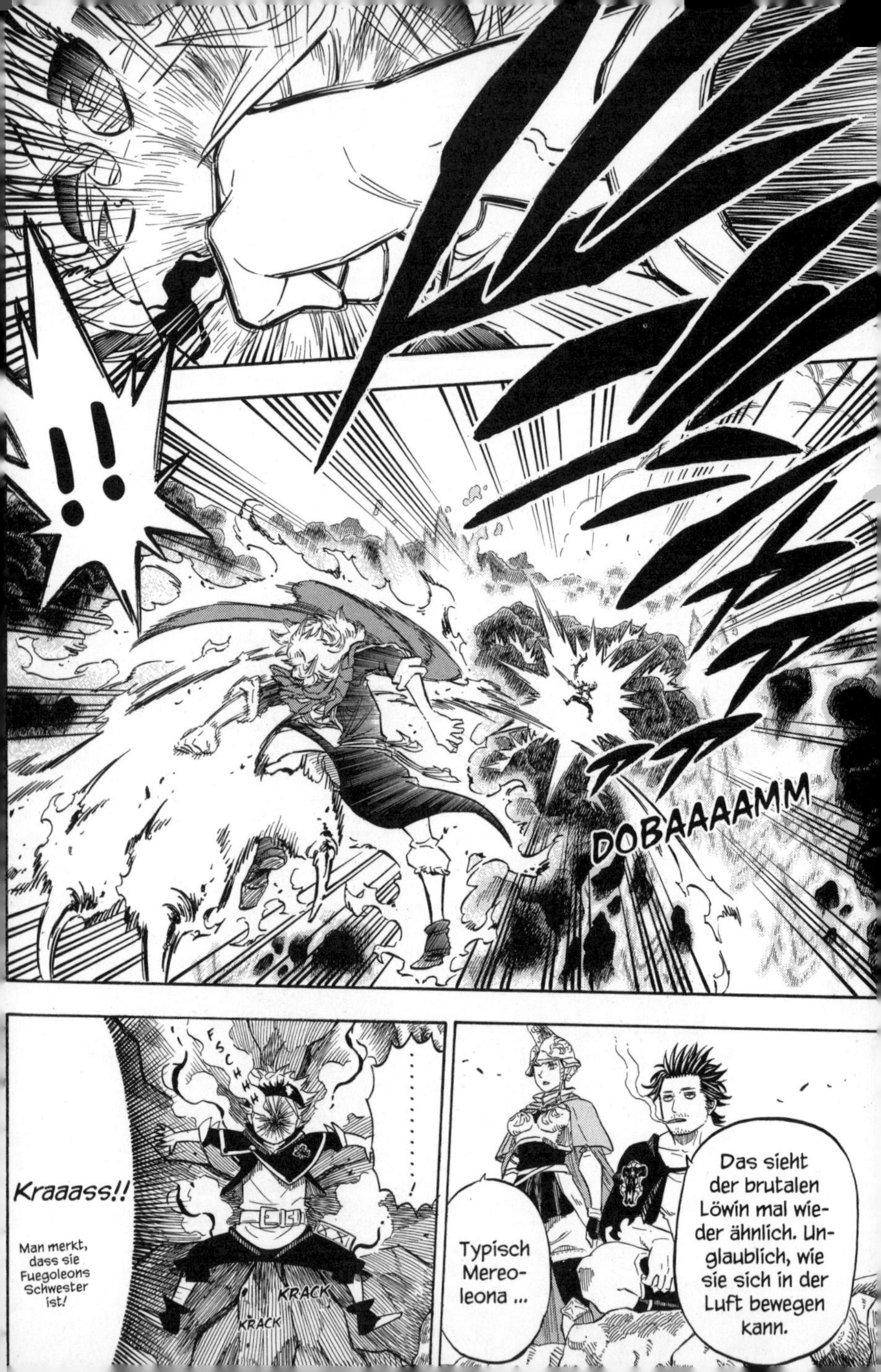

!!
DOBAAAAMM
Das sieht der brutalen Löwin mal wieder ähnlich. Unglaublich, wie sie sich in der Luft bewegen kann.
Typisch Mereoleona ...
FSCHHH
Kraaass!!
Man merkt, dass sie Fuegoleons Schwester ist!
KRACK
KRACK

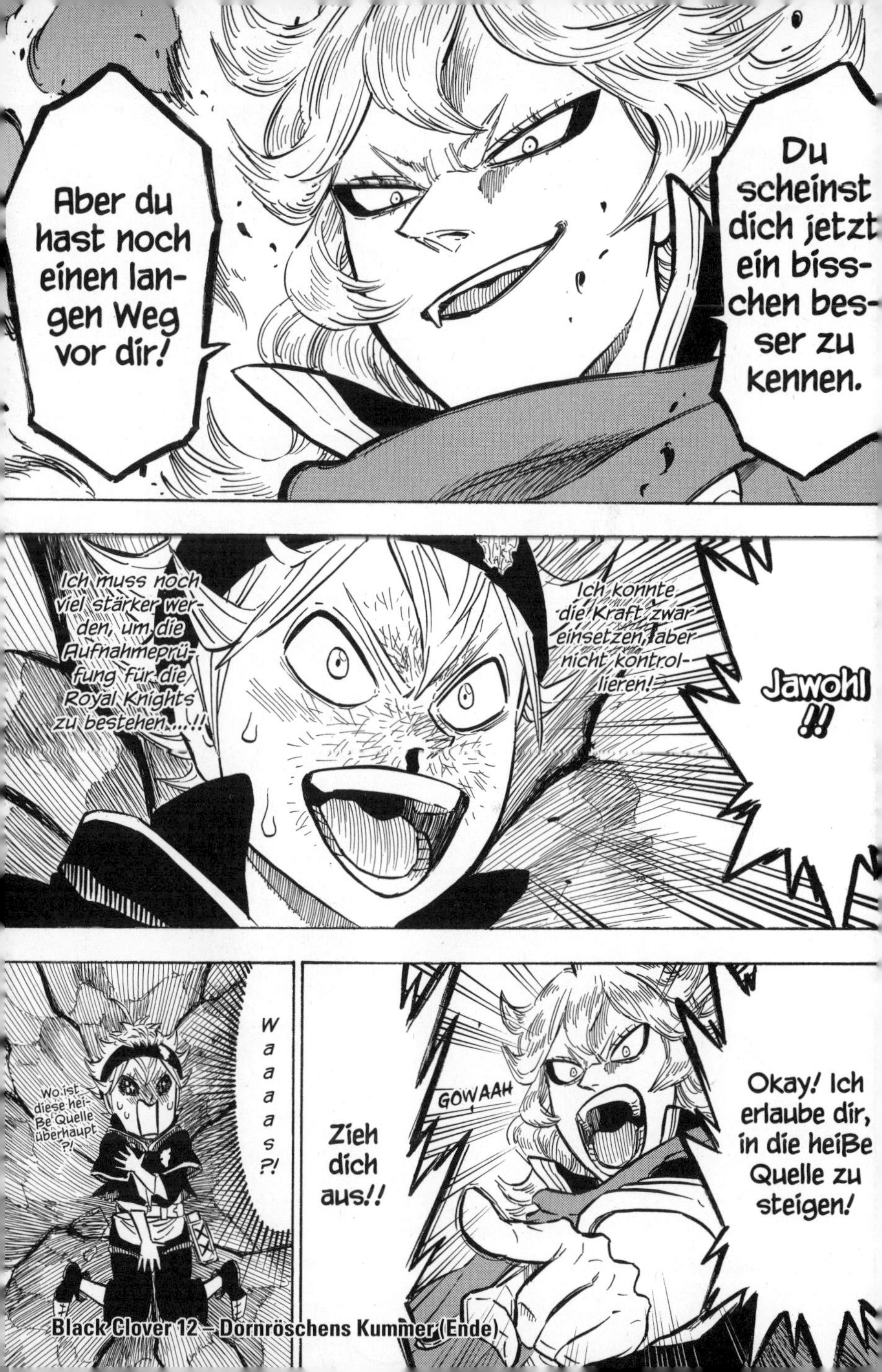

Black Clover 12 – Dornröschens Kummer (Ende)

DER MANGAKAORDEN »UNBESCHRIEBENES BLATT«

Thema diesmal:
Wann hast du das letzte Mal von Herzen gelacht?
(Das Thema hat Kaede aus Okayama vorgeschlagen!)

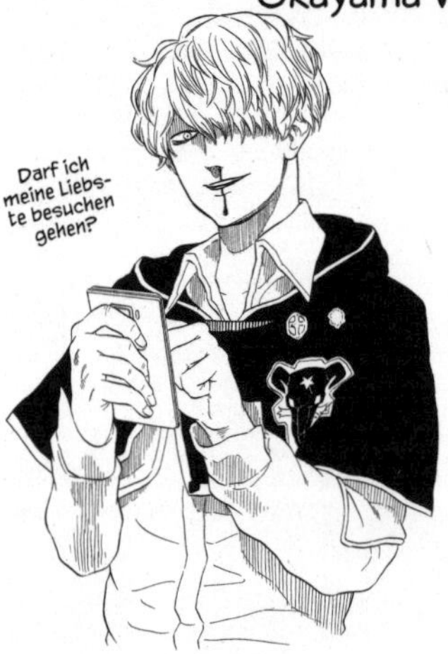

Als ich ein zuckersüßes YouTube-Video mit Igeln gesehen habe.
Kazuhiro Wakao

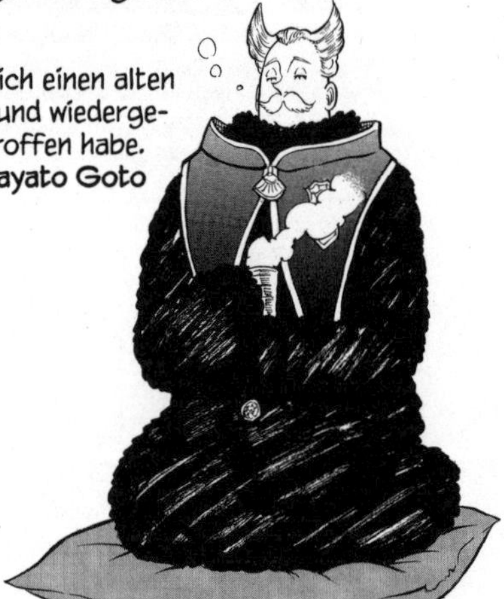

Als ich einen alten Freund wiederge-troffen habe.
Hayato Goto

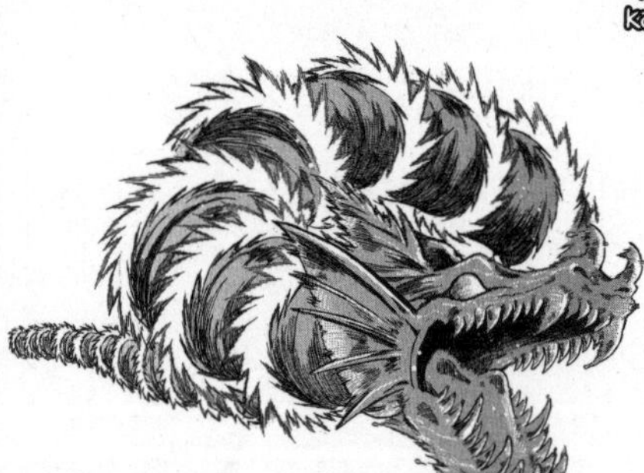

Als Herr Tabata zu mir gesagt hat, ich sähe Gachapin* ähnlich.
Suzuki

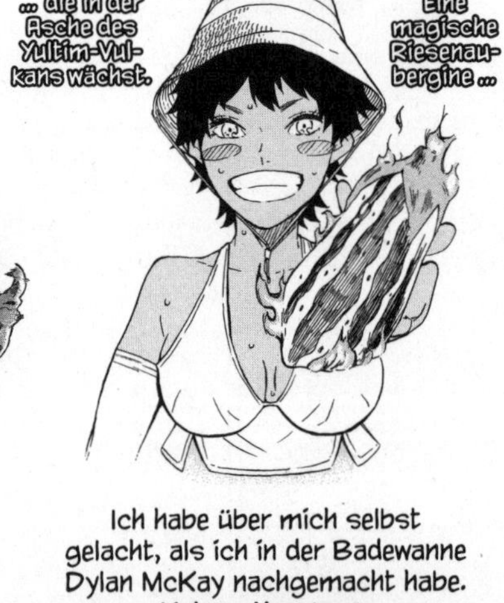

Ich habe über mich selbst gelacht, als ich in der Badewanne Dylan McKay nachgemacht habe.
Yotaro Hayakawa

*grüner Dinosaurier aus einer japanischen Fernsehserie

Als ich in der Nähe meiner Firma in einen Nudelsuppen-Laden gegangen bin und fast alle Gäste *Shonen Jump**-Redakteure waren.
Redakteur Katayama

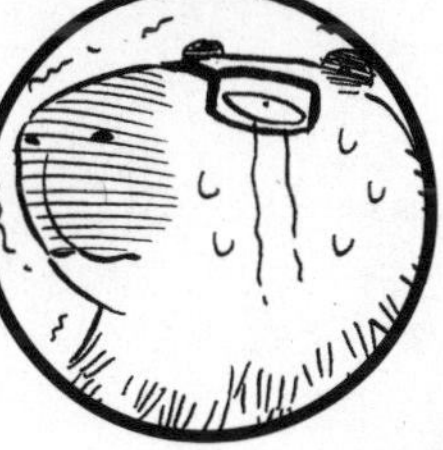

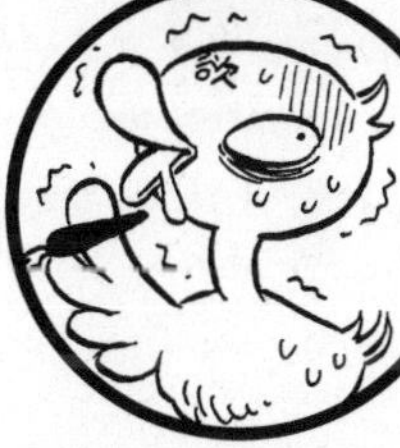

Als meine Frau in unserem lichtdurchfluteten Zimmer den Werbespot einer Schönheitsklinik nachgemacht hat.
Ordensanführer Tabata

Als unser Hund morgens auf dem Bauch meines schlafenden Mannes gelegen hat.
©

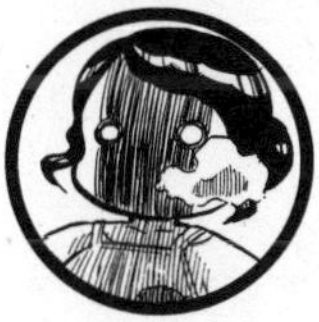

Ich lache viel, seit Herr Tabatas Hund Amelie mit mir spielt.
Redakteurin der Mangabände, Koshimura

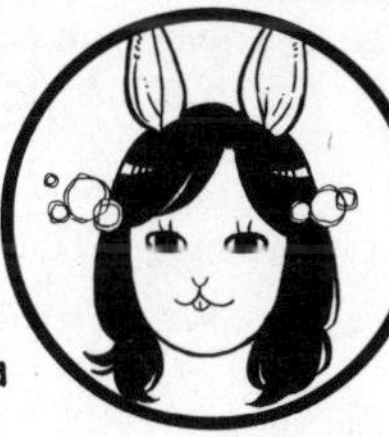

Als ich nachts in einen Bewässerungskanal gefallen bin.
Designerin Iwai

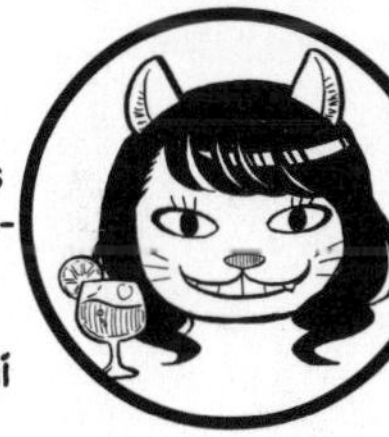

Nachwort

Ab Oktober 2017 lief die Animeserie zu *Black Clover* im japanischen Fernsehen! Hurra!!

Anime … *Black Clover* als Anime …

Meine erste Erinnerung an eine Animeserie im Fernsehen ist *Dragonball*, genau genommen die Folge, in der Son Goku gegen Freezer kämpft!

Die Folge war echt cool!!

Kurz darauf hat ein Freund aus dem Kindergarten ein Shonen Jump-Magazin mitgebracht und ich habe erfahren, dass der *Dragonball*-Anime auf einem Manga aus diesem Magazin basiert.
Mir war sofort klar, dass ich selbst einmal ein Mangazeichner werden wollte!

Der Anime zu *Dragonball* läuft immer noch im Fernsehen …! Einfach unglaublich!!

Ich freue mich jedenfalls riesig darauf, *Black Clover* als Anime zu sehen!

*Magazin, in dem *Black Clover* erscheint

BLACK CLOVER

Bonus

Die königliche Clover-Highschool

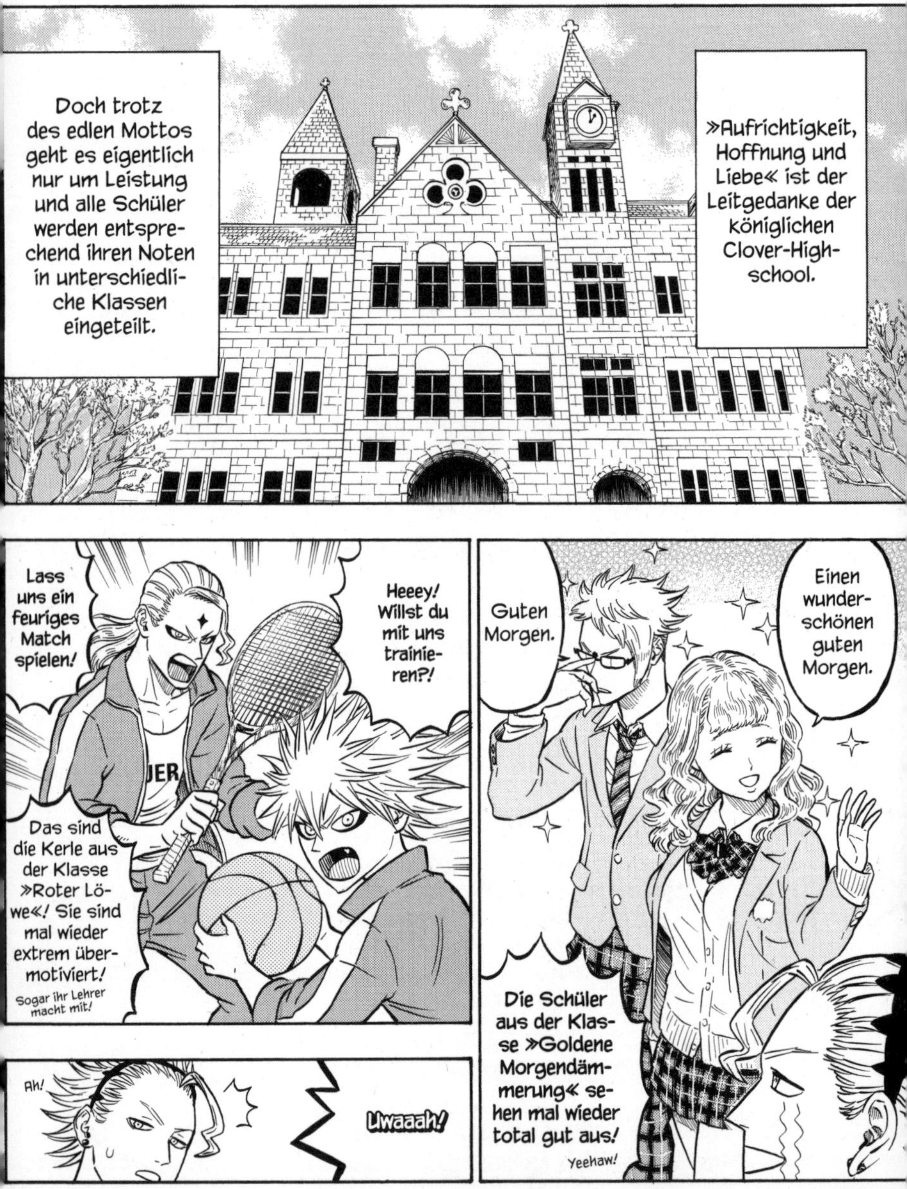

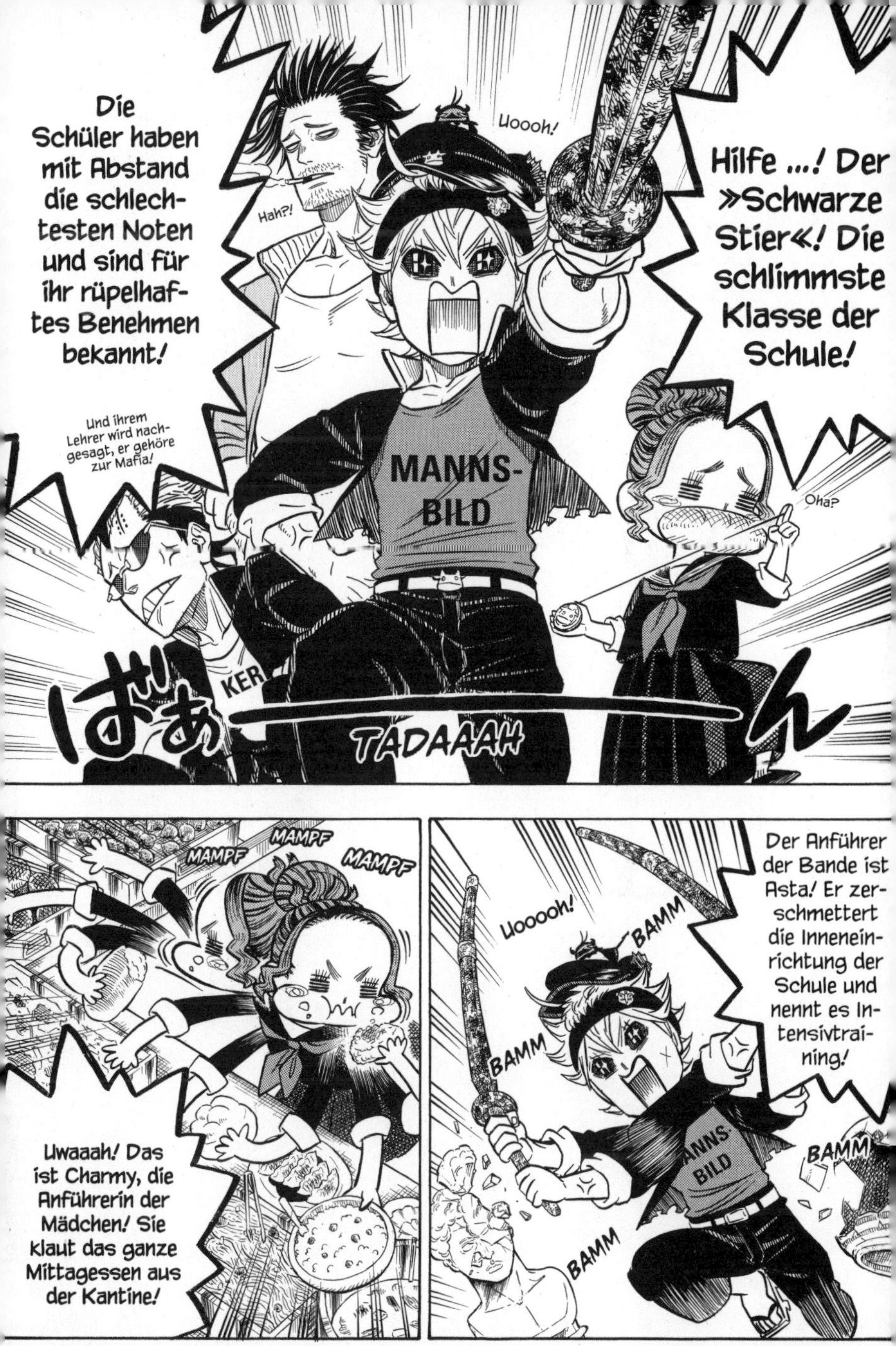
Hilfe ...! Der »Schwarze Stier«! Die schlimmste Klasse der Schule!
Uoooh!
Hah?!
Die Schüler haben mit Abstand die schlechtesten Noten und sind für ihr rüpelhaftes Benehmen bekannt!
Und ihrem Lehrer wird nachgesagt, er gehöre zur Mafia!
Oha?
MANNS-BILD
KER
TADAAAH
Der Anführer der Bande ist Asta! Er zerschmettert die Inneneinrichtung der Schule und nennt es Intensivtraining!
Uooooh!
BAMM
BAMM
BAMM
BAMM
MANNS-BILD
MAMPF
MAMPF
MAMPF
Uwaaah! Das ist Charmy, die Anführerin der Mädchen! Sie klaut das ganze Mittagessen aus der Kantine!

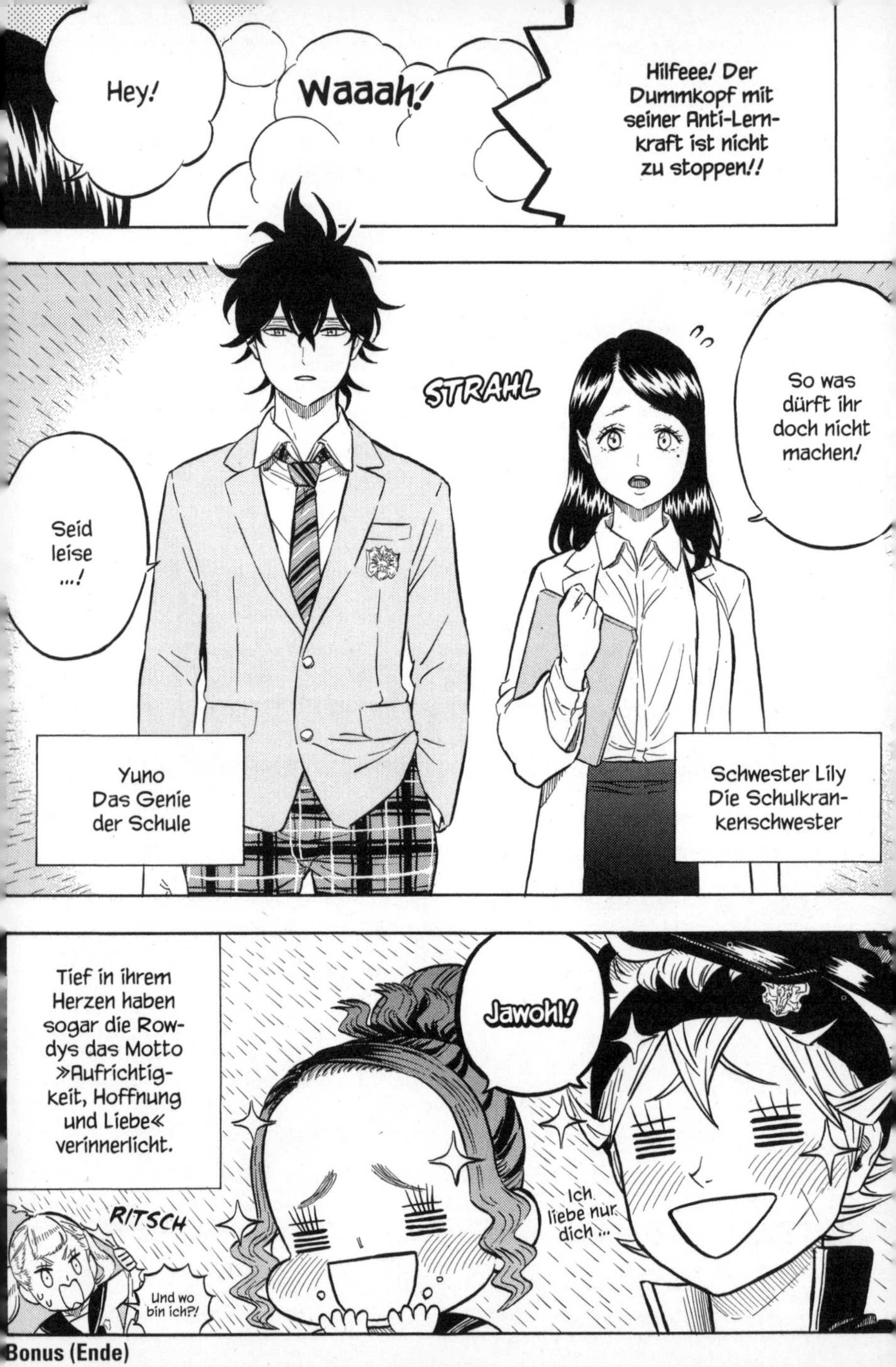
Hilfeee! Der Dummkopf mit seiner Anti-Lern-kraft ist nicht zu stoppen!!
Waaah!
Hey!
So was dürft ihr doch nicht machen!
STRAHL
Seid leise ...!
Schwester Lily Die Schulkran-kenschwester
Yuno Das Genie der Schule
Ich liebe nur dich ...
Jawohl!
Tief in ihrem Herzen haben sogar die Row-dys das Motto »Aufrichtig-keit, Hoffnung und Liebe« verinnerlicht.
RITSCH
Und wo bin ich?!

Bonus (Ende)

BLACK CLOVER

BLACK CLOVER

Dornröschens Kummer

12

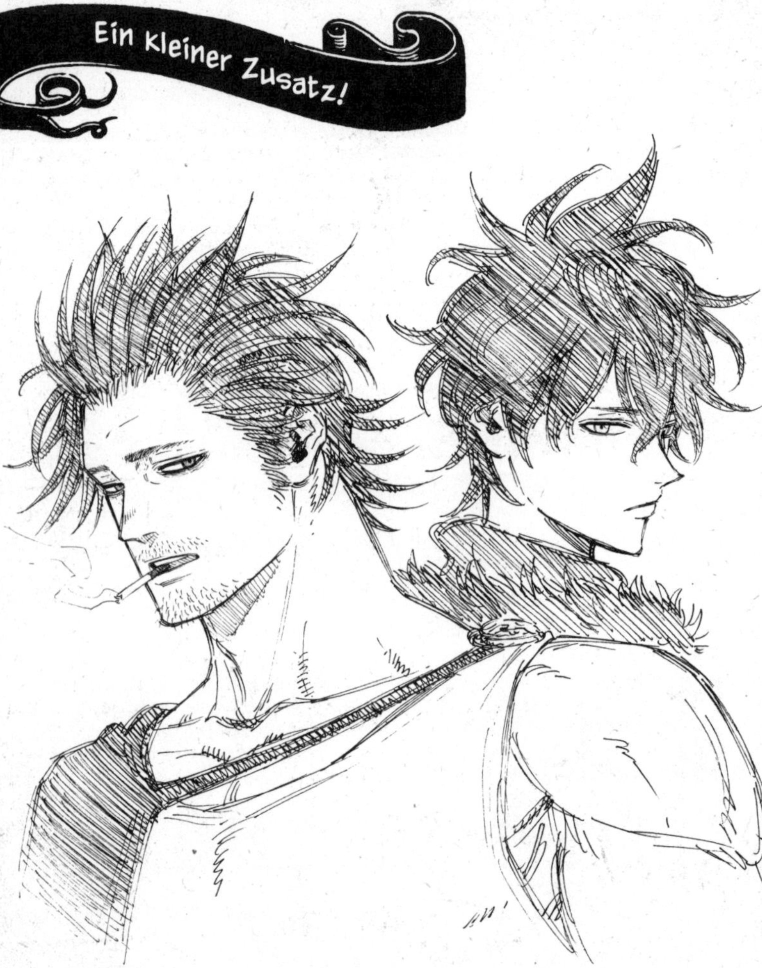

Yami & Yuno! Die beiden sieht man nicht oft zusammen!

Yûki Tabata

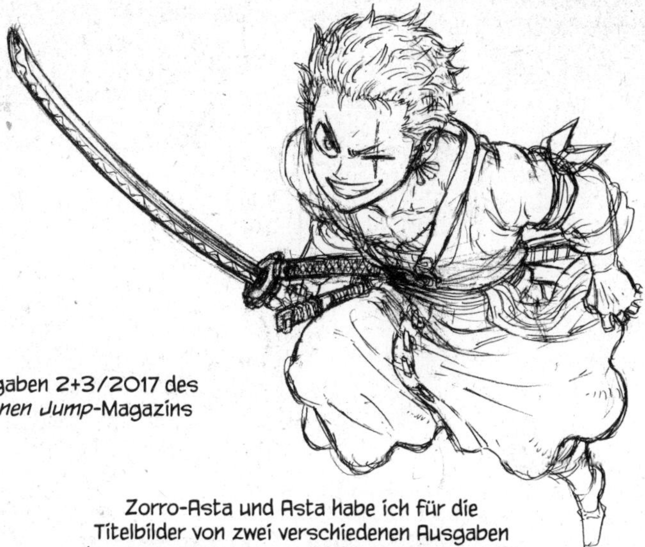

Ausgaben 2+3/2017 des *Shonen Jump*-Magazins

Zorro-Asta und Asta habe ich für die Titelbilder von zwei verschiedenen Ausgaben des *Jump*-Magazins gezeichnet. Wenn man die Cover nebeneinanderlegt, sieht es so aus, als würden sie gegeneinander kämpfen!

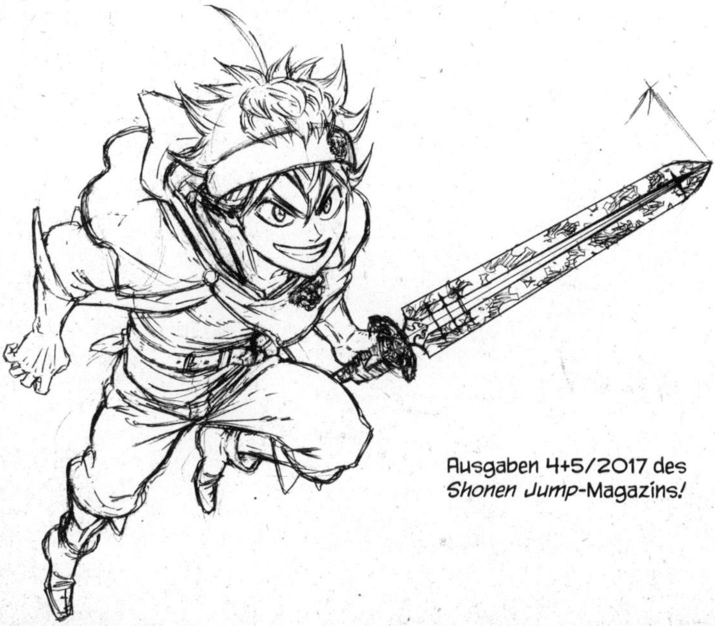

Ausgaben 4+5/2017 des *Shonen Jump*-Magazins!

TOKYOPOP GmbH
Hamburg

TOKYOPOP
5. Auflage, 2026
Deutsche Ausgabe/German Edition

Aus dem Japanischen von Luise Steggewentz

First published in Japan in 2015 by SHUEISHA Inc., Tokyo.
German translation rights in Germany, Austria and German-speaking Switzerland arranged by SHUEISHA Inc.
through VIZ Media Europe S.A.R.L., France.

Redaktion: Sabine Scholz
Lettering: Vibrant Publishing Studio
Herstellung: Annika Meyer-Wülfing
GPSR: produktsicherheit@tokyopop.de
Druck und buchbinderische Verarbeitung:
CPI–Clausen & Bosse GmbH, Leck
Printed in Germany

MIX Papier FSC® C083411

Wir achten auf die Umwelt.
Dieses Produkt besteht aus FSC®-zertifizierten und anderen kontrollierten Materialien.

ISBN 978-3-8420-4587-3

www.tokyopop.de